U0920070

国家出版基金项目

农业现代化国情教育读本

顾问　陈锡文

主编　孔祥智

·北 京·

图书在版编目(CIP)数据

农业现代化国情教育读本/孔祥智主编.

北京:中国经济出版社,2015.1

ISBN 978-7-5136-3569-1

Ⅰ.①农… Ⅱ.①孔… Ⅲ.①农业现代化—研究—中国 Ⅳ.①F320.1

中国版本图书馆 CIP 数据核字(2014)第 274539 号

总 顾 问 陈锡文

总 策 划 杨国龙 毛增余

责任编辑 严 莉

责任审读 贺 静

责任印制 马小宾

封面设计 久品轩工作室

出版发行 中国经济出版社

印 刷 者 北京嘉业印刷厂

经 销 者 各地新华书店

开 本 710mm×1000mm 1/16

印 张 25.75

字 数 367 千字

版 次 2015 年 1 月第 1 版

印 次 2015 年 1 月第 1 次

定 价 48.00 元

广告经营许可证 京西工商广字第 8179 号

中国经济出版社 **网址** www.economyph.com **社址** 北京市西城区百万庄北街 3 号 **邮编** 100037

本版图书如存在印装质量问题,请与本社发行中心联系调换(联系电话:010-68330607)

编委会

顾　　问　陈锡文

主　　编　孔祥智

参加编写人员　（按姓氏音序排列）

陈卫平　崔海兴　方松海　房风文　高　强
郭艳芹　郭　铖　何安华　黄　博　姜明伦
柯水发　孔祥智　李　强　刘同山　罗圣华
楼　栋　马九杰　毛　飞　毛学峰　彭　超
史冰清　孙　春　谭智心　涂圣伟　王雨濛
伍振军　许　凡　岳振飞　张喜才　郑力文
周　振　钟　真

中国特色农业现代化的几个主要问题
（代序）

陈锡文

农业是国民经济的基础。解决好"三农"问题，是全面建设小康社会的重点和难点。我国农业基础薄弱、农村发展滞后、农民增收困难的局面尚未根本改变，迫切需要走出一条中国特色的农业现代化道路。

一、什么是农业现代化

现代农业是相对于传统农业而言的。传统农业是在一个封闭的环境中进行的，没有外部的能量进入。由于没有打破这个循环，在过去的几千年发展史中，农业发展水平相当缓慢。考古证实，每公顷耕地能产出1500公斤的稻谷，早在汉代就已经实现，而这种生产水平一直延续到20世纪50年代初。

区别传统农业和现代农业的第一个标志是物质能量循环的转变，即打破农业的能量流动和物质循环封闭圈，让外来的能源和物质进入循环过程。这个循环直到18世纪70年代以后才被打破。英国的工业革命是这个过程的起点，开始了由工业给农业提供现代能源和物质的进程。清朝末代科举状元江苏人张謇曾尝试过发展现代农业，他按照欧洲的方式开办了一个农场，从国外引进抽水机和购买化肥，进行实验，后因为柴油等原料中国不能生产，最终不能持续。直到20世纪50年代我国开始工业化进程后，新的能源和物质才开始大规模投入农业，农业现代化才得以快速推进。

区别传统农业和现代农业的第二个重要标志是技术进步。传统农业的技术进步，是依靠农民自身在生产劳动中的经验积累逐步向前推进，过程非常缓慢。现在能在博物馆看到的一些农具，自汉代以来到新中国成立初期几乎没有什么变化。现代农业则借鉴了工业和科技领域的先进经验，由专业人员去研究育种、农具等。从技术应用看，我国农业运用现代科技和大工业提供技术的能力在不断增强。到2013年，我国科技进步对农业发展的贡献率已经达到53%，主要粮食作物生产的耕、种、收综合机械化程度接近60%。

总体来讲，世界上的农业可以分成两大类。一类是传统国家的农业。这类国家的农业发展历史漫长，像亚洲、中东、西欧等地区的农业发展史都有几千年甚至上万年，因此人口繁衍多，形成了人多地少的格局。这些国家的农民为了尽可能节约土地，很早就开始择村聚居，这就形成了传统国家农村社会的基本形态。另一类就是新大陆国家的农业。像大洋洲、北美洲、南美洲等地区，人少地多，农业发展史只有几百年时间，每个农场主可以经营大量土地，基本上不存在村庄这种社会形态。因为历史和社会背景不同，这两类农业推进现代化的技术路线也不一样。新大陆国家人少地多，客观要求以机械力替代人力来提高农业生产力水平。传统国家人多地少，每个农户经营的耕地面积有限，所以必须寻找能提高土地质量、替代土地资源的技术。当然，这两条路线不是平行线的，在工业化、城镇化的推动下，经过100多年的演变，它们已经开始融合。但总体上看，这两类国家农户的土地经营规模仍难以相提并论。

现代农业的第三个明显标志是国家形成了一套从实际出发、效能较高、对农业进行支持保护的体系。我国对农业的支持保护力度在不断加大，2013年，中央财政对种粮农民的生产直接补贴较2004年增长了10倍以上。从粮食价格看，国家为了稳定粮食市场，出台了粮食最低收购价等制度，确保了农民获得稳定的收益。但与发达国家相比，我国对农业的支持保护力度还需要进一步加大。

不能忽视的是，现代农业还有一个突出的标志，就是现代农业组织体系。随着农业现代化的推进，到20世纪50年代初，越来越多的经济学家、社会学家都认为不能简单地把现代农业理解为单纯的现代技术物质问题，而更应涉及整个社会的体制和农业生产的组织问题。从经营组织看，要发展各种各样的农民合作经济组织，发展农业产业化经营，引导单家独户的农民向组织化、市场化转变。

二、我国当前迫切需要加快农业现代化进程

近年来，特别是党的十六大以来，我国进入了一个农业快速发展、农民得实惠最多的阶段。从农业发展的情况看，主要有两大标志：一是粮食增产。2013 年粮食产量6019 亿公斤，较2003 年的4307 亿公斤提高了1712 亿公斤，平均每年增长 171.2 亿公斤，实现历史罕见的“十连增”。2014 年粮食总产量预计仍能比上年增加 500 万吨左右。二是农民增收。2013 年，全国农民人均纯收入达 8896 元，较 2003 年的 2622 元提高了 6274 元。自 2010 年以来，农民人均纯收入增长幅度均超过城镇人均可支配收入的增幅，城乡居民收入比由 2009 年的 1∶3.33 缩小到 2013 年的 1∶3.03。2014 年 1—9 月全国农村居民人均现金收入 8527 元，扣除价格因素实际增长 9.7%，继续高于城镇居民人均可支配收入增长速度，全年城乡居民的收入差距有望继续缩小。应该说，这一时期是我国农业农村发展又一个新的黄金期。

但是，农业农村发展仍面临非常严峻的形势。从现实情况看，主要有两大问题：一是粮食等主要农产品的供求问题。由于经济社会发展、人民生活水平不断提高，农产品需求快速增长，供需缺口逐渐拉大。在农业年年丰收的情况下，粮食等主要农产品的进口也在不断增加。今年以来这个态势还在继续，2014 年 1—9 月与 2013 年同期相比，粮食的进口又增长了23.4%。二是城乡居民的收入差距问题。2010 年以来，尽管连续 4 年农民人均纯收入的增幅高于城镇居民人均可支配收入，但城乡居民收入之比依然在 3∶1 以上，总体差距还很大。

当前，我国农业发展的资源约束条件日益严峻，农业稳定发展和农民持续增收难度加大，迫切需要加快农业现代化进程，不断提高耕地产出率、资源利用率和劳动生产率，为农业增产、农民增收、农村繁荣注入强劲动力。

三、推进农业现代化要与工业化、城镇化有机联动

在工业生产中，增加流水线产量就能翻番。但农业的劳动对象都是有

生命的，农业的经济活动必须符合动植物的生命活动规律，这决定了农业的增长率有限。正常情况下，我国农业增长率只有3%～4%，显然比不上工业和第三产业的快速增长。工业化、城镇化和农业现代化三者相互依存、相互推进，工业化、城镇化可以带动和装备农业，农业现代化则为工业化、城镇化提供支撑和保障。工业化、城镇化不发展，农业现代化就缺乏动力；反过来，农业现代化不发展，粮食等农产品供不应求，会导致工业化、城镇化发展受阻，甚至可能出现"逆城镇化"。因此，发展农业现代化需要与工业化、城镇化有机联动，推进"三化"融合发展。党的十七届五中全会明确提出："在工业化、城镇化深入发展中，同步推进农业现代化。"如果没有全局和可持续发展观念，就容易产生认识和行为上的偏差，忽视农业发展。发展农业现代化，推进"三化"融合发展，需要进一步研究解决工业化、城镇化过程中的一些突出问题。

一是征地问题。征地问题是当前我国在推进工业化、城镇化过程中容易引起社会矛盾的大问题，处理不好不仅将使农业现代化资金来源出现较大的缺口，还会造成社会不和谐。要按照市场经济的原则，既保障农民的合法权益，又保证工业化、城镇化按规划推进。可以借鉴韩国、日本等国家的经验，让城镇化的过程成为失地农民致富的过程，农民可以拿到近一半的土地增值收益，或占有一定土地份额，可以自己来招商引资。

二是人口转移问题。大规模的农民进城，是工业化、城镇化发展中不可避免的。改革开放初期，我国城市建成区总规模是5000平方公里，城镇化率接近20%，城镇人口1.9亿。到2013年，城镇建成区总规模是4.8万平方公里，扩大了8.6倍，城镇人口7.3亿，仅比改革开放初期的1.9亿增加了2.8倍，可见土地城镇化速度大大快于人口城镇化速度。

大量农民工进入城镇后，绝大多数还没有真正变成市民。国家统计局发布的《2013年全国农民工监测调查报告》显示：农民工在就业地的住房，47%为用人单位提供的包括工棚在内的住房，52%为租住城中村、城乡结合部的农民住宅或在外乡就业回家居住，自购住房的比例不到1%；农民工进城后缴纳基本社保的比例相当低，各项社保平均参保率不足16%。根据教育部的统计,2013 年底,全国义务教育阶段的随迁子女一共是 1277 万人,而且还在增加,就学压力非常大。只有解决好就业、住房、社保、子女教育等问题,农民才算真正进城成为市民,才没有后顾之忧。

四、推进农业现代化要注重组织与制度创新

在工业化、城镇化深入发展中同步推进农业现代化,是“十二五”时期的一项重大任务。就技术问题而言,高精尖技术在国与国之间有封锁,但总体相差不大,用不了多久我国就可以掌握。推进农业现代化,主要困难不在于突破高精尖技术,而在于要建立一个适合国情、适合市场经济要求的组织和制度体系。

(一)更加注重制度创新

一是健全农业支持保护体系。2013 年我国 GDP 第二、第三产业占 90%,农业占 10%,城镇人口比重 53.73%,农村人口比重 46.27%,我国已经处于工业化、城镇化的中期阶段,对农业的支持保护力度应该更大。

二是完善农产品价格支持系统。在发达国家,政府对农业、对农产品出口的补贴很多。一个大国在现代化进程中,如果不研究如何支持保护本国的农业,就不可能实现现代化。

三是加强农民增收支持系统。现在发达国家大多利用 WTO 的“绿箱”政策,对农民的收入给予补贴。比如美国明确了农民的收入底线,农场最低收入一年不低于 4 万美元,低于这个标准就加以保护。

四是推进农村金融体制创新。近年来,我国农村的金融服务有所加强。但迄今为止农村金融是一个弱项,农民得不到很好的金融服务,丧失了不少机会。从世界各国来看,政策性金融、农民合作金融在农业金融中起着主要作用。农村有商业金融,但生命力有限。日本、韩国的农村完全是农民合作金融,这种在政策性金融支持下的农民合作金融非常活跃,以致商业金融基本进不了农村。我国过去在农村金融改革上经过了几次反复。先是搞信用社,后来又收回到农业银行里面变成国家经营,然后又允许信用社独立经营,2003 年又明确定位为股份制的地区性商业银行。我国农民多,是不是只

要商业金融，不要合作金融，还有没有别的路可走？长期形成的农村资金外流、金融支持明显不足的局面仍未根本改观，农村金融制度改革还有很长的路要走。

（二）更加注重组织创新

从每个农民都归属于一个农村集体经济组织的角度看，中国农民可以说是世界上组织化程度最高的。但是改革开放至今，村民委员会、村民小组的作用到底怎么样？从一定程度上讲，村民委员会是一种内向型和管理型的组织，有点像城里的居委会。从中国社会来讲，一方面是以村落为基础的农村社会管理体制相当长时间内还很难改变，现在村集体组织的内向管理功能必须长期存在；另一方面，农民作为商品提供者，一定要进入市场。现在全国进行工商登记的专业合作组织大概有 120 万家，加入的社员是 8300 多万户。《农民专业合作社法》从 2007 年 7 月 1 日开始施行，总的来看对其优惠还不够多，条件成熟的时候还应修改这个法律。要研究怎样给发展农民合作组织提供更加适宜的环境，给农民什么优惠，怎样引导农民走合作化道路。从中国的情况来看，现阶段光靠合作社很多事情还难以做到，因此还要靠龙头企业、社会化服务组织带动。要支持农业产业化经营和龙头企业发展，不断提高对农户发展生产和进入市场的带动力。要支持多种社会力量兴办多元化、多层次的社会化服务组织，改善农民生产经营的外部环境，以扩大服务规模的方式，来弥补农户土地经营规模的不足，走出一条具有中国特色的农业现代化道路。

陈锡文

2014 年 11 月 26 日

目录

第一章　导论 ………………………………………………………… 1

第一节　农业现代化的概念、背景和发展模式 ………………… 1

第二节　我国农业现代化的基础条件与道路分析 ……………… 4

第三节　推进我国农业现代化的对策措施 …………………… 12

第二章　政策沿革、成就及基本框架 ………………………… 15

第一节　改革开放之前的农业现代化政策及成就 …………… 15

第二节　改革开放之后的农业现代化政策及成就 …………… 24

第三节　中国农业现代化的问题及约束条件 ………………… 36

第四节　当前中国农业现代化政策的基本框架 ……………… 43

第三章　农业现代化的目标、评价与发展路径 ……………… 52

第一节　中国农业现代化的战略目标 ………………………… 52

第二节　中国农业现代化的评价指标及其运用 ……………… 59

第三节　诱致性创新理论与中国农业现代化的发展路径 …… 67

第四章　“四化”同步下的中国农业现代化 ………………… 72

第一节　“四化”同步的内涵 ………………………………… 72

第二节　工业化与农业现代化 ………………………………… 76

第三节　城镇化与农业现代化 ………………………………… 81

第四节　信息化与农业现代化 …… 84
第五节　新时期农业现代化的内涵及发展战略 …… 88

第五章　制度创新与中国农业现代化 …… 93
第一节　农业现代化需要制度创新 …… 93
第二节　稳定和完善农村基本经营制度 …… 96
第三节　健全严格规范的农村土地管理制度 …… 100
第四节　完善农业支持保护制度 …… 104
第五节　建立现代农村金融制度 …… 110

第六章　培育现代农业经营体系 …… 114
第一节　现代农业需要新型经营主体 …… 114
第二节　专业大户和家庭农场 …… 117
第三节　农民合作社 …… 122
第四节　农业企业 …… 127
第五节　农业社会化服务体系建设 …… 129

第七章　粮食安全：中国农业现代化的核心 …… 139
第一节　什么是粮食安全 …… 139
第二节　35 年来中国粮食安全回顾 …… 143
第三节　未来中国粮食安全展望 …… 149

第八章　构建现代农业产业体系 …… 156
第一节　现代农业产业体系的内涵与特征 …… 156
第二节　结构调整与现代农业产业体系建设 …… 160
第三节　大力发展农业生物质能产业 …… 168
第四节　大力发展农产品加工业 …… 174

第九章　建设现代农村市场体系 …… 182
第一节　农产品流通体系建设 …… 182
第二节　农产品质量与安全监管 …… 197
第三节　农村消费品市场体系建设 …… 213

第十章　加快农业科技创新 …… 222
第一节　农业科技创新体系建设 …… 223
第二节　农业技术服务体系建设 …… 233
第三节　种业科技与制度创新 …… 239
第四节　农村技术人才队伍建设 …… 250

第十一章　加强农业基础设施建设 …… 257
第一节　农田水利建设 …… 258
第二节　农业机械化 …… 263
第三节　农业生产基地建设 …… 268
第四节　农村基础设施建设 …… 271

第十二章　对外开放和农业走出去 …… 278
第一节　资源禀赋与中国农产品对外贸易 …… 278
第二节　加入 WTO 以来中国农产品对外贸易格局的变化 …… 285
第三节　中国农产品对外贸易发展战略 …… 302

第十三章　促进农业可持续发展 …… 312
第一节　农业污染的现状与成因 …… 313
第二节　建立合理的农业生态补偿机制 …… 318
第三节　构建农业绿色技术采纳机制 …… 322
第四节　中国农业可持续发展战略 …… 325

第十四章　培育现代新型农民 …………………………………… 331
第一节　培育新型农民的重要意义 ……………………………… 331
第二节　21 世纪以来的政策沿革及效果评价 ……………… 335
第三节　建立新型瞄准机制 ……………………………………… 343

第十五章　城乡一体化和新农村建设 …………………………… 349
第一节　建立城乡经济社会发展一体化制度 ……………… 349
第二节　做好乡村建设规划 ……………………………………… 359
第三节　创新和加强农村社会管理 …………………………… 362
第四节　加强农村公共服务 ……………………………………… 364
第五节　完善乡村民主自治制度 ……………………………… 367

第十六章　国外和中国台湾地区经验借鉴 ……………………… 371
第一节　东亚国家和地区农业现代化的经验借鉴 ……… 371
第二节　欧美国家农业现代化的经验借鉴 ………………… 383

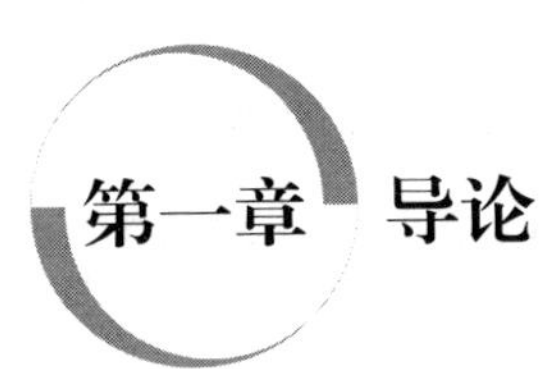

第一章 导论

农业现代化是21世纪以来11个中央“一号文件”讨论最多的问题之一。连续11年的“一号文件”的核心是一脉相承的关系，体现了党中央解决“三农”问题的核心思路。

第一节 农业现代化的概念、背景和发展模式

一、农业现代化的概念界定

农业现代化是指从传统农业向现代农业转变的过程。那么，什么是现代农业呢？一般来说，现代农业是继原始农业、传统农业之后的又一个农业发展新阶段。总体上看，传统农业的动力来源主要是人力和畜力，生产方式也主要是依赖以手工操作的各种铁制工具，耕作方式则主要是建立在农民世代耕作的经验积累基础之上；而现代农业则广泛应用现代的各种科学技术，比如生物技术、节水灌溉技术、机械技术等，用科学技术而不是日常经验指导农业生产，用机械力、电力而不是人力、畜力作为动力来源，生产主体也由传统的农民变为高素质的、高组织化程度的现代农民，通过具有现代经营理念和管理方式的农民提高农业的标准化、产业化、商

品化水平。2007年中央“一号文件”指出：“发展现代农业就要用现代物质条件装备农业，用现代科学技术改造农业，用现代产业体系提升农业，用现代经营形式推进农业，用现代发展理念引领农业，用培养新型农民发展农业，提高农业水利化、机械化和信息化水平，提高土地产出率、资源利用率和农业劳动生产率，提高农业素质、效益和竞争力。”上述六个方面，就是现代农业的核心内容，也是我国农业现代化必须解决的核心问题。

二、我国农业现代化问题提出的背景

工业化达到相当程度以后，工业反哺农业、城市支持乡村，实现工业与农业、城市与农村协调发展，是带有普遍性的趋势。中央在2006年的“一号文件”中也适时提出了“建设社会主义新农村”的长期任务，其内容就是建立“生产发展、生活宽裕、乡风文明、村容整洁、管理民主”的社会主义新农村，提高农民的社会保障程度，弥合城乡之间不断拉大的经济、社会差距，实现城乡之间的和谐共处和共同富裕。综合来看，新时期农业现代化战略提出的背景主要包括五个方面：

（1）我国农业发展资源禀赋的客观要求。我国是典型的人多地少国家，目前农村居民家庭人均经营耕地2.18亩，按常住人口4人计算，户均只有8.72亩。在这样人口众多、规模狭小的基础上实现农业现代化，在人类历史上是第一次。

（2）实现城乡一体化的要求。实现城乡一体化，建设社会主义新农村，必须通过产业发展，提升农业自身的素质，实现农业和非农产业的平等发展。只有这样，在市场经济条件下，自由流动的要素才能配置到农业产业，而不是单纯依靠政府“看得见的手”的作用。近年来，随着补贴的增加和发展条件的改善，农业吸收非农产业资金的能力也越来越强，城市和乡村的差别也在逐步缩小。没有现代化的农业产业，城乡的差距会越来越大。

（3）提高农民收入的要求。由于中央“一号文件”的作用，农民收入已经连续10年快速发展，并且连续4年增速超过了城镇居民，这是一个很了不起的成就。但总体来看，农民收入的水平还较低。2012 年，农民人均纯收入为 7919 元，这还不是可支配收入，一些实物也折算进去了，而且城乡居民收入之比依然高达 3.1∶1，绝对差为 16648 元。地区之间农民收入差距也很大。2012 年，农民收入最高的上海人均达到 17804 元，最低的甘肃仅为 4507 元，相差近 4 倍。在农民收入结构中，农业产业收入所占的比例很低，1 亩粮食的净收入只有几百元，外出打工几天就挣回来了。2013 年中央农村工作会议提出要让农业成为“体面”的职业，其前提必然是现代化。

（4）我国经济发展阶段的要求。改革开放以来，我国农业农村的制度安排以被动调整为主，如家庭承包责任制的实施、粮食流通体制的改革、税费改革等。进入 21 世纪，尤其是 2004 年以来，中央“一号文件”重新关注“三农”，中央高层领导提出“两个趋向”的重要论断，政府实施了一系列“多予、少取、放活”的强农惠农政策，农业农村制度安排开始从被动调整转为主动设计。我国的经济发展已经进入了“以工补农、以城带乡”的新阶段，工业和城市开始有能力支持农业和农村的发展。新形势下，我国农业与农村发展仍面临着重大挑战。国家应坚持统筹观，在工业化、信息化、城镇化快速发展中同步推进农业现代化，加快转变农业发展方式，把农业大国发展成为农业强国。

（5）党和政府对农村政策连贯性的要求。党和政府历来高度重视“三农”问题，进入 21 世纪，随着国力的提高，先是进行农村税费改革，到 2006 年彻底取消了农业税，免除了农民的各种负担。在此基础上，以四大补贴为核心的农业补贴体系基本形成。2007 年的中央“一号文件”专门部署现代农业发展问题。2008 年召开的中共十七届三中全会指出：“推进农业经营体制机制创新，加快农业经营方式转变。家庭经营要向采用先进科技和生产手段的方向转变，增加技术、资本等生产要素投入，着力提高集约化水平；统一经营要向发展农户联合与合作，形成多元化、多层次、多形式经营服务体系的方向转变。”2013 年召开的中共十八届三中全会指出：“坚持家庭经营在农业中的基础性地位，推进家庭经营、集体经营、合作经营、企业经营等共同发展的农业经营方式创新。”这实际上提出了我国农业现代化的具体路径。可见，21 世纪以来的一系列政策措施是一个紧密相关的统一体，没有农业现代化，整个农业农村政策就失去了存在的基础。

三、国外农业现代化的模式

现代农业的发展模式是受到资源禀赋状况影响制约的。从世界上已经实现了农业现代化的国家看，根据资源禀赋的不同，可大体将发展现代农业的模式分为三种：一是人少地多的国家，走的是“节约劳动型”的模式。比如美国、加拿大、澳大利亚、俄罗斯等国，地多人少，需要机械来代替人工。这种发展模式的不足就是在一定程度上导致了“石油农业”的后果，消耗大量能源，而且污染环境。二是人多地少的国家，走的是“节约土地型”的模式。比如日本、韩国、荷兰等。日本在 1960 年时，每个男性农场工人平均拥有的农业土地面积只有美国的 1/98，这就需要利用生物、化学技术来弥补土地的不足。这种发展模式在一定程度上会导致土地质量和农产品安全程度的下降及环境的污染。三是人地比例中等的国家，走的是“中间类型”的模式。比如法国、英国、德国等欧洲国家，这些国家既用机械替代劳力，也用生化技术弥补土地的不足，尽量既提高土地生产率又提高劳动生产率。关于国外农业现代化的具体分析可以参见本书第十六章。

我国在农业现代化的进程中，必须在发展农业和保护环境之间寻找一种平衡机制，立足资源禀赋特点，努力实现人与自然的和谐共处。

第二节　我国农业现代化的基础条件与道路分析

我国经济、社会发展处在转轨阶段，城乡二元的社会经济结构还没有完全打破，农业现代化的经济、社会环境基础并不是很好，还面临许多困难。

一、我国农业现代化的基础条件

我国农业现代化的发展现状呈现出两个特征：一方面，农业的基础地位还比较薄弱，粮食增产、农民增收的难度依然很大，农业现代化发展的基础不容乐观。另一方面，由于连续 11 个中央“一号文件”的作用，党和政府已经开始不断增加对现代农业发展的支持力度和投资力度，适应农业现代化的经济、社会环境不断优化。21 世纪以来，尤其 2004 年以来，农业的基础地位得到了前所未有的巩固，农业现代化的基础条件得到了极大的改善。

（一）技术进步增加了粮食作物的单产

近 10 年来，我国农业科学技术取得了长足的进步，2011 年科技对农业生产的贡献率达到 53.5%。2010 年全国农机总动力达到 9.28 亿千瓦，农机装备结构持续优化，大马力、多功能、高性能及薄弱环节农业机械增长迅速。全国农作物耕种收综合机械化水平达到 52.3%，较“十五”末提高 16.4 个百分点，年均提高 3.3 个百分点，远高于“十五”期间年均 0.7 个百分点的增速。农业生产方式实现了从以人畜力作业为主向以机械作业为主的历史性跨越。主要粮食作物生产机械化快速推进，小麦生产基本实现全过程机械化，水稻机械种植水平由 2005 年的 7% 提高到 2013 年的 35%，玉米机收水平从 4% 提高到 49%。主要农产品基本上实现了良种化，“超级稻”、“超级小麦”新品种相继问世，玉米杂交种经历了两次更新换代。10 年间，我国粮食单产提高了近 70 公斤/亩，2013 年已达到 358.5 公斤，单产提高因素对“十连增”的贡献率超过 65%。近年来，伴随着良种良法配套、农机农艺融合等综合集成技术体系的应用，我国已经在高产品种、栽培技术、农机化水平方面形成了有效的技术示范和推广体系。

（二）政策到位调动了生产者的积极性

截至 2012 年，国家财政支农投入累计超过 5 万亿元。从数量上看，10 年来，国家财政支农投入从 2337.6 亿元增加到 11723.5 亿元，增长了 5 倍多；从速度上看，国家财政支农投入年均增长 23.9%，高于同期财政支出年均增长2.8个百分点；从比重上看，国家财政支农投入占财政支出的比重从8.2%提高到9.2%，达到将近1/10。从2002年开始实施大豆良种补贴至今，以“四大补贴”为核心的农业补贴体系基本形成。补贴额度从2002年的1亿元增加到2012年的1653亿元，“四大补贴”10年累计达到7631亿元，仅2013年就达到了1700亿元，补贴标准不断提高，范围不断扩大。不仅如此，农业保险、小型农田水利建设、土地整理等各个方面的投入不断增加，农业的基础地位越来越牢固。

（三）新型农业经营主体发育使从事农业产业逐渐成为“体面的职业”

自2008年党的十七届三中全会强调“赋予农民更加充分而有保障的土地承包经营权，现有土地承包关系要保持稳定并长久不变”，全国农村土地承包关系越来越稳定，土地流转速度明显加快，并呈现出向新型农业经营主体集中的趋势。截至2013年6月底，承包土地流转面积达到3.14亿亩，占全国农户承包耕地面积的23.9%，其中流转入农户、合作社和农业企业的面积分别占61.8%、18.9%和9.7%；经营耕地面积在30亩以上的农户有891万户；家庭农场达到87.7万家，平均经营耕地面积达到200.1亩，他们的经营收入大大超过一般农户，成为“最体面的农民”。据笔者调查的结果，安徽等地土地流转并形成连片种植后，土地实际使用面积由于平整而能够多出5%～10%；种粮大户和粮食专业合作社的经营效率分别比一般农户高1.5倍和2.1倍。这就大大提高了粮食的生产效率，从而使粮食种植产量在“十连增”的同时跃过12000亿斤大关成为现实。

但也应该清醒地看到，尽管近10年来我国农业发展的成就举世瞩目，但农业基础薄弱的现状仍然没有得到根本性的转变，在未来农业现代化的道路上肯定要面对各种各样的困难：一是小规模分散的农户如何在市场经济条件下采纳各种先进生产要素，如何提高自身的组织化程度以有效地维护自身的权益；二是各种农业科研机构如何根据农户的需求进行研发，如何完善农业技术的推广体系，以将适合农户需求的技术快速地传递给农户；三是如何在发展现代农业的过程中既提高农业的生产能力还能保护农村优美的生态环境，真正提高农民的生产、生活水平；四是如何采取措施保障政府对农村的各种财政投资和优惠政策真正落到实处，以实实在在地提高农民的福利，实现城乡的和谐发展；五是如何改善农户的观念意识和经营方式，以塑造农民的市场意识、竞争意识，改变农民长久以来的传统经营方式。

新时期中国农业现代化的道路，就是在上述错综复杂的条件下进行选择的。

二、中国农业现代化的道路选择

现代农业的发展过程就是一个系统地改造农业、改变农村、改造农民的过程。由于农业、农村、农民的问题是相互关联、相互影响的，变动其中的任何一个都需要其余的也发生相应的变动，这样，现代农业的建设过程也就不单纯是农业的问题了。可想而知，从系统上改变农业、农村和农业的现状需要克服的困难是何等得多。但总体上可以说，现代农业的发展“道路是曲折的，前途是光明的”，千里之行始于足下，无论需要克服多大的困难，只要一步一个脚印，现代农业的目标总是可以实现的。

农业现代化的过程就是由传统农业向现代农业转变的过程。传统农业就是“完全以农民世代使用的各种生产要素为基础的农业”①，从经济分析角度看，“传统农业应该被看作一种特殊类型的经济均衡状态”②。建设现代农业的过程，就是改造传统农业、不断发展农业生产力的过程；就是转变农业增长方式、促进农业又好又快发展的过程。当然，由于总体上起点较低，我国农业现代化的过程应该是低水平和循序渐进的。

从总体上看，我国的资源禀赋条件决定了中国特色的农业现代化道路必须兼顾三方面的关系：一是劳动生产率目标和土地生产率目标之间的关系。如美国式的现代农业侧重于提高劳动生产率，日本式的现代农业侧重

① 西奥多·W. 舒尔茨. 改造传统农业［M］. 北京：商务印书馆，1987：4.

② 西奥多·W. 舒尔茨. 改造传统农业［M］. 北京：商务印书馆，1987：24.

于提高土地生产率。由于人多地少、资源短缺，我国现代农业发展的目标必然要以土地生产率为主，兼顾劳动生产率，并在整个国家现代化、城镇化的过程中实现二者的平衡。二是规模经济与现代农业发展之间的关系。从发达国家的情况看，以美国为代表的新大陆国家都是大规模经营，我国农业劳动力的人均耕地是美国的1/170、加拿大的1/350。西欧国家的农业经营规模也都比我国大得多，这些国家都是农业现代化的典型代表。20世纪80年代中期，我国一些地区不顾现实条件强行推行农业规模经营，就是受到这些国家的影响，把这些国家的耕地规模简单地看做农业现代化所必备的规模。应该看到，单纯经营规模的扩大并不等于实现了农业现代化，关键要看农业生产手段以及在此基础上的土地生产率、劳动生产率、投入产出率和主要农产品商品率等指标。从我国改革开放30多年的实践看，推进农业现代化的最佳途径是实行农业产业化经营。三是经济发展和生态环境保护之间的关系。人多地少是我国的基本国情，也是我国农业发展面临的主要资源约束；城乡居民收入不断提高，尤其是城市高中收入阶层比例的不断提高，强化了消费者对现代安全、无污染的绿色农产品的需求。这就决定了我国实现农业现代化一是必须生产出足够数量的农产品以维护国家粮食安全，二是必须发展资源节约型、环境友好型农业，提高资源的利用率和转化率。2007年中央“一号文件”强调现代农业的多功能性实际上就是在这两者之间进行平衡。

为此，我国实现农业现代化必须坚定不移地坚持以下几点：

第一，坚持稳定和不断完善农村基本经营制度，在现代化进程中保护小规模农户的利益。尽管近年来我国农业规模化经营的水平呈上升趋势，尤其在畜牧业领域，规模化养猪的比例在不断增加，但总体上我国农业生产仍然以小规模农户为主。因此，必须坚持和完善农村基本经营制度，把保护小规模农户的利益放在首位。这就要真正贯彻中共十七届三中全会的精神，“以家庭承包经营为基础、统分结合的双层经营体制，是适应社会主义市场经济体制、符合农业生产特点的农村基本经营制度，是党的农村政策的基石，必须毫不动摇地坚持。赋予农民更加充分而有保障的土地承包经营权，现有土地承包关系要保持稳定并长久不变”。可见，按照中央十七届三中全会的精神，我国农业现代化只能是以小规模农户为基础，这是对国情的正确认识，并要“推动家庭经营向采用先进科技和生产手段的方向转变，推动统一经营向发展农户联合与合作，形成多元化、多层次、多形式经营服务体系的方向转变”，最终实现农业现代化。

应该注意的是，近年来在推进规模经营、保障农民土地“财产权”的实践中，一些地区把一个村甚至几个村的耕地统一出租给一个企业，由企业统一平整后“反租倒包”给农民，或者雇佣农民做农业工人。这些做法从短期看会使农民收入有所增加，但从长期看，农民有失去土地的危险，而保证农民拥有一份承包地则是保持农村稳定的基础。尽管我国目前的农村土地所有和使用制度有一些缺陷，如使用效率较低等，但它能够保证农民在总体上不失去土地。笔者认为，这一制度优点足以弥补任何缺陷。何况通过“两个转变”以及土地适度流转也可以大大提高土地的使用效率。这里所说的“适度流转”，主要指在农民自愿的前提下，把自己不愿意继续耕种的土地流转给其他农户和农民专业合作社等主体，并且在流转过程中坚持中共十七届三中全会所强调的“三个不得”：不得改变土地集体所有性质，不得改变土地用途，不得损害农民土地承包权益。

第二，以产业化经营推进“两个转变”，不断延长农业产业链，增加农业的产业收益。早在1998年，中共十五届三中全会就指出：“在家庭承包经营基础上，积极探索实现农业现代化的具体途经，是农村改革和发展的重大课题。农村出现的产业化经营，不受部门、地区和所有制的限制，把农产品的生产、加工、销售等环节连成一体，形成有机结合、相互促进的组织形式和经营机制。这样做，不动摇家庭经营的基础，不侵犯农民的财产权益，能够有效解决千家万户的农民进入市场、运用现代科技和扩大经营规模等问题，是我国农业逐步走向现代化的现实途径之一。”现实中，产业化经营主要有“龙头企业＋农户”、“龙头企业＋农民专业合作社＋农户”和“（大型）农民专业合作社 + 农户”等形式。

从价值链角度看，由于合作社是农民自己的组织，其利益就是农民的利益，因此，发展“农民专业合作社 + 农户”的形式，既能够推进农业现代化的逐步实现，又可以保障农民的利益，无论是对国家还是对农民都是最佳选择。在欧美等发达国家，农业企业其实就是合作社，甚至有些国家通过立法禁止其他企业组织进入农业领域。但我国是在龙头企业在农业领域有了相当基础，甚至形成垄断地位的条件下才开始发展农民专业合作社的，目前合作社总体上规模比较小、带动农户的能力比较弱，因而当前我国农业产业化经营的最佳形式应该是“龙头企业 + 合作社 + 农户”。

第三，农业技术创新和实用技术推广是我国农业现代化的核心问题。除了粮棉等主要农产品品种自主创新能力较强，蔬菜、花卉、奶牛、肉牛、生猪等重要农产品品种技术高度依赖外资企业或进口，这种状况对于产业安全和农民增收都是极其不利的。根据 2012 年中央“一号文件”精神，我国农业技术创新的方向是“面向产业需求，着力突破农业重大关键技术和共性技术，切实解决科技与经济脱节问题”。其核心内容之一就是品种技术。农业技术创新的重点是农业基础研究，要“在农业生物基因调控及分子育种、农林动植物抗逆机理、农田资源高效利用、农林生态修复、有害生物控制、生物安全和农产品安全等方面突破一批重大基础理论和方法”。

自 2008 年中共十七届三中全会以来，农业部门在构建乡镇区域性农业技术推广机构方面做了大量工作，今后依然要加大公益性农业技术推广的力度，普遍健全乡镇或区域性农业技术推广、动植物疫病防控、农产品质量监管等公共服务机构，明确公益性定位，根据产业发展实际设立公共服务岗位；进一步完善乡镇农业公共服务机构管理体制，切实改善基层农技推广工作条件，按种养规模和服务绩效安排推广工作经费。要学习美国等国家的经验，不断完善激励、评价考核机制，引导科研和教育机构积极开展农业技术推广和服务，鼓励科研、教学人员深入基层从事农技推广工作。同时，必须大力培育和支持新型农业社会化服务组织，支持农业产业化龙头企业、农民专业合作社、农民专业技术协会等各方力量广泛参与农业产前、产中、产后服务。

第四，必须把粮食等主要农产品的生产放在农业现代化的首位。我国实现农业现代化，首先必须解决粮食等主要农产品的自给问题，这是由国情决定的，不允许有半点忽视。我国是一个拥有13多亿人口的大国，对粮食等主要农产品的消费需求不仅量大，而且品种复杂，不同地区和民族之间很难替代，因此，国际市场只能起到调剂余缺的作用。那种完全根据要素禀赋、充分发挥国际市场的作用来解决国内农产品供给、实现农业现代化的思路是不现实的。

事实上，近年来随着城乡居民消费结构的升级，我国农业的外贸依存度越来越大。目前，我国粮食自给率已经降到了90%以下，畜产品也处于净进口状态。自2004年以来，连续10年我国农产品进出口一直处于贸易逆差状态，并呈现出逆差扩大趋势，到2013年，贸易逆差达到510.4亿美元，同比增加3.7%。幸运的是，不断扩大的贸易逆差并没有引起显著的产业损害，但足以引起社会各界对粮食安全问题的高度重视。

对于像我国这样的人口大国、农业大国，要在逐步实现农业现代化过程中确保粮食及其他主要农产品的安全，除了前述科技支撑，还必须：①通过资源安全保障食物安全。所谓资源安全，就是要不仅确保18亿亩耕地的红线，还要确保耕地的质量持续提高；通过技术创新和制度创新，实现对水资源和其他自然资源的高效利用。②树立大食物的观念，充分利用我国资源多样化的优势，向高山、湖泊、海洋等要食物，扩大食物范围，延长食物链条。③提倡节约，杜绝浪费。据有关专家估计，我国每年浪费的食物可以养活2亿人，这是一个惊人的数字。因此，要在城乡居民中大力提倡节约观念，通过节约保障食物安全。④逐步完善粮食补贴体系和政策支撑体系，逐步改变粮食产业比较利益低下的局面。

第三节　推进我国农业现代化的对策措施

根据21世纪以来11个“中央一号”文件以及中共十七届三中全会、十八届三中全会精神，推进我国农业现代化要重点抓好以下几个方面的工作。

一、改善现代农业发展的外部经济、社会环境

一个是农业现代化的投入问题。除了政府的财政投入外，还要发动社会和民间的力量，尤其是调动农民的投资积极性。政府的财政投入要起到“四两拨千斤”的作用。同时还要采取措施提高农民的抗风险能力，完善政府对农业的各种支持补贴，提高农民的积极性，增加农民收入。另一个是深化农村的综合改革，提高现代农业政策贯彻效率的问题。主要包括农村的乡镇机构改革、财税体制改革、金融体制改革等。同时，还要积极化解乡村两级的债务，根据债务的形成原因及类型采取不同的对策。此外还要鼓励发展各种专业合作组织，以有效地维护农民的权益。

二、培育新型农民，提高农民的科学文化素质和组织化程度

农民是农业现代化的主体，农业现代化需要现代的农民。首先要提高农民的素质，主要是科学文化素质，改变农民传统的农业经营理念和经营方式，培养农民的市场意识、竞争意识，提高农民的生产技能和管理能力。其次还要加强对农民的培训，无论是对外出转移的农民还是对留守在农村的农民，都应该对其加强职业教育和技能培训。为了有效地提高农民的素质，还必须要利用政府财政的力量完善农村的各项社会事业，为提高农民素质创造一个良好的社区环境。为了有效地保护农民的权益，政府应该鼓励农村各种组织的发展，以提高农民的组织化程度。

三、打造现代化农村，完善农业现代化的区域环境

农业现代化需要现代化的农村，因此，必须要完善农村各项基础设施。考虑到我国农村目前的经济发展状况和农民的支付能力及支付意愿，政府应该通过财政拨款的方式完善农村的各项基础设施和公共产品，为各种现代生产要素的有效采纳提供良好的外部环境；同时，为了适应和提高农村的市场化程度，还应该健全农村的市场体系。现代农业是对农产品进行深加工和广泛参与市场交换的农业，这就要提高农村的信息化程度，积极培育各种市场参与主体，加强对农产品质量的安全监管，以便给城乡消费者提供有机、无公害、安全的绿色食品。

四、挖掘农业的多种功能，提高科技在农业发展中的作用

农业现代化必须要全面考虑现代农业生产、生活、生态等多项功能，在保障粮食产量的基础上，大力发展养殖业，以更好地满足消费者的需求。同时，现代农业还是广泛采纳各种现代科技的高科技农业，这就要完善我国农村的科技推广、转化体系，在增加农业科研投入的同时，提高我国农业技术由科研机构向农户的传递速度，在自愿的基础上，引导农户采纳各种先进适用技术，提高信息在农村的传递速度，让农民在生产过程中有一定的科技意识。

总之，农业现代化必须要从总体上系统推进，既要发展现代的农业，还要建设现代的农村、培育现代的农民。为了有效地促进农业现代化，除了要加强党对农村工作的领导，还必须尊重农民的意愿，防止地方政府打着发展现代农业的旗帜采取一些违背农民意愿的措施。同时还要防止基层政府在建设现代农业的过程中采取一些劳民伤财、急功近利的表面措施。农业现代化的目的是改善农民的生活水平，提高农业的生产能力，因此必须要充分尊重农民的意愿，调动农民的积极性，在紧紧抓住现代农业这一核心的基础上扎实有效地发展农村生产力，提高农业的综合生产能力，增加农民的收入。

参考文献

[1] 速水佑次郎，弗农·拉坦. 农业发展的国际分析（修订扩充版）[M]. 北京：中国社会科学出版社，2000.

[2] 国务院发展研究中心农村经济研究部课题组. 中国特色农业现代化道路研究 [M]. 北京：中国发展出版社，2012.

[3] 周应恒,等. 现代农业发展战略研究 [M]. 北京：经济科学出版社，2012.

第二章 政策沿革、成就及基本框架

第一节 改革开放之前的农业现代化政策及成就

一、改革开放之前的农业现代化政策

美国学者西奥多·W. 舒尔茨在其著名的《改造传统农业》一书中提出，发展中国家的经济成长，有赖于农业的迅速稳定增长；而传统农业并不具备这种潜力，因而需要将传统农业改造成现代农业，即实现农业的现代化。现代农业是相对于传统农业而言的，因而它是一个相对、动态的历史性概念，而且不同地区农业发展水平也不尽相同，所以人们对于农业现代化的理解会随着时代背景和发展条件的不同而不断扩展和演变。

新中国成立初期，中央政府就提出了“农业现代化”的发展目标。但鉴于当时一切向苏联学习以及配合重工业优先发展的时代背景，无论在政策上还是在学术界，实质上将“农业现代化”与“农业机械化”等同起来，认为当把农业生产中机械技术的应用提高到某种程度时，农业现代化就宣告实现，进而将促进农业现代化的措施概括为“四化”，即机械化、化肥化、水利化和电气化，侧重于现代工业技术在农业生产中的运用。基于这样一种认

识，改革开放之前，我国农业现代化政策主要强调农业的基础地位与工业的主导作用，更加关注生产关系的变革和农业生产过程的现代化。1952 年，中国土地改革任务完成。1953 年，为了协调工农城乡关系，巩固新生政权和土地改革成果，克服小农生产的缺陷，中共中央提出了对农业进行以“农业合作化”为主要内容的社会主义改造。1958—1960 年的“大跃进”运动导致了国民经济比例严重失调，并造成严重经济困难。党和政府在总结苏联等社会主义国家重工轻农与我国“大跃进”经验教训和分析美国等发达国家的经济发展道路的基础上得出了“四个现代化”思想。1964 年，周恩来在政府工做报告中完整论述了这一思想。“四个现代化”思想将农业现代化放在首位，并强调了农业现代化的基础地位和四个现代化的协调发展。党和政府有关农业现代化政策沿革详见表 2－1。

表 2－1　党和政府有关农业现代化政策沿革大事年表

年份	文件	关键词	主要观点和政策取向
1953	《为动员一切力量把我国建设成为一个伟大的社会主义国家而斗争——关于党在过渡时期总路线的学习和宣传提纲》	一化三改	核心是实现国家工业化，为实现工业化就必须对农业进行以“农业合作化”为主要内容的社会主义改造，农业现代化是工业化的延伸和扩展
1964	周恩来同志在第三届全国人民代表大会第一次会议上做的《政府工作报告》	四个现代化	农业现代化是基础，工业现代化是主导，科学技术现代化是源动力，国防现代化是保障。工业的发展规模，要同农业可能提供的商品粮食和工业原料相适应。重工业部门应当首先为农业提供越来越多的机械、化学肥料、农药、燃料、电力、水利灌溉设备和建筑材料

续表

年份	文件	关键词	主要观点和政策取向
1979	《中共中央关于加快农业发展若干问题的决定》	实现农业现代化	实现农业现代化，迫切需要用现代科学技术知识武装干部群众，需要积极地、有计划地开展农业机械化工作，需要整个农业有一个合理布局，逐步实行区域化、专业化生产，不断提高农业生产社会化水平，需要建设一批商品粮、经济作物、畜牧业、渔业和林业基地，需要现代工业和交通运输业的武装，需要建设现代化的农畜产品加工业，需要有计划地发展小城镇建设和加强城市对农村的支持，需要波浪式前进，不要撒胡椒面似地全面铺开
1990	邓小平在与一些中央领导同志交谈中提出	两次飞跃	要实现农业现代化，必须坚持以家庭联产承包为主的责任制；适应科学种田和生产社会化的需要，发展适度规模经营和集体经济
1993	《中共中央关于建立社会主义市场经济体制若干问题的决定》	市场化	要适应市场对农产品消费需求的变化，优化品种结构，使农业朝着高产、优质、高效方向发展；必须积极培育农村市场，打破地区封锁、城乡分割的状况，进一步搞活流通，增强农村经济发展的开放性；发展农村社会化服务体系，促进农业专业化、商品化、社会化
1998	《中共中央关于农业和农村工作若干重大问题的决定》	农业科技革命	深化农产品流通体制改革，完善农产品市场体系。由传统农业向现代农业转变，由粗放经营向集约经营转变，必然要求农业科技有一个大发展，进行一次新的农业科技革命

续表

年份	文件	关键词	主要观点和政策取向
2007	《中共中央国务院关于积极发展现代农业 扎实推进社会主义新农村建设的若干意见》	发展现代农业	用现代物质条件装备农业，用现代科学技术改造农业，用现代产业体系提升农业，用现代经营形式推进农业，用现代发展理念引领农业，用培养新型农民发展农业，提高农业水利化、机械化和信息化水平，提高土地产出率、资源利用率和农业劳动生产率，提高农业素质、效益和竞争力
2008	《中共中央关于推进农村改革发展若干重大问题的决定》	长久不变、两个转变	赋予农民更加充分而有保障的土地承包经营权，现有土地承包关系要保持稳定并长久不变。家庭经营要向采用先进科技和生产手段方向转变，增加技术、资本等生产要素投入，着力提高集约化水平；统一经营要向发展农户联合与合作，形成多元化、多层次、多形式经营服务体系方向转变，发展集体经济、增强集体组织服务功能，培育农民新型合作组织，发展各种农业社会化服务组织，鼓励龙头企业与农民建立紧密型利益联结机制，着力提高组织化程度
2010	《中共中央关于制定第十二个五年规划的建议》	三化同步	在工业化、城镇化深入发展中同步推进农业现代化
2012	《坚定不移沿着中国特色社会主义道路前进 为全面建成小康社会而奋斗》	四化同步、新型农业经营体系	推动信息化和工业化深度融合、工业化和城镇化良性互动、城镇化和农业现代化相互协调，促进工业化、信息化、城镇化、农业现代化同步发展。构建集约化、专业化、组织化、社会化相结合的新型农业经营体系

续表

年份	文件	关键词	主要观点和政策取向
2013	《中央关于全面深化改革若干重大问题的决定》	现代市场体系，承包经营权抵押、担保权能，生态环境可持续	使市场在资源配置中起决定性作用。赋予农民对承包地占有、使用、收益、流转及承包经营权抵押、担保权能，允许农民以承包经营权入股发展农业产业化经营。鼓励和引导工商资本到农村发展适合企业化经营的现代种养业，向农业输入现代生产要素和经营模式。建立系统完整的生态文明制度体系

二、改革开放之前农业现代化的成就

（一）农业机械化水平极大提高与农田水利建设不断完善

从新中国成立到1978年，农业机械化水平得到极大提高。农业机械总动力由1949年的8.1万千瓦增加到1978年的11749.6万千瓦，增长了1451倍，年均增幅近50%；机耕面积由1952年的204万亩提高到1978年的61005万亩，增长了298倍；机电灌溉面积占总灌溉面积的比重由1952年的1.6%提高到1978年的55.4%，提高了53.8个百分点。此外，我国主要农机具类型增长尤为突出。农用大中型拖拉机由1952年的0.1万台增加到1978年的55.7万台；农用小型拖拉机由1962年的0.1万台增加到1978年的173.7万台，联合收割机由1957年的0.2万台增加到1978年的1.9万台。①

农田水利建设不断完善。农业有效灌溉面积从1952年的1995.9万公顷上升至1978年的4496.5万公顷，增长了225%②。到1965年，全国排灌机械动力拥有量达到667万kW，其中电动机326万kW，分别比1960年增长88%和4.2倍。1965年全国机电井达到19.42万眼，仅冀、

① 中华人民共和国农业部．新中国农业60年统计资料［M］．北京：中国农业出版社，2009.

② 中华人民共和国农业部．新中国农业60年统计资料［M］．北京：中国农业出版社，2009.

晋、鲁、豫、陕五省就达 17.17 万眼，比 1960 年增加近一倍。到 1976 年全国机井数量已达到 240 万眼，比 1965 年增加了 10 倍，对提高华北地区的粮食产量、改变“南粮北调”的局面起到重要作用。与此同时，全国机电排灌泵站也有很大发展，1976 年机电排灌动力拥有量达到 5400 多万 kW，比 1965 年增加了 5 倍，原来的人力、畜力简易提水工具基本上被机电泵替代。到 1976 年全国有效灌溉面积达到 6.8 亿亩，排水除涝面积达到2.4 亿亩。[①]

（二）农业科教体系曲折发展与农业推广体系基本建立

农业科教体系曲折发展。1956 年的统计资料显示，全国有省市级农业科研机构 205 所，高等农业院校 27 所，农业科研人员 10800 名，其中高级研究人员（副研究员、副教授以上）1300 名。基本上建成从中央到地方三级农业科学研究体系。在“大跃进”形势下，1958 年到 1959 年，中国农科院相继新成立了蔬菜研究所、畜牧研究所等 23 个专业所，共有 36 个专业所。各省、自治区、直辖市也建立了省级农科院和一大批专业研究所室。[②] 到 1965 年，全国高等农业学校保留 45 所，年招生量为 13849 人，研究生教育得到一定发展。1966—1976 年十年“文化大革命”期间，农业科教体系遭受极大破坏。1971 年，中国农业科学院与中国林业科学研究院、中国水产科学研究院三家合并，成立中国农林科学院，原属 46 个研究机构仅保留 5 个。所属科研单位 62 个、职工 13963 人，暂定编制 620 人。[③] 福建、江西、安徽等大部分省级农业科学院（所）都撤销了农业科学院的建制，21 个被下放。农、林、水产、农垦等部属的63 个研究机构，被下放 53 个、撤销 4 个，仅剩 6 个。到 1976 年，学校数量有 38 所，在校学生近 5.3 万人，“文革”期间毕业生 7.5 万人。[④] 但是，因为国家取消了文化考试，缩短了学制，以干代学，毕业生的数量和质量均受到严重影响。但总体讲，我国农业科教体系较为完整，各级农

① 建国四十年来我国水利建设的主要成就［J］. 水利水电技术，1989（9）：35.

② 朱世桂. 中国农业科技体制百年变迁研究［D］. 南京农业大学，2012.

③ 包平. 二十世纪中国农业教育变迁研究［D］. 南京农业大学，2006.

④ 包平. 二十世纪中国农业教育变迁研究［D］. 南京农业大学，2006.

业科教组织齐全，积累了一定数量的农业专家、技术人员，为我国农业现代化提供了基础保障。

农业推广体系基本建立。1948 年东北解放后中央政府农业部即在黑龙江省试办农业技术推广站。1950 年前后，中国已有部分省农业厅、局设立了技术推广处、科，在一些国营农场设立技术推广科、股，对农业生产技术和新品种进行推广。到 1956 年底，全国共建立了农业技术推广站 16466 个，配备干部 94219 名，除边远山区外，基本做到每区 1 站，平均每站 5 人左右。[①] 到 1957 年，辽宁、黑龙江、河北、天津、山东、浙江、福建等省、直辖市，建立了县级水产技术推广站（场、所）120 多个[②]。1969 年，湖南省华容县创办了“四级农业科学实验网”（简称“四级农科网”），即县办农科所、公社办农科站、生产大队办农科队、生产队办农科小组，并得到湖南省的大力推广。1974 年，总结华容等县先进经验，全国各地县建立了农林科研所，公社建立了农技站，大队建立了科技推广站，生产队还有科技组，形成了遍布农村的 4 级农科网。到 1978 年底，大部分省基本建立起了省、地（市）、县、公社四级农技推广机构，人民公社建立起科技站，生产大队建立起科技小组，生产队内设有技术员，负责社队的技术推广和指导工作，推广经费主要来源于国家财政拨款，推广方式主要是由技术干部到社队跨点，以搞样板田，运用示范和培训的方法，推广先进技术和经验。

（三）农业产值迅猛提升与农业内部结构不断优化

新中国成立以来，在整个计划经济时代我国农业快速发展，形成了种植业为主，林、牧、渔业为辅的农业制度。随着国家政策调控与生产力的发展，我国的农业总产量增长迅猛。农业总产值从 1952 年的 461 亿元增加到 1978 年的 1397 亿元，增幅达 303%。其中，种植业总产值从 1952 年的 396 亿元增加到 1978 年的 1117.6 亿元，增幅达 282%；林业总产值从 1952

① 当代中国丛书编辑委员会. 当代中国［M］. 北京：当代中国出版社，1992.

② 农业部科技教育局. 中国农业科学技术 50 年［M］. 北京：中国农业出版社，1999.

年的7.3亿元增加到1978年的48.1亿元，增幅达658%；牧业总产值从1952年的51.7亿元增加到1978年的209.3亿元，增幅达405%；渔业总产值从1952年的6.1亿元增加到1978年的22.1亿元，增幅达362%。此外，我国农业内部结构不断优化，种植业总产值占农业总产值的比例从1952年的85.9%降低到1978年的80%；林、牧、渔业总产值占农业总产值的比例分别从1952年的1.58%、11.21%、1.31%上升到1978年的3.44%、14.98%、1.58%①。

（四）农业生产经营组织化程度不断提升

在我国计划经济时代，在土地改革与农业集体化改造的基础上，农村生产经营组织经历了从互助组、合作社到人民公社的发展变迁。

据土地改革后对23个省（自治区）15432户农民的调查，土改结束后，贫雇农平均每户只有耕畜0.47头，犁0.41部，水车0.07部；中农平均每户耕畜0.91头，犁0.74部，水车0.13部②。耕畜和农具严重不足，以及战争的破坏、劳动力伤亡和农田水利失修，加上自然灾害，造成对农业生产的发展制约。因此，1951年中共中央发布《关于农业生产互助合作决议（草案）》以来，全国范围内掀起互助合作高潮。据统计资料记载，1950年全国互助组有272.4万个，参加农户1131.4万户，占总农户的10.7%，发展到1954年，互助组又增加到993.1万个，参加农户6847.8万户，占总农户的58.4%，一定程度上解决了中下贫农生产资料缺少、严重制约农业劳动生产力的问题，促进了农业的发展③。

但是互助组作为初步的合作形式，逐渐无法满足当时体制变革的需要。1955年毛泽东在《关于农业合作化问题》的讲话中，强调合作社的重

① 数据来源于国家统计局网站，根据国家统计数据库指标查询：“农、林、牧、渔业总产值及指标”整理。

② 苏星．土地改革以后，我国农村社会主义和资本主义两条道路的斗争［J］．经济研究，1965（9）：14－26.

③ 王贵宸．中国农村合作经济史［M］．太原：山西经济出版社，2006.

要性，大胆预言农业合作化高潮即将来临。1950 年是农业合作社试点时期，初级社仅 18 个，参加农户 187 个。1955 年初级社暴增至 190 万个，参加农户 7000 万，参与比例提高至 58.7%。1956—1957 年由于初级社逐渐向高级社过渡，初级社数量飞速下降，到 1957 年，初级社仅有 3.6 万个，参加农户 160 万户，占总农户的 1.3%。与初级社发展兴衰紧密相连的高级社快速发展，1955 年农业合作化运动进入高潮时为 13.8 万个，参加的农户仅 400 万户，占农户数的 3.4%，到 1957 年底，高级社增加到 75.3 万个，参与农户达到 11945.0 万户，占总农户的 95.6%，实现了高级农业生产合作社化和农业的全盘集体化①。与农业合作化浪潮相伴的是，我国农业总产值从 1949 年的 326 亿元猛增到 1957 年的 537 亿元，增幅高达 61%②。

从 1958 年 8 月的北戴河会议到 12 月中央《关于人民公社若干问题的决议》的宣布，仅半年时间，全国 74 万多个农业生产合作社改组成了 2.6 万多个人民公社，参加公社农户有 1 亿 2 千多万户，已占全国农户总数的 99% 以上，从而高速度地在全国完成了人民公社化③。1962 年 9 月 27 日，中共八届十中全会正式通过《农村人民公社工作条例修正草案》，标志着人民公社组织在公社规模得到调整的同时，“三级所有、队为基础”的一套基本制度也得以确定，并一直实行到家庭承包制之前。《修正草案》确立后的 16 年，也是中国农村集体经济条件下的基本制度形成和相对稳定的时期，尽管在经济恢复之后的几年又开始了史无前例的对文化的“大革命”，但大部分地区基本上保持了由此确定的经济体制，农业生产基本稳定。

---

① 王贵宸．中国农村合作经济史［M］．太原：山西经济出版社，2006.

② 根据国家统计局网站，国家统计数据库指标查询：“农、林、牧、渔业总产值及指标”整理。http：//data. stats. gov. cn/workspace/index；jsessionid = B77435CF218ED490D93E0E2452D40B1B？m = hgnd。

③ 王均伟．对城市人民公社历史的初步考察［J］．当代中国史研究，1997（2）：23 - 34.

第二节 改革开放之后的农业现代化政策及成就

一、党和政府有关农业现代化政策的沿革

从1979年到20世纪90年代初，我国的农业现代化政策主要着眼于确立以家庭联产承包为主的责任制，强调不断提高农业生产的社会化水平。1979年党的十一届四中全会重新确立了农业现代化的基础地位和实现农业现代化的战略任务，指出需要“不断提高农业生产社会化水平”。1990年邓小平同志进一步提出“两个飞跃”思想：即“第一个飞跃是废除人民公社，实行家庭联产承包为主的责任制；第二个飞跃是适应科学种田和生产社会化的需要，发展适度规模经营，发展集体经济”。

从20世纪90年代初到21世纪初，随着我国社会主义市场经济体制的确立和完善，我国农业现代化政策主要着眼于建立健全农产品市场体系和推进农业产业化。1993年党的十四届三中全会确立了市场化的改革方向，强调“必须积极培育农村市场”和“发展农村社会化服务体系”。1998年党的十五届三中全会进一步强调“完善农产品市场体系”，并号召“进行一次新的农业科技革命”。

进入21世纪以来，农业现代化面临新问题，城乡差距不断拉大，城乡经济社会发展不协调，这一时期的农业现代化政策主要强调破除城乡二元结构，调整工农城乡关系，统筹城乡发展，更加关注生产经营的科学化、组织化与产业化。2007年的中央“一号文件”全面阐释了新时期农业现代化的内涵，即“用现代物质条件装备农业，用现代科学技术改造农业，用现代产业体系提升农业，用现代经营形式推进农业，用现代发展理念引领农业，用培养新型农民发展农业”。2008年党的十七届三中全会进一步提出了“两个转变”的农业现代化目标，即“家庭经营要向采用先进科技和生产手段方向转变，统一经营要向发展农户联合与合作，形成多元化、多

层次、多形式经营服务体系方向转变”。2010 年党的十七届五中全会在深刻把握和深刻认识当前我国经济社会发展阶段和新形势下工农城乡关系的基础上提出“三化同步”思想，即“在工业化、城镇化深入发展中同步推进农业现代化”。“三化同步”思想丰富了“重中之重”、“两个趋势”和统筹城乡等重要思想，对实现农业现代化具有重要意义。在此基础上，2012 年党的第十八次全国代表大会进一步提出了“四化同步”的思想，即“推动信息化和工业化深度融合、工业化和城镇化良性互动、城镇化和农业现代化相互协调，促进工业化、信息化、城镇化、农业现代化同步发展”，并首次提出“构建集约化、专业化、组织化、社会化相结合的新型农业经营体系”，很好地对上一阶段农业现代化政策进行了总结和升华。

2013 年党的十八届三中全会继往开来，提出了一系列具有里程碑意义的农业现代化政策。它不仅在稳定完善农村基本经营制度方面做出了有益的尝试，如“赋予农民对承包地占有、使用、收益、流转及承包经营权抵押、担保权能，允许农民以承包经营权入股发展农业产业化经营”，“鼓励和引导工商资本到农村发展适合企业化经营的现代种养业，向农业输入现代生产要素和经营模式”，而且指出了两个重要的原则，即“使市场在资源配置中起决定性作用”和生态环境可持续。党的十八届三中全会为我国下一阶段的农业现代化指明了方向和突破口，具有深远意义。

二、改革开放之后农业现代化的成就

（一）农业水利化、机械化与信息化

改革开放以来，农田水利建设得到不断完善。农业有效灌溉面积从 1978 年的 4496.5 万公顷上升至 2011 年的 6168.2 万公顷，增长了 37.2%。1985 年至 2011 年间，灌区数从 5281 处上升至 5824 处，增加了 543 处，其中，3.3 万公顷以上的灌区从 71 处上升至 129 处，增加了 58 处；2.0 万公顷至 3.3 万公顷的灌区从 66 处上升至 219 处，增加了 153 处。1998 年至 2011 年间，节水灌溉面积从 1523.5 万公顷增长至 2917.9 万公顷，翻了将近一倍。与此同时，水土综合治理能力也得到显著提升，除涝面积及水土

流失治理面积分别从 1982 年的 1809. 3 万公顷和 4100 万公顷增长至 2011 年的 2172. 16 万公顷和 10966. 38 万公顷。农村地区水利基础设施也在不断增加，2011 年全国农村地区水库数量达到了 88605 座，比 1983 年增加了 2038 座。这其中大型水库达到 567 座，增加了 227 座；中型水库达到 3346 座，增加了 945 座；小型水库达到 84692 座，增加了 4214 座。[①]

改革开放以来，我国的农业机械化水平也有了很大程度的提高。农业机械总动力自改革开放以来逐年攀升，20 世纪 90 年代以来增速加快，由 1978 年的 11750 万千瓦增加到 2010 年的 92410. 4 万千瓦。农用大中型拖拉机由 1978 年的 55. 7 万台增加至 2010 年的 392. 2 万台；农用小型拖拉机由 1978 年的 137. 3 万台增加至 2010 年的 1785. 8 万台，增速明显快于大中型拖拉机。伴随小型拖拉机数量的快速上升，小型拖拉机配套农具数量增速惊人，从 1978 年的 145. 4 万部上升到 2010 年的近 3000 万部[②]。2011 年，我国的农业综合机械化程度达到 54. 5% ，同比提高了 2. 2 个百分点，连续六年增幅超过 2% 。2011 年农机工业总产值超过 2898 亿元，连续 4 年保持 20% 以上的增速[③]。

改革开放以来，我国在农业信息化方面也取得了长足发展。赵静、王玉平（2007）曾指出："全国 97% 的地市和 80% 的县级农业部门涉足信息化管理，可直接向农民传递信息的农村信息员已达 18 万人；以中国农业信息网为核心、集 20 多个专业网为一体的国家农业门户网站和'科技教育信息网'、'种植业信息网'等子网络已陆续建立；农业部在全国累计布设了 8000 多个信息采集点，在农业、畜牧等领域形成了 33 条信息采集渠道，开发了农村供求信息全国联播系统。"

（二）劳动力知识化与产学研联接紧密化

随着我国基础教育的普及以及各种农业技术培训计划的实施，我国农

---

① 数据来源于中经网统计数据库综合年度库。

② 根据国家统计局网站，国家统计数据库指标查询："主要农业机械拥有量数据"整理。http：//219. 235. 129. 58/indicatorYearQuery. do？ id = 141310600000000。

③ 数据来源于新中国农业 60 年统计资料，2009：表 2 －5 －1；《中国农村统计年鉴 2011》。

村劳动力的文化水平有了显著提升。不识字或识字很少的比率从1990年的20.73%下降到2009年的5.94%；高中及中专、大专及以上文化水平的比例从7.57%上升到16.71%[①]。此外，随着国家农业技术推广体系的建设和完善，以及龙头企业、合作社对成员进行的农业种植、养殖技术的培训，我国农业从业人员的平均文化和技术水平均有显著提升。

改革开放后尤其是进入新时期以来，我国农业科技进入了发展的“黄金期”，发展速度明显加快，科技进步对农业增长的贡献率已由20世纪80年代的20%左右提高到2011年的53.5%[②]。从2000年以来，全国各省、市、自治区确认的农业类科技成果达45000多项，占地方科技成果的比例也从2001年的12.95%稳步上升至2011年的16.87%[③]。农业科技的巨大进步使我国农业科技整体水平跃升至发展中国家前列，一些重大科技成果达到国际先进水平和领先水平。据科技部的统计，超级稻、杂交玉米、转基因抗虫棉、杂交油菜、地膜覆盖技术等一大批突破性科技成果的研发和推广应用，使2011年我国主要农作物良种覆盖率达95%以上，良种对粮食作物增产的贡献率超过40%，粮食总产量跃上了1.1万亿斤的台阶；畜禽品种改良和规模化养殖、重大动物疫病防控、名特优新水产品养殖技术的进步，使我国畜牧、水产养殖业的科技进步贡献率达到50%以上，肉类、禽蛋和水产品总产量跃居世界首位。

我国农业生产的水利化、机械化与信息化，以及劳动力知识化与产学研联接紧密化等大大提高了农业土地生产效率。2010年我国农业土地生产效率为403.99，较1978年的农业土地生产效率74.45翻了4倍多[④]。

---

① 国家统计局农村社会经济调查司．中国农村统计年鉴2010［M］．北京：中国统计出版社，2010.

② 根据人民日报、人民网数据整理。

③ 根据《全国科技成果统计年度报告（2000—2011年）》整理。

④ 根据国家统计局网站，国家统计数据库指标查询：“农作物总播种面积”、“农业总产值”及《中国农业统计年鉴2011》计算而得。http：//219.235.129.58/indicatorYearQuery.do？id＝141310600000000。

（三）种养结构和经营方式的多样化

长久以来，受人地比例高的影响，我国形成了以种植业为主的农业制度，牧、渔业在农业总产值中比重较低。但随着城市化和人们消费结构的转化，我国的农业内部结构正发生变化，由原来的粮食种植为主逐渐转化为菜—果种植和畜—禽—鱼饲养为主，由原来的劳动密集型种植的“旧农业”向“资本和劳动双密集型的新农业”转化（黄宗智，2010）。改革开放以来，我国粮食种植面积整体呈现下降趋势，由 1978 年的 12058.7 万公顷波动下降，并在 2003 年达到最低值，跌破 10000 万公顷，在近年中央大力补贴粮食生产的情况下，粮食种植面积才有所回升。而与之形成鲜明对比的是，蔬菜和果园经营面积大幅度增加，分别由 1978 年的 333.1 万公顷和 165.7 万公顷上涨到 2010 年的 1899.9 万公顷和 1154.39 万公顷①；肉类（猪、牛、羊肉）的产量则上升了近 6 倍②。菜—果和鱼—肉在农业总产值中占的比重从 1978 年的 1/6 上升到将近 4/6（黄宗智，2010）。

随着城镇化、工业化的不断发展，以及农业现代化进程的不断推进，农业生产经营不再局限于传统种养殖生产，开始逐渐发现、重视并利用农业的多功能性，向更加广泛的生产经营方向延伸和发展。目前的多功能农业体系主要由有机农业、生态农业、旅游农业、文化农业、能源农业、都市农业等经营模式和产业构成（谷中原，2008）。

（四）生产经营的组织化与产业化

从 20 世纪 80 年代初开始探索建立农民专业协会以来，农业专业协会迅猛发展。截至 1995 年，全国农村专业协会已发展到 13 万余个，其中 1 万多个拥有技术经济实体，会员农户数达 500 万，许多省市还建立了全省性的联合会。1995 年 11 月 8 日，中国农村专业技术协会在京正式成立，标志着我国农村专业技术协作和服务进入了一个发展新阶段。③ 2006 年，

① 根据国家统计局网站，国家统计数据库指标查询：“农作物总播种面积”项目整理。http：//219.235.129.58/indicatorYearQuery.do？id=141310600000000。

② 国家统计局农村社会经济调查司．中国农村统计年鉴 2010［M］．北京：中国统计出版社，2010.

③ 中国农村专业技术协会在京城立［J］．中国科技产业，1995（12）：32.

中国科协和财政部推出了《科普惠农兴村计划》，通过中央财政的支持，奖励优秀的农村专业协会和先进农民技术人才。科技部每年也通过星火计划、农业科技成果转化资金、科技扶贫等科技项目重点支持了一批基层农村专业技术协会（陈良玉，2007）。

自2007年《中华人民共和国农民专业合作社法》实施以来，农民办社、入社的热情很高，合作社迅速发展并已成为广大农民发展现代农业的重要载体。截至2013年11月底，全国依法登记的专业合作、股份合作等农民合作社达到95.07万家，实有成员达7221万户，占农户总数的27.8%。成员身份多元，覆盖产业扩大，能力不断提升。全国各级示范社已突破10万家，开展内部信用合作的合作社已近2万家，联合社5600多家、联合会2554家。同时，还有1.49万家合作社在2.7万个社区设立2.3万个直销店，7500万人受益。农民专业合作社主要分布在种植业和养殖业，同时在林业、植保、技术信息、手工编织、沼气、灌溉用水管护、农民字画、农家乐与休闲观光农业等农村各个产业均有所发展，正成为建设现代农业产业体系的有生力量。此外，合作社的发展对提高农产品标准化生产、提升农产品质量安全水平也有很大作用。

与此同时，农业产业化组织快速成长，也成为推进现代农业建设的重要主体。目前，全国各类农业产业化经营组织达到28万个，辐射带动农户1.1亿户，农户年均增收2400多元，各类产业化组织辐射带动种植业生产基地占全国60%以上，带动畜禽饲养量占全国70%以上，带动养殖水面占全国80%以上，已成为农业生产的重要主体。目前，通过合同、合作、股份合作三种较为紧密的利益联结方式带动农户的产业化组织占总数的98%以上，形成了“企业+合作社+农户”、“企业+生产基地+农户”等几大生产经营模式①。合作社在自身不断发展壮大的同时，也拓展思路，增加销售途径，缩短供应链链条。在国家政策指导下，目前已开辟出了“农超

① 2012年中国农业产业化发展特点分析．中商情报告网［EB/OL］，2012－09－24. http://www.askci.com/news/201209/24/2415184928325.shtml.

对接”、“农企对接”、“农校对接”、“农社对接”等多种不同供销形式。

龙头企业已成为农产品市场供应和农业投入的重要主体。龙头企业2012年的销售收入已达5.7万亿元。2002年以来，龙头企业投入原料生产基地建设资金年均递增23.8%，2011年达到3034亿元①。龙头企业不断强化良种繁育、原料基地等上游产业链建设，大力发展精深加工，拓展包装储藏、物流配送和市场营销等下游环节，逐步完善了现代农业产业体系。通过保护价和加价收购农产品、股份分红等形式，实现企业与农民共享产业化发展成果。

三、农业现代化支持体系不断完善

（一）政策和法律支撑体系

在政策支撑方面，从1982年至1986年，中央“一号文件”连续五年以农业、农村和农民为主题，对农村改革和农业发展做出了具体部署。随着农业现代化过程中一些新问题的出现，2003年中共十六届三中全会通过的《中共中央关于完善社会主义市场经济体制若干问题的决定》提出了“五个统筹”，要求逐步统一城乡劳动力市场，形成城乡劳动者平等就业的制度，为农民创造更多就业机会；完善农产品市场体系，把通过流通环节的间接补贴改为对农民的直接补贴；加大国家对农业的支持保护，深化农村税费改革，切实减轻农民负担等，再次把“三农”问题推向前台。此后，2004年至2012年，中央“一号文件”连续九年锁定“三农”，分别从农民增收、农业综合生产能力提高、新农村建设、现代农业发展和新农村建设、农业基础建设及农业发展农民增收、农业发展和农民增收、统筹城乡发展及农业农村发展、水利改革发展、农业科技创新等方面为我国的农业现代化做出了安排，提供了政策支撑。在这期间，2008年中共十七届三中全会通过的《中共中央关于推进农村改革发展若干重大问题的决定》强调我国发展现代农业，加快转变农业发展方式，推进农业科技进步和创

① 2012年中国农业产业化发展特点分析［EB/OL］. 中商情报告网，2012-09-24. http：//www.askci.com/news/201209/24/2415184928325.shtml.

新，加强农业物质技术装备，健全农业产业体系，提高土地产出率、资源利用率、劳动生产率，增强农业抗风险能力、国际竞争能力、可持续发展能力。指出推进中国特色农业现代化，必须按照统筹城乡发展的要求，抓紧在农村体制改革关键环节上取得突破，进一步放开搞活农村经济，优化农村发展外部环境，强化农村发展制度保障。

在法律支撑方面，1979 年到 1984 年全国人大及其常委会通过了 34 部法律。截至 2010 年，全国人大及其常委会通过了 239 部法律、14 件法律解释和 74 个有关法律问题的决定。这些法律法规的制定，保证了我国农业现代化的快速推进。尤其是近几年来，全国人大先后通过实施或修订了《农业法》(2002 年修订)、《农村土地承包法》(2002 年通过)、《农产品质量安全法》(2006 年通过)、《农民专业合作社法》(2007 年通过)、《科学技术进步法》(2007 年修订)、《物权法》(2008 年通过)、《农村土地承包经营纠纷调解仲裁法》(2009 年通过)、《农业技术推广法》(2012 年修订)等 30 余部涉及农业现代化建设的法律,并且在 2005 年废止了《中华人民共和国农业税条例》。由此促进了农村基本经营制度的稳定和完善，土地承包关系保持稳定并长久不变，农业经营体制机制得到创新，农业产业化龙头企业获得支持，农民专业合作社、各类行业协会和中介服务组织开展农业社会化服务的能力得到加强，农业组织化程度得到提高。在这些法律的支撑下，我国的农业现代化进程得到了大大推动。

尽管为了加快发展现代农业、增强农业国家竞争力，仍需坚持补贴农民、投入农业、理顺价格、调控进出口的政策取向，不断巩固、完善、强化我国法律法规，但经过新时期十余年的发展，我国“强农、惠农、富农”的农业现代化政策和法律体系的基本框架已初步建立。

(二) 财政金融支撑体系

为了推动农业现代化，全面解决“三农”问题，财政支撑具有非常关键的作用。近年来，中央和地方陆续出台了一系列支农惠农政策，国家财政的各项支农投入均有较大幅度增加。国家财政的支农支出从 2001 年的 1456.7 亿元增加至 2011 年的 10408.6 亿元，11 年间增长了 7 倍多，平均每年增长率高达21.9%①。在财政支农资金总量逐年增加的基础上，资金结构不断优化，资金投入的针对性得到提高。这有力地促进了农业生产和结构调整、农村基础设施的改善、农村社会事业的发展和农民收入的提高，为我国加快现代化进程提供了资金支持。但是，中央财政用于“三农”的支出占整个财政支出的比重仍然偏低。2011年中央财政用于“三农”的支出以最宽的口径统算下来，才占到整个财政支出约9.5%。这远远不能适应发展现代农业的要求，财政“三农”资金投入总量应不断增加，而且要逐步提高比重，并引导更多的信贷资金和社会资金投向农业农村。

金融是现代经济的核心，党中央、国务院历来强调金融支持对农业现代化建设的重要性。近年来，中国人民银行和银监会都高度重视金融对现代农业发展的金融支持作用，采取多项措施加大金融支农力度。一是综合运用多种货币政策工具，支持金融机构加大对“三农”发展的信贷投入。通过灵活运用差别存款准备金率、支农再贷款、再贴现等多种货币政策工具以及实施农村信用社改革试点资金支持政策等方式，引导和支持金融机构不断加大对“三农”的信贷投入。二是全面推动农村金融产品和服务方式创新。2008年10月，出台《关于加快推进农村金融产品和服务方式创新的意见》，推动开展农村金融产品和服务方式创新试点，以增加农民的抵押担保物的品种和范围。2010年7月，将创新试点工作在全国范围内推开。2011年2月，又发布了《关于全面做好农村金融服务工作的通知》。三是切实加大涉农金融服务。首先，涉农企业债务融资规模逐步扩大，截至2010年末，涉农企业发行短期融资券、中期票据、中小企业集合票据合计1116.1亿元。其次，农村金融基础设施逐步改善。截至2010年末，全国共有28886家农村信用社网点、1238家农村合作银行网点、1164家农村商业银行网点和261家村镇银行网点接入人民银行支付系统，畅通了农村地区异地汇划渠道。同时，全

① 资料来源于《中国农村统计年鉴（2011）》和《人民日报》（2011年12月26日4版）。

国共有1.34亿农户建立了信用档案，8300多万农户进行了信用评定，基本建成了全国集中统一、覆盖农村企业和个人信用信息的基础数据库。最后，金融机构涉农贷款持续增长。截至2010年末，全部金融机构涉农贷款余额达11.76万亿元，比年初增加2.6万亿元，其中，农林牧渔业贷款余额为2.3万亿元，比年初增加3556.8亿元①。总体来看，近年来农村金融改革发展支持了农业产业化发展，推动了传统农业向现代农业转变。

（三）市场流通和农村科技服务体系

从发达国家农业现代化的历程来看，现代农业是发达的市场农业，农业的现代化与农业的市场化、农产品的商品化几乎是同一过程。商品化是现代农业的重要特征。农业要实现现代化，必须把推进农产品的市场化作为重要的实现手段。

十一届三中全会以来，我国农村实行了市场取向的渐进式改革，按照不同时期的特征，可以把农业市场化改革划分为4个阶段。第一阶段是1979—1984年，在农村普遍建立了家庭联产承包责任制，农户获得了相对独立的生产经营自主权和财产所有权，重新确立了家庭经济，农户成为市场的主体。第二阶段是1985—1992年，农村开始取消农产品统购统销。1985年的中央“一号文件”《关于进一步活跃农村经济的十项政策》中做出了改革农产品统派购制度的历史性决策，决定从当年起，除个别品种外，国家不再向农民下达农产品统购派购任务，实行合同定购和市场收购。第三阶段是1993—2001年，粮改再次启动并不断向前推进，“粮票”制度退出了历史舞台。由于粮食市场管理一直存在着“一管就死，一改就乱”的问题，粮改也往往出现反复，直到2004年中央“一号文件”提出“深化粮食流通体制改革”，决定“国家将全面放开粮食收购和销售市场，实行购销多渠道经营”，我国才逐渐实现了粮食购

---

① 数据和资料来源于中国人民银行网站，http://www.pbc.gov.cn/publish/goutongjiaoliu/524/2011/20110216164716913555606/20110216164716913555606_.html。

销市场化和市场主体多元化。不过直到目前，粮食价格和市场进入仍没有完全放开。第四阶段是2002年至今，我国加入WTO，农业开始与世界市场联动，农业的市场化、农产品的商品化加速，现代农业和农产品市场获得初步完善。

随着农业市场化的推进，我国农村市场体系逐步形成，多种流通渠道、多种经营方式并存的农产品流通体制也日益完善。根据商务部和农业部的不完全估计，2009年全国有城乡集贸市场约6万多个，经营品种千余种；农产品批发市场4000多个，其中交易额过亿元的有1884家，占总数量的比例达到70%，交易总额近1.5万亿元。据全国城市农贸中心联合会的调查，中国农产品通过批发市场流通的比率超过70%，在部分大中城市这一比例超过80%。截至目前，我国已基本建立起以批发市场为中心，集贸市场为基础，连锁超市、电子商务为先导的现代农产品市场流通体系。

现代农业的发展离不开现代的农村科技服务体系。由于我国的社会化放开较晚，从现实情况来看，目前我国的农村科技服务功能还主要涵盖农技推广系统，并辅助有农民经济组织、涉农企业等机构，后者出于各种动机，为农户的生产、生活和社会化需求等提供服务。从农技推广系统来看，20世纪80年代后，随着“四级农科网”的解体，我国逐步建立起了以中央、省、市、县、乡五级农技推广机构为主体，以其他涉农行政部门为补充，自上而下的农技推广体系。这一阶段为适应农村家庭承包责任制需要，国家整合农技推广机构资源，加强体系建设，农技推广由单一服务向综合服务转变。国家推广机构由财政拨部分经费，允许其兴办经营性实体，开展技术承包，“技物结合，开方卖药”，从事经营性服务创造收入。这种运行机制在许多地方出现资金保障不力问题，“有钱养兵、无钱打仗”的问题凸显。据统计，1992年全国有44%的县和41%的乡农技站被减拨或停拨事业费，约1/3的农技员离开了推广岗位，基层农技推广人员下降到30万人，一些地方出现“网破、线断、人散”的局面。尽管在1993年通过了《农业技术推广法》，上述问题也并没有得到解决。进入21世纪，针对农技推广工作出现的诸多问题，中央提出要“继续推进农业科技推广体系改革，逐步建立起分别承担经营性服务和公益性职能的农业技术推广体系”（中发〔2002〕2 号）。2003 年，国家农技推广体系改革试点全面展开，改革涉及机构性质、管理体制、机构设置、投入保障、队伍建设、扶持多元化服务主体等内容，并提出了逐步建立分别承担公益性职责和经营性服务的农业技术推广体系的要求。此后，涉农企业、农民合作经济组织等在农村科技服务方面的作用日益凸显，为农技推广发展提供了新鲜动力，使我国的农村科技服务呈现出“一主多元”的发展态势。至 2011 年底，全国农业系统共有推广机构 9.9 万个、农技推广人员 69 万人；林业系统农技推广机构 2638 个、推广人员 3.5 万人；水利系统推广机构 4616 个、推广人员 2 万人。农、林、水共有 10 多万个机构、70 多万推广人员奋战在农技推广工作第一线（刘振伟，2012）。当然，由于我国现代农业的科技服务体系尚不够完善，其中产学研一体化程度较低、农业科技推广体系弱化等问题严重，我国每年登记的 3000 余项农业科技新成果的转化率仅 40% 左右（秦富，2012）。正因如此，全国人大在 2012 年 8 月修订了《农业科技推广法》，以加速完善我国的农村科技服务体系。

非政府农村科技服务主体主要包括农村合作经济组织、农业科研院校、涉农企业及社会团体等。这些参与主体或者是农业科技创新的源头，或者与农户有关联交易，甚至本身就是农户的联合，因此在提供农村科技服务方面有独特优势。例如，近年来 90 多所农业科研院校和 2500 多家参展商通过全国农业“双交会”平台，推广各类科技产品 16000 余项，对促进农业科技成果转化发挥了积极作用。北京某肥业公司通过在全国 200 多个县建立 4000 多个连锁经营专卖店，逐步形成了多网合一的社会化服务网络，并与农民专业合作社合作，将技术到位率较个体户提高了 20 ~ 30 个百分点（夏敬源，2010）。另外，根据农业部新闻办公室的数据，目前 55 万个农民专业合作社中的 95% 以上都能够为成员提供各种急需的、有效的农业社会化服务，大大推动了我国农村科技服务体系的建设。

第三节　中国农业现代化的问题及约束条件

一、工业化、城镇化给农业现代化带来挑战

（一）工业化、城镇化给耕地保护带来巨大压力

耕地保护是关系我国经济和社会可持续发展的全局性战略问题。然而，随着我国工业化、城镇化的快速发展，对土地的需求和占用规模日益增大。首先，工业化的发展和城镇化的扩张，使得耕地面积快速减少的趋势短期内难以根本扭转。工业发展、住房建设、城乡居民住房、基础设施建设、公共服务设施都需要新增用地，土地需求刚性急剧上升，与耕地保护之间的矛盾越来越突出。我国耕地面积已经逼近18亿亩红线，“十二五”期间，土地利用方面肩负落实单位国内生产总值建设用地指标下降的压力更大。其次，在耕地资源紧缺的严重态势下，出现了土地资源闲置浪费、耕地质量下降的现象。大量的青壮年劳动力转移，也造成耕地复种指数降低、撂荒现象严重，“非粮化”突出等情况出现。另外，在我国征地过程中的“占补平衡”政策实施过程中也出现了一些地区占优补劣、耕地质量总体下降的问题。可以预见，“十二五”时期，我国耕地资源制约加剧的矛盾将更加突出。

（二）工业化、城镇化使“谁来种地”问题凸显

随着工业化和城镇化的快速推进，大量农村劳动力向城镇和非农产业转移，造成农村劳动力减少和农业劳动力供给结构变化。主要表现在，农村青壮年劳动力，尤其是受教育程度相对较高的男劳动力在农村劳动力的比重大幅下降，劳动力老龄化、女性化特征明显。张红宇（2011）指出，目前我国从事农业生产的劳动力平均年龄在50岁以上，其中上海等经济发达地区务农农民年龄已接近60岁。由于农业比较效益低和农业生产成本持续升高，以劳动力转移为载体，资金、技术、人才、管理等

要素资源加速从农业和农村流出，严重削弱了农业和农村持续发展的能力。

（三）工业化、城镇化使"与农争利"现象凸显

进入21世纪以来，中央强农惠农政策的实施力度不断加强，农产品价格有了一定的提高，使得农民收入有了较为稳定的增长。一些地区和行业的农民工工资仍明显低于同等条件下的城市居民工资水平。其工资收入的增长主要来自加班费，这部分占到总收入的一多半。家庭经营收入方面，农业生产成本持续上涨，使得农民增收空间受到挤压，农产品"剪刀差"问题依然存在。2011年主产区夏收小麦、早籼稻亩均人工费用分别比上年增长11.0%和11.4%，亩均成本上升14.5%和11.0%，亩均收益分别只有162元、288元，仅相当于农民工月工资1800元的9%和16%（尹成杰，2012）。另外，土地征收过程中，农民补偿标准过低，且土地出让金多用于城镇建设，加剧了农业与农村发展的资金约束。

（四）居民消费结构变化对农业结构调整和农产品质量提出更高要求

工业化、城镇化水平的提高和消费水平的提升，必然促使人们消费结构的改善和对农产品质量要求的提高。近年来，消费者对于食品安全的关注逐步加强，关注的重点除了近年来频发的食品安全掺伪事件外，还集中在产品品种的创新和品质的提升等多方面。与此同时，人们的消费结构发生了很大的变化：从原来的八成粮食、一成肉—鱼、一成菜—果快速转化为当前的约5∶3∶2，并且未来可能达到4∶3∶3（黄宗智，2010；黄宗智、彭玉生，2007）。这样的食物消费需求的转化，必然导致农业结构的进一步转化。这就要求农业生产要满足市场需求，农业品种结构要进一步优化，农业要朝着高产、优质、高效方向发展；也要求农业生产经营者不断提高农业的产销一体化水平和信息化水平；同时也要求市场形成一系列完善的农产品质量标准、检验检测和认证体系。

二、农业发展的阶段性特征给农业现代化带来诸多难题

（一）农产品供求由“总量平衡、丰年有余”趋向“总量紧平衡、结构性短缺”

尽管我国粮食连年增产，实现了八连增，但由于需求的刚性增长，粮食自给率明显下降，已从20世纪90年代的99.6%（农业部软科学委员会课题组，2001）下降到2011年的90%[①]，突破了过去承诺的不低于95%的底线（降蕴彰、陈锡文，2012）。尽管稻谷、小麦供大于求，但由于大豆、玉米进口量持续增加，总体来看，我国粮食已经处于供求紧平衡状态，供需缺口不断拉大。2004年是我国农产品国际贸易的转折点，农产品贸易由顺差创汇阶段进入逆差状态，此后连续9年我国农产品进出口贸易一直处于逆差状态，并呈现出扩大趋势[②]，这表明我国农产品供求关系趋紧。此外，部分品种开始呈现结构性短缺，如在2011年，我国进口棉花达330多万吨，超过国内棉花总产量的一半以上，2012年，我国棉花进口量更是高达513万吨；2011年，我国食用植物油进口657万吨，占到国内植物油消费量的1/3左右（降蕴彰、陈锡文，2012），2012年，我国植物油进口量进一步增加到845万吨[③]。此外，结构性短缺也体现在优质农产品供应不足。食品安全事件的大量涌现，如“大头娃娃”奶粉、“红心咸鸭蛋”、三聚氰胺、瘦肉精、青岛毒韭菜和海南毒豆角等，大大增加了消费者对安全、优质农产品的需求。

（二）农业生产逐步进入高成本阶段，各种费用普遍上涨

进入20世纪90年代，我国主要农产品成本表现出大体相同的趋势，呈现出两个大的周期：从20世纪90年代初到1996年前后，农产品成本总

① 2011年我国大豆进口5240万吨，10000多亿斤，中国把大豆算作粮食，从这个角度看我国进口的粮食差不多相当于国产粮食的10%，也就等于过去承诺的粮食的自给率不低于95%的底线实际上已经被突破了。

② 数据来源于中经网统计数据库。

③ 数据来源于《中国统计年鉴2013》。

体呈上升趋势，到1996年前后达到最高点，然后开始下降，下降到2003年前后到达最低点，然后又开始上升，进入下一轮的变动周期，大致从2006年前后开始主要农产品成本进入一个高速增长期。此外，2004年以来，各类农产品生产费用呈现出普遍上涨的趋势。在种植业方面，劳动力成本、化肥成本、土地成本、机械成本都有较大幅度的上涨①。

（三）主要农产品进入高价格阶段，波动幅度增大，影响因素复杂化

我国主要农产品价格指数1999—2003年累计下跌约10%，年均跌幅2%；2004—2006年累计上涨约17%，年均涨4%；除2008年受金融危机影响下降7%外，2007—2011年累计上涨约55%，年均涨幅达11%。2004年以后，农产品价格指数由缓慢下跌转为明显上升。尤其是2007年以来，我国主要农产品整体价格上涨幅度显著加大，2007—2011年农产品价格指数年均增长是2004—2006年的2.75倍②。从年均波幅来看，三大粮食品种、蔬菜和棉花的波幅相对较小，年均波幅分别为：小麦8.97%、玉米10.80%、水稻9.80%；大白菜13.10%、黄瓜11.10%、西红柿10.90%、菜椒6.10%、四季豆8.20%；棉花11.47%。而大豆、食油和猪肉的价格波幅比较大，分别为：大豆约16%、猪肉约17.89%、食油约17.99%③。此外，蔬菜价格呈现出较强的年内周期性波动。从影响农产品价格的因素看，生产成本、需求结构和气候灾害等因素对价格的作用明显突出，同时还出现了新的影响因素，例如国际价格的传导作用明显加强，以玉米深加工为代表的粮食工业消费比重上升，货币供给过剩造成的通货膨胀和游资炒作，以及新闻媒体的报道，等等。

---

① 中国发展和改革委员会价格司. 全国农产品成本收益资料汇编（2010）[M]. 北京：中国统计出版社，2010.

② 数据来源于中国人民银行公布的“农产品价格指数”，增长幅度、倍数是根据数据计算而得。

③ 数据来源于发改委价格监测中心、中华粮网数据中心、国研网数据中心、安信证券农业数据周报。

（四）农业规模化、组织化、集群化日益显著，但农业社会化服务体系滞后

随着政府扶持力度加大、农村劳动力不断外流、土地流转速度加快、农民合作意识增强和合作社领办主体不断增加，农民专业合作社的数量将进一步增加，农业组织化水平也将进一步提高。在农业生产经营组织化程度提高的同时，农业生产经营的规模化水平也在持续提高。截至 2013 年 6 月底，全国农户承包土地流转面积达到 3.1 亿亩，占家庭承包耕地面积的 23.9%。2010 年全国生猪、奶牛规模化养殖水平比 2009 年提升了3% ~ 4%（王智才，2011）。此外，我国农业集群化趋势也日益显现。如山东寿光的蔬菜产业集群以温室大棚蔬菜为发展起点，以寿光蔬菜批发市场为纽带，集聚了蔬菜生产、加工企业、物流配送、餐饮服务、交通设施等，形成了一个庞大的产业集群（孔祥智，2012）。在农业“三化”日益显著的同时，农业社会化服务体系明显滞后，农业社会化服务体系的制度设计还没有落到实处，如信贷机构对农民专业合作社的信贷支持、相关部门对发展农产品批发市场的土地优惠等。

（五）农业科技贡献率将进一步提高，但农业科技创新体系仍不完善

随着国家对农业科技投入力度的加大、工业对农业科技进步支持能力的增强、科技特派员等项目的进一步实施、新型农业经营主体的培育及国外先进技术的引进，我国农业科技创新能力将进一步加强（孔祥智，2012）。此外，农业发展的资源环境约束也在逼迫农业科技进步，促进农业发展方式转变。虽然我国目前农业科技贡献率已达 50% 以上，但仍远低于欧美发达国家水平，与农业科技强国以色列的差距更大。在单个环节上，我国与西方国家的差距也很大。同时，不同地区的农业科技进步贡献率也有很大差异，如上海市 2011 年的农业科技贡献率达到了 62%①，但是

① 2011 年上海市农业科技进步贡献率达 62% [EB/OL]. 中商情报网，2012 - 04 - 28. http://www.askci.com.

一些欠发达地区却仅有30%～40%。另外，农业科技推广体系、创新体系还存在许多不足，科研与应用环节脱节，产学研、农技农艺的结合度不高，农业、农村创新人才匮乏等一系列问题还亟须解决。2012年的中央“一号文件”清晰地认识到了上述问题，并对2012年及未来一段时间内我国农业科技创新体系和技术推广体系的完善做出了部署，我国农业技术进步的环境正在不断改善。

（六）农业开放度将进一步提高，但农业产业安全面临更大挑战

随着“入世”过渡期的结束，我国农产品生产、贸易、加工、流通等环节逐步全面对外开放，农业开放度将进一步提高。2001年我国农产品贸易总额为279亿美元，2010年则增加到1219.6亿美元；2001年我国农业利用外资总额为8.99亿美元，2009年则增加到14.29亿美元（孔祥智，2012）。随着我国农业开放度的进一步提高，国外低价农产品将不断冲击国内农产品市场，尤其是大豆、棉花、乳品、种子等国内产业；外资对国内种子、化肥等行业的控制日益加强，比如种业，我国前10名种子企业的市场份额仅有13%（瞿长福，2011），种子行业基本已经被国外资本掌控。另外，大型农业跨国公司对我国农产品进出口贸易的影响也日益增强，特别是我国大豆、棉花、植物油等农产品自给能力不足，不仅进口量庞大而且缺少定价话语权，往往被迫高价进口，逐渐恶化的贸易条件给我国农业安全带来严峻的挑战。

三、农业现代化所面临的资源环境约束日益加剧

（一）农业现代化面临严峻的自然资源约束和社会资源约束

中国农业发展过程中所面临的资源约束既包括耕地、水、气候条件等自然资源约束，也包括资金、劳动力、国际市场、农业科技等社会资源约束，还包括化肥、农药等农业现代投入要素资源的约束。鉴于耕地、水、资金、劳动力、国际市场、农业科技、化肥、农药等资源约束在前文已被提及，因此，本部分主要论述水资源约束。

中国是个水资源短缺、水旱灾害频繁的国家，人均水资源占有量只有

2200 立方米，仅相当于世界人均水资源占有量的 1/4（金碚，2005），是世界 13 个贫水国之一（贾大林，1999；韩俊，2010）。水资源短缺在农村地区表现非常明显。中国科学院农业政策研究中心的调查数据显示，1995—2005 年，井灌区 77% 的村地下水位都呈现了下降趋势。在下降的村中，年均下降速度为 1.02 米；甚至还有 14% 的村水位下降幅度已经超过了国家警戒线（1.5 米/年）。此外，从流域层面来看，水位下降是很多流域面临的普遍问题。

与水资源严重短缺这一国情不相适应的是，我国目前节水灌溉面积仅占灌溉面积的 43.4%，其中喷灌、微灌面积仅占灌溉面积的 7.8%，灌溉水有效系数仅为 0.50[①]。此外，我国耕地和水资源分布严重错位，往往出现有水的地方地少、有地的地方水少的现象。由于气候原因，农业用水在时间上也出现了不平衡，受到干旱、洪涝以及旱涝急转的影响较大。同时，水污染问题日益突出，导致部分地区农业发展面临严重的污染性缺水。这些状况进一步强化了耕地和水资源短缺对农业发展的约束。

（二）农业现代化面临严重的环境污染问题

2010 年，国家相关部门对 31 个省（区、市）的 274 个农村“以奖促治”村庄开展了环境质量监测。结果表明，空气质量总体良好，地表水总体为中度污染，主要污染物为粪大肠菌群、氨氮、高锰酸盐指数。27 个省份共监测农田、菜地、养殖场周边、企业周边、污灌区、垃圾场周边 6 种土地利用类型的 507 个土壤样品，超标率在 11.1% ~42.6%，主要污染物指标为重金属、DDT 等[②]。另外，《第一次全国污染源普查公报》显示，在全国 592.6 万个普查对象中，农业源[③]占了 289.9 万个，占比达 48.9%，远高于工业源、生活源和集中式污染治理设施。

① 中国社会科学院农村发展研究所，国家统计局农村社会经济调查司．中国农村经济形势分析与预测（2010 ~2011）［M］．北京：社会科学文献出版社，2011.

② 中国社会科学院农村发展研究所，国家统计局农村社会经济调查司．中国农村经济形势分析与预测（2010 ~2011）［M］．北京：社会科学文献出版社，2011.

③ 农业生产系统内产生的污染源，如化肥、农药、农膜的使用以及畜禽养殖污染。

第四节 当前中国农业现代化政策的基本框架

速水佑次郎和拉坦（1985）发展了诱导创新理论，运用大量历史数据、生产函数模型、理论推导证明了技术进步与制度创新是由经济体系内变量引起的，并且强调在任何一个经济中，农业的发展都要依赖于资源禀赋、文化禀赋、技术和制度的相互作用。他们还指出发展中国家农业发展的失败与世界农业不平衡是由于不利条件阻碍或延缓了技术进步和制度创新的诱导过程；这些不利条件包括市场扭曲、文化环境、研究机构与科学家的不完善和缺乏等；这些不利条件主要是由不合理制度与政策造成的。基于诱导创新理论，要实现农业现代化，必须重视对教育与研究的大量投资，并强化制度创新和改革的能力。经过30年的改革发展，我国农业现代化政策已形成比较完善的基本框架，较好地促进了我国农业现代化的发展。

一、农村基本经营制度

改革开放以来，我国逐步形成了以家庭承包经营为基础、统分结合的双层经营制度，确立了农村的基本经营制度。现阶段，我国主要从两个方面来稳定和完善农村基本经营制度：一是保持现有土地承包关系稳定并长久不变，二是在此基础上创新完善农村经营体制机制。

在法律层面上，为了维护农村基本经营制度的长久稳定，1993年第八届全国人大第二次会议将农村基本经营制度载入《中华人民共和国宪法》。同年，农村基本经营制度又被载入《中华人民共和国农业法》。2002年第九届全国人大第二十九次会议通过了《中华人民共和国农村土地承包法》，进一步明确农村土地承包经营制度。2007年第十届全国人大五次会议制定了《中华人民共和国物权法》，明确赋予土地承包经营权用益物权属性，强化了对农民土地承包经营权的保护。

在政策层面上，2008年中共十七届三中全会通过的《中共中央关于推进农村改革发展若干重大问题的决定》就曾提出，稳定和完善农村基本经营制度要做到“一个长久不变、两个转变”，即赋予农民更加充分而有保障的土地承包经营权，现有土地承包关系要保持稳定并长久不变。家庭经营要向采用先进科技和生产手段方向转变，增加技术、资本等生产要素投入，着力提高集约化水平；统一经营要向发展农户联合与合作，形成多元化、多层次、多形式经营服务体系方向转变，发展集体经济、增强集体组织服务功能，培育农民新型合作组织，发展各种农业社会化服务组织，鼓励龙头企业与农民建立紧密型利益联结机制，着力提高组织化程度。2013年，中共第十八次全国代表大会再次明确要求，必须要坚持和完善农村基本经营制度，依法维护农民土地承包经营权、宅基地使用权、集体收益分配权，壮大集体经济实力，发展农民专业合作和股份合作，培育新型经营主体，发展多种形式规模经营，构建集约化、专业化、组织化、社会化相结合的新型农业经营体系。这为坚持和完善农村基本经营制度、创新农业经营组织指明了方向并提出了新的要求。

二、耕地保护制度和农业资源环境政策

耕地保护制度方面。现阶段，我国实施了越来越严格的耕地保护制度，且制度更加强调目标性和操作性。2004 年中央“一号文件”《中共中央国务院关于促进农民增加收入若干政策的意见》明确提出，要“不断提高耕地质量”，“各级政府要切实落实最严格的耕地保护制度”，并且要求一定比例的国有土地出让金用于农业土地开发和建设高标准基本农田。2005 年，国土资源部、农业部等七部委共同发布了《关于进一步做好基本农田保护工作的意见》，该意见指出，严格制度和实施土地利用总体规划，确保基本农田数量，严禁违法占用基本农田；同时要求加大建设力度，切实提高基本农田质量；开展基本农田动态监测，落实基本农田保护责任。2008 年，中共十七届三中全会重申，健全严格规范的农村土地管理制度，进一步明确坚持最严格的耕地保护制度。同年，国务院通过了《全国土地利用总体规划纲要（2006—2020 年）》，明确提出坚守 1.2 亿公顷（18 亿

亩）耕地红线的目标，到2010年和2020年，全国耕地保有量分别保持在1.212亿公顷和1.203亿公顷。2012年，国土资源部通过《土地复垦条例实施办法》，就符合条件的土地复垦为耕地，尤其是生产建设活动造成耕地损坏的，优先复垦，以达到耕地面积的增加。2013年中央“一号文件”《关于加快发展现代农业 进一步增强农村发展活力的若干意见》也明确指出，落实和完善最严格的耕地保护制度，加大力度推进高标准农田建设。

农业资源环境政策方面。进入21世纪，特别是中共十六大以来，越发强调可持续发展。2004年中央“一号文件”《关于促进农民增加收入若干政策的意见》将生态保护作为农业发展的重要目标，提出“要在保护和提高粮食综合生产能力的前提下，按照高产、优质、高效、生态、安全的要求，走精细化、集约化、产业化的道路，向农业发展的广度和深度进军，不断开拓农业增效增收的空间”。2007年中国共产党十七大报告第一次提出了生态文明的概念，指出：“建设生态文明，基本形成节约能源资源和保护生态环境的产业结构、增长方式、消费模式。循环经济形成较大规模，可再生能源比重显著上升。主要污染物排放得到有效控制，生态环境质量明显改善。生态文明观念在全社会牢固树立。”2014年中央“一号文件”《关于全面深化农村改革 加快推进农业现代化的若干意见》明确指出，要建立农业可持续发展长效机制，从而促进生态友好型农业发展。落实最严格的耕地保护制度、节约集约用地制度、水资源管理制度、环境保护制度，强化监督考核和激励约束；开展农业资源休养生息试点。抓紧编制农业环境突出问题治理总体规划和农业可持续发展规划。启动重金属污染耕地修复试点；加大生态保护建设力度。抓紧划定生态保护红线。继续实施天然林保护、京津风沙源治理二期等林业重大工程。

三、粮食安全政策与结构调整政策

粮食安全政策方面。“入世”以来，随着我国对外开放的进一步放开，粮食安全问题的战略意义日益突出。我国采取了一系列有利于粮食发展的政策和措施，正逐步建立起符合市场经济规律的粮食安全政策体系。1985

年中央“一号文件”《关于进一步活跃农村经济的十项政策》明确取消了实施32年之久的农产品统购统销政策，实行合同定购与市场调节相结合的粮食购销“双轨制”。1998年国务院发布的《关于进一步深化粮食流通体制改革的决定》明确确立了“四分开，一完善”的粮食流通体制改革基本原则，提出包括按保护价敞开收购农民余粮在内的“三项政策、一项改革”。2003年以来，我国陆续出台了一系列利粮惠农、保证粮食安全的政策与措施，主要包括：补贴政策、税收政策、价格政策与投入政策等。2006年中央“一号文件”《关于推进社会主义新农村建设的若干意见》明确指出确保国家粮食安全是保持国民经济平稳较快增长和社会稳定的重要基础。必须坚持立足国内实现粮食基本自给的方针，稳定发展粮食生产，持续增加种粮收益，不断提高生产能力，适度利用国际市场，积极保持供求平衡。2008年国务院审议通过了《国家粮食安全中长期规划纲要(2008—2020)》，确定稳定粮食播种面积，保障粮食等重要食物基本自给，保持合理粮食储备水平；建立健全“四散化”粮食物流体系。2014年中央“一号文件”《关于全面深化农村改革 加快推进农业现代化的若干意见》把完善国家粮食安全保障体系作为首要任务，明确提出以下目标：抓紧构建新形势下的国家粮食安全战略，完善粮食等重要农产品价格形成机制，健全农产品市场调控制度，合理利用国际农产品市场，强化农产品质量和食品安全监管。

结构调整政策方面。当前结构调整政策在保证粮食安全的基础上越来越强调农产品供求总量平衡、结构平衡和质量安全。2005年中央“一号文件”《关于进一步加强农村工作 提高农业综合生产能力若干政策的意见》明确提出：要坚持立足国内实现粮食基本自给的方针，以市场需求为导向，改善品种结构，优化区域布局，着力提高单产，努力保持粮食供给总量大体平衡稳定和增加粮食播种面积。2008年中央“一号文件”《关于切实加强农业基础建设 进一步促进农业发展农民增收的若干意见》提出：必须立足发展国内生产，深入推进农业结构战略性调整，保证农产品供求总量平衡、结构平衡和质量安全。

四、农业财政支持政策和农村金融政策

农业财政支持政策方面。新中国成立以来相当长的一段时间，我国为实现国家工业化和现代化，采取了农业支持工业的发展办法，农业为工业化与城镇化做出了巨大的牺牲。经过几十年的努力，我国工业化与城镇化有了长足发展，而农业现代化却远远滞后于工业化和城镇化。为适应经济社会发展的实际情况，我国开始实施“以工促农、以城带乡”战略，逐步加大财政对农业的补贴力度。2006 年，《农业税条例》的颁布标志着我国农业税被正式废除。2004 年国务院发布《关于进一步深化粮食流通体制改革的意见》，决定全面放开粮食收购市场，并全面实行对种粮农民的直接补贴，并实行最低收购价政策。2005 年以来，除对种粮农民的直接补贴之外，我国还出台了良种推广补贴、农机具补贴、农资综合补贴等诸多财政补贴。2014 年中央“一号文件”《关于全面深化农村改革 加快推进农业现代化的若干意见》明确指出，要强化农业支持保护制度。主要包括以下目标：健全“三农”投入稳定增长机制。完善财政支农政策，增加“三农”支出；完善农业补贴政策。按照稳定存量、增加总量、完善方法、逐步调整的要求，积极开展改进农业补贴办法的试点试验；加快建立利益补偿机制。加大对粮食主产区的财政转移支付力度，增加对商品粮生产大省和粮油猪生产大县的奖励补助，鼓励主销区通过多种方式到主产区投资建设粮食生产基地，更多地承担国家粮食储备任务，完善粮食主产区利益补偿机制；整合和统筹使用涉农资金。稳步推进从财政预算编制环节清理和归并整合涉农资金等。

农村金融政策方面。当前的农业金融政策主要强调发展农村合作金融组织，逐步强化金融机构服务“三农”的职责。2006 年，银监会发布《关于调整放宽农村地区银行金融机构准入政策 更好支持社会主义新农村建设的若干意见》，启动村镇银行、农村资金互助组织的试点工作。2014 年中央“一号文件”《关于全面深化农村改革 加快推进农业现代化的若干意见》明确指出，要加强农村金融制度创新。做到强化金融机构

服务“三农”职责，发展新型农村合作金融组织，加大农业保险支持力度。

五、市场流通政策和农产品质量安全政策

市场流通政策方面。现阶段主要着眼于农产品市场体系建设和物流配送体系建设。2004—2014 年 10 年的中央“一号文件”都明确提出建立健全农产品市场流通体系，其中 2014 年中央“一号文件”《关于全面深化农村改革 加快推进农业现代化的若干意见》明确指出加强农产品市场体系建设。着力加强促进农产品公平交易和提高流通效率的制度建设，加快制定全国农产品市场发展规划，落实部门协调机制，加强以大型农产品批发市场为骨干、覆盖全国的市场流通网络建设，开展公益性农产品批发市场建设试点。健全大宗农产品期货交易品种体系。加快发展主产区大宗农产品现代化仓储物流设施，完善鲜活农产品冷链物流体系。支持产地小型农产品收集市场、集配中心建设。完善农村物流服务体系，推进农产品现代流通综合示范区创建，加快邮政系统服务“三农”综合平台建设。实施粮食收储、供应安全保障工程。启动农村流通设施和农产品批发市场信息化提升工程，加强农产品电子商务平台建设。加快清除农产品市场壁垒。

农产品质量安全政策方面。现阶段更加强调法律建设和监管制度建设，并致力于支持“标准化生产、重点产品风险监测预警、食品追溯”三大体系建设。2001 年以来，中共中央、国务院下发了《关于做好 2001 年农业和农村工作的意见》等一系列政策文件，着重强调加强农产品质量标准和监测体系建设。2006 年我国颁布了第一部农产品质量安全管理专门法律《中华人民共和国农产品质量安全法》，从此以后，我国农产品质量安全进入有法可依的新阶段。2009 年，第十一届全国人大常委会第七次会议通过了《中华人民共和国食品安全法》。2014 年中央“一号文件”《关于全面深化农村改革 加快推进农业现代化的若干意见》明确指出，强化农产品质量和食品安全监管。建立最严格的覆盖全过程的食品安全监管制度，

完善法律法规和标准体系，落实地方政府属地管理和生产经营主体责任。支持标准化生产、重点产品风险监测预警、食品追溯体系建设，加大批发市场质量安全检验检测费用补助力度。

六、农业科技政策和农业基础设施建设政策

农业科技政策方面。现阶段更加注重农业科技产学研的结合，更加注重对农村实用人才的培训。2001 年国务院发布了《农业科技发展纲要(2001—2010 年)》，明确了 2010 年以前我国农业科技发展的方向、原则、重点领域、关键技术和有关政策措施。2008 年中央“一号文件”《关于切实加强农业基础建设 进一步促进农业发展农民增收的若干意见》提出，着力强化农业科技和服务体系基本支撑，要做到加快推进农业科技研发和推广应用；建立健全动植物疫病防控体系；大力培养农村实用人才；积极发展农民专业合作社和农村服务组织；积极推进农村信息化。2012 年中央“一号文件”《关于加快推进农业科技创新 持续增强农产品供给保障能力的若干意见》明确指出，要依靠科技创新驱动，引领支撑现代农业建设；提升农业技术推广能力，大力发展农业社会化服务；加强教育科技培训，全面造就新型农业农村人才队伍。

农业基础设施建设政策方面。现阶段的农业基础设施建设政策更加强调农田水利，特别是小水利建设。2005 年中央“一号文件”《关于进一步加强农村工作 提供农业综合生产能力若干政策的意见》，提出必须加强农田水利和生态建设，提高农业抗御自然灾害的能力，要加快实施以节水改造为中心的大型灌区续建配套；加大农村小型基础设施建设力度。要继续增加农村“六小工程”的投资规模，扩大建设范围，提高工程质量；加强农业发展的综合配套体系建设。2011 年中央“一号文件”《关于加快水利改革发展的决定》，更是把农业基础设施建设作为主体，强调必须下决心加快水利发展，加强水利建设，切实增强水利支撑保障能力，实现水资源可持续利用。

参考文献

[1] 陈良玉．我国农村专业技术协会发展研究［J］．中国农村科技，2007（11）：34－37.

[2] 谷中原．农村发展的农业多功能研究［M］．北京：中国农业出版社，2008：178－179.

[3] 韩俊．中国食物生产能力与供求平衡战略研究［M］．北京：首都经济贸易大学出版社，2010：13.

[4] 黄宗智，彭玉生．三大历史性变迁的交汇与中国小规模农业的前景［J］．中国社会科学，2007（4）：74－90.

[5] 黄宗智．中国发展经验的理论与实用含义：非正规经济实践［J］．开放时代，2010（10）：134－158.

[6] 贾大林．农业用水危机与粮食安全对策［J］．农业技术经济，1999（2）.

[7] 降蕴彰，陈锡文．我国粮食自给率不足90%［EB/OL］．（2012－03－30）［2012－05－10］．http：//www. eeo. com. cn/2012/0330/223739. shtml.

[8] 金碚．资源与环境约束下的中国工业发展［J］．中国工业经济，2005（4）.

[9] 孔祥智．农业农村发展新阶段的特征及发展趋势［J］．农村工作通讯，2012（1）：46－48.

[10] 刘振伟．关于农业技术推广法修改的有关问题［J］．农村工作通讯，2012（17）：9－14.

[11] 农业部软科学委员会课题组．中国农业进入新阶段的特征和政策研究［J］．农业经济问题，2001（1）：3－8.

[12] 秦富．强化结合促落实：学习2012年中央一号文件有感［J］．农业经济问题，2012（2）：4－7.

[13] 瞿长福．让农业科技落地开花［N］．经济日报，2011－10－24.

[14] 王智才．坚定不移地推进畜禽标准化规模养殖［EB/OL］（2011－10－28）［2012－05－10］．http：//www. taoni－u. com/zhengce/niu/2011/1028/

46264. html.

[15] 西奥多·W. 舒尔茨. 改造传统农业[M]. 北京：商务印书馆，1987-04-08.

[16] 夏敬源. 发展多元农技推广服务现代农业建设[J]. 中国农技推广，2010（4）：4-7.

[17] 杨绍品. 发展现代农业经营组织[J]. 中国合作经济，2012（6）：10-11.

[18] 尹成杰. 新阶段加快建设现代农业的思考与建议[J]. 农村工作通讯，2012（15）：10-14.

[19] 余晓洁，赵超. 全国土地承包经营权流转总面积2.07亿亩，占比16.2%[EB/OL]（2010-10-16）[2012-05-10]. http：//news. xinhuanet. com/legal/2011-12/28/c_ 111325688. htm.

[20] 张冬平. 农业现代化问题：研究综述与展望[M]//中国“三农”问题解析：理论述评与研究展望. 杭州：浙江大学出版社，2012：143.

[21] 张红宇. 城镇化进程中农村劳动力转移：战略抉择和政策思路[J]. 中国农村经济，2011（6）：4-14，25.

[22] 赵静，王玉平. 国内外农业信息化研究述评[J]. 图书情报知识，2007（6）：80-85.

第三章 农业现代化的目标、评价与发展路径

第一节 中国农业现代化的战略目标

一、总体目标

中国特色的农业现代化建设必将经历一个较长的历史过程。根据《全国现代农业发展规划（2011—2015年）》，我国农业现代化的总体目标是：经过30~50年的建设，通过重点突破、区域协调与统筹兼顾，分步骤、分区域、分领域逐步实现工业化、城镇化、信息化与农业现代化同步发展，农业综合生产能力、市场竞争力和可持续发展能力进一步增强，粮食安全和重要农产品得到有效供给，农产品质量安全达到较高水平，集约化家庭经营和产业化合作经营相结合的新型双层经营体制基本确立，农业比较效益与农民收入水平显著提高，农民普遍达到小康水平，农业资源利用率明显提升，农业面源污染得到有效控制，高产、优质、高效、生态、安全的现代农业发展模式基本形成。

二、阶段性目标

（一）近期目标（2014—2015年）

到2015年，中国特色农业现代化建设取得明显进展。粮食等主要农产品供给得到有效保障，农业结构更加合理，物质装备水平明显提高，科技支撑能力显著增强，生产经营方式不断优化，农业产业体系更趋完善，土地产出率、劳动生产率、资源利用率显著提高，东部沿海、大城市郊区和大型垦区等条件较好区域率先基本实现农业现代化。具体目标为：

粮食综合生产能力不断提高，主要农产品供给稳定增长。到2015年，继续实施严格的耕地保护制度，守住18亿亩耕地红线和16亿亩粮食播种面积底线，力争产量稳定在5.4亿吨以上，粮食自给率稳定在95%以上，确保国家粮食安全；棉花、油料和糖类总产量分别至少达到700万吨、3500万吨和14000万吨；力争国内蔬菜稳定供应，确保种植面积稳定在2.85亿亩，总产量5.5亿吨以上，提高大城市蔬菜自给能力和全国蔬菜均衡供应能力；肉类、禽蛋和奶类总产量分别达到8500万吨、2900万吨和5000万吨；水产品总产量稳定在6000万吨以上。农产品质量安全例行监测总体合格率在96%以上。

农业产业结构进一步优化，规模化经营比重进一步提升。到2015年，畜牧业、渔业产值占农业总产值的比重分别达到36%和10%，农业产业内部结构趋向合理；农产品加工业产值继续保持稳定增长，产地初加工能力显著增强，农产品加工业产值与农业总产值之比提高到2.2∶1；农业产业化组织加快发展，带动农户能力不断增强，带动数量达到1.3亿户；集约化、专业化、组织化、社会化相结合的新型农业经营体系初步建立，农业服务能力显著增强；奶牛规模化养殖比重在38%以上，生猪规模化养殖比重达到50%。

农业物质装备能力不断加强，科技创新转化与人才支撑能力不断提升。到2015年，全国新增农田有效灌溉面积4000万亩，农业灌溉用水有效利用系数提高到0.53；农业机械化进一步推进，全国农机总动力达到10亿千瓦，耕种收综合机械化水平达到60%，其中东北地区达到80%以上；农业科技自主创新和成果转化能力进一步提升，科技进步贡献率达到55%以上；全国农村人才总量要由2010年的1048万人提高到1300万人，培养新型职业农民500万人。

农业资源利用水平进一步提高，农业生态环境得到明显改善。到2015年，适宜农户沼气普及率达到50%以上，农作物秸秆综合利用率达到80%以上；生态环境建设力度不断加大，森林覆盖率达到22%，农业面源污染综合治理率达到55%。

农林牧渔业增加值保持稳定增长，农村收入持续增加。到2015年，农林牧渔业增加值年均增长率达到5%；农业劳动力向城市以及非农产业转移继续推进，新增转移农业劳动力4000万人；农村居民人均纯收入达到8310元以上，其中工资性收入占人均纯收入的比重达到45%以上，农民生活显著改善。

农民自我发展能力进一步增强，生活质量明显提高。农村劳动力平均受教育年限多于9年，城乡劳动力平均受教育年限差缩小到4年；农村恩格尔系数下降为38%，耐用品消费比重进一步提升；部分地区城乡养老保险、最低生活保障、医疗保险实现初步并轨，农民社会保障水平不断提升。

（二）中期目标（2015—2020年）

展望2020年，中国特色农业现代化建设取得突破性进展，基本形成技术装备先进、组织方式优化、产业体系完善、供给保障有力、综合效益明显的新格局，主要农产品优势区基本实现农业现代化。具体目标为：

粮食综合生产能力进一步提高，重要农产品供给稳定增长。到2020年，粮食播种面积继续稳定在16亿亩以上，力争产量稳定在5.95亿吨以上，粮食自给率稳定在90%以上，确保国家粮食安全；棉花、油料和糖类总产量分别至少达到720万吨、3700万吨和17000万吨；蔬菜和水果等农产品供给继续保持稳定增长，进一步提高大城市蔬菜自给能力和全国水果、蔬菜均衡供应能力；肉类、禽蛋和奶类总产量分别达到9000万吨、3200万吨和5500万吨；水产品总产量稳定在7500万吨以上。农产品质量安全例行监测总体合格率在98%以上。

农业产业结构进一步优化，规模化经营比重显著提升。到2020年，畜牧业、渔业产值占农业总产值的比重分别达到43%和12%，农业产业内部结构更加合理；农产品加工业产值继续保持稳定增长，产地初加工能力显著增强，一批农产品加工领军企业形成，农产品加工业产值与农业总产值之比提高到2.5∶1；农业产业化组织进一步发展，带动农户数量达到1.5亿户；集约化、专业化、组织化、社会化相结合的新型农业经营体系基本建立，全方位、综合性农业服务能力显著增强；奶牛规模化养殖比重在45%以上，生猪规模化养殖比重达到60%。

农业物质装备能力进一步加强，科技创新转化与人才支撑能力显著提升。到2020年，全国新增农田有效灌溉面积达到8000万亩，农业灌溉用水有效利用系数提高到0.6；农业机械化进一步推进，全国农机总动力达到12亿千瓦，耕种收综合机械化水平达到65%，其中东北地区达到90%以上；农业科技自主创新和成果转化能力进一步提升，科技进步贡献率达到60%以上；全国农村人才总量要由2010年的1048万人提高到1800万人，培养新型职业农民1500万人；平均每个行政村拥有新型职业农民和农村实用人才50名以上，最终形成1亿人左右的现代农业生产者队伍。

农业资源利用水平进一步提高，农业生态环境得到显著改善。到2020年，适宜农户沼气普及率达到60%以上，农作物秸秆综合利用率达到90%以上；生态环境建设进一步推进，加大农村生活垃圾和农业污染源治理力度，森林覆盖率达到24%，农业面源污染综合治理率达到60%。

农林牧渔业增加值继续保持稳定增长，农村收入持续增加。到2020年，农林牧渔业增加值年均增长率达到8%；农业劳动力继续向城市以及非农产业转移，新增转移农业劳动力8000万人，农业劳动力占全部劳动力的比重下降到30%；农村居民人均纯收入达到12000元以上，其中工资性收入占人均纯收入的比重达到55%以上，城乡收入比值缩小至2.8∶1。

农民自我发展能力继续增强，生活质量明显提高。农村劳动力平均受教育年限多于10年，城乡劳动力平均受教育年限差缩小到3年；农村恩格尔系数下降为35%，耐用品消费比重大幅度提升；农村城乡养老保险、最低生活保障、医疗保险基本实现并轨且全覆盖，农民社会保障水平显著提升。

（三）远期目标（2020—2050年）

到2050年前后，中国有望实现第二步战略目标，进入中等发达国家行列，基本形成物质装备先进、科技创新发达、经营模式优化、产业体系完善、发展理念先进、城乡收入均衡的新格局，基本实现农业现代化。2040年前后，中国人口开始下降，食物消费结构趋于稳定，农村非农业产值将达到93%左右，上升到目前发达国家水平。农民文化程度达到高中以上，人均寿命进一步延长。分工明确、功能互补的新型农业经营体系成为中国农业生产经营的主力军，农业机械化接近95%的水平，森林覆盖率可能达到1/3的国土面积，生态环境显著改善（陈丽丽，2009）。城乡收入基本持平，城乡统一的养老保险、最低生活保障、医疗保险实现全覆盖。生活富裕、生态良好、社会和谐的人居环境与高产、优质、高效、生态、安全的现代农业发展模式基本形成。

表3-1　农业现代化建设阶段性目标

类别	指标	2010年	2015年	2020年
农产品供给	粮食综合生产能力（亿吨）	>5.0	>5.4	>5.95
	粮食播种面积（亿亩）	16.48	>16.0	>16.0
	棉花总产量（万吨）	596	>700	>720
	油料总产量（万吨）	3230	3500	3700
	糖料总产量（万吨）	12008	>14000	>17000
	肉类总产量（万吨）	7926	8500	9000
	禽蛋总产量（万吨）	2763	2900	3200
	奶类总产量（万吨）	3748	5000	5500
	水产品总产量（万吨）	5373	>6000	>7500
	农产品质量安全例行监测总体合格率（%）	94.8	>96	>98
农业结构	畜牧业产值占农业总产值比重（%）	30	36	43
	渔业产值占农业总产值比重（%）	9.3	10	12
	农产品加工业产值与农业总产值比	1.7	2.2	3

续表

类别	指标	2010 年	2015 年	2020 年
农业生产经营组织	农业产业化组织带动农户数量（亿户）	1.07	1.3	1.5
	奶牛规模化养殖（年存栏 100 头以上）比重（%）	28	>38	>45
	生猪规模化养殖（年出栏 500 头以上）比重（%）	35	50	60
农业物质装备	新增农田有效灌溉面积（万亩）	—	4000	8000
	农业灌溉用水有效利用系数	0.5	0.53	0.6
	农机总动力（亿千瓦）	9.2	10	12
	耕种收综合机械化水平（%）	52	60	65
农业科技	科技进步贡献率（%）	52	>55	>60
	农村实用人才总量（万人）	1048	1300	1800
农业生态环境	适宜农户沼气普及率（%）	33	>50	>60
	农作物秸秆综合利用率（%）	70.2	>80	>90
农业产值与农民收入	农林牧渔业增加值年均增长率（%）	—	5	8
	新增转移农业劳动力（万人）	—	4000	8000
	农村居民人均纯收入（元）	5919	>8310	>12000

注：①指标设置及 2010 年、2015 年数据均来源于《全国现代农业发展规划（2011—2015 年）》，2020 年数据为作者测算。

②农村居民人均纯收入绝对数按 2010 年价格计算，增长速度按可比价格计算。

三、区域目标

由于中国区域经济发展不平衡，农业与农村发展的基础条件、资源禀赋、技术水平以及农民自身素质有很大差异，中国特色农业现代化发展要结合国家区域发展战略、资源禀赋与发展条件，因地制宜选择不同的区域农业现代化发展模式，制定区域发展目标。

根据国家“四大区域发展战略”，可将我国划分为东部、中部、西部和东北四个区域。东部地区主要包括北京、天津、河北、山东、江苏、上海、浙江、福建、广东、海南10个省市。东部地区在我国经济中居于领跑位置，也是我国率先实现农业现代化的主要区域。中部地区包括山西、河南、安徽、江西、湖北、湖南6个省份。中部地区是我国重要的农业基地和粮食生产基地。东北地区包括黑龙江、吉林、辽宁3个省份。东北地区是我国重要的商品粮生产基地。内蒙古、陕西、青海等其余12个省市区属于西部地区，是我国棉花、烤烟、水果等产品的主要生产基地。综合考虑各区域自然资源条件、经济社会发展水平和农业发展基础等因素，按照分类指导、功能互补、梯次推进的思路，分别制定四大区域农业现代化发展目标，促进农业现代化协调、均衡发展。

（一）东部地区

东部地区要按照率先实现农业现代化的发展要求，积极发挥交通、区位、市场和人力资源优势，加快提高资本、技术等现代化生产要素集约化程度，保持耕地面积不减少，稳定发展粮食生产，加快发展以园艺产品、畜产品、水产品为重点的高效农业、精品农业、外向型农业和城郊农业，大力推进标准化生产和集约化经营，提高信息化、优质化和品牌化水平，提升产品的科技含量和附加值。加快发展农产品加工行业，农产品出口产值占全国比重达70%以上。根据沿海地区经济发展特点，大力发展蔬菜、水果、花卉等高效园艺产业和畜禽水产业，提高大城市“菜篮子”产品的自给率。在稳定城市副食品供应保障能力的基础上，进一步挖掘农业的生态涵养、观光休闲和文化传承等多种功能，提高农业效益，增加农民收入。

（二）中部地区

中部地区是我国重要的粮食生产区和商品粮供给基地，具有巨大的农业发展潜力。要充分发挥中部地区粮食安全基础保障作用，深入开展粮食稳定增产行动，加强农田水利和高标准农田建设，推广防灾减灾增产关键技术，大幅度提升粮食综合生产能力和现代化生产水平。该地区棉花、水果、肉、蛋在全国所占比重将超过30%，油料比重将超过40%。“中部崛起战略”的实施，对农业发展的带动作用将进一步增强，农产品深加工业将进一步发展，农业专业化、精细化与产业带将率先形成。

（三）西部地区

西部地区属于稳步发展区域，特色农业、草地畜牧业将会得到进一步发展。该区域的农业现代化建设对于保障我国生态安全具有不可替代的战略作用。由于受资源禀赋和气候环境的影响，该地区的畜牧业将保持稳定增长，奶业生产能力将大幅提高。西部地区将成为我国专用玉米、糖料、棉花、水果、肉羊、牛奶等优势产区，其中新疆地区棉花产量将占到全国的40%以上，特色农产品将在全国占举足轻重的地位，成为农民收入增加的主要来源。

（四）东北地区

东北地区地域辽阔，土地资源相对丰富，农业生产技术较为成熟，农业生产条件具有良好基础。该地区要继续发挥规模优势，全面推进机械化、标准化、品牌化、产业化发展，加快农田基础设施和现代农业装备建设。东北地区将成为我国重要的商品粮生产基地和精品畜牧业供应基地，其中粳稻商品率将超过90%。同时，大力发展粮食精深加工及仓储物流业，完善粮食仓储运输设施，率先成为我国大宗农产品的专业化带，为国家粮食安全提供保证。

第二节　中国农业现代化的评价指标及其运用

农业现代化是一个动态的，不断完善、不断发展的过程。为了实现农业现代化的战略目标，需要对全国各地农业现代化的发展水平进行客观评价，准确判断各地农业现代化的发展态势及特征。因此，必须结合我国国情，建立一套农业现代化发展水平的评价指标体系，以动态地把握我国各地农业现代化的发展进程，为我国农业现代化路径选择奠定基础。

一、评价指标体系构建的基本原则

（一）评价指标体系应客观全面、系统性强

评价指标体系必须能客观、准确地反映现代农业发展规律，其指标选择和权重确定要尽量将评价者的主观影响降到最低。在评价层次上，必须结合农业多功能性，全面考虑影响农业与农村发展的环境、经济、社会系统的诸多因素，进行综合分析和评价。系统性强是指各指标之间要有一定的逻辑关系，不但要从不同侧面反映出评价体系各个子系统的主要特征和状态，而且各指标之间既相互独立，又彼此联系，共同构成一个有机统一体。以农业物质装备水平为例，可以由“有效灌溉面积占耕地面积的比重”、“农作物耕种收综合机械化率”以及“农业减灾防灾能力”等指标构成。指标体系的构建应当具有内在逻辑关系，从宏观到微观层层深入，形成一个不可分割的评价体系。

（二）评价指标体系应具有典型性、科学性

典型性是指评价指标体系不应包罗万象，不可能涵盖农业现代化涉及的每一种因素，必须严格筛选出一些典型指标，在不影响评价结果可靠性的基础上，准确反映出农业现代化的主要特征。例如，农产品供给保障水平可由“人均粮食产量”、“人均肉产量”和“人均水产品产量”衡量，而不需要对每一种农产品都进行测量。科学性是指评价指标体系的设置、权重在各指标间的分配及评价标准的划分都应该与我国自然和社会经济条件相适应，能真实反映我国各地区农业与农村经济发展的特征和现状。各评价指标既不能过多过细，使指标过于繁琐、相互交叉，又不能过少过简，造成信息遗漏。评价指标必须尽量量化，便于标准化处理及进行数学计算和分析。

（三）评价指标体系应具有可比性、动态性

农业现代化是一个相对的概念，因此在评价指标体系的构建过程中要充分考虑可比性。从横向角度来说，既要有利于国内各地区之间的横向比较，照顾各地农业现代化发展的差距；又要有利于世界范围内的横向比较，明确我国在国际农业现代化进程中的位置。从纵向角度来说，指标体

系既有评价功能，又有预测功能。因此，指标体系的构建应注重实效性，充分考虑我国现代农业的发展趋势，并能根据发展变化进行灵活调整，动态地把握我国农业现代化的实质内容和发展水平。

（四）评价指标体系应重点突出，具有一定的导向性

评价指标体系构建的重点在于反映我国现代农业发展水平，核心指标应该由物质装备、科学技术、产业体系、经营形式等构成，并且与我国国情相适应，强调新型农业经营体系在农业现代化发展进程中的突出作用。另外，评价指标体系还应具有一定的导向作用，有利于各地政府对照自身明确发展阶段，调动各地政府推进农业现代化的积极性，引导各地政府适时调整发展现代农业的思路，明确各地农业现代化的主攻方向，推进农业现代化进程。

二、中国农业现代化评价指标体系

考察一个国家或地区农业现代化的维度，是掌握一国或地区农业现代化发展阶段的重要方法。衡量农业现代化发展的指标体系很多，指标设计也千差万别，但综合来看，反映农业现代化特征的主要维度有：经济结构变迁、使用现代要素投入、农业制度与组织变迁、人口与土地关系的变化、土地生产率和劳动生产率的变化。[①] 长期以来，我国各地在农业现代化指标体系构建方面进行了有益探索，初步形成了三大类评价指标体系。

（一）宏观层面的指标体系

宏观层面的指标体系主要在政府机构的指导下，由国家级或部级研究机构制定，为了服务现代农业发展规划，指导各地农业现代化建设而设计的指标体系。例如，2000 年国家统计局统计科学研究所设计的“中国农业现代化评价指标体系”由三级系统构成。一级系统包括农业生产手段、农业劳动力、农业产出能力和农业生产条件。二级系统包括 16 项指标。三级

① 国务院发展研究中心农村经济研究部课题组. 中国特色农业现代化道路研究［M］. 北京：中国发展出版社，2012：19.

系统包括22项指标。在评价方法方面，该指标体系运用专家咨询约束下的主成分分析法确定指标权重，充分利用数据的信息量，最大限度地限制了人为因素，提高了评价结果的可信度，为评价指标体系的科学应用奠定了基础。2012年，国家统计局“农业现代化评价指标体系构建研究”课题组又构建了一套由6大类18个指标组成的指标体系，并根据这18个指标的当前状况及未来发展趋势提出了目标值。6个一级指标包括农业产出效益、农业设施装备、农业科技进步、农业产业经营、农业生态环境和农业支持保障。其中，第1个一级指标“农业产出效益”统领指标体系，反映农业现代化的根本目的。第2个至第5个一级指标“农业设施装备”、“农业科技进步”、“农业产业经营”、“农业生态环境”是体现符合我国农业现代化本质要求的路径指标。第6个一级指标“农业支持保障”是强调实现农业现代化所必需的支持保障内容，以工作性指标为主。在这6个一级指标下分别构建了18个二级指标以保证指标的全面性。在指标体系构建过程中，课题组运用德尔菲法，请有关专家针对指标的信息量、敏感性和独立性赋予权重（国家统计局课题组，2012）。

农业部农村经济研究中心在对中国农业现代化进行阶段划分的基础上，把农业现代化的指标体系分为农业外部条件、农业内部条件和农业生产效果三组指标，将评价指标确定为10项，包括：社会人均GDP、农村人均纯收入、农业就业占社会就业比重、科技进步贡献率、农业机械化率、从业人员初中以上比重、农业人均GDP、农业平均生产农产品数量、每公顷耕地农业总产值、森林覆盖率。该指标体系的特点在于，细分了农业现代化发展阶段，使得评价结果既反映地区农业现代化进程的差异，又揭示了我国农业现代化发展的整体水平。

（二）地方区域性指标体系

为了促进地方农业与农村经济发展，推进农业现代化进程，一些地方政府结合当地经济社会发展条件，组织构建了一系列地方区域性农业现代化指标体系。该类指标体系具有区域性强、灵活度高、操作便捷等优势，但也存在可比性差等不足。2001年，江苏省农林厅和省统计局采用目标性指标体系，从结构与水平、劳动生产率、土地生产率、农业生产条件、农业科技进步、农业劳动力、农业经营与管理、农业生态与环境角度出发，参照国际经验，制定了一个由 8 类 17 个指标组成的农业基本现代化指标体系。2008 年又由江苏省农委等四部门牵头制定了新的农业基本现代化指标体系。

2013 年 4 月，浙江省发布了《浙江省农业现代化评价指标体系》。该体系由农业产出水平、要素投入水平、可持续发展水平三大类 26 项指标构成，除采纳国际通用指标外，还探索设立了农业增加值指数、农产品质量安全指数、农业科技指数等综合反映农业生产水平、规模变化的综合指数指标。以农产品质量安全指数为例，该指数由农业标准化生产比重、农产品抽检合格率和农业投入品抽检合格率 3 项内容构成，分别占 1.6 分、1.2 分、1.2 分，用来综合衡量农业生产过程与农产品质量安全水平。其中，农业标准化生产比重主要通过农产品“三品”（无公害农产品、绿色食品和有机农产品）基地面积比重进行衡量。农业投入品抽检合格率和农产品抽检合格率采用变化区间处理，其中农产品抽检合格率以 96% 作为及格点。在一级指标之下，具体还细化为生产水平、产业结构、生产效率、主体素质、土地集约、资金保障、农业科技、设施装备、生产基础、生态保护、生活环境 11 个小类。以 2010 年指标数据为基础值（60 分），根据近年来发展速度和政府对农业发展的总体要求，推算确定 2015 年目标值（80 分）和 2020 年目标值（100 分），并以 2010 年全省平均值作为标准值进行数据处理①。

（三）专家学者型指标体系

黄德林（2010）采用综合指数法对世界现代农业发展进行了研究，构建了一套评价世界现代农业发展水平的指标体系。该指标体系由目标层和准则层两大类构成，其中一级指标体系 4 组指标，分别是世界现代农业发展科学化水平、世界现代农业发展集约化水平、世界现代农业发展市

① 参见中共浙江省委办公厅、浙江省人民政府办公厅关于印发《浙江省农业现代化评价指标体系》的通知，浙委办发〔2013〕25 号，浙江省人民政府公报，2013 年第 9 期，第 13 页。

场化与国际化水平、世界现代农业发展社会化水平。以 2008 年世界各国统计数据为依据，通过测算表明世界现代农业发展水平最好的是美国，指数值达到 81.13；其次为法国，指数值为 62.66；第三是加拿大，指数值为 58.27。中国位于第 19 名，指数值为 17.60。其他研究也表明，世界上 131 个国家和地区中有 21% 的国家进入新型农业现代化的发展期或起步期，有 15% 的国家和地区处于准备阶段。最早实现农业现代化的国家依次为美国、加拿大和日本，而中国尚处于经典农业现代化的发展期（邹小华、李忠，2008）。

齐城（2009）运用层次分析法和德尔菲法设置了 3 层 20 个具体评价指标，并选择 1996 年、2000 年以及 2006 年三个时点对全国农业现代化发展现状进行了分析和评价。结果表明，近 10 年来中国现代农业稳步发展，尤其是近 6 年来发展步伐呈加速状态。同时，齐城还以 2006 年为例，以省份为基本单位进行了分析和评价。评价结果显示，各省份现代农业发展水平指数差异较大。北京和上海现代农业发展水平指数名列前两位，而青海和西藏现代农业发展水平指数相对最低。全国共有 12 个省份的现代农业发展水平指数高于全国平均水平，其余 19 个省份的现代农业发展水平指数均低于全国平均水平。为了配合农业部《全国现代农业发展规划（2011 ~ 2020）》的实施，蒋和平和辛岭（2012）设计了现代农业发展水平评价指标体系，对我国 31 个省、市、自治区现代农业发展水平进行了评价。现代农业发展水平评价指标体系包括 7 项一级指标和 20 项二级指标，指标权重通过 50 位专家与各地农业部门负责人打分计算获得。

三、评价指标体系的运用

现代农业发展水平是指一个地区通过各种生产要素的综合投入而使得农业产出达到一定的状态水平。如表 3 - 2 所示，现代农业发展水平主要由农业物质装备水平、农业科技支撑水平、农业经营管理水平、农业可持续发展水平、农业政策支撑水平、农产品供给保障水平和农业效益水平 7 个方面构成。

表 3－2　现代农业发展水平评价指标体系

一级指标	一级指标权重	二级指标	二级指标权重	单位
农业物质装备水平	15	有效灌溉面积占耕地面积的比重	8	%
		农作物耕种收综合机械化率	5	%
		农业减灾防灾能力	2	%
农业科技支撑水平	17	农业科技投入与农业增加值之比	4	%
		每万名劳动力拥有农技人员数量	5	人/万人
		初中以上文化程度的农业劳动力比重	8	%
农业经营管理水平	18	劳均播种面积	4	亩/人
		畜牧业产值比重	3	%
		渔业产值比重	3	%
		农产品加工业产值比重	6	%
		万元增加值合作社数	2	个/万元
农业可持续发展水平	13	化肥产出率	5	元/公斤
		农业节水灌溉面积比重	8	%
农业政策支撑水平	6	农林水事务支出与农业增加值的比例	6	%
农产品供给保障水平	11	人均粮食产量	4	公斤/人
		人均肉产量	4	公斤/人
		人均水产品产量	3	公斤/人
农业效益水平	20	农民人均纯收入	9	元/人
		劳均农业增加值	7	元/人
		粮食单产	4	公斤/亩

注：①采用2006—2010年的《中国统计年鉴》、《中国农村统计年鉴》、《中国农业年鉴》、《中国食品工业年鉴》、《中国国土资源年鉴》、《全国农村统计资料》中的统计数据作为评价的基础数据。

②采用打分法，满分100，每一指标得分包括三部分：存量得分、增量得分、综合得分（综合得分 =0.8 × 存量得分 +0.2 × 增量得分）。

资料来源：蒋和平，辛岭. 我国现代农业发展水平评价［J］. 农产品加工，2012（6）.

经过测算，从综合水平来看，近几年我国现代农业发展较快，2009 年北京和上海综合得分已经达60 分以上。综合得分在 45 ~ 50 分的省市有江苏、天津、浙江、山东；从存量得分来看，由于受经济发展水平的影响，北京、上海、天津、江苏、浙江和山东等地区的现代农业发展水平较高，而青海、甘肃、云南和贵州等经济落后地区现代农业发展水平相应较低；从增量得分来看，重庆、海南、湖北分别居前三位，而浙江、天津、山西近些年现代农业发展较慢。

表 3 - 3　2009 年各地区现代农业发展水平综合排序

地区	综合得分	综合排序	地区	存量得分	存量排序	地区	增量得分	增量排序
北京	62. 95	1	北京	67. 92	1	重庆	61. 50	1
上海	62. 32	2	上海	66. 25	2	海南	58. 35	2
江苏	50. 03	3	天津	51. 09	3	湖北	56. 32	3
天津	48. 82	4	江苏	50. 81	4	云南	55. 30	4
浙江	48. 40	5	浙江	50. 19	5	安徽	54. 91	5
山东	46. 46	6	山东	46. 46	6	陕西	54. 26	6
黑龙江	43. 64	7	福建	42. 58	7	黑龙江	53. 95	7
福建	42. 47	8	辽宁	42. 00	8	宁夏	53. 52	8
新疆	42. 20	9	黑龙江	41. 06	9	四川	52. 49	9
辽宁	42. 18	10	新疆	40. 60	10	广东	52. 16	10
内蒙古	42. 16	11	内蒙古	40. 39	11	青海	52. 10	11
河北	39. 63	12	河北	38. 86	12	广西	51. 04	12
海南	39. 24	13	吉林	36. 17	13	贵州	50. 27	13
湖北	39. 08	14	湖南	35. 21	14	西藏	50. 15	14
广东	38. 49	15	河南	35. 18	15	湖南	49. 41	15
湖南	38. 05	16	广东	35. 07	16	内蒙古	49. 24	16
河南	37. 74	17	湖北	34. 77	17	新疆	48. 57	17
吉林	37. 42	18	海南	34. 47	18	甘肃	48. 53	18
江西	36. 82	19	江西	34. 08	19	河南	47. 99	19

续表

地区	综合得分	综合排序	地区	存量得分	存量排序	地区	增量得分	增量排序
安徽	36.19	20	安徽	31.51	20	江西	47.79	20
四川	35.71	21	四川	31.51	21	江苏	46.91	21
宁夏	34.55	22	西藏	30.35	22	上海	46.60	22
西藏	34.31	23	宁夏	29.81	23	山东	46.48	23
广西	33.25	24	广西	28.80	24	北京	43.08	24
重庆	33.20	25	山西	27.68	25	辽宁	42.88	25
陕西	32.48	26	陕西	27.04	26	河北	42.68	26
青海	31.21	27	重庆	26.13	27	吉林	42.42	27
山西	29.48	28	青海	25.99	28	福建	42.02	28
甘肃	27.80	29	甘肃	22.62	29	浙江	41.23	29
云南	26.12	30	云南	18.83	30	天津	39.71	30
贵州	24.22	31	贵州	17.70	31	山西	36.69	31

资料来源：蒋和平，辛岭．我国现代农业发展水平评价［J］．农产品加工，2012（6）．

第三节 诱致性创新理论与中国农业现代化的发展路径

、诱致性创新理论

诱致性创新理论是国际学术界颇具影响力的农业增长理论，由日本经济学家速水佑次郎和美国经济学家弗农·拉坦创建并不断完善。该理论将技术变革与资源禀赋结合到一起，通过把技术变革视为内生变量，成功地解释了在自然资源给定的条件下技术生成和变化的偏向问题。该理论认为农业发展主要依赖于文化禀赋、资源禀赋、技术和制度四大要素之间的相互作用。诱致性创新理论假说的核心是，如果没有市场扭曲，要素相对价格将反映要素的相对稀缺性水平和变化，农民会被诱致去寻求能节约日益稀缺因而日益昂贵的要素的技术。换句话说，一种要素相对价格的提高会诱致能节约该要素的技术类型的创新（何爱、曾楚宏，2010）。

根据诱致性创新理论，发展中国家要实现农业现代化，必须立足于本国国情，探索一种适合农业资源禀赋、满足农业技术发展需求、对应农户价值体系与意识形态并由政府适当引导的制度安排（杜辉，2011）。从政策层面来说，如果政府做出与资源禀赋不一致的技术和制度选择，或者在要素比例发展变化后没有及时做出适应性调整，则会导致农业现代化受阻。对于我国而言，人多地少的基本国情决定了土地要素的相对稀缺性，必须立足耕地和淡水等自然资源贫乏的基本国情，选择“土地节约型”技术发展道路。要实现农业现代化，必须坚持以家庭经营为主的基本经营制度，大量增加教育与科研投资，依靠科技创新与技术进步，不断提高土地产出率。从改革开放以来劳动生产率、土地生产率和资金生产率三者的关系看，20 世纪的主要目标是土地生产率，随着青壮年劳动力不断流向城镇和非农产业，劳动力成本不断增加，21 世纪以来，劳动生产率和资金生产力也逐渐被农业经营者所考虑。因此，我国的农业现代化必须在高度重视土地生产率的同时，兼顾劳动生产率和资金生产率的提高，逐步提高农业的物质装备水平（孔祥智、高强，2013）。

二、中国农业现代化的发展路径

中国“大国小农”的特殊国情农情，决定了我国农业现代化不能照搬国际上现成的经验和模式，必须走中国特色的发展路径。2007 年中央“一号文件”《关于积极发展现代农业与扎实推进社会主义新农村建设的若干意见》明确提出，“要用现代物质条件装备农业，用现代科学技术改造农业，用现代产业体系提升农业，用现代经营形式推进农业，用现代发展理念引领农业，用培养新型农民发展农业。”这既是现代农业的发展要求，也是中国农业现代化的发展路径。

（一）加强农业基础设施建设，用现代物质条件装备农业

用现代物质条件装备农业，关键是要加快农业基础建设，提高现代农

业的设施装备水平。一是要搞好农田水利建设，扩大节水技术改造范围和规模，积极支持高标准农田；二是加快发展农村清洁能源，推进农业生产、生活垃圾的综合治理和转化利用，改善农业生产条件；三是加大农机补贴力度，改善农机装备结构，积极培育和发展农机大户与农机专业服务组织，推进农机服务市场化、产业化；四是发展新型农用工业，积极发展新型肥料、低毒高效农药、多功能农业机械及可降解农膜等新型农业投入品；五是加强农业防灾减灾能力建设，加快构建监测预警、应变防灾、灾后恢复等防灾减灾体系，提高应对自然灾害和重大突发事件的能力。

（二）加快农业科技创新，用现代科学技术改造农业

用现代科学技术改造农业，关键是要增强农业科技自主创新能力，加快农业科技成果转化应用，提高科技对农业增长的贡献率，促进农业集约生产、清洁生产、安全生产和可持续发展。一是要大幅度增加农业科研投入，改善农业科研条件，强化农业基础研究和科技储备，重点扶持对现代农业建设有重要支撑作用的技术研发；二是要继续加强基层农业技术推广体系建设，推动技术服务社会化，加快实施科技进村入户工程；三是要加快农业信息化建设，用信息技术装备农业，推动农业生产经营信息化；四是强化企业技术创新能力建设，鼓励企业通过并购、参股等方式，提升企业科研综合实力，尤其是提升种业科技创新能力。

（三）发展主导产业，用现代产业体系提升农业

用现代产业体系提升农业，关键是要大力发展农产品加工业，延长农业产业链，拓展农业多功能，促进农业结构不断优化升级。一是要稳定发展粮食生产，加强蔬菜水果、肉蛋奶、水产品等产品优势产区建设，构建粮食安全保障体系；二是要做大做强农产品加工领军企业，推进农产品加工区域合作，大力发展精深加工，提升农产品国际竞争力；三是要加强物流体系建设，升级改造农产品批发市场，大力发展冷链体系和生鲜农产品配送；四是要注重开发农业的多种功能，深入挖掘农业的生态保护、休闲观光、文化教育等功能，向农业的广度和深度进军。

（四）加快制度创新，用现代经营形式推进农业

用现代经营形式推进农业，关键是要促进兼业化的分散经营向专业化的适度规模经营转变，加快构建集约化、专业化、组织化、社会化相结合的新型农业经营体系。一是要在稳定土地承包关系的基础上，促进土地有序流转，引导农户通过互换、联合与合作等方式，发展多种形式的适度规模经营；二是要积极培育专业大户、家庭农场、农民合作社、农业产业化龙头企业等新型农业经营主体，依靠主体建设带动体系构建；三是要在提高服务能力的目标下，积极培育多元化服务主体，拓展服务领域，构建覆盖全程、综合配套、机制灵活、保障有力、运转高效的新型农业社会化服务体系；四是要推进农村产权制度改革，探索农村集体经济的有效实现形式。

（五）转变发展方式，用现代发展理念引领农业

用现代发展理念引领农业，关键是要把适应社会化大生产、符合市场经济规律、能够有效提高资源利用效率和实现可持续发展的现代经营理念，引入和应用到农业领域，促进农业发展方式的转变，推动传统农业向现代农业跨越（李小建等，2009）。一是要坚持用统筹城乡发展的理念引领农业，建立完善工业反哺农业、城市带动农村的体制机制，加大农业支持保护力度，促进城乡发展一体化；二是要用现代营销的理念发展市场农业，以市场为导向，加强农产品质量标准体系建设，构筑现代农业市场营销体系；三是要以生态理念发展可持续农业，通过科技、人才与技术的集约化投入，突破农业发展的资源环境约束。

（六）推进职业化进程，用培养新型农民发展农业

用培养新型农民发展农业，关键是要以培养新型职业农民、造就建设现代农业的人才队伍为目标，全面提升农业劳动力整体素质，真正使有文化、懂技术、善经营的年富力强的新型农民成为现代农业的经营主体。一是要大力培育新型职业农民，建立农民职业教育培训体系，加快推进农民职业化进程；二是要依托科研院所和农广校系统，整合农民教育资源，创

新办学方式与教学模式，全面提高农业经营者素质；三是要依托新型经营主体培育，通过培训、考察、讲座等形式加强农村实用人才培养；四是针对年轻返乡农民工，加强创业能力培训，积极培育新一代青年农民。

参考文献

[1] 陈丽丽. 中国农业现代化制度创新与发展路径研究 [M]. 北京：经济科学出版社，2012.

[2] 国家统计局“农业现代化评价指标体系构建研究”课题组. 农业现代化评价指标体系构建研究 [J]. 调研世界，2012 (7).

[3] 黄德林. 中国离现代农业究竟有多远 [M]. 北京：中国农业科学技术出版社，2012.

[4] 邹小华，李忠. 中国特色农业现代化道路研究 [M]. 南昌：江西人民出版社，2008.

[5] 蒋和平，辛岭. 我国现代农业发展水平评价 [J]. 农产品加工，2012 (6).

[6] 何爱，曾楚宏. 诱致性技术创新：文献综述及其引申 [J]. 改革，2010 (6).

[7] 杜辉. 中国农业支持目标体系构建研究：诱致性创新理论视角 [J]. 农业经济，2011 (11).

[8] 孔祥智，高强，刘同山. 中国农业现代化：资源约束与发展方向 [J]. 湖州师范学院学报，2014 (5).

[9] 李小建，修晨，张建华. 用现代发展理念引领和发展农业 [J]. 中州学刊，2009 (2).

第四章 “四化”同步下的中国农业现代化

第一节 “四化”同步的内涵

一、从“三化”同步到“四化”同步

2010年，党的十七届五中全会通过《中共中央关于制定国民经济和社会发展第十二个五年规划的建议》，首次提出“在工业化、城镇化深入发展中同步推进农业现代化”。2011年，国家“十二五”规划纲要中明确提出要“在工业化、城镇化深入发展中同步推进农业现代化”。“三化同步”作为我国把握现代化发展规律、着眼我国经济社会发展全局的一个重大战略要求和历史任务被确定下来。同时，“三化同步”进一步明确了我国构建新型工农、城乡关系的方向和目标。这对于我国推进社会主义现代化协调发展和提高农业现代化水平具有重大而深远的指导意义。

2012年11月8日党的十八大报告指出“要坚持走中国特色新型工业化、信息化、城镇化、农业现代化道路，推动信息化和工业化深度融合、工业化和城镇化良性互动、城镇化和农业现代化相互协调，促进工业化、信息化、城镇化、农业现代化同步发展”。十八大首次在“三化”同步的基础上，更进一步提出要“四化”同步。2013年中央“一号文件”再次强调“必须统筹协调，促进工业化、信息化、城镇化、农业现代化同步发展，着力强化现代农业基础支撑，深入推进社会主义新农村建设”，强调“落实‘四化同步’的战略部署”。2014 年中央“一号文件”再次强调“工业化、信息化、城镇化快速发展对同步推进农业现代化的要求更为紧迫，保障粮食等重要农产品供给与资源环境承载能力的矛盾日益尖锐，经济社会结构深刻变化对创新农村社会管理提出了亟待破解的课题”。强调“四化”同步下推进农业现代化的紧迫性。

相比“三化”同步，“四化”同步不仅新增加了有关信息化的内容，而且对于“四化”的结合做了全新的阐释。从“三化”同步发展到“四化”同步，表明党和政府在不同时期、不同国情下对构建新的城乡、工农关系的理解不断深入，国家发展战略有了更明确的方向和更丰富的内涵。同时，也更加注重工业化、信息化、城镇化对农业现代化的推动和影响。

二、怎样理解“四化”同步

从我国发展历程看，工业化、城镇化、农业现代化一直是我国现代化建设的三条主线，而信息化贯穿工业化、城镇化、农业现代化过程的始终，是工业化、城镇化、农业现代化发展的催化剂。而工业化、信息化、城镇化、农业现代化同步发展，就是“四化”同步。其途径是“信息化和工业化深度融合、工业化和城镇化良性互动、城镇化和农业现代化相互协调”。

信息化和工业化深度融合是产业升级的方向与动力，是实现我国经济转型的必由之路。改革开放 30 多年来，我国工业化快速发展，为我国的现代化提供了强大的支撑，也逐渐缩小了与西方发达国家的差距。但是，一方面，传统的工业化模式对我国的物质资源和生态环境带来了严峻的挑战，原有的粗放型经济增长模式难以为继；另一方面，在信息化推动下工业化也进入了一个新的发展阶段，传统的工业手段、设备、技术、市场经过信息技术的改造，生产力得到了质的飞跃。但是我国现在还没有完全完成工业化，又迎来了信息化浪潮，若是仍然走先工业化后信息化的老路，必然错失发展机遇，尤其在当前我国转变经济发展方式、实现产业升级的关键时刻，促进信息化与工业化深度融合，两步并做一步走，既是提高经济效率、激发增长潜力、促进经济增长的有效途径，也是转变生产方式、加快结构调整、促进经济转型的必由之路。

工业化和城镇化良性互动，是现代经济社会发展的必然要求。从经济发展史的内在逻辑看，城镇化和工业化是相伴而生的。工业化创造供给，是城镇化的经济支撑和发动机；城镇化创造需求，是工业化的空间载体和加速器。推动工业化和城镇化良性互动，既是为工业化创造条件，也是城镇化发展的内在规律，有利于实现社会经济的协调可持续发展。改革开放30多年来，我国的城镇化水平由1978年的17.92%提升到2011年的52.57%，年均提高约3.22个百分点，发展速度较快。尤其是近年来，城镇化步伐明显加快，2000年以来中国城镇化步伐以年均约1.26%的速度增长。虽然我国城镇化水平逐步提升但仍然滞后于工业化水平（陈俊梁、陈瑜，2012）。工业化和城镇化不是相互脱离、相互割裂的，而应是相互联系、相辅相成的。因此要大力促进城镇化和工业化良性互动，以工业化引领城镇化，以城镇化促进工业化，在两者互动中实现同步发展。

城镇化和农业现代化相互协调，是我国城乡一体化发展的必然趋势。随着城镇化的推进，农村富余劳动力向城镇流动，能缓解农村的土地压力，改善传统农业下紧张的人地关系，提高劳动生产率进而促进农业现代化，实现农民收入的增长，缩小城乡之间的贫富差距。而推动农业现代化，能实现农产品的有效供给，为快速发展的城镇化提供基本保障，没有农业现代化，城镇化就会成为无源之水、无本之木，城镇化的进程就不能顺利进行。然而长期以来，我国农业现代化始终跟不上城镇化的步伐，已经影响到了我国整个现代化的建设进程。当前城乡二元结构仍然是我国经济发展过程中最为显著的特征，城乡分割、城乡失衡是我国最大的社会结构性矛盾。城市和农村是一脉相连，加快实现城镇化和农业现代化的相互协调对于实现城乡一体化有重要作用。

“四化”之间是相互依存、互相促进的，共同构成一个整体系统。工业化创造供给，城镇化创造需求，工业化、城镇化带动农业现代化，农业现代化为工业化、城镇化提供支撑和保障，而信息化推进和加速其他“三化”。可见，促进工业化、信息化、城镇化、农业现代化同步发展的本质是实现“四化”互动。只有“四化”在互动中实现融合，在互动中实现同步，在互动中实现协调，才能实现社会生产力的跨越式发展。

三、农业现代化与其他“三化”之间的关系

新中国成立之前，传统农业在我国一直占据着主导地位，人们大多都居住在乡村，工业化、城镇化发展十分缓慢。新中国成立之后，随着劳动密集型工业、资本密集型工业迅速发展，农村劳动力不断向城镇流动，资本在城镇快速积累，农业产值和就业份额逐步下降，工业逐渐占据主导地位。从农业现代化的关键点——农业劳动生产率看，随着工业化的发展，大量农村剩余劳动力向非农产业转移，农村紧张的人地矛盾逐步得到缓解。同时，随着城镇化发展，大量农村居民进入城镇，农民对土地的观念也在改变，农地土地承包权和经营权实现分离，农村土地流转加快，也进一步促进了农业规模经营。工业化、城镇化推动农村富余劳动力转移，促进农村土地流转与规模经营和农业技术进步，为农村生产集约化、专业化、组织化和社会化创造了客观条件。并且信息化的发展也促进了农业生产与科学技术的高效结合，提高了农业科技进步贡献率。这些因素的叠加，促进了我国几千年来以提高土地生产率的传统农业发展方式向提高劳动生产率的现代农业发展方式的转变。

工业化、城镇化是农业现代化的先决条件，农业现代化为工业化、城镇化提供了重要保障，信息化在工业化、城镇化以及农业现代化的过程中起到了催化剂的作用，而农业现代化则是整个经济社会发展的根本基础和重要支撑，使上述“三化”的推进速度更快、质量更高。李克强总理曾指出，工业化、信息化、城镇化、农业现代化是实现我国现代化的基本途

径，这“新四化”相互联系、相互促进。工业化与信息化是发展到一定阶段的“孪生子”，其深度融合是产业升级的方向与动力；城镇化蕴含着最大的内需潜力，是现代化建设的载体；而农业现代化则是整个经济社会发展的根本基础和重要支撑。

当前，与快速推进的工业化、日新月异的城镇化和风起云涌的信息化相比，农业现代化明显滞后，是实现现代化的短板（韩长斌，2012）。“四化”同步最薄弱的环节依然是农业现代化，突出表现是农业基础仍然薄弱，农民增收仍然困难，农村发展仍然乏力。农业现代化仍将是今后一个时期内“四化”同步发展的重点和难点。新时期、新形势下如何推动“四化”同步事关我国现代化建设的成败。

第二节　工业化与农业现代化

工业化通常被定义为工业（特别是其中的制造业）或第二产业产值（或收入）在国民生产总值（或国民收入）中比重不断上升，以及工业就业人数在总就业人数中比重不断上升的发展过程。在这个过程中，工业化促进传统农业向现代农业转变。这种转变主要表现在投入方式与发展方式上：在投入方式上，从主要依靠以高劳动投入逐渐转向以机械、化肥、农药等现代要素投入为主；在发展方式上，从以提高土地生产率为主逐渐转向以提高劳动生产率为主。

一、工业化促进农业投入方式转变

传统农业发展方式的特点是农民投入世代使用的各种农业生产要素，并带来低收益率（舒尔茨，1964），而现代农业发展方式的特点则是投入机械、化肥等现代生产要素，建立起与技术变迁相适应的制度，并带来相应的土地生产率尤其是劳动生产率、全要素生产率（TFP）的增长。现代农业发展方式就是将现代要素投入农业来替代传统要素（Schultz，1971）。

从这个角度说，在新中国成立之前的中国五千年历史里，我国是一个不折不扣的传统农业大国。

传统农业生产主要依靠增加劳动时间提高土地生产率，但随着工业化的发展，农村劳动力向非农产业大规模转移。农业就业人口比例持续下降，在2012年下降到33.6%（见图4-1）。为进一步缓解农村人地关系、改变农业相对要素价格、促进农业生产组织与制度变迁提供了机会（刘守英等，2013）。

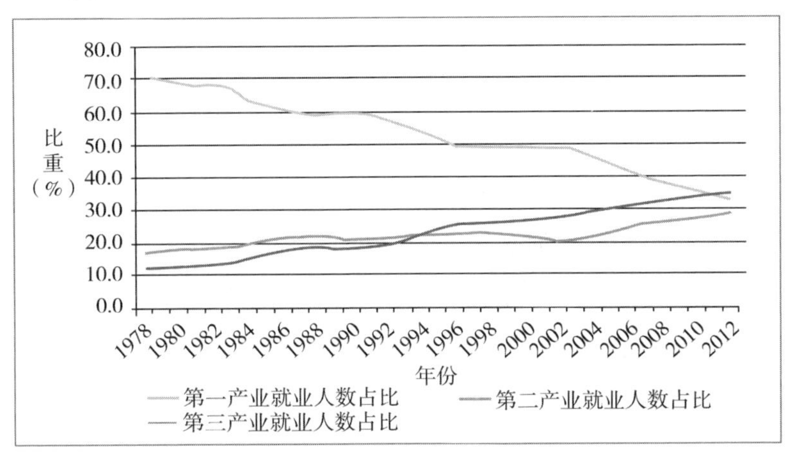

图4-1　1978年以来三次产业就业人数占比的变化情况

数据来源：《2013中国统计年鉴》。

随着从事农业劳动力人数的减少和整个农村人口的绝对量减少，以及农民务工收入的上升，我国农业依靠高劳动强度提高农业产出的模式发生重大改变。最显著的变化是：农作物用工成本上升，用工数较少。家庭用工价与雇工工价均出现明显增长，且雇工工价近10年的增速很快，从1999年的14.05元/天增长到2009年的53.09元/天，增长近4倍。家庭用工价折算也从1999年的9.5元/天增长到2009年的24.8元/天，增长了2倍多（见图4-2）。

与之形成鲜明对照的是，农业机械投入增加，机械化水平提高。改革开放以来，全国的农业机械总动力增长迅速。1978—2002年，全国农用机械总动力从11749.9万千瓦增加到57929.9万千瓦，年均增长6.9%。2003

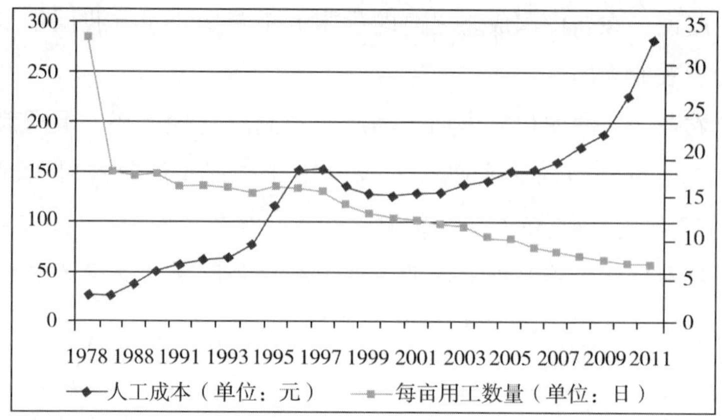

图 4-2　1978—2011 年人工成本与用工数量变动情况

年以来，全国农用机械总动力继续保持了年均 6% 的高速增长，从 2002 年末的 57929.9 万千瓦增加到 2010 年底的 92780.5 万千瓦（见图 4-3）。2000 年以来全国各种主要农业机械拥有量增长迅速，这是支撑农业机械总动力高速增长的重要条件。2011 年全国农用机械总动力超过 100 万千瓦，农作物综合机械化水平达到 54.5%。

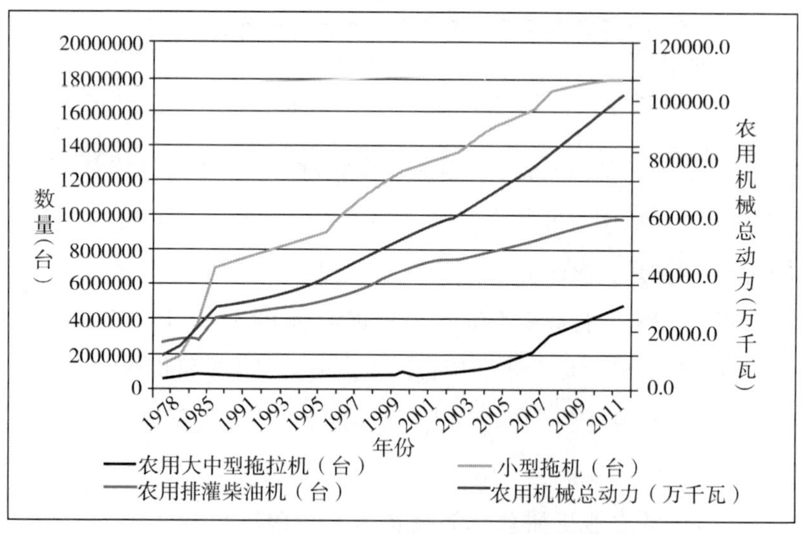

图 4-3　1978—2011 年全国主要农用机械及机械总动力增长情况

二、工业化促进农业发展方式转变

在工业化之前，我国由于有大量富余劳动力存在，资本稀缺，农业发展方式一直以提高土地生产率为主。尽管在21世纪以前，随着工业化发展，我国已经有条件加大良种、化肥、抗病虫害技术等现代要素投入来促进农业增长——2010年全国农用化肥施用量比1990年提高1倍左右，农药使用量提高2倍左右（见图4－4），但总体上说，仍然是以提高土地生产率为主，而非提高劳动生产率。

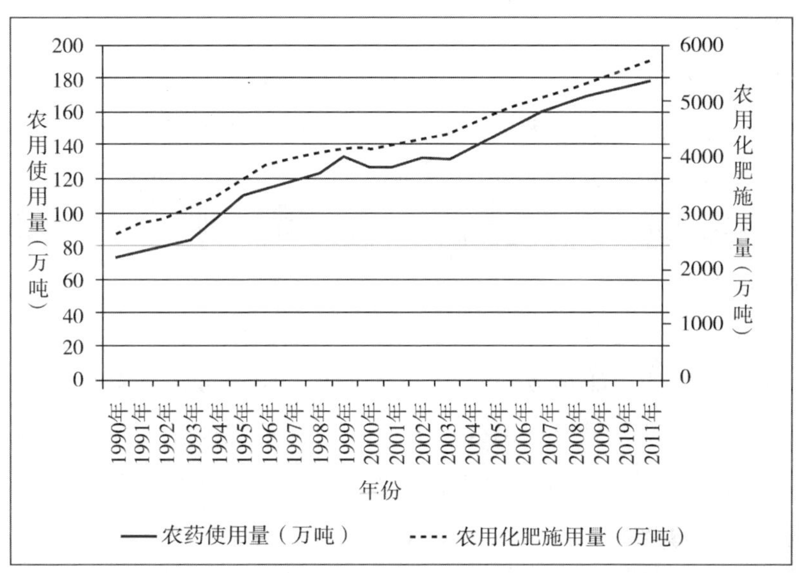

图4－4　1990年以来我国农药使用量、农用化肥施用量

数据来源：《2012中国农村统计年鉴》。

21世纪以来，随着劳动力成本上升和机械对劳动的替代上升，农业发展方式逐步转向以提高劳动生产率为主。同时自2004年以来，农村劳动力的负增长让新中国成立以来持续加大的人地压力得到缓解，2009年我国人地比率提高到2.3亩/人左右，也为我国提高劳动生产率、进一步转变农业发展方式奠定基础（刘守英等，2013）。

工业技术和工业产品广泛应用于农业，在促进农业经济增长的同时，环境污染也越来越严重：过度施用化肥、农药造成土壤污染，焚烧秸秆造成大气污染和土壤氮、磷、钾缺失，畜禽粪便大量排放造成水体污染，温室农业产生的塑料等废弃物对环境造成污染等。农业的可持续发展前景受到拷问，转变农业经济发展方式迫在眉睫。必须实现高产高效与资源生态永续利用协调兼顾，促进农业现代化。

三、农业现代化为工业化发展提供有力支撑

农业是国民经济发展的基础，农业现代化也为工业化发展提供必要的支撑。

一是农业现代化保障对非农产业农产品的供应。工业化发展的任何阶段都离不开农产品的基本供应，随着农业现代化的推进，农产品结构优化、农业劳动生产率提高，能保障农产品的有效供给，满足工业化对农产品日益增加的需求，为工业化所需的多样化原料提供有力支撑，保障工业化的大规模发展。

二是农业现代化有助于人力资本进入工业领域。农村富余劳动力向非农产业转移，从而能释放大量劳动力进入工业领域，丰富且廉价的劳动力为工业化的发展提供充足的人力资本，推动工业化的快速发展。过去30多年中国经济的高速增长就是在农业劳动力大规模转移和低成本劳动力进入工业的背景下产生的。在这一时期，农业从业人员占从业人员总数比重从1978年的70%下降到1992年的58.5%和2011年的34.8%，而农民工总数从1985年的6700万增长到2000年的约1.5亿，2010年达到2.42亿，占到我国当年非农劳动力总数大约一半左右（卢锋，2011）。

三是农业现代化增加对物质装备和生产资料的需求。农业现代化的目标之一是促进农民收入增加，而农民增收能刺激农民对农业生产过程中的物质装备和工业产品产生更大需求，这也为工业化的发展提供了广阔的应用基础（见图4－5）。

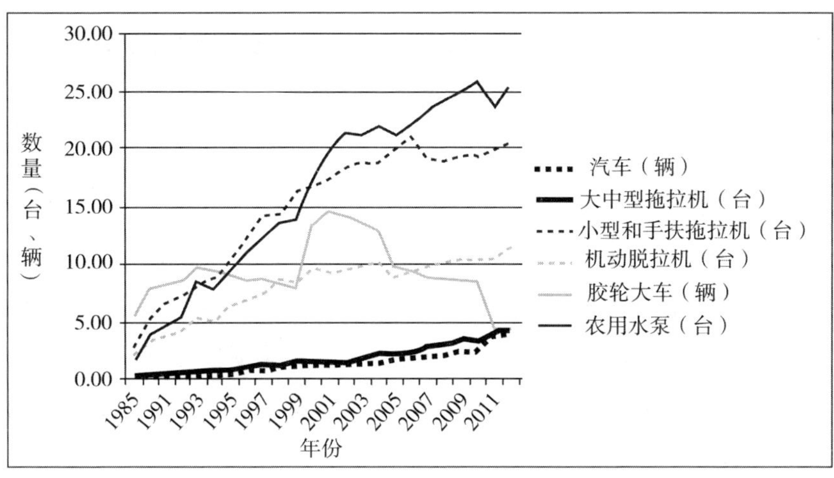

图 4－5　农村居民家庭平均每百户拥有主要生产性固定资产数量情况表（年底数）

资料来源：《中国统计年鉴》。

第三节　城镇化与农业现代化

改革开放以来，我国城镇化水平由 1978 年的 17.92% 逐步提升到了 2012 年的 52.57%，我国早就进入城镇化高速发展时期，大量农村人口转移进入城镇，促进了经济社会快速发展（见图 4－6）。

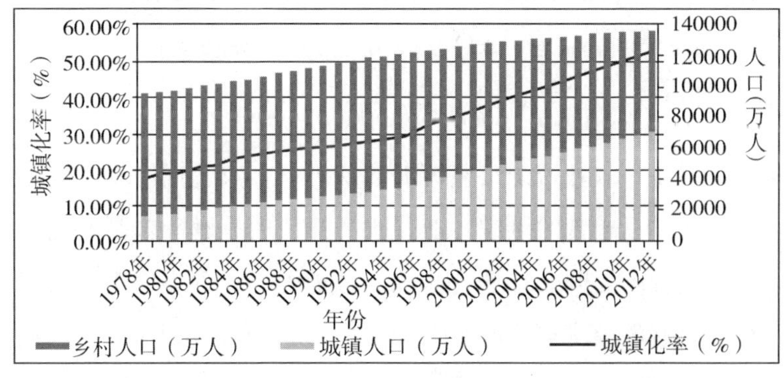

图 4－6　1978—2012 年我国城镇化率情况（年底数）

资料来源：《中国统计年鉴》。

一、城镇化占用农地，对保障农产品有效供应提出更高要求

在上一轮的经济增长中，大量优质耕地被消耗，长三角、珠三角从粮食主产区变成主销区。1987—2011 年，我国共征占农民土地超过 5200 万亩。根据国土资源部的统计数据，1990—2000 年，城市建设用地面积扩大 90.5%，1996—2006 年，全国耕地减少了 1.24 亿亩（见图 4－7）。可用耕地濒临 18 亿亩红线。2008 年底全国耕地面积为 18.26 亿亩，预计“十二五”期间，全国新增建设用地需求在 4000 万～4500 万亩。按照 2020 年全国城镇化率达到 58%、每年 1500 万～1800 万人进入城镇、人均 100 平方米的用地计算，每年至少需要城镇用地 225 万亩，今后十年共需要 2250 万亩建设用地。

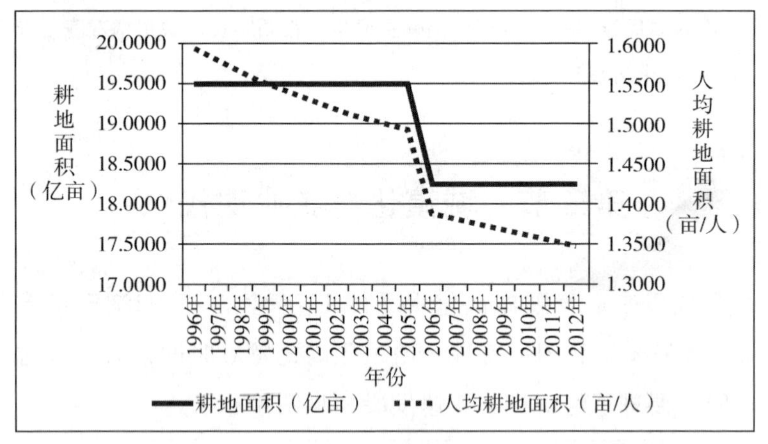

图 4－7　1996 年以来我国耕地面积和人均耕地面积

数据来源：《2013 中国统计年鉴》。

在耕地大量减少、农业资源日益短缺的情况下，农业现代化发展有效保障了主要农产品尤其是粮食的供应。随着改革开放后家庭承包制的确立，我国粮食生产能力大幅度提升。21 世纪以来，政府的一系列强农惠农政策促使我国进入历史上少有的粮食连续增产阶段。尤其是 2004 年以来，我国粮食产量实现“十连增”。2013 年粮食产量达到了 60193.5 万吨的历史最高水平，比 2004 年提高 28.2%，十年间年均增长 2.5%，粮食生产取得了巨大成就。但随着经济发展、城镇化水平提高和人们饮食结构优化等，我国粮食消费快

速增长。2012 年我国粮食消费量高达 65809.5 万吨，比 2004 年提高 33.5%，消费提高幅度远远超过粮食增产幅度。2012 年，我国粮食净进口量高达 6851.5 万吨，粮食自给率急剧下降到 89.6%。在快速工业化、城镇化造成的耕地面积锐减的形势下，未来粮食供求缺口将更加显著，粮食安全形势非常严峻，这无疑对农产品的有效供应提出了更高要求。

耕地减少、水资源短缺、劳动力转移等诸多挑战，尤其是更少的耕地和农村劳动力供养更多的城市居民这一严峻现实，倒逼我国农业生产率快速提高，这将进一步加快农业现代化进程。

二、城镇化对农产品的需求促进农业内部结构改善

随着城镇化水平的提高、大量农村人口进城、城镇居民不断增加以及人们饮食结构优化等，我国食品消费快速增长。特别是对多样化、高质量农产品需求的不断增加，直接促进了农业内部结构的改变，迫使产业结构和产品结构的优化升级，推动农业生产的规模化、市场化发展，提高农业劳动生产率，推动传统农业向现代农业的转化。据统计，1978—2012 年农业内部结构呈现出显著的变化，在农、林、牧、渔业中，农业所占的份额逐步下降，而林业、牧业、渔业等份额都呈现出不同程度的增加（见图 4-8）。

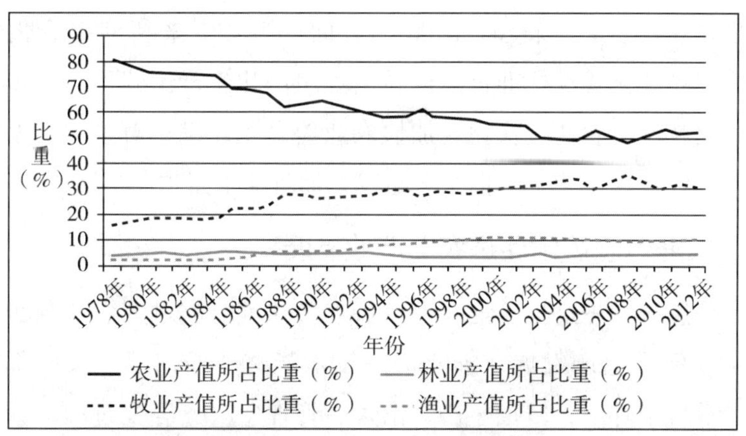

图 4-8 1978—2012 年我国农林牧渔业各自所占的比重变化情况

资料来源：《中国统计年鉴》。

三、农业现代化保障城镇化进程

农业现代化发展的同时也促进和保障了城镇化的顺利进行。首先，农业现代化一个最明显的特征是农业劳动生产率的提高。把大量农村富余劳动力解放出来，进一步促使农村剩余劳动力向城镇流动，推动了农村人口向城市迁徙，促进了城镇化的发展。

其次，劳动生产率的提高带来农业剩余产品增多，农产品供给得到保障，确保城镇居民的基本生活需求和国家粮食安全，保障了城镇化的顺利推进。

最后，农业劳动生产率的提高带来农民收入的增长，进一步缩小城乡收入差距，促进城乡一体化，使得城镇化的质量得到进一步提高。

第四节　信息化与农业现代化

信息化不仅是各国推动经济社会发展的重要手段，也是推进农业现代化的关键手段。在现代信息社会，随着高科技的发展和互联网络的普及，农业信息网络已经渗入广大农民群众的生产、学习和生活中去。信息化引领支撑现代农业发展、转型、升级的方向，为其带来新型产业化经营思路、规模化经营方式、标准化生产技术和组织化生产形式。可以说，没有农业信息化就没有农业现代化。加快农业信息化建设，对于大力发展现代农业、促进农业现代化，不但十分重要，而且非常紧迫。

一、农业信息技术促进农业产业发展

农业信息技术先进性、泛在性的特点，让其能够融入农业各个方面和各个环节，促进生产发展。农业信息技术能够贯通市场、政府部门、企业、农户等各个环节，链接生产、销售、管理、服务等全过程，让产业发展更加智能。特别是兴起的智能农业、精确农业，能在农业资源利用、生产精细化管理、生产养殖环境监控、农产品质量安全管理与产品溯源等方

面发挥作用，提升资源利用率、劳动生产率、抗病防灾率和经营管理效率，能够大大提高农业生产的标准化、集约化、自动化、产业化及组织化水平，助力农业加快实现现代化。例如，精确农业的发展就受益于空间信息技术的推广，利用卫星定位系统（GPS）、地理信息系统（GIS）和遥感（RS）（简称“3S技术”）的理论与技术，同时结合计算机技术和通信技术可以在农作物从种植、田间管理直至最终收获的全过程中，精确地观察和诊断农作物的空间差异及原因，定位、定量、定时地在每一个生产区域进行精确的灌溉、施肥、喷洒农药，优化资源的配置效率，提高劳动生产率，起到减轻资源负荷和减少农业生产对环境的污染的作用，应用空间信息技术发展精确农业无疑拥有巨大的潜力。

二、农业信息技术助推农业科技进步

科学技术是第一生产力，而农业信息技术则是农业科技的关键组成部分。一般采用农业科技进步贡献率这一指标衡量农业科技进步对农业总产值增长率的贡献。2010年全国同期农业科技进步贡献率为52%，农业部提出力争2020年全国农业科技进步贡献率达到63%。从世界范围来看，发达国家科技在农业增长中的贡献份额平均为70%左右，部分发达国家高达80%。由此可见，我国进一步提升农业科技进步贡献率还有很大的空间。

我国农业科技进步贡献率从新中国成立初期的20%提升到“十一五”期末的52%，并在2011年达到53.5%。我国农业科技进步贡献率在“一五”期间为20%，虽然在“二五”期间快速下滑到负值，但在“三五”之后开始快速增长，并在“六五”期间达到35%，“七五”期间下降到28%，经过“八五”、“九五”期间的恢复性增长，在“九五”期末达到37%，并在“十五”期末快速增长到48%，但是在“十一五”时期，我国农业科技进步贡献率增长放缓，在2010年只达到52%（见图4－9），增长速度远远低于“十五”期间。当前，传统农业发展面临着资源、环境、生态等多重约束，只有借助信息化浪潮大力发展农业信息技术，提高农业

科技水平，才能加快提升农业科技进步贡献率，推进农业现代化。

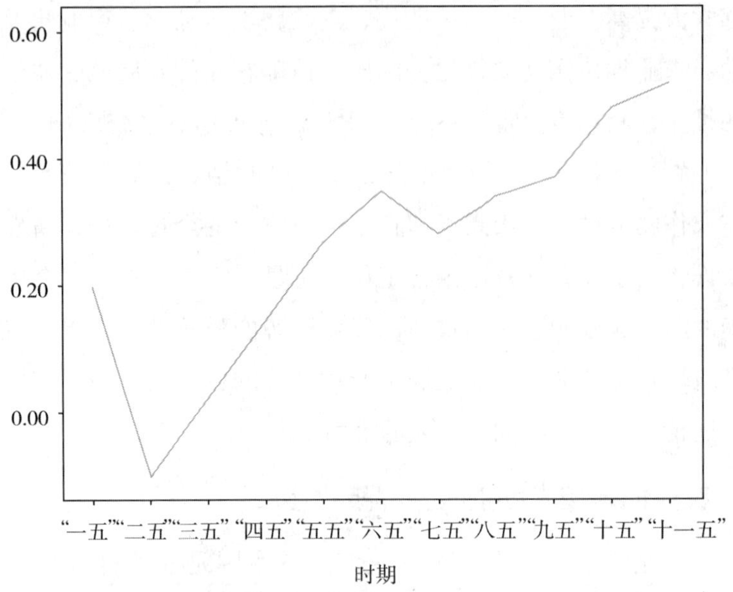

图 4－9　我国各个时期农业科技进步贡献率示意图

三、信息化降低农业物流成本

据国家发改委、统计局和中国物流与采购联合会公布的数据，2012 年我国社会物流总费用为 9.4 万亿元，同比增长 11.4%。其中，运输费用为 4.9 万亿元，占 52.5%；保管费用为 3.3 万亿元，占 35.2%；管理费用为 1.2 万亿元，占 12.3%。我国经济运行中的物流成本依然较高，社会物流总费用占 GDP 的比率为 18%，同比提高 0.2 个百分点。社会物流总费用占 GDP 的比重是衡量一个国家物流业发展水平的重要指标，目前发达国家物流总费用只占 GDP 的 10% 左右。

我国农产品物流成本更高。陈文玲（2011）表示，中国的整个农产品物流环节的损耗，总的平均下来是 30%，而发达国家如美国、日本的农产品损耗是 3%，甚至在 3% 以下。据 2012 年国家农产品保鲜工程技术研究中心研究统计，我国每年生产的农产品在流通中的损失率高达 30%，而发达国家普遍控制在 5% 以下，日本果蔬在保鲜物流环节的损耗率仅为1% ~2%。王耀球（2013）认为我国果蔬产品的年损耗率达到了34%，而且冬季的损耗率还会高于这一平均指标。过高的物流成本成为影响我国农产品价格的一项重要因素。从粮食流通看，目前我国主要的产粮地都集中在东北、淮北和长江中下游地区，而主要销售地为北京、天津、上海以及东南沿海地区。粮食产销区空间距离过大导致我国粮食必须进行跨省市长距离运输。粮食流通成本高居不下成为制约我国粮食供销平衡的一大问题。而蔬菜水果物流成本更高，北京的蔬菜从新发地批发市场到社区零售店的“最后一公里”的物流成本，约为从山东寿光拉到北京新发地费用的4倍。

而基于信息技术、物联网技术的重要应用之一的智能物流，可以通过建设库存监控、配送管理、安全追溯等现代流通应用系统，打造跨区域、行业、部门的物流公共服务平台，能实现电子商务与物流配送一体化管理，大幅度减少信息不对称造成的产销分立、供应链不畅等物流成本。以粮食为例，将智能物流应用到粮食流通的各个环节，可以将粮食生产、收购、储存、运输、加工到销售联接成有机联系的整体，把粮食运输过程中的搬运、仓储、装卸、包装、配送串联起一条完整的信息链，能有效降低粮食物流成本。

同时基于信息技术的智能物流可以保障农产品的安全管理与溯源。在食品安全备受关注的今天，智能物流在供应链各个环节的应用可以实现农产品从种植、生产、加工到运输销售的全过程质量控制，实现质量溯源，保障食品安全，降低物流成本。目前基于信息技术，成都、青岛等地区投入较低成本，初步建立起“食品安全追溯系统”。以猪肉安全为例：进入农贸市场的猪肉安装上电子芯片，以跟踪猪肉产品的生产、加工、批发以及零售等各个环节。具体来说，就是在农贸市场的猪肉经营店配备电子溯源秤，消费者在购买猪肉时可索取含有食品安全追溯码的收银条，凭借收银条上的追溯码查询生猪来源、屠宰场、质量检疫等多方面信息。

第五节　新时期农业现代化的内涵及发展战略

总体看来，我国农业发展方式经历了传统农业发展阶段（新中国成立之前）、传统农业向现代农业转变阶段（新中国成立之后到20世纪末）和新时期农业现代化阶段（21世纪以来）。

一、新时期农业现代化内涵

我国从依靠精耕细作和高劳动投入来提高土地生产率的传统农业第一阶段，进入依靠现代投入、制度变迁提高土地生产率的传统农业向现代农业转变的第二阶段，逐步发展到以提高劳动生产率为主的新时期农业现代化阶段。

第一个阶段是新中国成立之前，属于传统农业发展阶段。在这个阶段，农业主要依靠精耕细作和高劳动投入提高土地生产率，依靠农业产业内部分工特别是家庭手工业的发展来满足家庭生存收入的需要（Huang，1986、1992）。在传统农业技术停滞的情况下，依靠耕畜投入的增加、传统肥料的使用和大型水利建设（Perkins，1969），以及经济中心南移以后传统耕作技术的推广应用（Huang，2006）来发展农业。几千年传统农业发展的结果是陷入“过密化”与“生存陷阱”。农业发展的关键在于农业劳动力产出或产值的提高是真正意义的“发展”，而不附带劳均产出增加的总产量上升是没有发展的增长（Huang，2008）。

第二个阶段是新中国成立之后到20世纪末，是传统农业向现代农业转变的阶段。这一时期，农业增长主要依靠现代投入（良种、化肥、抗病虫害技术发展）和增加复种指数以及相应的制度变迁来提高土地生产率。50年农业发展方式转变的结果是农业份额和农业就业比例“双降”。自改革开放以来，我国第一产业生产总值和就业份额“双降”趋势十分明显。农业产值份额由1978年的28.2%下降到2012年的10.1%。同时，农业就业人口比例持续下降，在 2012 年下降到 33.6%。这为进一步缓解农村人地关系、改变农业相对要素价格、促进农业生产组织与制度变迁提供了机会。但是农村工业化只吸纳本地非农就业，农业内卷化问题没有根本解决，人口对土地压力没有降低，农业劳动生产率提高空间受限。

第三个阶段是21 世纪以来，是新时期农业现代化发展阶段。其主要特点就是从以提高土地生产率为主逐渐转向以提高劳动生产率为主。自 2004 年以来，农村劳动力的负增长使新中国成立以来持续加大的人地压力得到缓解，2009 年我国人地比率提高到 2.3 亩/人左右，也为我国提高劳动生产率、进一步转变农业发展方式奠定基础。从数据上看，劳动生产率在 1978—2000 年增长速度较为平缓，进入 21 世纪后增长速度骤然加快，这既是因为农业劳动力向非农领域大规模转移使得劳动生产率在边际上有所上升，同时农业机械化与农业科技化的逐步推广也成为劳动生产率迅速提高的重要因素（刘守英等，2013）。值得注意的是，在 2000 年以后，三种粮食作物的劳动生产率提高幅度和速度较之前的时期有更明显的增长，土地生产率有了明显的提高（见图 4－10）。

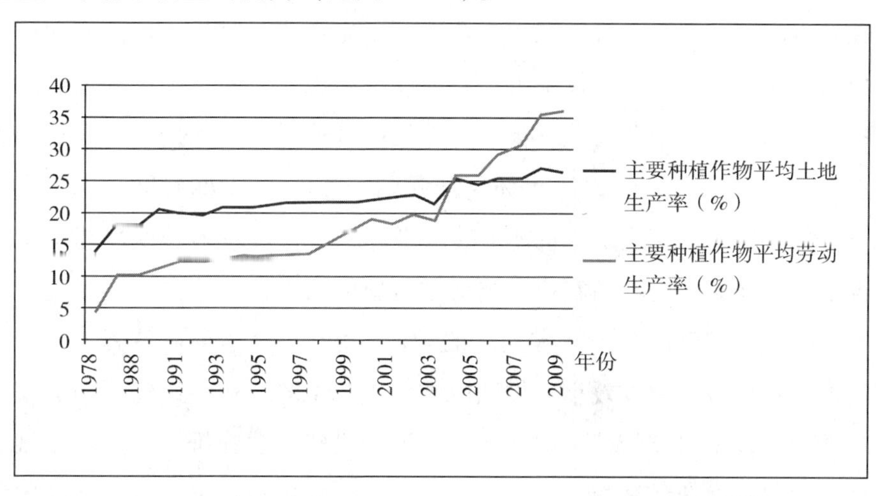

图 4－10　1978—2009 年土地生产率与劳动生产率的变化情况

二、新时期农业现代化发展战略

新时期我国正面临从以提高土地生产率为主的传统农业发展方式向以提高劳动生产率为主的现代农业发展方式的历史性转变，这不仅是中国几千年改造传统农业的历史机遇，而且也是农业现代化与工业化、城镇化和信息化同步协调发展的机遇。面对这一转折，我们应主动应对，积极谋划，要紧紧围绕提高劳动生产率和集约化、专业化、组织化、社会化的生产经营要求，大力推进传统农业向现代农业转变。

应切实把握工业化、城镇化、信息化和农业现代化的关系，充分发挥工业化、城镇化、信息化对农业现代化的支撑引领作用，以工业化带动农业现代化、以城镇化支持农业现代化、以信息化促进农业现代化，并在此基础上推动“四化”同步发展。2014 年中央“一号文件”明确指出，推进中国特色农业现代化，要以解决好地少水缺的资源环境约束为导向深入推进农业发展方式的转变，这对提高劳动生产率提出了更高的要求。

在新形势和新要求下，应加快构建以提高劳动生产率为核心的农业现代化发展战略。首先，应以提高农业全要素生产率为目标，提高农业产业竞争力。研究表明，农业技术进步是当前中国农业全要素生产率增长的核心动力。如何加快农业技术进步？一是提高农业科研投入。当前发达国家农业科研投资强度达到3% ~5%，而我国仍然低于 1996 年联合国粮农组织建议的发展中国家应确保的 1% 的水平。农业科技投入长期严重不足的状况必须改变。二是提高农业科技自主创新能力。目前我国农业专业技术人员比例很小，仅占全国技术人员的 2%，而且整体素质亟待提高。三是提高农业科技资源配置效率。长期以来，近 3/4 的农业科研经费预算集中于农业生产技术研究领域，本来十分有限的投资经费在推广、应用领域太少。四是促进农业科技与生产紧密结合。我国每年经中央和省级部门鉴定的农业科研成果达 1 万项左右，可以推广的仅占 30%，与部分发达国家 90% 以上的推广率形成巨大反差。五是让企业成为农业技术研究开发和产业化的主体。目前国内绝大部分种业企业的研发投入只占销售额的1%。而跨国种业公司的研发投入一般占销售收入的10%左右，有的高达15%～20%。这种局面亟待改变。

其次，改变以增加土地生产率为主的投入结构，促进化肥、农药等产业的改造、升级与转移。根据日本、韩国等亚洲土地密集型农业发展的经验，随着农业从以提高土地生产率为主的发展方式向以提高劳动生产率为主的发展方式转变，以增加土地生产率为主的化肥、农药、薄膜等投入将大大下降，这既是需求诱致的结果，也是改变农村生态环境、减少这些投入的使用造成面源污染的必需。我们应制定应对这种转变的化肥、农业、薄膜等产业发展政策，保留和提升优势企业，通过政策引导这些产业的企业改造、升级与转移。

再次，制定和实施与农地经营规模和核心产业相适应的农业机械发展战略。中国农业机械化时代已实实在在地到来了，近些年农业机械化水平大大提高，机械投入对农业的贡献大大上升。但是，我们还缺乏一个迎接新阶段到来的农业机械化发展战略，必须在国家层面尽快制定。在农业机械化发展中，应根据中国土地类型复杂、农地经营规模小、区域差异大、不同农产品对机械的需求不一的特点，制定差别化的农业机械产业发展政策。尤其需要在适合小规模农业的农业机械和对国民食物消费最重要的水稻产业上取得重大技术突破，对农产品优势生产区域的机械技术进行攻关，提高国产机械供应与水平。

最后，提高农产品流通效率，加快完善农产品市场体系建设。新型农业现代化下的农业是以市场为导向的，流通效率的高低和市场供求的波动将直接影响农产品的生产经营。应参照发达国家物流费用水平，逐步提高农业信息化水平和物流技术水平，统筹规划农产品市场流通网络布局，培育现代流通方式和新型流通业态，提高农产品流通效率，降低农产品物流成本。

参考文献

[1] 陈锡文．推进工业化、城镇化、农业现代化同步发展［J］．中国报道，2011（4）．

[2] 陈俊梁，陈瑜．“三化”同步及其策略选择［J］．求实，2012（11）．

[3] 孔祥智．四化同步，推进农业现代化［EB/OL］．中国共产党新闻网，2013．

[4] 伍振军．我国农业科技改革发展的成就与问题［R］．国研中心调查研究报告，2012．

[5] 韩长斌．巩固发展农业农村经济好形势［EB/OL］．人民网－人民日报，2012．

[6] 鹿锦秋，等．大聚焦：十八大后中国未来发展若干重要问题解析［M］．北京：研究出版社，2013．

[7] 蓝庆新，彭一然．论“工业化、信息化、城镇化、农业现代化”的关联机制和发展策略［J］．理论学刊，2013（5）．

[8] 卢锋．我国就业转型的特征与启示［R］．北京大学国家发展研究院：“开放宏观视角下中国就业增长”研讨会，2011．

[9] 杨爱军．“工业化、城镇化与农业现代化”的互动发展研究［J］．学术论坛，2012（6）．

[10] 冯献，崔凯．中国工业化、信息化、城镇化和农业现代化的内涵与同步发展的现实选择和作用机理［J］．农业现代化研究，2013（3）．

第五章 制度创新与中国农业现代化

制度创新是我国现代农业发展的重要保障。中国农业现代化是生产力和生产关系互相促进的结果。马克思辩证唯物主义认为，生产力决定生产关系，生产关系反作用于生产力。我国现代农业发展的根本出路是生产力的现代化，同时它必然要求有先进的、现代化的生产关系与之相适应。如果只有农业科技的进步，而没有农业社会经济制度的创新，那么落后的生产关系就会成为农业生产力发展的桎梏。

第一节 农业现代化需要制度创新

理论研究和发达国家的实践均表明，在传统农业向现代农业转变的过程中，尽管各国的社会制度有所不同，但在市场经济条件下发展现代农业却是相同或相似的，那就是不仅要重视农业生产力的发展和物质技术装备的现代化，更要重视现代农业制度的创新和实践。

一、中国现代农业发展实施诱致性制度创新的客观必然性

早在20世纪60年代，学者们就开始运用现代经济学方法对农业制度本身的变动以及不同农业制度对经济发展的影响进行系统研究，舒尔茨（1964）最先研究了传统农业向现代农业转变所需的制度要素，第一个系

统地分析了教育投资制度对农业生产率的影响。随后，弗农·拉坦（美）和速水佑次郎（日）提出了诱致性制度变迁假说，他们分别在研究美国和日本的农业现代化历程中发现，不同国家的资源禀赋差异将诱导并推动农业制度的变迁。道格拉斯·诺斯（1994）则进一步丰富了制度变迁理论，他认为技术进步将有利于新的经济机会产生，从而诱导产生新的制度创新。

我国发展现代农业必须遵从诱致性制度创新的道路。从制度本身来看，制度是为人们的相互关系而人为设定的一些制约（诺斯，1994），所以制度是人为的产物，制度创新必须以人为本。农民是农业生产过程的参与者和农业生产成果的获益者，他们对制度创新的科学性和合理性有着切身的体会和判断。要完成现代农业对传统农业的改造，就必须尊重农民的意愿，任何一项制度安排都必须以农民的实际想法为依据，以实地调研为前提。从制度创新的环境来看，我国目前非常重视现代农业的发展，涉及农村制度建设和创新的领域一直以来都是我国改革的重点和前沿，社会各界对于如何发展现代农业和实现农业现代化也给予了高度关注。国家的重视和宽松的制度环境，为农民发挥首创精神，成为制度创新的主体，从而实施自下而上的诱致性制度创新提供了良好的契机。从制度创新的诱导因素来看，目前我国发展现代农业所需的资源条件并不理想，农业生产所需的耕地资源日益减少且退化严重、水资源严重缺乏且时空分配不均、务农劳动力日益减少且素质不高等制约因素将长期存在，这客观上要求我国农业技术创新要从高产、优质、高效着眼，相应的农业制度创新也应适应我国农业资源禀赋现状和技术创新的需求，为实现专业化、标准化、规模化、集约化的现代农业发展道路提供可靠保障。

二、改革开放以来我国农业制度创新的实践

改革开放至今，我国总体上初步实现了工业化，为现代农业的发展提供了较好的物质条件，农业生产力水平不断提高。同时，我国农业农村的

发展也是伴随着制度的不断创新而得以实现的。1978—1984 年，按照建立社会主义市场经济体制的要求，我国农村实行了家庭承包经营制度，废除了人民公社体制，从根本上解放和发展了农村生产力，带来了农村经济和社会发展的历史性变化。1985—1991 年，随着家庭承包经营制度的确立，以改革农产品购销体制、发展乡镇企业、实行村民自治为重点，农村改革全面推进。1992—2001 年，随着农村基本经营制度的稳定和完善、农产品流通体制改革的深化、乡镇企业体制机制的创新、农村产业结构的调整，农村改革进一步深化。2002 年以来，随着十六大党对“三农”工作认识的不断深化，适应城乡统筹发展的农村新的制度体系正在形成，全面取消农业税、对农业生产实行直接补贴、把加强农村基础设施建设和社会事业发展的重点转向农村、建立健全农村社会保障制度等一系列制度安排，为我国现代农业的发展奠定了坚实的基础。

我国农业制度创新的实践表明，从 20 世纪 80 年代至今，我国农业现代化向前迈进了一大步，农业生产力的进步为我国发展现代农业创造了必要的物质技术条件，同时，农业制度的创新适应了农业生产力的变化，二者共同推动了我国农业农村的快速发展和现代农业的进程。

三、发达国家以制度创新推动现代农业发展的启示

尽管各个发达国家的社会制度有所不同，但在市场经济条件下发展现代农业和创新现代农业制度却是相同或相似的。这就是不仅重视农业生产力的发展和物质技术装备的现代化，而且更重视现代农业的制度创新和实践。按照资源禀赋的差异，发达国家现代农业的发展类型可以分为以下三类：

一是以美国为代表的地广人稀的国家。该类型的国家有条件形成土地的规模经营，从而建立了以大农场为经营主体的现代农业。为了维持大农场的有效运转，除了发展适宜规模化、标准化生产的现代农业技术之外，还建立了高度完善和发达的农业社会化服务体系以及相关配套制度。美国政府在农业社会化服务体系中，坚持有所为有所不为的原则，为私人企业

和合作社的发展提供了宽松的发展环境。二是以日本为代表的人多地少的国家。该类型国家在实现农业现代化的过程中，适应资源禀赋的特殊条件建立了以小农户为生产经营主体，以高度的机械化、化学化、水利化、良种化为主要特征的现代农业。现代农业的社会化服务和制度设计则主要由日本的综合农协来提供。三是以法国为代表的人均土地资源介于上两类之间的国家。该类型国家农业现代化的发展以小农场为生产经营主体，注重农业机械化、信息化、生态化技术的应用。该类型国家政府对农业的支持保护力度较大，相应的支持政策也较为完善。

发达国家发展现代农业的实践表明，农业资源禀赋和技术水平是农业制度创新的主要诱导性因素。完善的农业社会化服务体系、实力雄厚的农民合作经济组织和政府对农业强大的支持保护体系是发达国家现代农业制度创新的主要方面。

第二节　稳定和完善农村基本经营制度

农村基本经营制度是我们党在农村政策方面的基石。它不仅影响到农业经济的发展，还牵涉到农村社会的稳定，因此必须长期坚持并确保我国农业基本经营制度的稳定。同时，随着我国工业化、城镇化、信息化和农业现代化进程的深入推进，尤其是农业劳动力的大规模转移和农业机械的大范围普及，又必须对我国农业经营体制机制进行完善与创新。

一、必须毫不动摇地坚持农村基本经营制度

农村基本经营制度包括农村土地所有制度和经营管理制度。党的十七届三中全会公布的《中共中央关于推进农村改革发展若干重大问题的决定》指出，“以家庭承包经营为基础、统分结合的双层经营体制，是适应社会主义市场经济体制、符合农业生产特点的农村基本经营制度，是党的农村政策的基石，必须毫不动摇地坚持。赋予农民更加充分而有保障的土

地承包经营权，现有土地承包关系要保持稳定并长久不变。”我国农村土地承包实行的是家庭承包经营制度，即在坚持农村土地集体所有制的前提下，把土地的承包经营权界定给农户。与改革开放以前的人民公社制度下土地的集体所有、集体统一经营相比，家庭承包经营制度重塑了农业家庭经营的微观组织结构，重新界定了农村土地产权，农民拥有独立的土地使用权、排他的土地收益权和剩余索取权，以及在不损害土地集体权益、保证农地非农用途下的土地流转权。

国内外实践经验表明，农业家庭经营制度具有广泛的适应性和旺盛的生命力。世界上已经实现农业现代化的国家普遍实行家庭经营；我国以家庭承包经营为基础、统分结合的双层经营体制，是农村改革30多年来取得的重大成果，作为我国宪法规定的农村基本经营制度，必须长期坚持，并在实践中逐步加以完善。具体来说，要重点做好以下工作：一是要稳定土地承包关系，建立健全土地承包经营权流转市场；二是要实行最严格的耕地保护制度和最严格的节约用地制度；三是要大力扶持农民合作社和龙头企业的发展。

二、完善和创新我国农村基本经营制度势在必行

近年来，随着工业化、信息化、城镇化的深入推进，我国农村人口尤其是大量农村青壮年劳动力向城市转移，农村经济社会结构也发生着巨大的变革，农业生产遭受严重的外来冲击。农村劳动力尤其是农业劳动力老龄化、女性化趋势日益明显，农业劳动力兼业现象普遍，农村空心化与农业劳动力缺失的问题越来越严重。谁来经营农业、怎样经营农业，已经成为迫在眉睫必须解决的问题。这些都对我国农村基本经营制度提出了严峻挑战。

（一）农村劳动力大量转移，农村“老龄化”、“空心化”趋势明显

改革开放30多年来，我国农村劳动力大量转移。国家统计局数据显示，截至2013年3月末，我国离开土地从事非农产业的劳动力总数约为

2.6亿人，即使是留在农村的劳动力，也有相当一部分从事非农产业。而且，在农村劳动力转移过程中，越是年轻的、高素质的劳动力，转移的可能性就越大。第二次农业普查资料显示，全国21～30岁的农村劳动力外出转移比例为38.6%，31～40岁的外出转移比例为26.4%。在劳动力转移大省，21～30岁的劳动力外出转移的比例均超过50%，湖北省甚至达到58.7%。如果扣除城市周围、经济较发达地区农村劳动力外出转移量很少的因素，一般农村地区年轻劳动力转移的比例会超过70%。大量年轻人转移到城镇或非农产业就业，留在农村务农的大都是中老年人，结果就是农业劳动力的“老龄化”、农村的“空心化”。

（二）“谁来种地”成为当前迫切需要解决的问题

农村大量劳动力转移，但相当一部分人没有放弃土地所有权，甚至没有放弃经营权和使用权，“有地的不种地”，农业兼业化的问题日益严重。从日本农业发展的历史来看，兼业户对农业资源的使用效率较低，不应该是鼓励的方向。此外，在农村呈现出“老龄化”、“空心化”趋势之后，剩余劳动力的素质也偏低，如我国农村劳动力50%是初中文化程度以下，并且很少有机会经过岗前培训以获得相应的专业知识和技能。上述现象导致的直接结果就是未来我国农村“谁来种地”的难题。

（三）培育新型农业经营主体的时机已经成熟

我国农业科技的快速发展，尤其是农业机械和生物技术的突飞猛进，给农业生产经营体制的创新带来了新的契机。当前，我国农业耕种收综合机械化率和农业科技进步贡献率均已超过50%。农业机械化步伐的明显加快，为发展适度规模经营创造了有利条件。在当期技术条件下，一家一户经营、不长期雇工，北方土地平整、大宗作物居多，比较适宜的规模在200亩左右；南方丘陵山区多、经济作物多，比较适宜的规模在100亩左右。[①] 生物技术作为一种土地密集型的技术，保证在人多地少的情况下也

① 张红宇．当前农业运行中的四个问题［J］．农村经济文稿，2011（5）．

可以提高农业产量。上述条件的成熟成为培育新型农业经营主体的重要推动力量。

三、完善农业基本经营制度的主要思路

党的十七大报告指出，要坚持农村基本经营制度，稳定和完善土地承包关系，按照社会主义市场经济原则，健全土地承包经营权流转市场，有条件的地方可以发展多种形式的适度规模经营。未来完善我国农业基本经营制度的主要思路要从以下两个方面着眼。

（一）进一步完善农村土地承包制度

当前我国农村土地承包制度与现实国情相比，还存在一些束缚农业生产力发展的地方，需要进一步稳定和完善。一是要健全严格的农村土地管理制度，完善土地承包经营权权能，依法保障农民对承包土地的占有、使用、收益等权利。加快推进农地的确权、登记和颁证工作，把承包地块的面积、空间位置和权属证书落实到户。二是要健全农村土地承包经营权流转市场，完善农村土地流转服务，按照依法自愿有偿的原则引导农户流转土地承包经营权，促进多种形式的适度规模经营。

（二）提高农业经营组织化程度

党的十七届三中全会通过的《中共中央关于推进农村改革发展若干重大问题的决定》明确提出，统一经营要向发展农户联合与合作，形成多元化、多层次、多形式经营服务体系的方向转变。从长远的角度来看，要完善我国的农村基本经营制度，就必须实现农业的现代化和集约化经营，其中重要的手段之一就是提高农业经营的组织化程度。从目前我国农村新型经营主体的发育情况来看，已经出现了产业化龙头企业、农民合作社、家庭农场、专业大户等形式多样的新型经营主体，这些经营主体在推动农业科技进步、发展产供销一体化、促进农民增收等方面发挥了重要的作用。未来要继续出台相关政策，鼓励社会资本投资农业，引导新型农业经营主体在农业经济领域发挥更大的作用。

第三节　健全严格规范的农村土地管理制度

党的十七届三中全会提出，要进一步健全严格规范的农村土地管理制度，规范推进农村土地管理制度改革。认真分析我国土地管理制度的现状，积极推进改革，进而形成符合国情的土地管理制度。对于落实最严格的耕地保护制度和最严格的节约用地制度，在快速推进的城镇化进程中维护农民合法的土地权益，具有重要意义。

一、建立健全最严格的耕地保护制度

我国是人多地少的国家，保护耕地的任务十分艰巨。近些年，受城镇化加速、农业结构调整、生态退耕、自然灾害损毁等因素影响，耕地数量逐年减少，从1996年的19.5亿亩减少到当前的18.2亿亩，其中生态退耕约占60%、建设用地约占20%、农业结构调整占8%、灾毁占6%。目前，我国人均耕地面积为1.36亩，仅相当于世界平均水平的40%左右。全国有660多个县的人均耕地面积低于联合国粮农组织划定的0.8亩警戒线。在耕地资源十分紧缺的同时，耕地质量总体偏差，中、低等地分别占全国耕地面积的50.5%和16.7%，耕地后备资源中可开垦为耕地的也仅为7000万亩，通过开发补充耕地的潜力有限。

《全国土地利用总体规划纲要（2006～2020年）》确定了到2020年耕地保有量18.05亿亩、基本农田保护面积15.6亿亩的目标。要实现这一目标，需要建立健全最严格的耕地保护制度：一是要建立耕地保护补偿制度，建立耕地特别是基本农田保护补偿机制，通过经济手段保护耕地。对耕地保护机制的定位、资金来源、补偿对象、支付方式等加强研究，并做好制度设计工作，尽快在条件具备的地方实施。从长远看，应全面建立基本农田保护基金制度，使承担永久基本农田保护义务的农民得到经济补偿和永久保障。二是耕地“占补平衡”要数量质量并举。长期以来，我国耕

地“占补平衡”政策的着眼点主要是针对耕地数量，对耕地质量保护缺乏考核。在严格执行“占补平衡”的同时，应把耕地质量有提高或不下降作为重要考核指标，建立健全补充耕地质量验收和考核办法，包括耕地质量验收的技术规范及验收的操作规范等。三是要形成保护耕地的管理合力。目前我国基本农田保护实行地方政府分级负责、国土和农业部门共同管理，但实际上农业部门很少涉及管理。在强化地方政府分级负责的同时，应统筹各部门职能，形成以国土部门为主，农业、水利、林业、农业综合开发等部门共同参与的基本农田保护管理体系，形成管理合力。

二、加快推进土地征收制度改革

党的十七届三中全会决定指出，“改革征地制度，严格界定公益性和经营性建设用地，逐步缩小征地范围，完善征地补偿机制。依法征收农村集体土地，按照同地同价原则及时足额给农村集体组织和农民合理补偿，解决好被征地农民就业、住房、社会保障。”征地制度改革是我国城镇化过程中不可回避的重要问题，对于完善我国农村土地管理制度具有重要意义。

（一）合理界定“公共利益”，缩小征地范围

维护公共利益的需要是土地征用的前置性条件。由于现行法律没有界定公共利益的范围，实践中出现了无论是公益性用地还是经营性用地都普遍使用征地权的现象，这是征地范围难以缩小的症结所在。根据国际经验，一个有效的政策选择是列出一个具体的公共利益的完整清单，政府只允许因清单中所列举的目的进行土地征用，对于所有其他使用目的，如果土地属于集体所有，则使用者必须获得土地使用权，并在国家土地利用规划下，将农地转化为非农用地使用。

（二）建立公开公正的征地程序

现行法律规定，征用土地依照法定程序审批后，由地方政府予以公告并组织实施，安置补偿方案确定后应予公告，并听取被征地的农村集体经济组织和农民的意见。实践中，各地普遍存在征地公告不到位、不认真听

取被征地农民意见的问题，集体经济组织和农民在征地中缺少话语权。要解决这个问题：一是完善法律法规，对尊重和保护农民在征地中的话语权做出硬性规定；二是加大执法力度，对程序有瑕疵的用地申请暂缓审批；三是加强人大和舆论监督。

（三）完善征地补偿机制，保障农民合法权益

征地补偿是征地问题的核心，合理确定征地补偿标准，应按照土地对于农民既具有生产资料功能，又具有社会保障功能以及考虑土地增值收益的思路，并参考土地的市场价格，确定补偿标准。结合集体土地和产权的特点，研究制定集体土地房屋拆迁补偿的规定，明确农房拆迁的管理、程序、补偿标准和法律责任等，为农村房屋拆迁提供法律保障，保护农民合法的财产权益。

（四）妥善安置被征地农民

被征地农民失去土地后，失去了其赖以生存的基本生活资料，需要的不仅仅是货币补偿，还要安置好以后的就业、住房、社会保障等。当前，由于被征地农民的社会保障体系不够完善，被征地农民丧失土地后的长远生计问题需要统筹考虑。

三、完善农村宅基地的流转与抵押机制

农民的宅基地属于农村集体建设用地范围，按照相关法律规定，农村宅基地实行无偿、无限期使用，并严格执行“一户一宅”制度，农村一户只能申请一处符合规定面积标准的宅基地，农民宅基地不得抵押，并禁止向集体经济组织以外流转，农民出卖、出租住房后，再申请宅基地的不予批准。由于近些年我国城镇化进程加快以及历史遗留、管理等多方面原因，一些地方的农户宅基地面积超标、一户多宅、房屋闲置、违法违规建筑较多、宅基地私下交易等问题较为普遍。

在坚持宅基地集体所有制性质的前提下，应积极稳妥地推进宅基地抵押、流转试验。一是要严格管理，依法保障农户宅基地的用益物权。禁止以“村改居”等名义，将农村宅基地擅自转为国有。确需转为国有的，必

须征得集体经济组织成员的同意，依法履行征收程序，确保农民的土地权益不受侵害。完善农村宅基地的物权权能，尽快制定和完善农村宅基地管理、流转及集体土地上农民住宅拆迁补偿办法等法规，明确界定农村宅基地的标准和内涵，明确集体建设用地流转、收益分配等问题，切实维护农村宅基地的用益物权。二是要完善宅基地制度，合理利用农村住宅用地。必须明确农村宅基地、村庄整理所节约的土地，首先要用于复垦以增加新的耕地，调剂为建设用地的必须符合土地利用规划、纳入年度建设用地计划并优先满足集体使用。要抓紧制定完善乡镇土地利用总体规划和村庄建设规划。农村宅基地占用农用地应纳入年度计划，并加强农村宅基地用地计划监管。

四、改革农村集体建设用地制度

我国农村集体建设用地可分为农村居民宅基地、乡镇企业用地和公共公益事业建设用地三大类。党的十七届三中全会指出，“在土地利用规划确定的城镇建设用地范围外，经批准占用农村集体土地建设非公益性项目，允许农民依法通过多种方式参与开发经营并保障农民合法权益。逐步建立城乡统一的建设用地市场，对依法取得的农村集体经营性建设用地，必须通过统一有形的土地市场、以公开规范的方式转让土地使用权，在符合规划的前提下与国有土地享有平等权益。”十七届三中全会的这一规定，对于实现农村集体建设用地享有与国有土地平等的权利，实现集体建设用地的资本化和市场化具有重大意义。

改革农村集体建设用地制度，要在充分实践的基础上改革相关法律法规：一是要完善相关法律法规。尽快修改《土地管理法》中禁止农民集体建设用地出租、转让的条款，总结近年来各地进行试点的经验，制定允许农村集体用地规范入市的法规条款，引导农村集体建设用地流转和在合法的轨道上运行，促成形成统一的城乡建设用地市场。二是要加快农村集体建设用地确权、登记和颁证步伐。建立明晰的农村集体土地产权制度，政府应依法建立统一的土地登记系统，依法规范证书发放。三是要建立城乡统一的建设用地流转市场，实现农村集体土地和国有土地的“同地、同价、同权”。对依法取得的农村集体经营性建设用地应当在土地市场采取招标、拍卖、挂牌的方式进行出让，依法公开规范取得的农村集体建设用地，在入股、抵押等方面，与国有土地享有平等权益。要推动发展地价评估、交易信息服务、争议调处等中介服务，完善土地出让监督机制。按照土地收益向农民倾斜的原则，规范集体建设用地流转的收益分配。

第四节　完善农业支持保护制度

农业支持保护制度是现代农业发展的重要支撑，是一个国家促进农业和农村经济发展的重要手段。具体来说，农业支持保护有两方面内容：一是在国际贸易中利用关税、非关税壁垒及出口补贴等对本国农业进行保护；二是在国内的生产和流通领域采取直接或间接的措施支持本国农业，提高国内农产品的竞争力。随着国际贸易自由化程度的提高，国内支持愈来愈成为农业支持和保护的主要手段。

一、我国农业支持保护制度的发展现状

我国自 20 世纪 50 年代以来就有农业支持政策，但由于当时更多的是通过“剪刀差”的方式从农业中提取剩余，支持国家工业化发展战略，总体上的农业政策是取大于予。改革开放以来，随着社会主义市场经济体制的逐步完善和农村综合改革的不断深化，我国农业支持保护政策也发生了根本性转变。特别是党的十六大以来，党中央把“三农”工作作为全党工作的重中之重，统筹城乡经济社会发展，国民收入分配逐步向农业农村倾斜，国家财政支农投入大幅度增加，初步形成了新时期农业支持保护体系的政策框架。

（一）农村基础设施投入快速增长

近年来，随着国家将政府公共投资的重点转移到农村，农村的道路、

水利等基础设施建设明显提速。“十一五”时期中央对农村公路建设投入资金达1978亿元，年均递增30%。五年间全社会共计完成投资9500亿元，新改建农村公路186.8万公里，农村公路总里程达到345万公里。全国通公路的乡（镇）占全国乡（镇）总数的99.97%，通公路的建制村占全国建制村总数的99.38%。农田水利建设方面，2011年中央“一号文件”明确提出从土地出让收益中提取10%用于农田水利建设。2012年，中央财政各种渠道用于农田水利建设投入达1100多亿元，同比增长22%，保持了农田水利建设公共投资较快增长的良好势头。

（二）农村基本公共服务不断强化

党的十八大报告明确提出要推进城乡公共服务一体化。在中央及各级政府的努力下，我国农村教育、医疗卫生、文化、社会保障、农业科研及推广等公共服务得到明显加强。财政性教育经费支出大幅增加，基本解决了农村基础教育问题。2006—2010年，中央和地方各级财政累计新增农村基础教育经费2182亿元，年均增长率为24.8%。农村医疗卫生总费用支出呈现逐年增长趋势。1978—2010年，我国卫生总费用由110.21亿元增加到19603亿元，年均增长率为17.58%。人均卫生费用由11.5元增加到1440.3元，年均增长16.29%。农村文化事业投入逐步向农村倾斜，结构不断优化。“十一五”时期，农村文化事业费年均增长速度为27.1%，增幅高出城市水平10.9个百分点。农村社会保障事业费逐步向农村倾斜，城乡逐渐趋于平衡。2007—2010年，农村最低生活保障支出从109.1亿元增加到445亿元，增幅达308%，增长速度远高于城市和全国平均水平。农业科研投资总量不断增长。2000—2009年，我国农业科研投入由56.25亿元增长到219.69亿元，年均增长16.34%，并呈现出加速增加的趋势。

（三）农业生产和流通环节的支持不断深入

农业生产和流通环节的支持主要有农业补贴、税收减免、金融保险、价格干预等方面。农业补贴方面，我国历经10年渐进式扩增，品种不断增加、范围不断扩大、标准不断提高，形成了以促进粮食肉蛋奶等重要农产品生产为主要目标，以直补农民、大户、合作社等农业生产经营主体为主要方式，以生产直接补贴、技术服务补贴、生态资源保护奖补和风险防范补贴四大板块为主要内容，相对广覆盖、低标准的农业补贴政策框架。税收减免方面，2004 年国务院开始实行减征或免征农业税的惠农政策，2006 年 1 月 1 日起，我国全面取消农业税，农业税成为历史。此外，国家还对农业生产者销售自产的农产品免征增值税，对从事蔬菜、谷物、薯类、油料、豆类、棉花、麻类、糖料、水果、坚果的种植企业免征企业所得税等。金融支持方面，农村金融机构不断调整改革方向，信贷支农力度不断增加，农村金融生态环境不断改善，金融在支持农业发展中的作用越来越重要。目前，农村金融已经形成以合作金融为主体、政策性金融为支撑、民间金融为补充、股权基金为引领的发展格局。农业保险方面，我国自 2007 年起建立了财政补贴的农业保险制度，农业保险覆盖的范围稳步扩大、保费补贴持续增加、灾害补偿功能日渐显现、管理协调机制逐步建立、农险经营机构逐步完善。价格干预方面，为保障国家粮食安全、稳定国内农产品市场，我国实行了对粮食和大宗农产品价格的干预政策，如最低收购价政策、临时收储政策等，上述宏观调控政策在保护农民利益、提高国内农产品竞争力方面起到了积极作用。

（四）农产品国际贸易支持手段不断优化

我国农产品国际贸易支持手段主要有贸易救济和进出口调控。贸易救济是我国农产品生产、流通的有效保护手段和措施，主要有反倾销、反补贴和保障措施。农产品进出口调控方面，出口退税及其税率调整已成为中国政府调整农产品贸易结构的重要政策工具，为稳定国内农产品市场、促进农产品贸易平衡起到了积极作用。

二、我国农业支持保护制度存在的问题

总的来看，我国农业支持保护制度还存在着一些突出问题，这制约了农业支持保护政策对农业发展支撑作用的充分发挥。

（一）支农资金投入不足，支撑保障水平低

尽管从2004年以来，我国财政连续大幅度增加对农业农村的投入，但由于长期在农业基础设施建设、农业公共服务等领域历史欠账较多，资金需求巨大，现有资金投入远不能满足现代农业发展的需求，制约了农业支持保护政策体系对保障粮食和重要农产品有效供给的支撑保障能力。

（二）部分领域支持保护政策缺乏系统规划，战略性、前瞻性、协同性不够

尽管目前我国农业支持保护框架体系已经基本形成，但在很多领域，政策的支持重点、支持边界不清晰，导致各部门形成了政策项目依赖倾向，纷纷要求国家在管辖领域行业出台支持政策；近年来国家密集出台的支持政策，有相当部分是应急性、临时性政策，属于权宜之计，缺乏长期性制度安排；在农田水利基础设施建设、物质装备改造升级等领域的项目缺乏通盘的考虑和规划，导致部分区域、行业重复投资和部分地区、行业长期投资空白并存。

（三）部分政策设计和操作方式不合理，政策效果不佳

部分政策在设计中，补贴补助标准偏低，与实际偏离较大，影响了政策目标的实现。如现有的重大疫病扑杀补助，由于补助标准难以弥补养殖户的实际损失，影响了农户配合的积极性；除了普惠性政策外，多数政策在设计上嫌贫爱富，制定了较高门槛，倾向于扶优扶强，愿意锦上添花，不愿雪中送炭，致使一些发展水平较低的地区、小规模企业、合作社等真正需要政策支持的对象难以获得有效支持；多数支持政策在操作中主要采取直接投资，没有发挥财政资金对信贷资金、社会资金的杠杆作用，限制了支持政策的实施效果。

（四）财政支农资金管理分散，难以形成合力

现有财政支农资金分散在发改、财政、水利、科技、农业、林业、扶贫等十多个部门，尽管各部门所管理的项目资金各有侧重，但支持的领域和对象互有交叉，加上部门之间缺乏协调和沟通，项目信息透明度不够，

管理办法不统一，导致不同资金难以相互配合，严重影响了财政支农资金的使用效率。

（五）金融支持和政策性保险发展明显滞后

受农村中小金融组织发育不足和缺乏有效的政策性信贷措施双重因素影响，农业和农村经营主体，尤其是专业大户、家庭农场、农民合作社和龙头企业等新型农业经营主体贷款难问题没有得到根本缓解；政策性农业保险仍然处于各地自发探索实践阶段，覆盖面小，保障水平低，缺乏巨灾分担机制，与农业自然风险、市场风险日益增加的态势形成明显反差。

（六）公共服务体系服务能力较弱

由于历史原因，现有农业基层公共服务机构尤其是技术推广体系人员年龄和知识结构严重老化，服务意识和水平偏低。同时，由于缺乏农业科研院所与基层农业技术协作配合机制，大大制约了公共服务体系能力的提升。

（七）政策绩效评估机制不健全

尽管近年来财政部门努力推动财政资金的绩效评估，但目前大多数农业政策评估多由各自的管理部门进行评估，缺乏外部第三方的科学有效的评估，造成部分过时的支持政策不能得到及时调整，一些设计和操作不合理的政策不能得到及时完善，带来支农资金的低效利用甚至是浪费。

三、完善我国农业支持保护制度的政策建议

党的十八大提出的城乡一体化和“四化”同步发展的重大历史任务，对农业农村发展提出了新的目标，对支持保护政策提出了更高的要求。面对新形势、新要求，亟须加大投入、科学规划，健全政策体系，全面提升农业支持保护政策体系的支撑保障能力。

（一）大幅度增加财政支农资金投入

进一步提高“三农”支出在中央财政支出中的比例，增加对农业基础设施建设、农业补贴和公共服务各项政策资金投入。切实修订和完善《农

业法》、《农业投资法》，对于支农资金投入做出更加明确和具有可操作性的规定，建立支农资金的稳定增长机制。

（二）强化农业支持保护政策体系的顶层设计和长期性制度安排

根据农业发展的态势，对各领域的支持政策制订长期性规划，明确支持目标，理清支持的重点、支持的边界和主要支持方式。在基础设施建设和行业发展领域，制定系统全局的投资规划和实施步骤，扩大区域、领域的覆盖率。

（三）调整农业补贴结构，充分发挥政策的导向作用

在提高补贴标准的同时，优化补贴结构，加大对种粮大户、家庭农场、规模养殖场、合作社等新型农业经营主体的支持，增加粮食等重要品种和防灾减灾增产关键技术环节的补贴投入，充分发挥补贴政策在培育新型主体、保障粮食安全和重要农产品有效供给方面的作用。

（四）提高利益补偿标准，切实调动粮食主产区地方政府发展粮食生产的积极性

在进一步完善粮油大县奖励政策的基础上，提高利益补偿标准，以县为单位划定一批粮食生产功能区，按照粮食产量安排转移支付，建立粮食生产功能区均衡性转移支付制度。并对粮食生产做出突出贡献的县，依据新增粮食数量给予额外奖励，支持其改进生产条件。

（五）加快发展政策性金融，发挥财政资金对于信贷资金的引导作用

在大力培育农村中小型金融组织、创新农村金融产品和金融服务的同时，大力发展由财政支持、市场化运作的农业信贷担保体系，真正缓解各类农业经营主体融资难问题。

（六）进一步加大支持力度，健全政策性农业保险制度

扩大现有农业保险保费补助的品种和地区范围，建立再保险制度；将重大动物疫病扑杀补助扩展到种植业和水产养殖业，建立动植物重大疫病疫情防治综合补贴制度，形成事前预防和事后补偿相结合的风险防范政策体系。

（七）推进各类支农资金项目的整合，加强各类资金项目的协调和配合

按照目标明确、投向清晰的要求，对财政支农资金进行分类管理，逐步归并目标相近、领域重复的支农项目，减少项目之间的交叉。建立统一的财政支农项目数据库，实现各职能部门信息共享，强化不同资金项目之间的协调与配合，形成政策合力。

（八）建立科学有效的政策绩效评估机制

强化专业部门对各项支持政策的绩效评估，提高评估方法的科学性和有效性。同时，加强信息披露和公开制度，推动社会对支持政策的监督和评价，提高评估的公正性，为农业支持政策的调整和完善提供依据。

第五节　建立现代农村金融制度

农村金融是现代农村经济的核心。加快农村金融制度改革，改善农村金融服务，是深化农村改革、推进农业和农村经济持续健康发展的重要举措。建立现代农村金融制度，要从健全农村金融组织体系、推进农村金融服务产品创新、积极发展农业保险、进一步完善金融支农政策体系等方面进行制度建设和制度创新。

一、健全农村金融组织体系

党的十七届三中全会明确提出，“农村金融是现代农村经济的核心。创新农村金融体制，放宽农村金融准入政策，加快建立商业性金融、合作性金融、政策性金融相结合，资本充足、功能健全、服务完善、运行安全的农村金融体系。”按照中央要求，进一步深化农村金融制度改革，提高农村金融服务水平，各类金融机构都要积极支持农村改革发展。农业银行要坚持为农服务的方向，强化职能、落实责任，稳定和发展农村服务网络。农业发展银行要拓展支农领域，加大政策性金融对农业开发和农村基础设

施建设的中长期信贷支持。邮政储蓄银行要扩大涉农业务范围。农村信用社要改革法人治理结构，保持县（市）社法人地位稳定，发挥为农民服务的主力军作用。多种形式的新型农村金融机构和以服务农村为主的地区性中小银行要实现规范发展。要允许农村小型金融组织从金融机构融入资金。允许有条件的农民专业合作社开展信用合作。规范和引导民间借贷健康发展。

二、推进农村金融服务产品创新

近年来，针对“三农”不断增长的服务需求，发展小额信用贷款、联保贷款、农村小企业贷款等适合农村特点的金融产品，取得了较为明显的成效，受到广大农民的欢迎。但由于我国农村地区信用基础设施短缺、征信体系建设滞后及金融网点服务功能不强等原因，大量的农民贷款需求难以满足。要适应农村经济发展水平较低、农村金融需求多样化、农村金融服务点多面广的特点，围绕金融服务满意度、便利度和贷款可得性，继续创新农村金融服务机制，创新农村金融服务产品，并推动创新工作由点到面扩展。

在金融产品上，全面巩固发展农户小额信用贷款和农户联保贷款，把这两个产品的设计理念和机制推广到农村中小企业、农民专业合作社和其他农村信贷领域。全面推广低成本、可复制、易推广的农村金融产品，加快将保险、代理、租赁、保管、担保、个人理财、信息咨询、银行卡等新的产品服务全面覆盖到农村。鼓励各类银行业金融机构开展业务合作，积极开办银（社）团贷款和代理业务，探索担保、农业保险和农产品期货等农村金融业务合作机制，使各方在竞争中成长，在合作中壮大。引导树立“以客户为中心”的经营理念，改进授权机制，在风险可控的前提下，简化贷款手续，建立“绿色通道”，倡导建立涉农金融业务产品、流程、价格“三公开”制度。加快农村征信体系建设，改善县域信用环境，引导金融机构将农户信用档案与信用评价结果引入贷款审核与管理过程，增加对农户的信用贷款。

三、积极发展农业保险

总体来说，当前我国农业保险规模小、覆盖面窄，其分散农村金融风险和促进农村经济发展的保障作用没有得到充分发挥。应加快建立农业保险的政策协调机制，由保监会、发改委、财政、税收、农业、林业、气象、防灾减灾等多部门参加，协调制定和实施农业保险与农业补贴、农业救济相结合的政策措施，充分发挥政策合力。一是要加快推进农村保险体系建设。研究建立强制性农业保险制度，通过政策性保险的引导作用，提高参保率，加快农业保险推广。研究建立中央财政支持下的农业保险再保险和巨灾风险分散机制。鼓励地方探索建立适合本地实际的农业大灾风险分散机制，中央财政可给予适当的政策倾斜。二是要探索建立农村信贷与农业保险相结合的银保互动机制。农业保险的开展有助于提高农民风险抵御能力，也可以降低银行的贷款风险，使农民更容易获得信贷支持。建议借鉴国外的有益经验，鼓励和引导申请贷款的农户参加保险。可考虑由政府给予保费补贴或银行降低贷款利率的方式，也可采取银行作为农业保险的代理人、贷款农户的赔款由贷款机构来支付等多种形式。研究允许省级农村信用社组建担保公司和保险公司，专门负责本系统内农户和中小企业贷款的担保和保险业务，实现农村信用社系统的风险自我消化和互助协调发展。

四、进一步完善金融支农政策体系

金融支农工作涉及部门较多，应完善金融支农政策体系，使财政、税收、货币政策配套协调，并与监管政策有机结合，引导金融机构发展涉农信贷业务。一是要加大财政支持力度，鼓励开展涉农信贷业务。在落实现有财政奖补政策的基础上，扩大县域金融机构涉农贷款增量奖励范围，提高奖励标准。对金融机构发放的高风险低收益涉农贷款，按贷款发放规模给予风险补贴。对促进农业发展和带动农民增收效果明显的农村企业或组织，支持和引导金融机构加大资金支持力度。二是要不断完善税收优惠政策。研究制定针对涉农信贷业务的税收优惠政策，引导金融机构提高涉农业务比例。研究解决农村信用社、农村资金互助社税收优惠政策的长期化问题，明确将村镇银行、贷款公司等新型农村金融机构的涉农贷款业务纳入营业税和所得税优惠范围。三是要发挥货币政策的结构性调节作用。在充分竞争的基础上，适时推进农村利率市场化改革，允许农村金融机构按照客户的信用评级合理进行风险定价，有效覆盖经营成本和信贷风险。放宽农村信贷规模限制，稳步提高支农再贷款额度和使用面，确定合理的再贷款利率，延长再贷款使用期限。四是发挥监管政策的导向作用。根据农村金融业务特点，适当调整涉农贷款的不良认定标准，并放宽对农户贷款的展期要求。在稳定现有政策的基础上，将减免农村金融机构监管费用长期化和制度化。继续稳步放宽农村金融准入政策，适度提高兼并重组高风险农村金融机构的持股比例限制。强化对农村金融机构的监督管理，切实防范系统性金融风险。

参考文献

[1] 陈锡文，赵阳，陈剑波，罗丹．中国农村制度变迁60年［M］．北京：人民出版社，2009.

[2] 黄小虎．新时期中国土地管理研究［M］．北京：当代中国出版社，2006.

[3] 廖洪乐．中国农村土地制度六十年——回顾与展望［M］．北京：中国财政经济出版社，2008.

[4] 林毅夫．关于制度变迁的经济学理论：诱致性变迁与强制性变迁［M］．上海：上海三联书店，1991.

[5] 农业部农村经济研究中心．面向“十二五”的中国农村发展［M］．北京：中国农业出版社，2010.

[6] 张红宇．当前农业运行中的四个问题［J］．农村经济文稿，2011（5）.

[7] 中国银监会合作金融机构监管部课题组．中国农村金融服务与农村金融竞争充分性调查［J］．中国金融，2007.

第六章 培育现代农业经营体系

党的十八大提出在工业化、信息化、城镇化深入发展中同步推进农业现代化的重大战略部署，2013 年中央“一号文件”也紧密围绕现代农业建设，提出致力于构建集约化、专业化、组织化、社会化相结合的新型农业经营体系的战略目标。为适应工业化、城镇化的快速发展以及大量农村劳动力进城务工就业，应对将来“谁来种地”、“地怎么种”的问题，培育现代农业经营体系是非常有必要的。现代农业经营体系应包括农业产业链条各环节中的产品供给主体和服务供给主体，粗略而言，主要是由新型农业经营主体和农业社会化服务组织（体系）构成。

第一节 现代农业需要新型经营主体

培育新型农业经营主体是构建新型农业经营体系的根本，是发展现代农业的紧迫任务。随着我国城镇化进程的快速推进，城乡人口结构、就业结构、社会结构深刻调整，以农业专业大户、农民合作社和农业企业为代表的新型农业经营主体日益展示出巨大的生机与潜力，已成为中国现代农业发展的重要主体。

一、农业从业人员结构的变化呼唤新的农业经营主体

随着产业结构和经济成分日趋多样化，以及城镇就业渠道的日益多元化，城镇就业不再是国有部门和集体部门就业占主导，非正规就业规模越来越大。与此同时，大规模农村劳动力在本地或外出从事非农就业，总量超过2.3亿人，其中1.5亿人进城务工（蔡昉，2010）。[①] 但由于我国农村人口基数大，目前农村劳动力总量依然过剩。据估计，目前农村仍有1亿左右的相对富余劳动力，即使到2015年，富余劳动力仍有7500万左右（张红宇，2010）。[②] 但是，随着工业化和城镇化的快速推进，大量农村劳动力向城镇转移，造成农村劳动力减少。有资料显示，2012年我国农业从业人员为2.55亿人，比1991年最高值的3.91亿人下降了35%；农业从业人员占全社会就业人员比重从1991年的59.7%下降到2012年的33.3%，下降了26.4个百分点，年均下降约1.3个百分点。2004年以来，农业从业人员年均减少约1200万人。[③]

农业从业人员除了人数下降外，从业人员的总体素质也是一大问题。根据《中国统计年鉴》，2008年农业劳动力为3.1亿，占全国劳动力的比重仍然高达39.6%，但是农村劳动力已经开始呈现出老龄化、妇女化的特点。2002年以来，我国农村中四十岁以上的劳动力年龄人口占劳动力年龄人口总数的比例逐年上升，2008年该比例首次突破50%，反映了我国农村劳动力的老龄化特点。张红宇（2011）指出，目前我国从事农业生产的劳动力平均年龄在50岁以上，其中上海等经济发达地区务农农民年龄已接近60岁。[④] 农村劳动力，特别是青壮年劳动力向城市、工业转移，使农业青壮年劳动力短缺、农忙季节短缺、区域性短缺问题突出。如果任由农业劳

---

① 蔡昉．人口转变、人口红利与刘易斯转折点［J］．经济研究，2010（4）．

② 张红宇．准确把握农业农村经济发展大趋势［J］．农村工作通讯，2010（24）．

③ 刘一平．现阶段我国新型农业生产经营主体培育问题探究［J］．现代农业科技，2013（15）．

④ 张红宇．城镇化进程中农村劳动力转移：战略抉择和政策思路［J］．中国农村经济，2011（6）．

动力妇女化、老龄化、儿童化发展，今后农业新技术的推广应用、精细化管理等将会受到不利影响，可直接加剧农业的弱质性，从而导致现代农业建设发展迟滞。因此，当前我国农业发展正面临着由谁来生产经营、如何经营的长远问题。也就是说，将来“谁来种地”的问题已在案上。毫无疑问，中国的农业产业安全必须掌握在自己手中，而把保障农业产业安全的重任交给老人、妇女或儿童这样的农业从业者显然是不现实的，为此，新型农业经营主体应运而生并肩负着重要的时代责任。

二、农业资源环境约束要求农业经营必须走出传统道路

我国农业经济最大的现实问题是人多地少，农业资源严重不足，而且农业资源和环境面临的约束越来越大。随着经济的发展和城镇化、工业化、现代化的快速推进，农业与非农产业、农村与城镇在耕地和水资源等自然资源方面的竞争将日益激烈。由于农业比较利益低、农业对地方财政收入的贡献低于非农产业，在与非农产业和城镇的耕地和水资源争夺战中，农业和农村的弱势地位逐渐凸显，进而导致农业生产的耕地面积减少、耕地质量下降以及水资源短缺的约束不断强化。

耕地资源。全国耕地面积从 1997 年的 12990. 31 万公顷下降到 2008 年的 12171. 58 万公顷，年均减少 74. 43 万公顷。由于特殊的区域气候特点和地理特性以及生态环境保护的需要，后备耕地资源的大面积开发仍面临不少困难，因此，在经济高速发展的驱动下，耕地面积在短期内将一直处于下降状态。同时还需考虑到，随着农民收入水平和农业就业机会成本的提高，耕地复种指数在总体上呈下降趋势将不可避免。此外，在工业化、城镇化进程中，各地都在进行着土地非农化的实验，通过各种方式打着耕地的主意，如增减挂钩（往往为了增加效益而动用城郊耕地）、耕地置换（如用西北地区的低产田置换东部的良田）、“土地换保险”等。

农业水资源及其使用。1997 年以来，全国农业用水总量占全部用水总量的比重在60% ~70%，总体呈下降趋势。到2009 年，全国农业用水总量达2723. 1 亿立方米，仍占全国用水总量的62. 4%。虽然我国加快了水利建设步伐，更加

注重农业用水方式的转变和水资源的节约，但是就目前总体而言，节水灌溉面积仅占灌溉面积的43.4%，其中喷灌、微灌面积仅占灌溉面积的7.8%，灌溉水有效系数仅为0.50，节水灌溉现状不仅难以保证现代农业精耕细灌的要求，而且不符合我国水资源短缺和农业高度依赖灌溉的基本国情。

农业环境。严重的农业环境污染问题已成为制约中国农业发展、群众健康和社会稳定的重要因素。2010年，国家相关部门对31个省（区、市）的274个“以奖促治”村庄开展了环境质量监测。结果表明，空气质量总体良好，地表水总体为中度污染，主要污染物为粪大肠菌群、氨氮、高锰酸盐指数。农业生产系统内的化肥污染、农药污染、农膜污染和畜禽养殖业污染严重，既对农产品质量安全提出了严峻考验，同时也危害着农业生产者的身体健康。

因此，发展现代农业必须要走出传统的农业发展道路，而发展方式的转变必然对农业经营主体提出新的要求，例如适度规模经营、使用环境友好型农业技术、使用节水节肥的技术等。显然，传统意义上的小农户要想达到农业经营的新要求是比较困难的，在优胜劣汰原则下，新型农业经营主体也就成了推进现代农业发展的载体。

实践表明，新型农业经营主体在经营规模、辐射带动、盈利能力、资金来源、市场导向、产品认证、品牌建设、销售渠道等方面具有明显优势。能否培育出适应我国农业农村发展新阶段所需要的新型农业经营主体，直接关系到未来中国农产品由谁供给和能否有效供给的粮食安全问题，关系到我国现代农业发展的进程快慢和质量高低，关系到农业现代化与城镇化、工业化和信息化能否有机融合。

第二节 专业大户和家庭农场

专业大户和家庭农场既有联系又有区别，但严格界定二者的区别较为困难，目前学术界仍在探索。家庭农场被认为是专业大户的规范版和升级版，是由专业大户发展而来的。

一、专业农户和专业大户

一般来说，专业农户是家庭劳动时间大部分用于农业中的某一产业，且收入占全部收入 80% 以上的纯农户。专业农户大体上又可分为两类，其中一类种植或者养殖规模较大，尤其是从事种植业生产的农户，流转了大量土地，形成了规模化种植。这类农户一般被称为“专业大户”，是指在农业生产经营过程中，在分工的基础上从传统农户中分离出来具有一定经营规模、围绕某一种农产品从事专业化生产的农户。

目前，对专业大户的界定主要是以其种植或者养殖的规模为标准。由于各地农业资源禀赋差异较大，各地对专业大户的界定标准不尽相同。以种粮大户为例，2012 年全国的界定标准为经营面积达 30 亩以上，黑龙江省的界定标准为实际种粮面积不低于 1000 亩，山东省的界定标准为粮食种植面积 300 亩及以上（含小麦、玉米、水稻等粮食作物，其中小麦或水稻种植面积 150 亩及以上）。

与专业大户相对应的是一般专业农户。一般专业农户按从事的行业分种植专业户和养殖专业户。种植专业户一般没有流转或者流转较少土地，但专业化水平很高，如山东寿光的菜农、陕西富平的果农等；养殖专业户一般规模较小，如养猪户的养殖规模一般在 50 头左右，奶牛的养殖规模一般在 20 头以下，但专业化水平很高，其种植业也主要是为养殖业服务。综合农业部门的各项数据，估计我国的专业农户数量超过 1 亿。与大规模农场相比，劳动和资本双重密集型的适度规模经营农户更加符合中国人多地少的基本国情，是在现有城市化及土地流转水平下解决农业隐性失业、收入低下、产业升级困难等一系列问题的出路所在。

二、专业大户的现状

从本质上讲，专业大户的形成是自然资源和生产要素向优势产业（产品）和经营能手聚集的过程，特别是资金和土地要素向经营能手聚集。专业大户是建设现代农业的一支主力军，相对于一般农户具有较大的进步，但其发展仍面临着一些突出问题。

（一）土地流转不规范

相比于一般农户，专业大户的农业生产经营已渐成规模。由于土地承包初期基本上是同一村庄或村民小组内执行土地均分原则，农户家庭经营规模差别不大。土地流转为专业大户专事于某一作物种植提供了基础条件。但从实际情况看，一些专业大户在土地流转过程中只是采取了口头协议，缺少书面合同，或者书面合同不规范，导致农业生产经营过程中不断出现土地流转纠纷。不少地方由于缺少土地流转的实施细则，农户对流出土地始终不放心，这也导致很多土地流出户不愿签订长期流转合同，使得专业大户流入土地的流转期限较短，影响了专业大户进行长期农田基础设施投资的积极性。

（二）地块连片集中难度大

一些专业大户通过流转入土地提高了经营规模，但同时与多个土地流出农户打交道，不可避免地出现愿意流出土地农户的土地分散在不同地方的问题。也就是说，一些专业大户虽然能流转入土地，但这些土地分成好几块，分散现象难以避免。地块分散不便于专业大户统一布局和管理，制约发展规模生产。

（三）缺乏农业生产经营技能培训

专业大户大多多年从事农业生产和经营、实践经验丰富，但普遍未经过系统的农业专业培训学习，而是在田间地头长年累月成长起来的“土专家”，加上年龄偏高，他们难以熟练掌握农业新技术，种植和养殖的技能亟待提高。

三、家庭农场的概念和发展模式

（一）家庭农场的概念

家庭农场是一个舶来词，在欧美等发达国家已有几百年的发展历史。在我国，家庭农场一词于2008年首次写入中央文件，党的十七届三中全会提出“有条件的地方可以发展专业大户、家庭农场、农民专业合作社等规模经营主体”。2013年，中央“一号文件”进一步把家庭农场明确为新型农业经营主体的重要形式，并要求通过新增农业补贴倾斜、鼓励和支持土地流入、加大奖励和培训力度等措施扶持家庭农场发展。

关于“家庭农场”的概念，美国将家庭农场（Family Farm）定义为“没有雇佣经理、不含非家庭成员的法人或合作组织的农场”；俄罗斯在《家庭农场法》中指明“家庭农场是享有法人权利的独立的生产经营主体”。在我国，因为早期官方对“家庭农场”的定义一直不是很明确，学者们主要基于自身的研究需要而做出概念上的界定。例如黎东升和曾令香（2000）认为“家庭农场是以农户家庭为基本组织单位，面向市场，以利润最大化为目标，从事适度规模的农林牧渔的生产、加工和销售，实行自主经营、自我积累、自我发展、自负盈亏和科学管理的企业化经济实体”。朱博文（2004）指出“家庭农场是我国农地经营体制创新而实现适度规模经营的一种新型经济组织形式”。直到2013年2月，农业部才对家庭农场的内涵做了初步界定，即“家庭农场是指以家庭成员为主要劳动力，从事农业规模化、集约化、商品化生产经营，并以农业为主要收入来源的新型农业经营主体”。

在家庭农场认定标准方面，各地有如下七条基本共识：一是家庭中至少有一位成员务农，对雇工数量可以不做具体要求；二是土地要达到一定规模；三是租地期限要达到一定的长度；四是要审查家庭农场主的从业资格、资历；五是要有一定的农业装备水平；六是要进行注册登记；七是要进行一级核算，流转土地后不能进行二次发包。在家庭农场登记方法方面，一些地方探索建立了农业行政部门认定许可、工商行政部门按个体经营户登记的方法，但大部分地方还未进行家庭农场登记。

（二）家庭农场的发展模式

家庭农场主从主体构成上看，主要包括农村致富能人、农村科技示范户、返乡创业农民、大学生村干部与军转干部等。在发展模式上，有吉林延边专业农场、上海松江家庭农场、湖北武汉家庭农场和浙江慈溪家庭农场等。

1. 吉林延边专业农场

吉林延边专业农场是指由种田大户或合伙人或城乡法人或自然人通过承租农民自愿流转的土地创办的不同主体的农业生产经营组织，专业农场组织方式主要包括个体（家庭）农场、合伙农场、股份合作农场、企业法人农场等，其中95%以上是家庭经营模式，即家庭农场，其余的也可以划归合作社或农业企业类型。2009年以来，经过三年的制度创新、试点先行、经验总结和政策完善，延边专业农场发展成效凸显。2012年，全州新认定、注册的专业农场有252家，专业农场总数达到451家，经营土地面积有3.6万多公顷。全州土地流转面积达到76517公顷，较2011年又增加17995公顷，增幅为30.7%。2011年全州专业农场中98%实现了盈利，共实现净利润1.07亿元，平均每个专业农场盈利54万元。同时，土地流转农户也得到了实惠，土地流转价格从过去每公顷2000~3000元提高到4000元以上，有些地区已达到5000元以上。

2. 上海松江家庭农场

2007年下半年，上海松江区根据当地农机水平和家庭经营能力，探索发展经营规模为100~150亩的粮食家庭农场，经三年多的实践，取得了粮食丰收、农民增收的积极成效。截至2011年上半年，全区家庭农场已发展至1069户，经营面积12.6万亩，占粮田总面积的74.6%。松江区的家庭农场是以同一行政村或同一村级集体经济组织的农民家庭（一般为夫妻二人，个别为父子或父女等二三人）为生产单位，从事粮食、蔬菜种植或生猪养殖等生产活动的农业生产经营形式。家庭农场的经营者是主要依靠家庭劳动力的自耕农；所经营的土地是由本村集体经济组织成员依法合理流转的家庭承包地，并按土地流转合同向流转出土地的农户或村集体经济组织缴纳土地流转费（土地租金）。

3. 湖北武汉家庭农场

湖北武汉家庭农场的发展经历了“小范围试点、项目化推进”的过程。2010年，5家首批试点的家庭农场经过一年的运行取得了良好成效。5个家庭农场建设总面积41.2亩，总人口21人，劳力12个；总收入54.6

万元，亩均收入1.33万元；总投入12.1万元，亩均投入0.32万元；亩均纯收入1.01万元；劳均收入3.49万元；人均纯收入1.98万元。与传统的家庭经营模式相比，无论是亩产值还是人均收入都有较大幅度的提高。于是，2011年武汉市出台了《2011年家庭农场申请财政补贴项目指南》，指出通过政策扶持，建立经营规模化、耕作机械化、生产标准化、管理企业化的种植、水产专业型家庭农场和种养综合型、循环农业型家庭农场，充分体现农民在农业产业化经营的主体地位，促进农业增效、农民增收，使家庭农场人均纯收入高于全市农民人均纯收入10%以上，家庭农场农业收入达20万元以上。

4. 浙江慈溪家庭农场

浙江慈溪20世纪90年代出台政策培育扶持家庭农场，目前已有各类家庭农场（包括林业和渔业）500多家，其中种植业和畜牧业283家。家庭农场发展速度很快，土地、技术、资金、人才等资源纷纷向其集聚。从调查看，家庭农场依靠规模经营和稳定的购销渠道，实现了收入大幅度增长，平均年收入比普通农户要高出几倍，许多家庭农场的销售收入达到三四百万元，这为当地农业经济注入了生机和活力。据统计，这些家庭农场主40岁以下的占60%以上，有年轻的大学生以现代农场形式创业田头，一些以家庭农场牵头组建的专业合作社有多名大学生从事市场营销和相关服务业务。在这些家庭农场中，以购销大户为主组建的占60%以上，其中一些人过去就是农产品营销经纪人，信息灵通，有国内外良好的营销渠道，懂经营、善营销，成为带动农业生产发展的骨干力量。

第三节　农民合作社

农民合作社具有自身的优势和作用，能提高“小农户”与“大市场”之间的衔接效率，是带动农户进入市场的基本主体、发展农村集体经济的新型实体和创新农村社会管理的有效载体。

一、农民合作社的定义

合作社按不同的角度划分有不同的类型，如按合作领域可分为生产合作社、信用合作社、流通合作社等，按成员来源可分为社区性合作社和专业性合作社，按产权结构可分为股份合作社和传统合作社。正因如此，人们对合作社的理解也不同，但就合作社的基本含义还是达成共识的。国际合作社联盟对合作社的定义是：合作社是人们自愿联合、通过共同所有和民主管理的企业来满足他们共同的经济和社会需求的自治组织。把握这一概念需要明确几个要点：一是人们自愿联合，享有入社和退社的自由；二是合作社是企业；三是合作社内部实行民主管理；四是合作社的经营目标是为社员服务，满足社员共同的经济和社会需求。

“农民合作社”这一概念在2013年的中央“一号文件”中被明确提出来，在此之前的中央文件中多采用“农民合作组织”、“农民合作经济组织”、“农民专业合作社”的表述。国内尚没有对“农民合作社”给出官方的定义。粗略而言，农民合作社的范畴更广，是以农民为主体为了共同目标而自愿联合组建的互助性经济组织。

2007年7月1日实施的《农民专业合作社法》给出了“农民专业合作社”的定义：农民专业合作社是在农村家庭承包经营基础上，同类农产品的生产经营者或者同类农业生产经营服务的提供者、利用者，自愿联合、民主管理的互助性经济组织。需要指出的是，农民专业合作社以其成员为主要服务对象，提供农业生产资料的购买，农产品的销售、加工、运输、贮藏以及与农业生产经营有关的技术、信息等服务。农民专业合作社遵循以下原则：成员以农民为主体；以服务成员为宗旨，谋求全体成员的共同利益；入社自愿、退社自由；成员地位平等，实行民主管理；盈余主要按照成员与农民专业合作社的交易量（额）比例返还。

二、农民合作社的发展

20世纪80年代初至90年代初是农民合作组织发展的萌芽阶段，农民之间的联合主要是为了解决技术引进的难题。这一阶段形成了以农业技术协会、研究会为主的农民合作组织。截至 1987 年，我国农村已经陆续成立各种农民专业技术协会近 8 万个；到 1984 年，我国农村经济联合体数量为 46.7 万个，从业人员达 355.7 万人；到 1986 年联合体数量增加为 47.8 万个，从业人员达 422.5 万人；到 1988 年，我国农村经济联合体数量达到 47 万个，从业人员为 433.9 万人。

20 世纪 90 年代，农产品卖难问题日益严重，农民有了在销售领域合作的需求，农民专业合作组织进入发展起步阶段（20 世纪 90 年代初至 90 年代末）。农民合作组织不断开展组织形式创新和业务创新，合作组织不再仅仅停留在功能简单、组织松散的专业协会形式上，而是逐渐形成组织形式规范紧密的经济实体，并且开始涉足流通、加工领域，自主经营，并进行开创品牌等商业化操作。至 1998 年中国共有各类农村专业协会 11.56 万个，会员农户达 620 余万人，占全国农户总数的 3.5%；从开展的服务项目来看，主要从事技术交流、技术培训、技术指导和技术信息传播的合作组织最多，占总数的 53%；提供良种、生产资料、市场信息和产品运销等产前、产中、产后服务的合作组织占总数的 38%；兴办了科研、经济实体，对初级农产品实行储藏运销、深度开发和加工增值的合作组织仅占总数的 9%。1993 年底，中国农民专业合作经济组织中从事加工业的仅占总数的 0.81%，而到 1998 年底，加工类的农民专业合作经济组织在总数中的比重上升到了 2.4%。

进入 21 世纪特别是“入世”后，合作社的发展进入深化阶段。专业协会的实体业务越来越多，合作层面从一般合作深化到诸如共同投资、兴建实体等层面。据农业部统计，至 2003 年较为规范的合作社约有 15 万个，如果加上科协部门统计的 12 万个运行机制接近于合作社的农村专业技术协会，以及其他部门（如供销合作总社）统计的比较规范的合作经济组织，较为规范的合作社大约为 20 万个。但是由于没有一部全国性的法律对农民合作组织进行规范，各地对合作组织的理解和认定并不一致。

2007 年 7 月 1 日颁布实施《农民专业合作社法》后，农民专业合作社迅猛发展。据国家工商总局公布的数据，至 2012 年底，农民专业合作社实有68.9万户，到2013年第一季度增长为73.06万户。尽管农民专业合作社在数量上发展迅猛，但质量参差不齐，“小、散、弱”特征明显。

三、合作社与土地流转

随着我国土地流转越来越普遍，流转土地的主体更加多元化，各类型的合作社也积极参与到土地流转市场并形成了一定的优势。当前，通过合作社进行土地流转一般有三种形式。

（一）农民专业合作社流转农户土地进行规模经营，实践中比较常见的是许多农机专业合作社通过成片流转土地进行大规模的农业生产

【案例】河北省石家庄市栾城县西营乡张家辛庄乡乡香农机专业合作社通过包产量、全托、农机优惠服务等形式流转经营土地1680余亩，有社员180户、960余人，覆盖4个自然村；合作社目前雇工60多人，都是本地人，大部分是流转土地的农户，他们的月工资在1500元至2400元之间。又如，河北省武邑县顺天农机专业合作社现有大中小型农业机器546台（其中大型农业机械86台套、中小型农业机械460台套），入社人员720户（含托管成员），托管土地4000亩；合作社每年每亩土地支付给成员300～400元作为租金（1～5亩，每亩300元；5～30亩，每亩350元；30亩以上，每亩400元），合同期1～3年不等，最长10年。

（二）通过成立土地股份合作社（或土地流转合作社）流转农民土地

大体上可以分为两种类型：

第一种类型是村集体牵头成立土地股份合作社，经过土地整理后转租（土地整理后一般能多出10%左右面积用作集体节余），在土地流转中发挥中介作用，实际上是村集体组织发挥“统”的职能的体现。也有经济实力较强的县市对流转土地面积较大的村给予一定的资金奖励。

【案例】河南省济源市思礼镇涧南庄兴农土地流转专业合作社就是农户在充分了解入股程序、利润分配等基本情况后，本着平等自愿、利益共

享、风险共担的原则，将其所承包的土地以入股的形式交给合作社，合作社将农民入股的土地集中分类后，通过公开招标拍卖土地承包经营权的形式，以每年每亩600～700斤小麦的价格，将该村农民入股的800余亩土地转包给12个大户，合作社自己不经营，只是充当流转中介。但通过土地整理，合作社也可以得到多出来大约10%土地的租金，这部分租金除了弥补整理土地的支出外，主要用作村集体的办公经费。

第二种类型是村集体或农户成立土地股份合作社自己经营。

【案例】肥西县三河镇木兰村成立土地流转合作社，500多农户参与，流转土地2100多亩。一开始是合作社仅仅充当流转中介，后来逐渐组织本村的剩余劳动力自己经营，既增加了入股农民的分红数额，又增加了村集体的收入。四川省成都市的兄弟农业种植专业合作社是农户以合作社形式流转土地的例子，该合作社流转周边农户土地900余亩，合作社有5位成员，农忙时把转出土地的农民吸收进来做帮工，主要经营反季节蔬菜等高价值农产品，每年可实现产值500万元以上。

（三）以村为单位，成立合作农场进行统一经营

和仅以土地入股的土地股份合作社不同，合作农场的入股要素除了土地外，还可以是其他要素，如资金等。

【案例】江苏太仓加入合作农场的农户以土地入股合作社每年可拿租金，以资金入股合作社每年可取股金，以劳动力加入合作社每月可领薪金。在太仓东林村，以往由700多家农户、1000多名农民耕作的土地在成立合作农场后变成了现代化高效农业产地，仅仅18名农场职工就完全搞定，这些农场职工也成了职业农民。合作农场的兴起，不仅让更少的农民种更多的地变为现实，还大大提升了农业生产效益，原先种植水稻亩均收益在300元左右，如今农场大规模种植富硒米，水稻亩均收益达到1500多元，整整翻了5倍。目前，太仓市已建成合作农场百余家，经营土地面积超123000余亩。

第四节 农业企业

农业产业化经营的最初动因是农民和农业企业出于自身利益的合作。农业企业相较于农户、专业大户、家庭农场和农民合作社而言，具有资金和经营管理方面的优势。本节不再详述农业企业的作用、企业和农民的合作等内容，而将重点放在当前较为普遍的企业流转土地方面。

一、农业企业和农业产业化龙头企业

农业企业是指采用现代企业经营方式，进行专业分工协作，从事商业性农业生产及其相关活动，并实行独立经营、自负盈亏的经济组织。农业企业在适应多变的市场环境和应对激烈的国际竞争方面具有较大的优势。在不断完善与广大农户的利益联结机制的基础上，农业龙头企业作为产业化经营的先导力量将扮演独特而重要的历史性角色。[①] 农业企业可以是专业农户注册的，但更重要的是大小不等的龙头企业，主要为农产品生产的各个环节提供服务，是连接专业化的小农户和大市场之间的桥梁。

农业产业化龙头企业是指以农产品加工或流通为主，通过各种利益联结机制与农户相联系，带动农户进入市场，使农产品生产、加工、销售有机结合、相互促进，在规模和经营指标上达到规定标准并经政府有关部门认定的企业。包括国家级龙头企业、省级龙头企业、市级龙头企业和规模龙头企业。

到2011年底，全国龙头企业年销售收入达5.7万亿元，所提供的农产品及加工制品占到全国市场供应量的1/3、主要城市“菜篮子”产品供应量的2/3和全国农产品出口总额的4/5。在农业产业化龙头企业发展的同时，其他工商企业也开始扩展涉农业务，并携带资本下乡租赁土地。

---

① 李炳坤．发展现代农业与龙头企业的历史责任［J］．农业经济问题，2006（9）：4－8.

二、农业企业与土地流转

农业企业可以大致分为两大类：一类是农民流转土地成立的有限责任公司，另一类是农业龙头企业和带资本下乡圈地的工商企业。农民流转土地创办的企业与当地农户有着千丝万缕的联系，在解决当地农业劳动力就业、提高农民收入方面发挥着重要作用，而且有责任感的农民企业家发展家乡事业可以让当地经济受益。因此，各地在引导监督的基础上，与专业大户和家庭农场相一致，建立健全了土地流转服务机制，提高支持力度。

【案例】吉林延边汪清县东日专业农场有限公司就是由当地农户韩光日发起成立的企业。韩光日从部队退伍后回到村里，本着发展家乡事业、为村民谋福利的心态，流转水田32公顷、旱田55.36公顷，进行粮食规模生产，同时还经营木耳等经济作物的生产，取得了较好的经济效益。村民们有了可靠的土地流转对象，既可以出去打工挣钱，又可以靠流转土地挣钱，收入增加显著。又如，山东寿光亿隆种业有限公司也是由寿光本地人梁彭创办，主营业务是出售各类种子和种苗，年销售额达160余万元人民币。该企业通过流转土地，建起5个蔬菜大棚，占地面积为1800多平方米，其中智能型大棚约占500平方米，雇佣当地农户人数在旺季时约为200人，在淡季时约为50人。

农业企业租赁土地是各地关注的重点。改革开放以来，农业产业化龙头企业发展迅速，在农业产业化经营过程中发挥着重要作用。据统计，截至2011年底，流转到工商企业的土地面积达2170多万亩，比2009年增长了61%。工商企业租地直接进入农业生产往往带有很强的农地非农化倾向，并且有可能难以保障农民的长期利益。党的十七届三中全会审慎地提出，“有条件的地方可以发展专业大户、家庭农场、农民专业合作社等规模经营主体”，没有提及企业进入农业承包农民土地的问题。2001年中央“18号文件”指出：“工商企业投资开发农业，应当主要从事产前、产后服务和‘四荒’资源开发，采取公司加农户和订单农业的方式，带动农户发展产业化经营。农业产业化经营应当是公司带动农户，而不是公司替代农户。企业和城镇居民随意到农村租赁和经营农户承包地，隐患很多，甚至可能造成土地兼并，使农民成为新的雇农或沦为无业游民，危及整个社会稳定。为稳定农业、稳定农村，中央不提倡工商企业长时间、大面积租赁和经营农户承包地，地方也不要动员和组织城镇居民到农村租赁农户承包地。”这明确地表明了中央的态度。2014 年中央“一号文件”指出：“探索建立工商企业流转农业用地风险保障金制度，严禁农用地非农化”。“鼓励发展混合所有制农业产业化龙头企业，推动集群发展，密切与农户、农民合作社的利益联结关系”。再次说明中央强调的是大型农业产业化龙头企业的主要功能是为农户和合作社提供产前、产中、产后服务，而不是流转土地直接从事第一产业生产经营活动，做农民能够做的事。

当然，有些企业本身就是从事种子、种苗研发的科技型企业，它们由于业务需要而较大面积租赁土地，不仅要鼓励，还要在资金、人才、用地等方面给予大力支持。

第五节　农业社会化服务体系建设

农业社会化服务是现代农业的重要支撑，是新型农业经营体系的重要内容。新型农业经营主体的发育仅仅依靠自身的力量是远远不够的，而完善的农业社会化服务体系恰恰能够为培育新型农业经营主体提供有效保障。

一、农业社会化服务体系的概念

关于农业社会化服务体系的概念，学者从不同的角度对其进行了定义。樊亢等（1994）认为，农业社会化服务体系是商品农业发展到一定阶段的产物，是现代农业生产分工体系和新型市场体系。周晓梅等（2003）和程富强等（2005）从功能角度，认为农业社会化服务体系是社会经济组织为满足农业生产的需要，为直接从事农业生产的经营主体提供各种服务所构成的一个网络体系。巫继学（2006）从制度角度，认为农业社会化服务体系是链接农产品与市场、农业生产中的市场化服务以及综合性解决“三农”问题的一种机制。

从具体实践来看，农业社会化服务体系指的是在家庭承包经营的基础上，为农业产前、产中、产后各个环节提供服务的各类机构和个人所形成的网络。农业社会化服务包括的内容十分宽泛，包括物资供应、生产服务、技术服务、信息服务、金融服务、保险服务，以及农产品的包装、运输、加工、贮藏、销售等各个方面。农业社会化服务体系的产生和发展源于农业生产与农业服务在技术上的可分性；农业服务由专门的机构和个人提供还可以形成专业经济与规模经济，提高农业生产效率。如此，我国也许可以探索出一条农业生产家庭化、农业服务社会化的现代农业发展道路。

一般来说，农业社会化服务体系有两个基本含义：一是服务的社会化，即农业作为社会经济再生产的一个基本环节，其再生产过程不是由个别农业生产经营者完成的，而要依赖其他产业部门的服务活动；二是组织的系统性，各产业部门依据其服务内容和服务方式，构建相应的组织载体，围绕农业再生产的各个环节，形成有机结合、相互补充的组织体系，为农业提供综合配套的服务，实现农业生产经营活动的科学和高效（孔祥智等，2009）。

二、农业社会化服务的分类与内容

根据供给主体、服务性质和服务内容的差异，对不同类型的农业社会化服务模式进行概述。

（一）根据供给主体分类

一是依托政府公共服务机构的农业社会化服务。在国家层面，农业部、财政部联合启动了以农产品为单元、产业为主线的现代农业产业技术体系建设，建立了现代农技服务咨询平台，为农民生产提供服务。如浙江的农民信箱工程与农技110、云南蒙自的农技短信平台、山东临沂的庄稼医院、陕西岐山的《农民之友》电视节目、吉林省农委与网通公司共同组建的“12316”农业服务网和海南海口的电子农务博客等。

二是农口以外部门提供的农业社会化服务。例如科技部的科技特派员与科技入户工程、中国科协的农民专业技术协会、商务部的万村千乡市场工程以及供销社的新网工程（农资连锁配送网络、日用消费品现代经营网络、再生资源回收利用网络、农副产品市场购销网络）等。

三是村集体提供的农业社会化服务。村集体的农业社会化服务主要是通过“村集体 + 合作社 + 农户”的形式提供的，包括技术服务、销售服务、土地流转服务等。

四是农民专业合作社提供的农业社会化服务。农民通过加入合作社，实现农业生产活动与农业经营活动的合理分工，农户可以专心于农业生产，而将其他农业经营活动，例如农业生产投入品的采购，新技术的选择，信息的获取，产品的分级、包装、加工、贮藏、运输、营销以及品牌化等分离出去，由农民专业合作社来统一经营与服务。

五是龙头企业提供的农业社会化服务。龙头企业比较好地解决了小农户与大市场之间的矛盾，提高了农业经济效益，其主要通过“公司 + 农户”、“公司 + 合作社（协会） + 农户”、“公司 + 政府机构 + 农户”、“公司 + 村委会 + 农户”等模式提供农业社会化服务。

六是不同民间服务主体提供的农业社会化服务。除了公共服务机构、合作经济组织、龙头企业等提供农业社会化服务外，其他社会力量，如不同民间服务主体也因地制宜地提供了农业社会化服务：村级科技服务站（员）的以服务换市场模式、农村经纪人协会服务模式以及农产品批发市场服务模式。

七是农村金融机构提供的农业社会化服务。全国各地都在探索农村金融机构提供农业社会化服务的模式，如山东菏泽的“农村信用社 + 专业合作社 + 农户”，通过信用社向合作社派驻独立董事，在一定程度上克服信息不对称问题，提高了信用社对合作社的金融服务水平。

（二）根据服务性质分类

新型农业社会化服务是公益性服务与经营性服务相结合的。

公益性服务是农业社会化服务的重要基础。一般来讲，依托政府公共服务机构的农业社会化服务、农口以外部门提供的农业社会化服务、村集体提供的农业社会化服务主要是公益性服务。重点在那些具有较强公益性、外部性、基础性，经营性服务组织不愿干、干不了的领域。

经营性服务是农业社会化服务的重要补充。在政府失灵的地方，用经营性服务来补充是符合福利经济原则的。龙头企业服务、民间服务主体以及农村金融机构提供的农业社会化服务主要是经营性服务。

（三）根据服务内容分类

不同的农业社会化服务供给主体所提供的农业服务有所不同。

就种植业而言：民间服务主体在所有服务的提供中都发挥着重要作用，除了水利设施及灌溉服务的提供外，其他各项服务的提供比重均超过60%。水利设施及灌溉服务的提供占最主要地位的是村集体，政府作为服务主体在所有社会化服务中起着较大作用的服务项目有提供水利设施服务、施肥指导服务、购买良种服务、打药技术指导服务和灌溉服务。村集体在所有社会化服务中起着相对较大作用的服务项目有提供水利设施服务、灌溉服务、机耕服务和租用农机服务。合作组织在所有社会化服务中起着较大作用的服务项目有农产品储存、打药技术指导、施肥指导服务。龙头企业在所有社会化服务中起着较大作用的服务项目有收购与销售服务、加工、包装和运输服务。科研单位在所有社会化服务中起着较大作用的服务项目有购买农药、良种和化肥的服务。

就养殖业而言：政府作为农业社会化服务主体在养殖业各环节单项服务的提供中，占比重较大的是畜禽防疫、饲养技术和优良种畜禽的提供。村集体在养殖业各环节中提供的服务所占比重较大的是畜禽产品的运输和加工服务、畜禽的治病和防疫服务。龙头企业和专业合作社在养殖业各环节的社会化服务提供中所占比重较大的是饲养技术的提供、畜禽的销售、畜禽的治病及优良种畜禽的提供等。

三、政策建议与发展趋势

新型农业社会化服务体系的建立将有利于强化双层经营中“统”的功能，为农民生产经营提供便捷高效的服务，把千家万户的分散生产经营变为相互联结、共同行动的合作生产、联合经营，实现小规模经营与大市场的有效对接，提高我国农业的整体素质和市场竞争力。中共十七届三中全会和2014的中央“一号文件”为新时期农业社会化服务体系建设指明了方向，就是要按照建设现代农业的要求，建立覆盖全程、综合配套、便捷高效的服务体系，形成多层次、多形式、多主体、多样化的农业社会化服务格局，为进一步推进我国现代农业的发展服务。因此，要在构建新型农业经营体系过程中，同步推进新型农业社会化服务体系，坚持主体多元化、服务专业化、运行市场化的方向，促进公益性服务和市场性服务相结合、专项服务与综合服务相协调，强化公共服务组织建设，大力扶持经营性服务组织发展，以专业农户为主要服务对象，以新型农业经营主体为重点扶持对象，通过机制创新、主体培育、领域拓展和区域协调，促进农业社会化服务全面快速发展，形成公共性服务、合作型服务、市场化服务有机结合、整体协调、全面发展的新型农业社会化服务体系。

（一）整合为农服务资源，构建社会化服务新机制

在体制建设上，要加强政府主体地位，深化乡镇农业服务机构改革，打破部门、领域、行业界限，整合为农服务资源，健全为农服务网络。中央政府应致力于农业科技创新体系、农业技术推广体系等基础制度建设工作，致力于联结政府、教育、科研、企业等多主体协作机制完善工作以及国家政策落实的监督管理工作。地方政府应该建立熟悉当地农情的基层农业服务队伍，负责具体技术指导，协助推行地方性农业政策。在公共服务体系中应设置专职人员，负责科研、教育、行政与企业等机构之间的沟通，反馈各方的需求与供给信息，促进农业社会化服务、人才教育、政策资源与生产实践之间的互动协作。同时，要提高农民组织化水平，保障农

户的生产经营决策权，使村集体、合作社成为维护农民利益的有效组织载体，防止龙头企业联合相关机构形成侵害农户的利益联盟。此外，还需要通过加大制度供给，完善各主体服务衔接机制，提高政府机构服务效能，放活技术市场主体，增强政府宏观调控能力和综合协调能力，加强农业社会化服务法制建设，将一些基础性法规和重要政策进行修改完善，并将其地位提升至法律层面。

在机制建设上，需要构建农业社会化服务新机制。新型农业社会化服务体系建设是一项复杂的系统工程，需要围绕体系确定、评估、完善等环节，创新社会化服务新机制。一是要完善运营机制。农业社会化服务体系涉及多个政府行政部门，既有涉农部门，也有非农部门，要通过政策协调，形成目标明确、权责统一、有统有分、部门协调的运营机制。二是要完善利益协调机制。社会化服务体系具有主体多元化、内容多层次、方式多样性等特点，既有政府性主体，又有市场性主体，既有公益性服务，又有经营性服务。在服务供给主体、服务内容及方式上极易发生矛盾。在新的形势下，要通过完善利益协调机制，协调好各主体的利益关系，确保社会化服务体系的高效运转。三是要完善保障机制。服务要有力度，保障是根本。只有通过完善社会化服务体系保障机制，确保体系运营的人财物落实到位，才能发挥社会化服务体系的长效作用。

（二）培育新型服务主体，形成多元化社会服务新格局

近年来，土地流转规模的加大和新型农业经营主体的形成和发展，提高了我国农业现代化水平。新型农业经营主体将是我国商品农产品生产的主体，也是我国农业现代化的主体。应该按照“四化”要求，积极发挥新型经营主体的社会化服务职能，帮助农户实现与大市场的对接。一是要支持龙头企业开展科技创新。通过国家科技计划和专项等支持龙头企业开展农产品加工关键和共性技术研发，将龙头企业作为农业技术推广项目重要的实施主体，承担相应创新和推广项目，鼓励龙头企业通过生产、加工、销售一体化经营，以多种方式开展为农服务，并在服务过程中建立双方紧密的利益联结机制。二是培育壮大农民专业合作社专业技术协会、农机服

务组织、专业服务公司等经营组织，重点解决该类主体内部物质资本、人力资本匮乏问题，提高市场竞争力，提升农机作业、技术培训、农资配送、产品营销等专业化服务能力。三是要加大对家庭农场、种养能手、农机服务户、农村经纪人和其他类型能工巧匠等农村各类专业户的培育力度。这些服务主体具有贴近农民、了解农村、成本低廉、持续性强等特点，能够适应农业生产的社会化、专业化方向发展，在社会化服务体系中发挥生力军作用。与我国农业社会化服务的现实需求相比，这些经营性组织还存在数量较少、覆盖面小、服务能力不强等问题。因此，需要对经营性服务组织从政策、税收、资金等方面加大扶持力度，创新政府购买服务模式，鼓励支持经营性服务组织积极参与公益性服务。

在培育新型服务主体的过程中，还必须继续稳定队伍、转换机制，强化公益性服务机构建设，积极改造供销社、信用社、村级集体经济组织、科研院所等传统服务主体，创新现代社会化服务方式和新型农业服务业态，培育多元化、社会化服务主体，构建以农业部门为主，其他部门配合，形成合力提供基础性、公益性社会化服务，以农民专业合作社、龙头企业为骨干，大专院校、科研院所为基础，其他类型的机构为补充的多元化社会服务新格局。

（三）以市场化为主导，拓展多层次服务新领域

新型社会化服务体系建设，必须以市场化为主导，充分发挥各类服务主体的比较优势和服务特色，建立“有进有退”的社会化服务市场机制，加强农业社会化服务市场管理，在满足多层次服务需求的同时，实现服务资源优化配置。在市场化建设过程中，要进一步探索社会化服务的内容和发展空间，改变目前以技术服务内容为主的单一服务方式，加快向信息、营销、资金、监管、创业支持等“全要素”服务领域拓展，注重传播现代科技知识、市场信息、管理理念，促进农民经营方式、发展理念的转变，使农业社会化服务从关注农业生产力提高转变为更加关注农业经营支持，从关注生产环节转变为更加关注产业链的延长和衔接。

在服务内容设置上，要针对不同的经营主体提供不同层次的服务。

例如，可以针对新型农民、农业创业者、骨干农户和规模经营组织等主体，提供基础农事知识普及、创业指导、政策支援及能力建设等多种类型的服务。同时，还要加强服务供需双方的交流，在持续互动中寻找社会化服务供给的有效衔接点。服务供给既要关注农业产业发展，又要促进生态保护与农业多功能实现，既要瞄准现实需要，又要着眼于未来发展需求。

（四）提高村集体能力建设，实现农业公共服务均等化

村集体既是直接向农户提供服务的主体，又是其他主体向农民提供服务的桥梁和纽带，在新型农业社会化服务体系建设中处于特殊地位。要发展壮大村级服务组织，提高其农业社会化服务的能力，首先需要在资金、信贷和税收上加大对村集体的扶持，完善农村“三资”管理制度，发展壮大村级集体经济，使村集体具备公共服务的能力。同时，村集体要根据区域范围内农业社会化服务供给现状、结构与特点，明确功能定位，有针对性地调整自身的角色与服务内容。在基础服务机构较完善、龙头企业或合作经济组织发展较好的地区，村集体应该主动承担起组织协调的作用，为其他主体开展服务提供帮助。此外，在有条件的地区，可以整合资源，加快建设乡村综合服务社和服务中心，设置专门的动物防疫员、农业技术员、公共卫生员等村级公益服务员，使其逐步承担起农业公共服务的职能。

与此同时，要结合区域发展的总体战略，针对不同主体、不同产业、不同区域的特点，促进公共资源均衡配置，实现农业公共服务均等化。首先，要明确中央和地方政府在促进农业公共服务均等化方面的责任和义务，提高统筹层次，制定“基准评价指标”和“地区差异指标”相结合的均等化指标体系，努力实现农业公共服务“无差异”供给；其次，要加强区域社会化服务能力建设，既应充分发挥市场的引导作用，又要赋予地方政府一定的自主发展权，形成各具特色、优势互补、分工协作的服务格局；最后，要建立农业公共服务信息反馈和评价机制，提高广大农户的主动性、积极性、参与性，使广大农户更加充分地参与分享社会化服务的成果。

参考文献

[1] 蔡昉. 人口转变、人口红利与刘易斯转折点 [J]. 经济研究, 2010 (4).

[2] 陈春生. 中国农户的演化逻辑与分类 [J]. 农业经济问题, 2007 (11).

[3] 关于完善我国农业社会化服务体系的思考 [J]. 北京农业职业学院学报, 2005 (2).

[4] 杜志雄, 王新志. 加快家庭农场发展的思考与建议 [J]. 中国合作经济, 2013 (8).

[5] 论美国农业社会化服务体系 [J]. 世界经济, 1994 (6).

[6] 黄宗智, 彭玉生. 三大历史性变迁的交汇与中国小规模农业的前景 [J]. 中国社会科学, 2007 (4).

[7] 纪永茂, 陈永贵. 专业大户应该成为建设现代农业的主力军 [J]. 中国农村经济, 2007 专刊.

[8] 建立新型农业社会化服务体系: 必要性、模式选择和对策建议 [J]. 教学与研究, 2012 (1).

[9] 黎东升, 曾令香. 进一步发展我国家庭农场的思考 [J]. 农业经济, 2000 (7).

[10] 刘一平. 现阶段我国新型农业生产经营主体培育问题探究 [J]. 现代农业科技, 2013 (15).

[11] 楼栋, 孔祥智. 新型农业经营主体的多维发展形式和现实观照 [J]. 改革, 2013 (2).

[12] 巫继学. 建设社会主义新农村: 从“三农”困境到坦途 [J]. 学习论坛, 2006 (6).

[13] 袁赛男. 家庭农场是从传统农业走向现代农业的最佳路径选择——基于家庭农场与传统小农户、雇工制农场的比较 [J]. 桂海论丛, 2013 (4).

[14] 张红宇. 城镇化进程中农村劳动力转移: 战略抉择和政策思路 [J].

中国农村经济，2011（6）.
[15] 张红宇. 准确把握农业农村经济发展大趋势［J］. 农村工作通讯，2010（24）.
[16] 建立农业社会化服务体系问题初探［J］. 经济视角，2003（10）.
[17] 朱博文. 美日法家庭农场发展的经验和启示［J］. 农场经济管理，2004（6）.

第七章　粮食安全：中国农业现代化的核心

经历过饥荒年代的人一定能够深刻体会到丰衣足食的可贵，深刻了解2008年国际粮价飙升前因后果的人一定能够深刻理解我国当时面对粮食危机从容不迫的可贵。民以食为天。粮食安全，是国家安全、社会安全的基础，是中国农业现代化的核心，任何时候都不能掉以轻心、麻痹大意。

第一节　什么是粮食安全

粮食安全问题自古就有。现在世界通行的粮食安全概念则来自联合国粮农组织根据形势发展不断完善的定义。20世纪70年代初联合国粮农组织召开世界粮食大会，认定的粮食安全表述为“保证任何人在任何时期都能够得到为了生存和健康所需要的足够食物”，强调了粮食在数量上的保证；1983年，联合国粮农组织总干事爱德华·萨乌马提出，“粮食安全的最终目标是确保所有的人在任何时候既能买得到，又能买得起所需要的基本食物”，在数量保证的基础上增加了可得性，意味着买不起或买不到，即便有再多的数量也是不能保证安全的；1996年召开的世界粮食首脑会议重申，人人都有权获得安全而富有营养的粮食，并明确提出“要有足够、平衡的，并含有人体发育所必需的营养元素供给，以达到完善的粮食安全”，在以往的基础上又增加了保证营养的要求；2001 年世界粮食安全大会进一步提出“所有人在任何时候都能够在物质上和经济上获得足够富有营养和安全的食物”，把食物本身的安全问题（即我们通常所说的食品安全）纳入了粮食安全的范畴。综合来看，粮食安全应包含以下四大要素：一是有足够数量的食物供给；二是经济上买得起、买得到；三是保证均衡的营养；四是保证食物本身的安全性。

我国现行的粮食安全概念比世界通行的概念要窄一些。粮食安全翻译自“Food Security”，而 Food Security 本义应该是食物安全，食物的范围要比粮食更广。我国强调粮食，而不是直接翻译为食物，一方面是为了与食品安全（Food Safety）区分开来，另一方面与粮食的特性密切相关。粮食本身具有易保存、易转化、基础性的特点，长期以来它要么作为口粮，要么作为饲料，两者都与食物直接或间接挂钩，既是国人食物结构中的主体，也是其他主要食物的基础。所以粮食安全就几乎等于食物安全，保证了粮食的安全就抓住了食物安全的“牛鼻子”。后来，随着我国经济社会的发展，消费结构发生明显变化，人们对粮食安全的外延在认识上也在发生着变化。在 2008 年国务院发布的《国家粮食安全中长期规划纲要(2008—2020 年)》中，就已经使用了食物的概念，涵盖粮食、食用植物油、肉、禽、蛋、奶及水产品。所以，我国的粮食安全本有狭义、广义之分。

先谈粮食的范围。狭义的粮食主要包括谷物（小麦、稻谷、玉米等）、豆类和薯类；广义的粮食，就是食物的概念，除了粮食之外，还有非粮食物，如肉、蛋、奶、水产品、水果、蔬菜等。狭义的粮食安全，指以谷物为主的粮食足够、有效供给；广义的粮食安全是指食物足够、有效、均衡和安全供给。在当前和过去较长时间里我们沿用的是狭义的粮食安全概念，但随着经济社会的发展，狭义的概念可能将越来越难以适应实际生活的需要。对粮食安全概念的拓展，将是经济社会发展的一种客观要求。

以豆类为例。豆类的主体是大豆，传统上我国大豆主要用于制作豆制食品，比如豆浆、豆腐之类，是植物蛋白的主要来源。把豆类归为粮食虽不是特别准确，但也基本符合国人饮食习惯，没什么明显问题。但进入20世纪90年代，大豆尤其是国外转基因大豆开始被大量当作植物油原料。我国逐渐增加大豆进口，目的也是用于压榨大豆油。现在大豆年进口量为3000万吨左右，占国内大豆使用量70%左右。按照现有的统计口径，仅大豆进口一项，就极大地拉低了国家的粮食自给率水平，很多人也由此自然而然地得出国家粮食自给严重突破警戒线、粮食安全受到严重威胁的判断。但这显然是因为概念的内涵、外延和统计口径出了问题，没有根据形势的变化及时调整，从而对形势的判断产生了误导。既然大豆的大量进口是用来榨油的，它弥补的是植物油的缺口，那么进口大豆的属性应该跟其他的植物油籽（如油菜籽、花生等）没什么差异。如果粮食安全是狭义概念，那么用于榨油的进口大豆就不应该包含在内；如果粮食安全是广义概念，那么包括其他油籽在内的其他食物也应该纳入计算范畴。从我国实际出发，强调自给率在95%以上的粮食，只能针对以谷物为主体的淀粉类产品，只能是狭义的粮食。如果放大到广义的粮食概念，就需要在更宏观的视野，从营养均衡的角度来考虑食物供给问题，而这就不能用自给率的口径来衡量了。

再谈粮食安全评价指标问题。现在最流行、最直观的指标是评价粮食安全的自给率。自给率容易计算，即本国生产的数量除以本国年内消费总量，消费总量往往就简单等于本国生产数量与净进口量相加的和。这种方法流行、直观，不容易造假，但也最容易误导别人。我们说粮食安全是从人民群众吃饭的角度来说生产这么多粮食够不够用。当粮食只是用来吃饭时，自给率的这个指标很有说服力，但是当粮食的作用拓展了，不再只是用来吃饭，还可以做饲料、油料和工业原料，自给率的评价方式就出现了新的误区。比如，一个国家原来生产1亿斤粮食，不用进口，自给自足没问题，现在人口不变，粮食的产量增加到1.5亿斤，因为工业发展需要进口0.5亿斤，自有量增加了50%，但自给率从100%下降到了75%，那现在这个国家的粮食安全状况是出问题了还是变得更好了呢？显然，根据不同的评价指标可以得出截然不同的判断：

如果以自给率为标准，粮食安全出问题了；如果以自给量为标准，粮食安全状态更好了。现在我国在舆论上的认知就存在这样一个误区。从2003年到2013年，我国粮食连续十年增产，产量稳居1.1万亿斤以上，粮食供给状态处于历史上最佳时期，但因为大豆很多用作生产植物油，玉米用作饲料和工业深加工，进口量也持续增加，自给率下降，随之也带来了很多误解和误判。

评价粮食安全处于什么状态，需要有一个简明但又合理的指标体系。联合国粮农组织（FAO）对粮食安全状况的评估标准是每个国家或地区总人口中营养不良人口所占的比重，使用的是宏观评价；美国农业部则使用问卷调查对家庭和个人的食物安全和营养状况进行评估，属于微观评价（刘晓梅，2004）。国内对粮食安全评价指标体系研究比较系统的主要有朱泽（1997）、马九杰等（2001）、刘晓梅（2004）等。朱泽（1997）选择了粮食总产量波动系数、粮食自给率或粮食贸易依存度、粮食库存水平、人均粮食占有量、低收入人口的粮食供应水平五个指标，赋予相同权重简单平均；马九杰等（2001）设立了粮食总供求差率、食物供求平衡指数、粮食生产波动指数、粮食需求波动指数、粮食储备率、粮食国际贸易依存度、粮食价格上涨率等若干指标，通过加权平均建立了粮食安全预警指标体系；刘晓梅（2004）则选择了人均粮食占有量、粮食自给率、粮食总产量波动率和粮食储备率四个指标，并赋予不同权重，着重强调人均粮食占有量和粮食总产量波动率。方法越来越完备，也越来越便于理解和衡量，但为什么粮食自给率这个指标仍然一直是舆论关注的焦点？一方面因为自给率（或进口依存度）直接影响着国际粮食市场，更容易为世界所关注；另一方面因为粮食贸易的绝对量不容易造假，更容易为公众接受，进口多了、少了，大家都看在眼里，不像粮食产量，真的是多了还是少了，公众心里没底。既然大家对粮食总产量心里没底，更别谈总量波动率的可信度了。而另一个常用指标，即粮食储备率，也多为内部掌握数据，公众难以知晓。所有的指标最终只集中在自给率。但站在科学的角度，人均粮食自给量应该是最核心的指标，这是决定能否提供足够粮食供给保障的根本。

当年价格、下年的进口量和储备量都可以与人均粮食自给量构成显著的负相关。评价粮食安全最理想的办法是确保数据的真实性，然后以人均粮食占有量作为核心评价指标，自给率等其他指标作为辅助参考。同时，由于自给率概念为社会熟知，且有前面所述优点，在使用上保持原有分量也未尝不可，但要增加人均粮食占有量的考量，并适当调整粮食的口径，回归粮食本意。

2013 年 12 月中央农村工作会议明确提出，要确保谷物基本自给、口粮绝对安全。这是新时期对粮食安全内核的新注脚。粮食的内核是谷物，谷物的核心是口粮，首先要集中保证最基本、最重要的核心产品。在此基础上，从大粮食的概念，不断提升食物供给能力和水平，抓好“菜篮子”工程，供好肉蛋奶，念好山海经，统筹利用好国内外两种资源、两个市场，为人民群众日渐殷实的小康生活提供坚实、安全、营养、健康的食物供给保障。从战略上这是一收一放：收，收缩并做实粮食安全的内核；放，放开粮食安全的覆盖面，促进粮食安全战略的全面、协调和可持续。这样一收一放，走出了原有粮食安全概念日渐不适应形势发展的窘境。在评价方式上，保留使用传统又直观的自给率；在评价范围上，收缩到核心的谷物，尤其是口粮。这虽然未必是最优方式，但必然是当前形势下最容易为各方理解和接受的方式。

用通俗的话说，粮食安全就是要保证中国人民在任何情况下都能端得起饭碗，吃得到自家的饭，吃得饱，不用看别人的脸色。同时还要努力不断提高水平，让大家吃得好，吃得营养，吃得健康。

第二节　35 年来中国粮食安全回顾

1978 年以来，我国的粮食生产能力和生产水平都有了质的飞跃。1978—2012 年，我国粮食产量（含豆类薯类）从 30477 万吨增加到 58957 万吨，增长了 93.4%，年均增长 1.96%。其中，谷物从 24672 万吨增加到

53299万吨，增长116.0%，年均增长2.29%。当然，在这35年中有起伏、有波动，出现过粮食产量的大幅下滑，出现过粮食价格的大幅上涨，也出现过国际上对中国是否有能力养活自己的质疑。但是在中央政府高度重视、全国上下协同努力下，我们成功地克服了种种困难和挑战，使粮食综合生产能力迈上了一个又一个新的台阶，尤其是2003年以来，粮食实现连续十年增产，并且从2007年开始，产量已稳居5亿吨以上。作为粮食安全的回顾，我们根据人均粮食自给量的变化把过去35年大致划分为四个阶段[①]（见图7－1）。

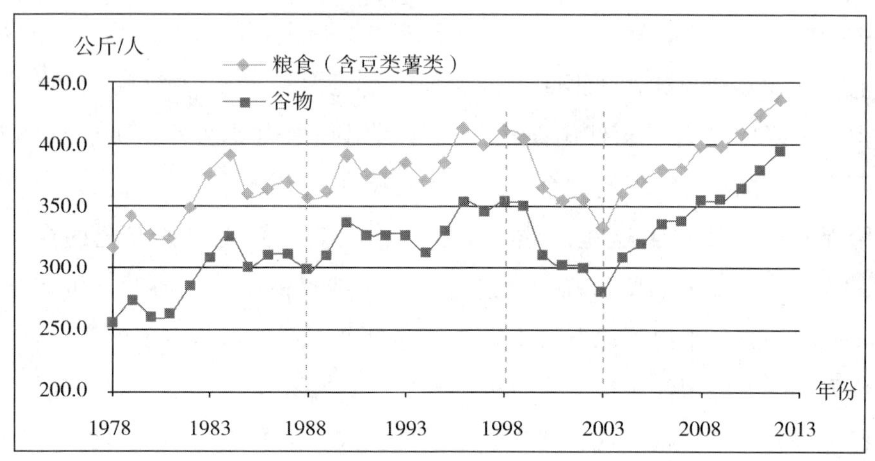

图7－1　我国粮食人均自给量变化（1978—2012年）

资料来源：根据历年《中国统计年鉴》数据整理计算。

第一阶段（1978—1988年）：粮食人均自给量稳步超越350公斤。这是改革开放以来农村改革和发展的第一个黄金期，也是农业生产能力、粮食安全保障能力全方位提升的第一个黄金期。家庭联产承包责任制的推行以及农副产品收购价格的提高极大地调动了农民的生产积极性，促进了粮

① 阶段划分有多种标准也有多种划分结果，怎么划分各有各的道理，且阶段之分本来就不严格，只要能够说明问题都可以接受。马晓河、蓝海涛等（2008）就根据中国粮食产量的变动划分为快速增长（1978—1984年）、缓慢增长（1985—1993年）、相对快速增长（1994—1998年）、下降（1999—2003年）和恢复（2004年至今）五个阶段。

食生产物质投入的增加，粮食产量显著提高。在这阶段的前六年里，全国粮食产量的年平均增长速度为4.9%，是新中国成立以来增长最快的时期（马晓河、蓝海涛等，2008）。这六年，人均粮食自给量从316公斤增加到390公斤，增长23%；人均谷物自给量从256公斤增加到325公斤，增长27%。后四年（1985—1988年），粮食产量明显波动，但人均粮食自给量都能稳定在360公斤左右，谷物产量稳定在300公斤以上。年度产量的变化是多种因素共同作用的结果，许多偶然性因素的影响都容易导致产量波动，但稳定在某一产量水平之上则是生产能力的反映，也可能是某些瓶颈的制约。这阶段最突出的成果不在于达到人均390公斤的峰值，而是能在产量回落之后连续几年较好地稳定在360公斤左右。从粮食自给率来看，这期间自给率最低的是1982年的95.9%（谷物为95.1%），最高的是1985年的100.6%（谷物为100.3%），多数时间都稳定在97%上下。值得一提的是，连续三四年的缓慢增产甚至减产，为1987—1989年的全局性通货膨胀埋下隐患。

第二阶段（1988—1998年）：粮食人均自给量跨过370公斤和400公斤两个台阶。这是粮食安全问题跌宕起伏的10年，经历了两次的物价改革和相应的通货膨胀，经历了对中国人能否养活自己的质疑和大讨论，经历了粮食总产量5亿吨、人均400公斤的历史性跨越，也经历了粮食流通体制由计划向市场的重大变革。仅从粮食价格的角度看，这是一个粮食安全面临严峻考验的时期；但从粮食供给水平看，这是粮食安全保障能力迅速、有效提升的时期。1988—1989年、1993—1995年两个时间段，粮食价格都迅猛上涨，这种上涨尽管都与粮食有或多或少的联系，但根源都不在于粮食安全的保障能力，而在于经济改革、物价改革本身。

1988年，中央政治局决定大胆推进改革，改革价格双轨制，取消对更多商品的价格管制。这时期已经经历了连续三年的温和通货膨胀①，1988年8月《人民日报》公布了中央政治局全面放开物价的计划，引起了居民

① 1985—1987年，物价指数分别为108.8、106、107.3。

强烈反应，出现了抢购潮，商店的东西一售而空。8 月 30 日国务院放弃了取消物价管制计划的决定[①]，但物价大幅上涨之势已不可避免，1988 年下半年零售价格指数同比增长了 26%。1988 年、1989 年两年的物价指数分别为 118.5 和 117.8。同期，稻谷和小麦两大口粮价格指数分别达到 119.8、130.7 和 115.2、121.9。而后就是经济硬着陆，GDP 增速从 1988 年的 11% 下跌到 1989 年的 4%。这是一次在供应上准备不足、风险应对缺乏经验的物价闯关，尽管褒贬不一，但至少为后来的价格改革奠定了社会心理基础、积累了经验。从粮食安全的角度看，这期间有个重要的信息不能忽视，就是稻谷价格早在 1987 年就开始较大幅度上涨，当年价格指数就已达到 113.2，远高于其他粮食品种和物价指数，而且涨价是从沿海地区开始的（也就是现在常说的主销区）。

1993—1995 年出现的第二轮涨价根源也在经济过热和通货膨胀，而不是粮食供给出现什么实质性的问题。1993 年经济走势有两个特点：一个是经济发展速度越来越快，另一个是票子越发越多，物价涨幅越来越高[②]。当然，这是 1992 年邓小平同志南方谈话之后全国上下加快改革开放步伐的必然。1993—1995 年三年间，稻谷价格分别上涨 24.6%、54.0% 和 20.8%；小麦价格分别上涨 5.4%、52.2% 和 33.1%；玉米价格分别上涨 19.2%、51.3% 和 40.9%。这三年，只有 1994 年减产，而 1993 年、1995 年粮食总产量都在增加，人均粮食自给量也稳定在 370 公斤以上，粮食库存只有 1994 年下降，其他几年都在增加。粮食涨价不是粮食供给出问题，而是经济大环境推动了粮价上涨，而粮食产量的小幅波动只是强化了上涨态势，加大了上涨幅度。为了抑制粮价上涨，1994 年、1995 年两年增加了粮食进口，粮食自给率从 1993 年的 99.1% 下降到 1995 年的 95.7%。而在此时，莱斯特·布朗发表了《谁来养活中国》，引发了对中国粮食安全问题的世界性关注。一个本来不因粮食本身引起的经济现象却因一篇文章瞬

---

① ［美］傅高义．邓小平时代［M］．北京：三联书店，2013：456.

② 朱镕基．加强宏观调控的十三条措施（1993 年 6 月 9 日）［M］//朱镕基讲话实录（第一卷）．北京：人民出版社，2011：289.

间把全社会乃至世界眼光聚焦到粮食问题上。1996 年中央政府还专门发布了《中国的粮食问题》白皮书，对此做了回应。从 1995 年开始，粮食产量又大幅度增加，1996 年粮食总产量突破 5 亿吨，人均自给量连续四年保持在 400 公斤以上，谷物就达到 350 公斤，粮食自给率达到 100% 以上，粮食库存又达到新的高峰。连续几年的高产又使我国的粮食生产面临着“幸福”的烦恼，怎么化解库存压力、消化陈粮成了 1998 年以后的重要工作任务。从经济社会发展全局来看，不断提升的粮食供给水平为全方位的改革留下余地。可以肯定地说，如果没有粮食充裕供给的保障，1998—2003 年的许多改革可能就会面临更多的困境和挑战。

第三阶段（1998—2003 年）：人均粮食自给量逐年回落。如果仅从人均粮食自给量来看，这几年粮食安全形势并不乐观。人均粮食自给量从 1998 年的 411 公斤下降到 2003 年的 333 公斤，谷物从 354 公斤下降到 281 公斤，都下降了 20% 左右。但如果从价格的层面来看，这几年粮价持续平稳下降，2003 年稻谷、小麦、玉米价格比 1998 年都下降了 20% 以上，比高峰期的 1996 年更是下降了 30% 以上。产量下降，供给却很充裕，市场平稳。从这个角度看粮食安全形势却是最好的。这五年，物价指数仅在 97 和 99.9 之间徘徊，没有一年超过 100。以 1998 年夏天的洪水开端，退田还湖、退耕还林开始提上议事日程，粮食种植面积也在有序地下降。2003 年全国粮食种植面积不到 15 亿亩，比 1998 年的 17 亿亩下降了将近 13%。这一阶段如火如荼地开展了粮食流通体制改革，实行政企分开、中央地方责任分开、粮食储备与经营分开、新老财务账目分开，完善粮食价格机制（即“四分开一完善”），除收购环节由国有粮食收储企业垄断经营外，其他加工、批发、零售环节都实行市场竞争。其背景是，1995—1998 年，粮食产量连续创历史新高，粮食库存急剧增加，国有粮食企业亏损严重，国家不堪重负①。其中原因是多方面的，但累计的高库存量是绕不开的事实。根据联合国粮农组织（FAO）数

① 到 1998 年 3 月底，粮食收购贷款余额是 5431 亿元，而粮食库存值是 3291 亿元，亏损挂账和挤占挪用加起来是 2140 亿元。见《朱镕基讲话实录》（第三卷）第 38 页，“深化粮食流通体制改革刻不容缓”（1998 年 4 月 29 日）。

据，从1979年到1999年中国累计增加粮食库存2亿吨，其中仅1995—1999年就增加了6800多万吨。2000—2005年累计消化库存2亿吨，最高的2003年一年消化了6700多万吨。在消化陈粮的过程中，粮食加工业的发展功不可没。从粮食流通体制改革分流出来的一大批人为粮食加工业的发展注入了活力和动力。但是，以消化陈粮为目的的粮食加工企业，在陈粮消化完毕之后却为粮食安全带来了新的烦恼。

第四阶段（2003年至今）：粮食连续十年增产，人均粮食自给量连攀新高。这个时期，粮食自给量最高，粮食发展趋势向好，粮食价格经受住了国际市场波澜的冲击，但是粮食需求旺盛，国家也放开了大豆进口闸门，廉价而高油的大豆急剧涌入，粮食的自给率也迅速下降。2003年，我国的粮食自给率还维持在99.6%，到了2012年只有88.3%。这个数据再次引起世人瞩目。但从谷物看，2003年自给率是106.1%，2012年为98%，处于较高水平的自给状态（见图7-2）。这几年，从粮食安全的角度看，五味杂陈：一方面是粮食持续增产，另一方面是进口急剧增加；一方面是要维持高水平的自给率，另一方面是耕地、水资源的频频预警；一方面是要满足人民群众日益提高的多元膳食需要，另一方面是对基本粮食供给丝毫不敢松懈；一方面是比较优势逐渐削弱粮食价格出现倒挂，另一方面是要在机会成本不断提高的同时保持农民的种粮积极性……生物燃料技术的出现把粮食与能源这两个最基础的元素结合在一起，本以为可以借此解决农民增产不增收的问题，但2008年国际粮食危机及时地敲响了警钟。通过发展粮食深加工解决陈粮问题效果很好，但如果演化成机器运转与人们的生活抢粮食，结果就很不乐观。在资源有限的情况下，我们还是必须以人为本，所以不得不限制以粮食为原料的生物能源技术发展。人民生活水平的提高带来了食物需求的升级，畜产品需求、食用油需求带来了对玉米、大豆需求量的急剧增长，所以这些年粮食生产的最显著特征是玉米价格快速上升，玉米成了亩均收益最高的粮食品种，种植面积也在不断扩大，超过了其他品种。粮食安全问题最显著的特征是大豆基本丧失了定价权、主导权，绝大多数的国内大豆油加工都来自进口转基因大豆，国产大豆产量、单产水平、价格都一降再降。但话说回来，我们在植物油问题上有必要追求过高的自给率水平吗？前面说了，大豆进口问题是植物油的问题，而不是粮食问题。所以这个问题的关键在于我国本来用于食品极具优势的非转基因大豆非但不能发扬光大，反而在这个尴尬的竞争中逐渐被边缘化。虽然都是大豆，但有天壤之别。以己之短攻彼之长，焉有不败之理。所以关键要明确定位，不能用一个不太准确的概念把大豆弄得左也不是右也不是，逐渐沦为其他产品的配角。

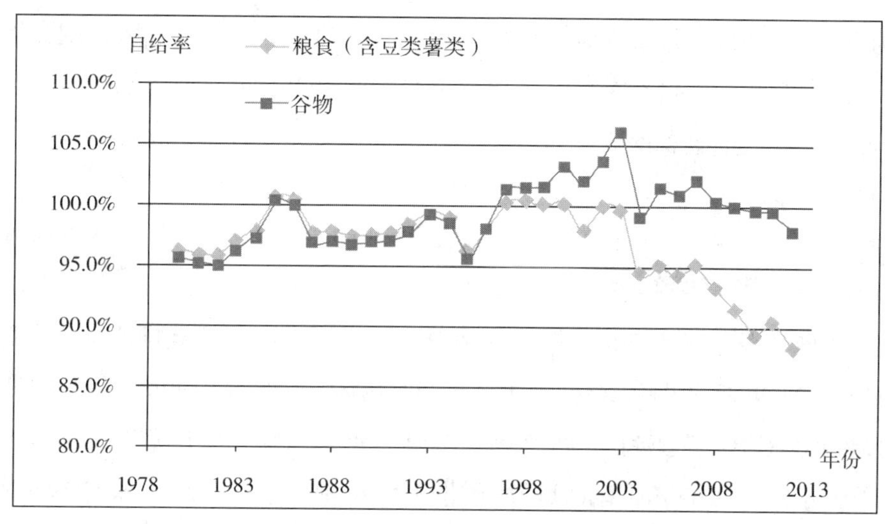

图 7－2　我国粮食自给率变化（1978—2012 年）

资料来源：根据历年《中国统计年鉴》数据整理计算。

第三节　未来中国粮食安全展望

保障粮食安全，关键是要做好中国自己的事情。不在于一时的得与失，而在于长久的可持续发展。粮食安全可以通过一些指标来衡量，如人均自给量、自给率和粮食价格波动率等。但单一的指标无法准确地说明问题，而综合的指标又容易模糊粮食安全的真实状态。所以，我们看到 1988

年、1994 年前后粮食价格飞涨，但粮食自给率水平并不低，供给是有充分保障的；1998—2003 年，粮食持续减产，但粮价很稳，因为有长期积累下来的充裕库存；近十年，粮食持续增产，但自给率下降得很明显，因为加工业发展了，粮食的用途广了，综合需求提高了。什么样的状态才是安全的？是一种稳定的预期、一种从容的状态。年景好的时候，可以多生产、多储粮，年景不好的时候可以调度、可以调剂。关键的关键，在于储备生产能力，而不是过度开发、涸泽而渔。保护好耕地，培育好耕地的持续生产能力，合理地使用水资源，建设好农业基础设施，不断推进农业技术进步，确保合理有效的粮食储备，这些才是保证粮食安全的根本。但在不少问题上，我们面临着严峻考验。

一、未来的考验

（一）耕地的数量和质量

首先，人均耕地占有量将继续减少。1997—2000 年，我国耕地面积年均减少 44.9 万公顷，2001—2004 年这一数据激增到每年 145 万公顷，2005—2008 年下降至每年 18.2 万公顷。尽管从 2009 年开始情况有所好转，但是随着我国工业化、城镇化建设的推进，每年占用耕地仍不可避免。虽然最新的农地调查显示耕地数量有所增加，但那也只是数字的概念。地还是那些地，产能还是那样的产能。即使我国总的耕地面积能够维持目前的数量，但随着人口的持续增长，人均耕地面积仍将继续下降。其次，耕地质量的维持面临考验。根据农业部对全国 107 个国家级耕地质量监测点数据分析显示，近十多年我国基础地力贡献率下降了 5%①，耕地肥力下降，化肥依赖性增强。东北黑土层越来越薄，土壤污染问题日趋严峻。另外，水土流失、土地荒漠化也在不断侵蚀着本已紧张的耕地资源。根据环境保护部和水利部的统计，2011 年底我国水土流失面积达 356.92 万平方公里，占国土总面积的 37.2%，亟待治理的面积近 200 万平方公

① 曲昌荣．地力下降咋应对［N］．人民日报，2013 - 04 - 14.

里，全国现有水土流失严重县646个，每年水土流失给我国带来的经济损失相当于GDP的2.25%左右。同时，我国是世界上荒漠化严重的国家之一，全国沙漠、戈壁和沙化土地普查及荒漠化调研结果显示，中国荒漠化土地面积为262.2万平方公里，占国土面积的27.4%，近4亿人口受到荒漠化的影响。据中国、美国和加拿大国际合作项目研究，中国因荒漠化造成的直接经济损失约为541亿元人民币①。尽管我国不断加大对水土流失和土地荒漠化的治理投入，但是由前期工业化造成的环境破坏难以在短时期内得到彻底的改善。

（二）农业灌溉水资源

水是农业发展的根本，我国却是一个极度缺水的国家。我国淡水资源总量丰富，仅次于巴西、俄罗斯和加拿大，居世界第四位，但人均占有量仅为世界平均水平的1/4、美国的1/5，世界第121位，是全球13个人均水资源最贫乏的国家之一。中国水资源公报的数据显示，2011年全国水资源总量为23256.7亿立方米，比常年值偏少16.1%，为1956年以来最少的一年。而农业生产又严重依赖水资源的供给，据统计2011年全国农业用水3743.5亿立方米，比2010年增加了54.5亿立方米，占总用水量的61.3%。淡水资源的减少已经开始制约我国农业生产，但是除此之外我国农业生产还面临着水质恶化、灌溉水有效利用率低的困境。随着工业化和城镇化的推进，我国废污水排放量不断增加，2011年全国废污水排放总量为807亿吨，比2010年增加15亿吨，比2009年增加39亿吨，不断增加的废水排放量使我国本已稀缺的水资源面临更大的挑战。另一个挑战是如何进一步提高我国灌溉水资源利用效率。2011年中央"一号文件"以加大农田水利建设为主题，提出要在"十二五"期间新增农田有效灌溉面积4000万亩，并且在2020年把农田灌溉水有效利用系数提高到0.55以上。目前，我国农田灌溉水有效利用系数为0.51②。在新的形势下如何把农田

① 资料来源于中华人民共和国国土资源部，土地百科 http://www.mlr.gov.cn/tdzt/zdxc/tdr/21tdr/tdbk/201106/t20110613_878377.htm。

② 数据来源于《2011年中国水资源公报》。

水利建设抓实、抓好，还有很多问题需要解决。

（三）农业生产投入

伴随工业化、城镇化进程的加快，粮食生产的人工成本、物质费用和土地成本都在快速上涨（见表7－1）。2012年我国三种主要粮食的亩均总成本为936.4元，比2005年上涨120%，其中物质及服务费用上涨88%，人工成本上涨146%，土地成本上涨168%。未来较长一段时间，城镇化进程进一步加快，土地、劳动力等农业生产要素的价格也将进一步上升，物质成本的持续上升也在加大着粮食生产成本压力。更重要的是，成本的快速上涨使得我国原有的成本优势在丧失，2012年、2013年许多大宗农产品出现国内外市场价格倒挂，除了人民币升值因素的影响，还有很重要的原因就是生产成本已经出现反转。此外，以化肥、农药等为代表的农业投入品还面临施用结构失衡、过度施用的挑战。2012年我国化肥施用量5838.8万吨，比2005年增加了1000多万吨，增幅近23%。根据FAO统计，2011年我国氮、磷、钾肥的消费量（按营养成分统计）分别为3826万吨、1067万吨和791万吨，分别占世界消费总量的34%、26%和26%，化肥使用总量合计占全球31%（见表7－2）。过量施用氮肥造成耕地贫化、土地板结和水土流失。靠增加化肥施用量提高农业单产难度越来越大，面临的投入品边际报酬递减的瓶颈将会更加突出。

表7－1　三种主要粮食作物亩均成本情况　　单位：元/亩

稻谷小麦玉米平均成本	2005	2007	2009	2010	2011	2012	涨幅
总成本	425.0	481.1	600.4	672.7	791.2	936.4	120.3%
生产成本	363.0	399.4	485.8	539.4	641.4	770.2	112.2%
物质及服务费用	211.6	239.9	297.4	312.5	358.4	398.3	88.2%
人工成本	151.4	159.6	188.4	226.9	283.1	372.0	145.7%
土地成本	62.0	81.6	114.6	133.3	149.8	166.2	168.0%

资料来源：根据《全国农产品成本收益资料汇编》（2011、2013）整理。

表 7-2 2011 年中国化肥使用量比较 单位：万吨

化肥类别	中国	世界	中国占世界比重
氮肥（N 总养分）	3826. 3	11234. 9	34. 1%
磷肥（P205 总养分）	1067. 2	4110. 1	26. 0%
钾肥（K20 总养分）	790. 6	3036. 2	26. 0%
累计	5684. 1	18381. 3	30. 9%

资料来源：根据联合国粮农组织（FAO）数据库资料整理。其中，中国数据为FAO 计算和估计数。

（四）需求结构

一是城乡居民食品消费结构持续变化，口粮直接消费将进一步降低，而肉蛋奶等动物性食品消费在增加。过去几年，无论是城镇居民还是农村居民，对粮食消费有所减少，而对猪牛羊肉、禽类、水产品等动物性食物消费在增加，城镇居民动物性食物消费明显高于农村居民。预计到 2023 年，我国的城镇化率将由目前的 52% 提高到 60% 左右。届时中国将拥有 8. 7 亿城镇人口和 5. 8 亿农村人口，与 2012 年末的人口结构（城镇人口 71182 万人、乡村人口 64222 万人）相比，将新增 1. 6 亿城镇人口。即便按 2012 年城镇人口消费水平计算，我国城镇人口的食品总需求也将增加 22. 5%。这已经是一个相当大的数值了，更何况随着收入水平的提高，我国城乡居民对于肉禽、蛋制品、奶制品的需求比例将会更大，而肉蛋的产出需要更多的饲料转化。根据测算每公斤猪肉、牛肉、羊肉、禽肉、禽蛋分别需要 5. 3 公斤、6. 2 公斤、7. 2 公斤、8. 2 公斤、8 公斤的饲料粮才能转化。因此，可以预测，未来十年我国的直接口粮需求将会下降，而饲料类需求将会有较大增加。二是人口老龄化会在一定程度上降低人均食品消费量。我国人口老龄化的趋势正在加剧，根据全国老龄工作委员会办公室公布的资料，2001—2020 年是我国快速老龄化的阶段，从 2021 年进入加速老龄化阶段，并预计到 2023 年老年人口将增加到 2. 7 亿，与 0 ~ 14 岁少儿人口数量相当。根据钟甫宁（2012）的研究，年龄对人均粮食需求有显著影响。随着我国老龄化速度的加快，未来十年将会对人均食品消费水平有较强的负面作用。当然，人口老龄化只会在一定程度上降低人均食品消费量，不会逆转总体的增长趋势。另外，随着生物燃料二代、三代技术的发展，以粮食为原料的燃料乙醇产业在未来将可能有效调整方向，从而适当缓解粮食间接需求压力。所以从需求上看，有乐观的因素也有不容乐观的因素，对粮食安全的影响方向取决于各种因素的此消彼长。

二、大体走势

从我国目前的生产能力和未来的潜力来看，确保谷物基本自给、口粮绝对安全在生产上不会有什么问题。在新的粮食安全观指引下，可预见的转变可能会主要体现在以下几个方面：

第一，更强调可持续发展。确保粮食安全和主要农产品供给，追求的不是一时的产量，而是可持续的供给能力。不再为了增产过度开发利用地下水资源，不再放任土壤质量持续下降和水体污染，也不再过度强调增加物质投入。鼓励发展节水型农业，鼓励使用有机肥料和生物技术。对于过度开发区域，进行适度调节；对于严重污染区域，抓紧进行耕地修复。

第二，更重视综合生产能力建设。把保护耕地资源放在首要位置，像保护重点文物和国宝一样保护基本农田。深入推进中低产田改造和高标准农田建设，确保有地可种、有好地可种。深入开展农田水利基础设施建设，彻底打通农田水利最后一公里。加强农业关键生产技术的研发、储备和推广应用。

第三，更注重培育新型经营主体。现在强调为土地流转创造条件，促进农业生产的适度规模经营，发展多种形式的新型经营主体，很大程度上也是立足于粮食安全的考虑。目前种一亩粮食，一年也就挣几百元，没形成一定规模，在现在的市场环境中难以调动农民生产粮食的积极性。所以，应鼓励股份合作、专业合作形成区域规模，鼓励自愿流转扩大单体规模，鼓励发展社会化服务以降低生产成本、提升效率；同时，还要鼓励农民通过改造经营模式挖掘增收潜力，把粮食生产、农业现代化与增收致富结合起来。当然，在很长时间内，小规模的家庭经营还是农业生产的主体，提供面向小农户的社会化服务在这种背景下显得更为重要。

第四，更好地平衡利用国内外两种资源、两个市场。根据新的粮食安全观，在利用国内外两种资源、两个市场问题上我们可能会更加从容。根据底线思维，我们要保证国内口粮自给，但在饲料用粮、工业用粮问题上，我们进口一些不是问题，尤其在大进大出的一些加工领域，用国外的原料加工再出口，这也是好事。即便在农产品进出口顺差或逆差这个问题上，也得更深一层地看顺在哪里、逆在哪里，而不能简单地看见顺差就觉得是好事、逆差就觉得是问题。同时进一步放开对外农业合作思路，加强对外农业合作，帮助提升发展中国家的生产能力，利用我们的技术为世界粮食供给做贡献。同时还要进一步增强适应国际市场游戏规则的能力。深化食品安全、粮食物流体系建设、流通体系的改革等。

参考文献

[1] [美] 傅高义. 邓小平时代 [M]. 北京: 三联书店, 2013.

[2] 编辑组. 朱镕基讲话实录（第一卷、第三卷）[M]. 北京: 人民出版社, 2011.

[3] 刘晓梅. 关于我国粮食安全评价指标体系的探讨 [J]. 财贸经济, 2004 (9).

[4] 马九杰, 张象枢, 顾海兵. 粮食安全衡量及预警指标体系研究 [J]. 管理世界, 2001 (1).

[5] 马晓河, 蓝海涛, 等. 中国粮食综合生产能力与粮食安全 [M]. 北京: 经济科学出版社, 2008.

[6] 曲昌荣. 地力下降咋应对 [N]. 人民日报, 2013-04-14.

[7] 钟甫宁, 向晶. 人口结构、职业结构与粮食消费 [J]. 农业经济问题, 2012 (9).

[8] 朱泽. 中国粮食安全状况研究 [J]. 中国农村经济, 1997 (5).

第八章 构建现代农业产业体系

构建现代农业产业体系是党中央国务院根据我国农业发展的新阶段、新特征做出的战略部署，是事关农业长远健康发展的重大任务。当前，我国农业发展面临的国内外环境不断发生深刻变化，农业正在经历重要阶段性转换，各种长期问题与短期问题叠加，体制性矛盾和结构性矛盾交织。构建现代农业产业体系，有利于加快转变农业发展方式，推进实现“四化”同步发展。基于此，2007 年中央“一号文件”提出要用现代产业体系提升农业，明确了建立健全现代农业产业体系的重要任务。2008 年十七届三中全会通过的《中共中央关于推进农村改革发展若干重大问题的决定》进一步提出，要以市场需求为导向、以科技创新为手段、以质量效益为目标，构建现代农业产业体系。在当前工业化、信息化、城镇化深入发展的背景下，加快推进农业现代化，必须着力构建现代农业产业体系，优化农业产业结构，拓展农业产业领域，提升农业产业竞争力。

第一节 现代农业产业体系的内涵与特征

产业体系是指一个经济体内若干不同产业互相联系、互相制约形成的整体结构。20 世纪 70 年代以来，随着全球资源开发利用、经济结构演变、产业技术进步以及社会经济关系变化，现代产业体系不断演化形成，现代农业产业体系建设逐渐成为发达国家推动农业转型发展的重要内容。

一、现代农业产业体系的内涵

现代农业产业体系是集食物保障、原料供给、资源开发、生态保护、经济发展、文化传承、市场服务等产业于一体的综合系统，是多层次、复合型的产业体系。具体可以从系统、要素、结构、功能角度来理解和把握现代农业产业体系的基本内涵。

（一）现代农业产业体系是一个多层次关联系统

所谓体系是指有关物质相互制约而构成的整体（袁世全等，1990）。现代农业产业体系与传统农业产业体系的重要区别，在于其构成要素之间不是相互隔绝和彼此孤立的，而是相互促进、相互融合、相互依存的共生关系。现代农业产业体系由若干子系统构成，不仅包括种植业、养殖业、加工业、农业服务业等产业相互融合构成的产业核心系统，资本、技术、人才、信息等构成的要素支撑系统，还包括制度、生态等产业外在辅助系统。各个子系统内部之间相互关联、相互融合，系统之间相互开放、相互支撑，形成一个内部关联、外部开放、融合发展的多层次系统。

（二）现代农业产业体系是一种复合型结构形态

与传统单一、短链农业不同，现代农业产业体系是由关联效应较强的各种农产品生产、经营、市场、科技、教育、服务等主体，通过必要的利益联接机制所形成的有机整体[①]，包括横向功能产业体系和纵向产业链体系。从横向上，不再局限于传统的种植业和养殖业，而是由农业种植业、养殖业、农产品加工业以及农业服务业等多元化产业形态组成的庞大产业系统；从纵向上，不再局限于农业产中环节，而是由农业产前、产中、产后等多个环节相互衔接、相互支撑形成的完整产业链系统。

① 曹利群．现代农业产业体系的内涵与特征［J］．宏观经济管理，2007（9）．

（三）现代农业产业体系是高级要素的综合集成

传统农业向现代农业转型的过程，本质上是现代农业生产要素不断引入和重新组合配置的过程。现代农业产业体系是一种现代元素比较显著的产业构成。与传统农业体系依靠土地、自然资源等初级生产要素不同，现代农业产业体系更加依靠良种、熟料制品等现代生产资料，种养大户、家庭农（牧）场、农民专业合作社等现代生产经营主体，农业机械等现代生产工具，以及先进的管理技术和管理手段。同时，现代农业产业体系还是一个多要素的复合系统，各种要素不是简单相加，而是有机组合，在这种要素组合结构下，各种生产要素都得到了最充分的利用。

（四）现代农业产业体系是一个农业多功能载体

农业具有多功能性，不仅有食品保障、原料供应、就业增收等基本功能，还具有改善生态环境、保护文化的多样性和提供教育、审美、休闲等功能。随着经济社会的发展和科学技术的进步，农业功能不断拓展，如生态保护功能、生物能源功能等。传统农业发展侧重于食物保障、原料供给、经济发展等功能的开发，对农业的社会、生态、文化等功能挖掘不充分，弱化了农业在国民经济和社会发展中的作用。现代农业产业体系是一个承载农业经济、社会、生态、文化等复合型功能的系统，不仅具有保障吃、穿等基础功能，还具有就业增收、生态保护、观光休闲、文化传承等社会文化功能，是一个能满足人们食物、休闲等多种需求的可持续发展体系。

二、现代农业产业体系的特征

现代农业产业体系具有创新性、融合性、开放性、集聚性和可持续性等特征，是一种结构优化、技术先进、清洁安全、附加值高的产业体系。

（一）结构高级化

结构高级化是现代产业体系的根本特征。现代农业产业体系是产业结构合理化与高度化的统一体，包括四个层次：一是农业内部农林牧渔各产业构成合理化，实现生产要素的高效流动和合理配置，形成均衡的农产品生产体系，确保国家粮食安全和主要农产品供给；二是农业种养殖业、农产品加工业、农业服务业等产业关系合理化，形成健全的产业链协作和产业配套关系，充分发挥农业多种功能，增进经济社会效益；三是各行业产业组织的合理化，形成分工层次明确、优势互补的经营主体结构；四是区域布局的合理化，实现现代生产要素向优势区域集聚，形成科学合理的农业生产力布局。

（二）技术高新化

创新是现代农业产业体系的基本力量。从本质上而言，现代农业产业体系是以现代科学与技术进步和科技创新为主要特征和核心驱动力的新兴产业体系，是以现代科技引领的农业一、二、三产业融合、产前产中产后一体化的产业体系。现代科学技术全面渗透于从产地到餐桌、从生产到消费、从研发到市场各个环节。随着耕地、淡水短缺压力的日益加大和全球气候环境变化不确定性增强，实现农业持续稳定发展、长期确保农产品有效供给的根本出路在于科技，需要通过技术创新来化解农业发展中的各种矛盾，突破资源环境瓶颈约束，提高农业产出效率。

（三）发展持续化

可持续是现代产业体系的标志性特征。现代农业产业体系建立在资源节约、环境友好、综合效益显著的可持续发展模式基础上，体现在两个层面：一方面，具有公平合理的利益分配机制，保证利益主体经济关系的可持续。现代农业产业体系是通过必要的利益联接机制所形成的有机整体，只有不断创造效益，并让各利益主体合理分享产业分工收益，才能保证产业体系的正常稳定和可持续发展。另一方面，以保护生态环境为前提，保证资源环境和经济协调可持续发展。只有将产业快速发展、资源高效利用与环境有效保护协调起来，形成低消耗、少排放、可循环的产业体系，才能实现产业的健康发展。

（四）产业开放化

开放性是现代产业体系的基本特征。传统农业产业体系是相对封闭运转的系统，内部产业链短、结构发育落后、循环性差，对外吸引资金、技术、人才能力弱，整体开放的水平较低；而现代农业产业体系则是一个多产业关联的开放系统，具有开放度广、外向力和吸纳力强的特点。现代产业体系的开放性，一方面表现为内部产业之间的开放融合互动，如种养殖业与农产品加工业的融合、农业服务业与种养殖业的融合；另一方面表现为整个产业体系对外部的开放，不仅能够与工业、服务业发展形成良性的互动支撑，同时能够充分利用国内外资源，深度参与国际产业分工体系。

第二节　结构调整与现代农业产业体系建设

调整农业结构是提升现代农业产业体系层次的关键举措，是健全现代农业产业体系功能的客观要求，是提高现代农业产业体系竞争力的重要途径。20 世纪 80 年代中期以来，根据农村耕作制度、农产品购销体制变动后我国农产品生产和市场供需形势的变化，国家开始有针对性地调整农业生产结构，发展种植业以外的产业和非农产业。之后农业结构调整逐渐成为推进农业发展的战略性和常态性措施。

一、我国农业产业结构调整的基本现状

（一）农业内部产业结构深入调整

改革开放以来，国家持续推进农业产业结构的战略性调整，在稳定发展种植业的同时，积极促进现代畜牧业、现代林业和现代渔业的发展，产业结构整体优化，单一种植业为主的局面有了很大改观，形成种植业与畜牧业双主导的产业发展格局。1978—2012 年，农业占比从 80% 下降到 52. 5% ，下降幅度十分明显；畜牧业占比从 15% 提升到 30. 4% ，提高了一倍；林业发展总体稳定，渔业占比从不足 2% 提高到近 10% ，发展成效明显（见图 8 –1）。

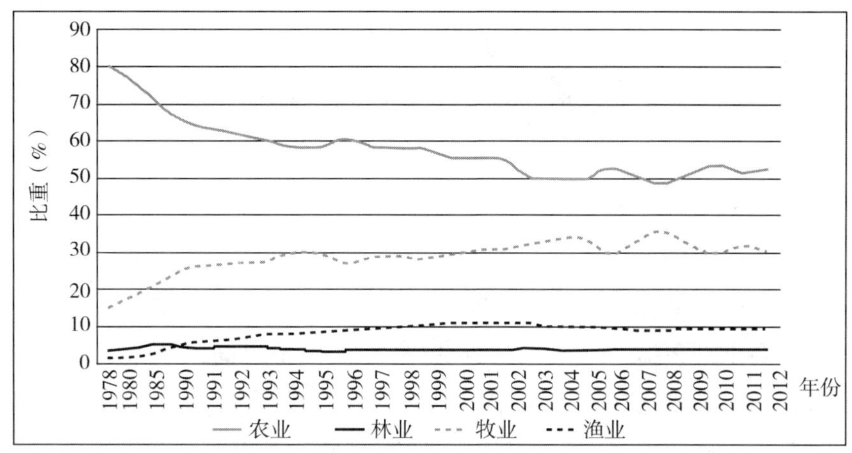

图 8－1 1978 年以来我国农林牧渔业占比变化情况

资料来源：《中国统计年鉴 2013》。

从农产品生产结构看，主要农作物种植结构变动幅度不大，粮食生产仍占绝对主导地位。1995—2012 年，粮食作物占农作物总播种面积的比重只下降了 5 个百分点，仍达到 68.1%，油料作物、棉花、糖料播种面积比重变动不大，蔬菜、瓜类占比从 7.1% 提高到 13.9%（见图 8－2）。畜产品总产量持续增长，畜产品供应从总量短缺逐步转变为结构性相对过剩，以牛羊为主的草食性畜发展较快，奶业发展势头强劲。

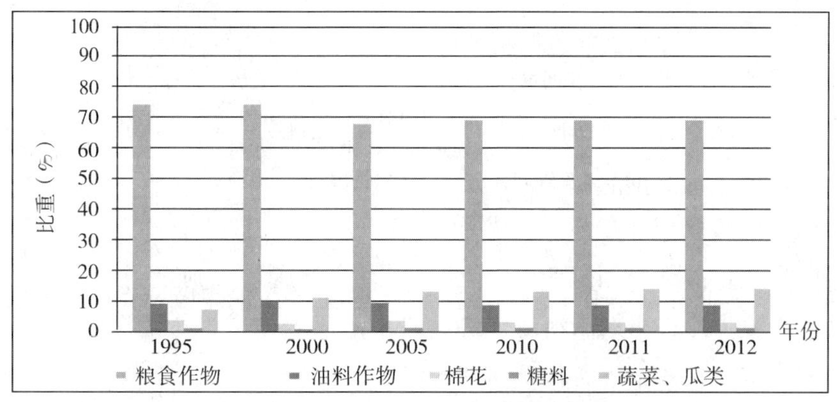

图 8－2 1978 年以来我国主要农作物种植结构变化情况

资料来源：《中国统计年鉴 2013》。

（二）农产品品种结构不断优化

通过积极淘汰劣质品种、大力发展优质专用品种，我国农产品品种结构进一步优化，农产品品种和品质结构得到极大改善。超级杂交稻、紧凑型玉米、优质专用小麦、转基因抗虫棉、“双低”油菜等一大批突破性优良品种得到成功培育和推广，水稻、小麦、玉米、大豆四大粮食品种优质化率不断提高，棉花、油菜、甘蔗、苹果、柑橘等优势经济作物良种覆盖率明显提高。到2012年，主要农作物良种覆盖率提高到96%，良种在农业增产中的贡献率达到43%以上。牛羊良种种群不断扩大，成功培育夏南牛、延黄牛、辽育白牛、南江黄羊、巴美肉羊等肉用新品种，牛肉、羊肉优质化率不断提高。优势农产品质量安全水平持续提高，无公害、绿色、有机农产品稳步发展。

（三）优势农产品区域化生产格局形成

近年来，我国深入实施优势农产品区域布局规划，不断推进农业区域布局调整，优势农产品生产日益向优势区域集聚，形成了一批优势突出、布局合理、协调发展的优势农产品产业带。水稻、小麦、玉米、大豆四大粮食作物形成14个产业带，13个粮食主产省粮食产量占全国的比重由2003年的71.0%提高到2012年的75.7%，9年增量占全国增量的88.3%。经济作物优势区域在全国地位稳步上升，长江流域、黄河流域和西北内陆三大优势棉区生产集中度达到99%，仅新疆棉花产量就占到全国棉花产量的一半以上，桂中南、滇西南、粤西、琼北甘蔗优势产区生产集中度达到93%以上，长江流域油菜优势产区生产集中度达到85%以上（见图8-3）。养殖业优势区域加快发展，西部8省区①、冀鲁豫3省和东北3省三大区域肉牛产量占到全国近80%，西部8省羊肉产量占到全国一半以上，水产品生产逐步形成了东南沿海优势出口水产品养殖带、黄渤海优势出口水产品养殖带和长江中下游优质河蟹养殖区。

① 西部8省区，包括内蒙古、四川、云南、西藏、甘肃、青海、宁夏和新疆。

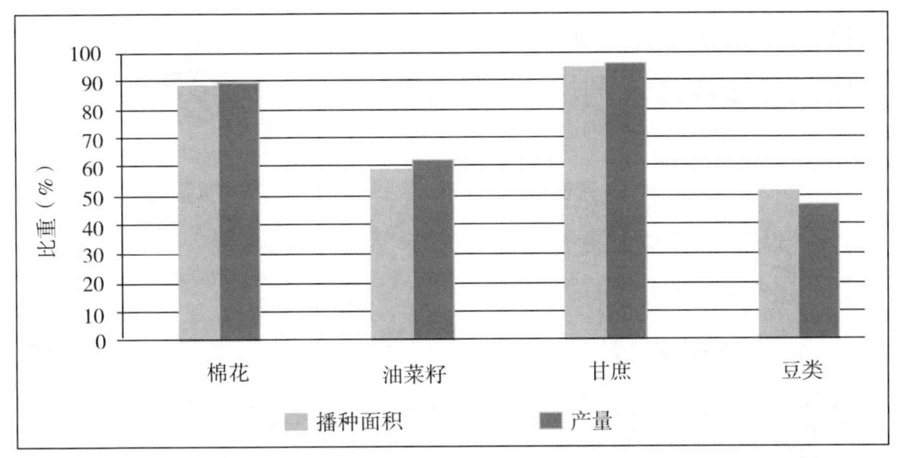

图 8－3 2012 年主要产区播种面积和产量占全国比重[①]

资料来源：《中国统计年鉴2013》。

二、我国农业产业结构调整面临的新形势

21 世纪以来，我国农业发展进入新的阶段，面临的外部环境发生了较大变化，这赋予了农业产业结构调整新的内容，也对农业产业结构调整提出了新的要求。

（一）农产品供求关系发生重要阶段性变化

近年来，随着人口增长、居民收入水平提高和城镇化进程的推进，我国农产品需求快速增长，供求关系呈现出重要阶段性变化，总体趋向偏紧，部分农产品供求明显失衡，对国际市场的依赖程度逐步提高。目前我国粮食进口不断增长，自给率已经下降到90%以下，棉花对外依存度2012年达到42.7%，大豆对外依存度已经超过80%。针对农产品供求形势的新变化，进一步调整优化农业产业结构必须突出重点、有取有舍，切实保障重要农产品特别是粮食生产的稳定，确保生产不滑坡、供应不断档、价格

① 统计省份甘蔗包括广西、云南、广东、海南；棉花包括新疆、河南、湖北、江苏、山东、安徽、河北；油菜籽包括湖北、湖南、四川、安徽、江苏；豆类包括黑龙江、内蒙古、安徽、吉林。

不大涨。同时，需要适应城乡居民消费多样化、高级化的趋势，更加突出保障农产品质量安全，同时加快非粮作物、畜牧业等产业的发展。此外，农业产业结构调整必须更加重视国际市场影响，需要“走出去”开发利用国外农业资源，加强国内紧缺农产品生产；同时，需要加强部分对外依存度高、对国民经济和居民生活影响大的重要农产品的生产，保障必要的自给率，确保产业安全。

（二）劳动力素质结构发生明显变化

经过多年的大规模转移，我国农村劳动力就业结构、年龄结构、素质结构都已经发生了明显变化。目前我国4.7亿农村劳动力中，每年外出务工或在本地从事非农产业6个月以上的达到2.42亿，占比达到51%。大量见识广、学历高、能力强的青壮年农民转移出农业生产领域，农民老龄化、农业副业化趋势加快。据统计，目前我国从事农业的劳动力平均年龄已经达50岁左右。农村劳动力结构的变化给农业产业结构的调整带来一定负面影响，在部分地区已经导致种养殖业结构的倒退性调整。农业生产经营粗放化，同时还造成农业技术需求萎缩，农业新技术、新品种的推广应用受到限制，不利于生态高效农业的发展，制约了农业新兴产业的发展，影响农业产业链和价值链的升级。但是，劳动力转移后土地的人口承载压力减轻，这也为农业的适度规模经营和高效特色农业的发展创造了条件。为此，深化农业产业结构调整必须更加重视新型经营主体和社会化服务组织的培育发展，积极适应劳动力结构变化提出的新要求。

（三）农业产业竞争层次不断升级

随着世界经济一体化的深入推进，国际农业市场竞争层次不断升级，已经由单个产品、产业环节的竞争向产业链与产业链之间的竞争转化，产业链效率已经成为衡量产业体系竞争力的重要指标。产业链的效率不仅仅取决于单个产业环节的效率，更取决于各个环节的协同效率。随着我国农业专业分工的不断深化，农业产业链条不断拓展。在通过深化分工取得分工经济的同时，我国农业产业链的整合却并没有同步跟进，各产业环节之间出现分割、脱节，还没有协调耦合形成一条有竞争力的产业链。就各产业环节的效率看，农产品加工、流通严重滞后于生产，产后环节成为制约产业体系竞争力提升的“短板”，亟须通过深化农业产业结构调整，促进产业之间、产业链环节之间的均衡发展。

（四）社会对农业功能的需求更加多样

农业发展的一般规律以及经济社会发展对农业的需求，决定了要不断创新拓展农业的功能。目前我国人均 GDP 已经达到中上等国家水平，人民生活开始向全面实现小康迈进，食品消费结构进入了加速调整和升级的重要阶段，对加工制品的需求快速增长，迫切需要加快发展农产品加工业。同时，随着城乡居民收入的提高、消费方式的转变和新农村基础设施的改善，城乡居民休闲消费需求日益增长，发展满足城乡居民休闲观光、农事体验、文化传承、科普宣传等功能要求的新型农业产业形态的条件更加成熟。此外，随着我国能源供应形势的日益紧张、生态环境保护压力的日益加大，大力发展农业生物质能产业的重要性不断凸显。社会需求的不断变化，为拓展农业功能创造了良好的外部环境，有利于提高农业产业结构调整的广度和深度。

三、进一步深化农业产业结构战略性调整

目前我国农业产业结构总体还不完善，农产品品质不优，优良品种的区域化、规模化生产水平不高，农产品质量安全还存在一定问题，需要进一步深化农业产业结构调整。

（一）建立均衡协调发展的大农业产业格局

继续加强粮食生产，稳定粮食播种面积，优化品种结构，扩大优质粳稻、优质专用小麦和耐密植、抗倒伏、抗病虫、低水分玉米以及高油、高产、多抗大豆的生产，提高单产和品质。加强棉花、油料、糖料等工业原料作物生产基地建设，增强棉花供给能力，稳定食用植物油自给率。推进蔬菜重点产区建设，积极发展园艺产业，促进规模化、标准化生产。做大

做强现代畜牧业，推进畜产品规模化饲养，稳定发展生猪和蛋禽，加快发展肉禽和奶牛，积极推进肉牛、肉羊和绒毛羊发展。推进水产健康养殖，引导水产品优势区域建设，扶持和壮大远洋渔业。大力发展特色农业，加快特色农业标准化示范基地建设，加强优良品种的筛选、繁育，重点开发具有地域特色和市场前景的品种，提升特色农产品的品质和生产水平。大力发展农产品加工，优化农产品加工业区域布局，促进农产品加工业与农业生产的协调发展。壮大农业农村服务业，深入开发和拓展农业生态环保、观光休闲、文化传承等功能，积极发展生态休闲观光农业。

（二）增强农业结构调整的科技支撑能力

调整优化农业结构要充分依靠科技进步。要加快建立现代农业产业技术体系，坚持科技创新与技术应用并举，强化农业科技在产业上中下游的贯通，探索建立农业科技进步新模式，促进农业产业结构战略性调整。一是加大优势农产品科研经费投入，优先在优势区域建设产业技术研发中心、功能研究室、综合试验站，围绕优势农产品产业发展需要，在动植物育种、疫病防控、农业机械化、农田节水、科学施肥、质量安全、农产品加工储藏等重点领域加强科研攻关，力争在一些关键环节、关键技术上取得突破。二是大力发展现代种业，建立以产业为主导、企业为主体、基地为依托、产学研相结合、育繁推一体化的现代种业体系，提升种业的科技创新能力和供种保障能力。加快基层农技推广体系改革和建设，提高农业技术推广能力，加快农业新品种、新技术的转化应用，促进农业技术集成化、劳动过程机械化、生产经营信息化。大力发展农业职业教育，加快技能型人才培养，培育一批种养业能手、农机作业能手、科技带头人等新型农民。三是加强农产品加工、流通环节的科技创新，推进农业产业链整体现代化。在政策、科技资源投入上适当向产后环节倾斜，加大农产品加工流通环节的技术创新，加强产业链综合技术集成，促进农业产业化加快发展。

（三）全面提高农产品质量安全水平

农业结构调整要把提高农产品质量放在突出位置。按照标准化生产和管理的要求，以种养业良种、投入品安全使用、农产品生产操作规范、农兽药残留限量、产地环境质量、产品等级规格、包装储运等为重点，加快农产品质量安全标准的制修订，推进农产品生产无害化、标准化、质量控制制度化。加快推进农业标准化，积极扶持龙头企业、农民专业合作组织、科技示范户和种养大户实行标准化生产，搞好示范带动。加强农业面源污染治理，加大农产品地理标志保护力度，积极发展无公害农产品、绿色食品，因地制宜地发展有机农产品。坚持“事前防范、重典治乱、标本兼治”的原则，加强农产品质量安全检验检测体系建设力度，建立农产品质量安全违法主体强制退出机制，加大对农产品质量安全违法行为的惩处力度。按照农产品质量全过程、全产业链监管的要求，完善农产品质量安全风险评估、产地准出、市场准入、质量追溯、退市销毁等监管制度，建立从田间到市场全过程控制、运转高效、反应迅速的农产品质量安全管理体制，不断提高农产品质量安全水平。

（四）加大优势区域农产品生产扶持力度

切实增加农业投资总量，加大对优势区域建设的扶持力度。继续加大农业直接补贴力度，逐年提高农业补贴占全部财政支出的比重，全面落实对粮食、油料、生猪、奶牛等生产的各项扶持政策。加大对生产大县的奖励补助，逐步形成稳定规范的制度。适应土地流转的新形势，探索建立对农业生产大户、农民合作经济组织等经营主体的补贴方式。建立农业补贴动态预警预测系统，定期开展补贴效果评估，调整修正财政补贴规模和标准。完善农业保险制度，优先将优势农产品纳入农业政策性保险范畴，扩大农民收入保险范围，建立包括产量风险、质量风险和价格风险在内的更加明晰的保险项目。逐年提高现行农业保险赔付率，鼓励和帮助农民继续发展生产。根据国家财力状况，降低或取消农民投保费用的支出，充分调动农民投保积极性。加强优势农产品进出口的调控，完善优势农产品进口管理和贸易救济预警制度。

第三节　大力发展农业生物质能产业

能源是人类赖以生存的物质基础，是国民经济的基本支撑。随着世界经济的扩张和人口的持续增长，全球一次能源消费不断增加，长期以来支撑人类文明进步和经济社会发展的化石能源正逐渐走向枯竭。出于对能源安全、环境安全等问题的综合考虑，开发利用可再生能源已成为大多数国家的战略选择。生物质能源由于具有可贮藏性和技术相对成熟等特点，受到世界各国的青睐。我国是能源消费大国，能源紧缺问题日益凸显，化石能源资源的开发利用对环境生态造成的压力越来越大，在这种形势下，开发清洁的可再生能源已成为我国能源领域的一个紧迫课题。我国农业生物质能资源十分丰富，大力发展农业生物质能产业，有利于拓展农业功能，保护和改善生态环境，改善农民生产生活条件，缓解能源供应紧张局面。

一、我国农业生物质能产业的发展现状

（一）生物质能蕴藏量十分丰富

我国农业生物质能资源主要包括农作物秸秆、畜禽粪便、农产品加工副产品和能源作物等，发展潜力巨大，空间广阔（见表 8 -1）。其中，包括玉米、水稻、小麦、棉花、油料作物秸秆在内的农作物秸秆理论资源量每年达 8.2 亿吨，可收集资源量每年约为 6.9 亿吨。可供能源化利用的薪炭林、林业“三剩物”、木材加工剩余物等每年约为 3.5 亿吨。据测算，我国理论生物质能资源相当于 50 亿吨左右标准煤，是目前我国总能耗的 4 倍左右。

表 8－1 我国生物质能源利用潜力

资源来源	可利用资源量		已利用资源量		剩余可利用资源量	
	实物量（万吨）	折合标煤量（万吨）	实物量（万吨）	折合标煤量（万吨）	实物量（万吨）	折合标煤量（万吨）
农作物秸秆	34000	17000	800	400	33200	16600
农产品加工剩余物	6000	3000	200	100	5800	2900
林业木质剩余物	35000	20000	300	170	34700	19830
畜禽粪便	84000	2800	30000	1000	54000	1800
城市生活垃圾	7500	1200	2800	500	4700	700
有机废水	435000	1600	2700	10	432300	1590
有机废渣	95000	400	4800	20	90200	380
合计		46000		2200		43800

注：加上生产燃料乙醇的陈化粮等，已利用资源量为 2400 万吨标准煤。

资料来源：国家能源局：《生物质能发展“十二五”规划》。

（二）产业发展的整体势头良好

近年来我国农业生物质能多元化利用取得较大进展，生物质发电、液体燃料等呈现出规模化发展的良好势头。其中，生物质发电虽然处于起步阶段，但发展十分迅速。据初步估计，我国 2013 年底生物质发电装机将有望达到 850 万～900 万千瓦。[①] 生物液体燃料产业稳步发展，到 2010 年底，以陈化粮和木薯为原料的燃料乙醇年产量超过 180 万吨，以废弃动植物油脂为原料的生物柴油年产量约为 50 万吨。生物质燃气发展较快，到 2010 年底，农村户用沼气保有量超过 4000 万户，年产沼气约 130 亿立方米。建成畜禽养殖场沼气工程 5 万多处，年产沼气约 10 亿立方米。我国沼气利用不论是规模还是技术都处于世界领先水平，已是利用生物质生产沼气最多

① 国家风电信息管理中心．2012 年我国生物质产业发展状况［N］．中国能源报，2013－06－10．

的国家之一。

（三）产业技术水平不断提高

近年来，我国不断加强农业生物能源的科学研究和科技攻关，农业生物质能利用技术取得了明显进展。例如，我国沼气应用规模和技术均走在世界前列。突破了厌氧发酵过程微生物调控、沼气工业化利用、秸秆类资源高效生物降解、高值化转化为液体燃料等关键技术，建立了兆瓦级沼气发电、万吨级生物柴油、千吨级纤维素乙醇及气化合成燃料示范工程。在核心技术、关键设备与装备研制、技术集成与产业化规模等方面与国际先进水平之间的差距在逐步缩小。

二、农业生物质能产业与粮食安全

发展农业生物质能产业必须以保障粮食安全为前提，其对粮食安全的影响途径主要包括推高粮食价格、加剧农业资源竞争和引发生态风险等。

（一）推动粮食等相关农产品价格上涨，影响低收入群体粮食安全

以粮食为原料发展生物质能源产业，必然会推高粮食总需求。在粮食生产率没有同步大幅提高的情况下，生物质能源产业的过快发展将不可避免地引发“与人争粮、与畜争食”的问题。当大量的粮食转化为生物质能源，而人们利用有限的资源生产出的产品不足以同时满足人类对食物的需求时，粮食、饲料等价格将会不断上涨，用于粮食生产的要素成本也会被抬高。据国际粮食政策研究所（IFPRI）预测，假定石油价格保持高位，到2020年，全球生物燃料产量的快速增长将推动玉米价格上涨41%，油料包括大豆、油菜籽、向日葵种子的价格预计将上涨76%，小麦价格将上涨30%。粮食价格不断上涨，会对低收入群体的粮食安全造成威胁，并带来营养不良人口的增加，将这些家庭推向生存的边缘。同时，大豆、玉米等价格的上涨会推高饲料价格，提高牛乳制品和肉类的生产成本，使畜牧养殖业的收益下降，进而使贫困家庭丧失谋生的手段。国际粮食政策研究

所（IFPRI）认为，主食食品的实际价格每增加1%，世界范围内粮食不安全人数将增加1600万人。

（二）改变不同农产品的比价关系，带来“与粮争地”问题

生物质能源产业的发展改变了农产品之间的比价关系，加剧了不同作物在自然资源和农业投入方面的竞争。一方面，随着粮源生物质能源产业的发展，用于生物质能源生产的粮食品种需求增长，导致该品种价格上涨，比较收益上升，会在一定程度上加剧粮食作物内部在土地、淡水等资源方面的竞争，对口粮生产造成不利影响。另一方面，虽然发展非粮生物质能源可以避免直接“与人争粮”的问题，但农产品比价的变化又会引发“与粮争地”问题。随着生物质能源产业的发展，高比例的糖料、油料作物等被转化为生物质能源，其价格也会上涨，导致土地、劳动力等要素从粮食生产转向能源作物生产，导致粮食等农产品减产，影响粮食足量供给。据经合组织（2006）的一项研究显示，如果美国和欧盟使用生物燃料乙醇替代10%的汽油需求量，则能源作物的播种面积将分别占用两者现有耕地面积的30%和70%，会严重挑战全球特别是粮食进口国和低收入群体的粮食安全。

（三）引发土地退化、生物多样性消失等生态风险，造成粮食减产

发展生物质能源产业会对环境造成一些负面影响，如森林大量被砍伐、生物多样性消失、土壤退化等，从而对粮食生产造成不利影响。在目前技术条件下，可以用作商业化生产的生物燃料原料主要是玉米、甘蔗等作物。这些作物的种植往往需要施用大量的农药、化肥，还要占用大量的灌溉水和土地。除草、灭虫等精细的耕作措施在保证能源作物高产的同时，也使土壤中原本储存的碳得以释放，增加了二氧化碳排放，而且施肥、灭虫等过程中所使用的杀虫剂和除草剂等可能会导致土地退化、地下水和空气污染，影响人们的身体健康。此外，这种单作制的方式还会直接降低区域的生物多样性。由于适用的土地面积有限，能源作物可能扩展进

入河岸区、留置区或树林中，这些地带均发挥着重要的生态作用。能源作物种植渗入自然景观将导致栖息地破坏和割裂，从而造成生物多样性的丧失。

三、稳步发展农业生物质能产业

从长期来看，发展生物质能源产业是大势所趋，不应简单地限制农业生物质能产业发展，这不利于解决能源安全问题。但是，必须坚持在确保粮食安全的前提下适度发展生物质能产业，绝不能以牺牲粮食安全为代价。目前我国农业生物质能利用技术和装备还处于起步阶段，生物质能项目产业化程度较低，市场化发展环境尚未建立，要从产业政策、资源、技术等方面制定相应发展策略，促进农业生物质能产业稳步健康发展。

（一）坚持以非粮为主发展农业生物质能产业

完善相应法规措施，禁止开发破坏具有高碳储存量和生物多样性价值的土地以及基本农田，在保证国家粮食安全的前提下，充分利用荒山、荒丘、废弃地，发展能源作物种植，避免生物质能源“与人争粮”、“与粮争地”。对占用、破坏各类具有生态风险和自然保护价值的土地的行为要给予严厉处罚。完善非粮生物质能源产业支持政策体系，生物质能源发展纳入能源、气候、水和农业发展总体规划中，全面评价其社会、经济和环境效应。科学评估生物质能源产业发展对土地利用变化的影响，逐步取消以粮食为原料生产生物燃料的优惠政策，建立健全支持非粮生物液体燃料发展的政策体系和市场监管体系。

（二）加大技术研究和开发力度

加强生物质能源科技创新能力建设，依托科研院所、大学和大型骨干企业，联合国内相关机构，组建工程技术中心及重点实验室。加强基础资源普查，加快制定生物液体燃料技术标准、可持续标准和产业发展路线图，通过财政补贴和税收减免的方式，鼓励和支持企业研发利用新型醇类燃料、生物质合成燃料生产技术，推进各类非食用粮糖油原料的生物燃料生产技术的商业化应用，加强原料使用和能源环境的监管，促进产业的健康发展。严格控制使用玉米生产生物液体燃料，通过激励政策促进企业开发新的技术和新的生产工艺，提升玉米等生物燃料原料的生产和使用效率。加大对纤维乙醇、微藻生物柴油等技术的补贴力度，积极引进投资和人才，加快市场培育和技术进步。开发适应多样化原料的生物技术工艺路线和装备。加强生物燃料的研发和示范。大力研发示范利用各类农林废弃物、能源作物原料的纤维素乙醇、新型醇类燃料和生物质合成燃料生产技术。加强关键工艺和设备的创制，集成和成套化关键设备与装备。

（三）加强非粮原料资源保障能力建设

建立、健全生物质资源管理制度，加快建立从种植、收获、储存到运输的生物质原料供应体系，使生物质原料正常进入市场流通，构成闭合的能力循环系统。加快培育高含油量和高生态适应性的品种。加大对边际性土地的开发和整理的投入力度，通过财政补贴、贷款贴息等方式，鼓励和支持企业、农户开发低质土地种植非食用粮糖油植物。建立粮价变动与能源作物种植补贴动态调整机制。综合利用现有生物质资源，加快种植和开发能源作物，同时要提高农业副产品、剩余物、废弃物等现有资源利用率，以满足生物质能源产业的基本需要。扶持企业探索建立合适的生物质能原料收集体系，提高原料保障程度，促进生物质能原料的供需平衡，鼓励生物质能原料供应的专业化发展。

（四）加强生物质能源产业国际合作

加强与美国、欧盟、巴西等生物质能源生产大国的交流合作，积极引进和合作开发先进技术特别是转基因生物技术，支持有条件的企业到国外开发种植能源作物，促进我国生物质能源产业加快发展。围绕原料合格性、土地开发利用、粮食贸易等问题，加强与联合国粮农组织、生物多样性公约组织等国际机构的合作，积极参与有关生物燃料贸易的国际条约和协议的磋商和制定。

第四节　大力发展农产品加工业

农产品加工业是国民经济的支柱产业，大力发展农产品加工业是现代农业产业体系的关键内容和促进农民增收的重要途径。农产品加工业是以人工生产的农业物料和野生动植物资源为原料进行工业生产活动的总和。国际上通常将农产品加工业划分为5类，即食品、饮料和烟草加工，纺织、服装和皮革工业，木材和木材产品制造，纸张和纸产品加工、印刷和出版，橡胶产品加工。我国在统计上与农产品加工有关的行业有12个，即食品加工业、食品制造业、饮料制造业、烟草制造业、纺织业、服装及其他纤维制品制造业、皮革毛皮羽绒及其制品业、木材加工及竹藤棕草制品业、家具制造业、造纸及纸制品业、印刷业和记录媒介的复制和橡胶制品业。

一、我国农产品加工业的发展现状

近年来我国农产品加工业总量持续增长，结构不断优化，产业加速集聚，创新步伐加快，专用原料基地日益扩大，带动作用明显增强，与世界主要国家的差距进一步缩小，成为国民经济中增长最快、最具活力的支柱产业。

（一）农产品加工业总量持续增长，与农业产值的比值逐步提高

2011年，我国规模以上农产品加工企业产值突破14万亿元，利润总额达到11901.5亿元，发展十分迅速（见图8－4）。农产品加工业与农业产值比从2000年的0.85:1提高到1.8:1左右。农产品加工业的快速发展为扩大农产品市场、提高农业和农村经济整体效益发挥了重要作用，同时对国民经济发展也产生了巨大拉动作用。

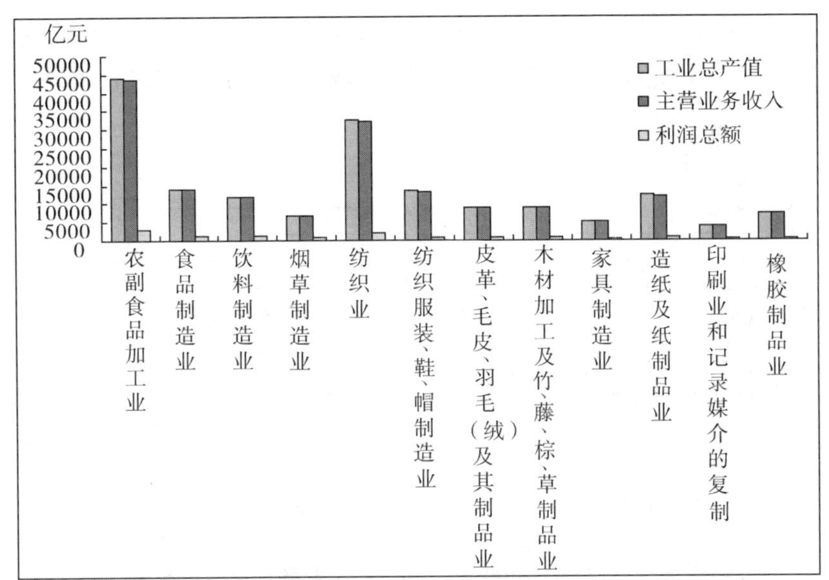

图8-4 2011年我国农产品加工业规模以上工业企业主要指标

资料来源：《农产品加工业年鉴（2012）》。

（二）农产品加工业结构不断优化，食品工业主导地位更加突出

在农产品加工业中，食品工业发展速度较快，占农产品加工业的比重不断提升。2007—2010年，我国食品工业总产值年均增速达24.1%，其中农副食品加工业产值年均增速更是达到26%（见图8-5）。食品工业占农产品加工业的比重从“十五”末的40%提高到46.1%，主导地位更加突出。同时，随着农产品直接消费需求的下降以及初级加工品和高级制造品的比重上升，农产品加工业的产品结构开始向多样化方向发展，原料综合利用率不断提高，方便、快捷、休闲和营养的保健食品发展迅速，主要农产品深加工比例达到40%以上，逐步由初加工向深加工转变。

（三）农产品加工业加速集聚，形成了一批优势产业集聚区

随着农产品生产向优势区域布局，我国农产品加工业的产业格局也发生了重要变化，过去小、散、乱的状况得到改善。以加工为龙头、以种植为基础，围绕资源禀赋和区位优势，涌现了一批农产品加工专业乡、专业村，形成了一批特色鲜明的农产品加工产业集聚区。如东北和长江流域水稻加工、

黄淮海优质专用小麦加工、东北玉米和大豆加工、长江流域优质油菜籽加工、中原地区牛羊肉加工、西北和环渤海苹果加工、沿海和长江流域水产品加工、西南地区柑橘加工和茶叶主产区优质茶叶加工等产业聚集区。

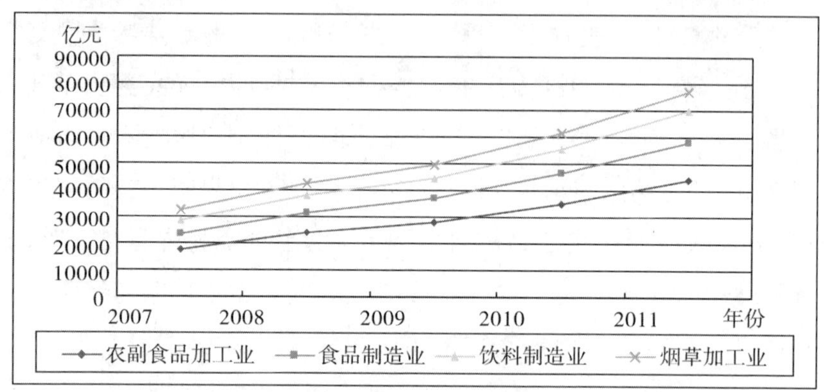

图 8－5　2007—2011 年我国食品工业各行业增长情况

资料来源：《农产品加工业年鉴（2012)》。

（四）农产品加工业创新步伐加快，加工技术研发体系初步形成

近年来，我国建设了一批科技创新基地和产业化示范生产线，培育了一批具有较强创新能力的农产品深加工企业和科学家队伍，成功构建并完善了主要农产品深加工的标准和质量控制体系，初步建立了以企业为主、以科研院所和高校为支撑的产学研相结合的农产品加工技术研发体系，突破了一批共性关键技术，示范推广了一批成熟适用技术，农产品加工技术与世界发达国家的差距缩小。如攻克了膜分离技术、物性修饰技术、无菌冷灌装技术、冷榨技术、浓缩技术、冷链技术等一批农产品深加工关键技术难题。玉米燃料酒精半絮凝酵母酒精发酵技术、高品质注射葡萄糖生产技术、米糠稳定化技术、浓缩苹果生产技术及加工设备关键零部件等一系列关键技术和设备研究取得重大突破。

（五）加工专用原料基地不断扩大，带动能力和作用日益增强

通过“公司＋基地＋农户”、“公司＋中介组织＋农户”、“公司＋村委会＋农户”等多种形式，建设了一大批规模化、标准化、专业化的农产

品生产基地[①]，辐射带动1亿多农户。2010年，规模以上农产品加工企业从业人员达2500多万人，比“十五”末增加400万人；吸纳农村劳动力1500万人以上，农民直接增收2800亿元；全国已建立各类农业产业化经营组织22.4万个，上亿农户参与农业产业化经营，户均增收1900多元。

二、我国农产品加工业发展的主要问题

虽然我国农产品加工业发展迅速，但与发达国家相比，总体发展水平仍然偏低，还存在许多问题和不足。

（一）加工规模和整体水平低

目前发达国家农产品加工率都在90%左右，我国只有45%左右（粗加工以上）。发达国家深加工（二次以上加工）农产品占80%，而我国只有30%左右。发达国家农产品加工产值与农业产值之比为2～4∶1，我国仅为1.8∶1左右。农产品加工整体规模小，处于低水平循环。以粮油加工为例，2010年，我国大米加工业平均每家企业的生产规模为日处理稻谷114.3吨，小麦粉加工业平均每家企业生产规模为日处理小麦210.8吨，玉米加工业平均每家企业生产规模为日处理玉米603.5吨，这三个行业的企业平均生产规模均仅为合理规模水平的1/2左右。

（二）加工技术装备水平低

目前我国80%的农产品加工技术装备仍处于20世纪末的世界平均水平，主要加工企业的关键技术和设备的开发多数处于仿制、改进阶段，拥有自主知识产权的成果较少，关键装备主要依靠从发达国家引进，仍没有摆脱“引进—落后—再引进”的恶性循环。许多农产品加工企业规模较小，设备简陋，有的甚至还停留在手工作坊式的生产阶段，劳动生产率低下。多数企业缺乏产品自主开发能力，新工艺、新材料、新技术的应用程度低。

（三）产业集中度不高

我国农产品加工企业呈现大群体、小规模特征，年销售收入超过100

① 数据来源于中华人民共和国农业部《农产品加工业“十二五”发展规划》（2011）。

亿元的企业不足20家，大型加工企业不仅数量少，而且大而不强，市场竞争力较弱。以粮油加工企业为例，2010年，全国主营业务销售收入过百亿元的内资粮油加工企业只有8家，其中最大的中粮集团产品销售收入为522亿元，远低于大型跨国粮食企业年销售收入。（见表8－2）

表8－2　全球五大跨国粮油企业和国内前五位粮油企业经营情况比较

	公司名称	总部地址	员工数量（人）	覆盖国家	销售额
国际	艾德盟（ADM）	美国伊利诺斯	270000	—	698亿美元
	邦基（Bunge）	美国纽约	25000	32	526亿美元
	嘉吉（Cargill）	美国明尼苏达	160000	67	1204亿美元
	路易达孚（LouisDreyfus）	法国巴黎	—	53	200多亿美元
	丰益国际（WilmarInternational）	新加坡	70000	20	291亿美元
国内	中粮	北京		国内	522亿元
	长春大成实业	长春		国内	341亿元
	九三油脂	哈尔滨		国内	197亿元
	山东六和	山东		国内	158亿元
	中纺集团	北京		国内	121亿元

注：国际企业销售额为2008年数据，国内企业为2010年数据。

资料来源：粮食产业研究，郑州粮食批发市场，内部报告，2010年4月；国家粮食局流通与科技发展司，《2011年粮油加工统计资料》。

（四）加工标准和质量控制体系不完善

我国农产品加工普遍存在标准陈旧、体系不健全等问题，不适应行业发展与国际接轨的需要，有些重要领域甚至还存在标准空白现象。农产品加工业从原料生产到加工过程管理分散，尚未形成完整有效的管理体系，产品质量和安全问题仍比较突出。

（五）副产物利用不充分

农产品加工资源利用不充分，每年有7亿吨的秸秆，1000万吨的玉米芯、米糠、麦麸和700万吨的蔗渣等植物纤维资源亟待深度开发利用。以稻谷为例，2010年规模以上稻谷加工企业产出的米糠仅有6.9%（78.2万吨）用于制油，317.3万吨未经处理而用于生产饲料，超过40%被废弃；稻壳用于发电和供热的仅占15.2%，其余没有得到充分利用。（见表8-3）

表8-3 稻谷加工副产物综合利用情况

	名称	利用情况	产量（万吨）	占比
稻谷加工副产物	米糠	总量	1137.6	100%
		制油用米糠	78.2	6.9%
		饲料用米糠	317.3	27.9%
		其他用途	274.7	24.1%
		废弃未利用	467.4	41.1%
	稻壳	总量	2073.8	100%
		发电用稻壳	83.2	4%
		供热用稻壳	315.3	15.2%
		废弃未利用	1675.3	80.8%

资料来源：国家粮食局流通与科技发展司．粮油加工业统计资料（2011年）.

三、大力发展农产品加工业

（一）加强农产品加工产业集聚园区建设

根据不同区域资源、产业和环境承载力，因地制宜，加快建设布局合理、特色鲜明、产业集聚、集约发展、功能配套的农产品加工业集聚园区，实现加工园区化、园区产业化、产业集聚化。完善集聚园区基础设施配套，改善软硬件环境，加强运行机制建设，提高产业集聚区整体效率。引导产业集聚园区准确定位，突出特色，延长产业链条，形成产业链一体发展、大中小企业协作配套的发展格局，提高园区的效益和市场竞争力。

（二）提升农产品加工技术装备水平

以农产品加工产业集聚园区和龙头企业为重点，引导和支持领军型加工龙头企业增加科研投入，建立企业技术中心，开展新技术的引进、消化、吸收和创新，加快科技成果转化，提升自主创新能力。支持中小型加工企业积极引进、消化、吸收先进的技术、工艺、设备、人才和管理。完善国家农产品加工业技术研发体系，围绕产地初加工、资源综合利用、节能减排、质量安全和新产品、新设备开发等重点领域进行科技协作与攻关，提高自主研发和引进消化国外先进技术的能力，掌握一批拥有自主知识产权的核心技术和发明专利，提高农产品精深加工业的核心竞争力。加强农产品加工科技服务公共平台建设，按规划、有重点地开展重大关键技术、装备的筛选与示范推广工作，提升行业整体技术水平。

（三）打造强势的加工龙头企业集群

农产品加工龙头企业是壮大产业规模、提升产业层次、延伸产业链条的主体和关键。要大力实施“龙头带动”战略，在品牌培育推介、关键技术攻关、全程标准化生产、资源深度开发项目等方面，优先向领军型龙头企业倾斜，引导龙头企业通过兼并、重组、参股、联合等方式，整合资源要素，发展成为规模化、集团化、整体竞争力强的行业领军企业。支持领军型加工企业与上游研发企业、下游流通企业等组建战略联盟，实现优势互补、做大做强。支持加工龙头企业建设农产品加工示范基地，加强与专业合作社、农民有效对接，建立紧密型利益联结机制，增强辐射带动农户的能力。

（四）建设与加工需求相适合的原料基地

按照农产品加工的特性要求，积极鼓励加工企业建立专用原料生产基地，推进农产品加工原料生产的专业化、规模化、标准化和产业化，确保农产品深加工专用原料的稳定供给和质量安全，建设好农产品加工“第一车间”。大力引进和培育一批适应深加工需要的专用品种，加大对地方特色品种的保护和开发力度。规范推广“龙头企业＋基地＋农户”和“龙头企业＋合作社＋农户”等原料基地建设模式。支持龙头企业领办各类专业合作组织，自建原料基地，提高产业化经营水平。支持农产品加工企业实施“走出去”战略，引导有条件的企业通过股权置换、境外上市等方式开展跨国投资经营，到国外建设农产品加工原料基地。

（五）加强农产品加工产品品牌建设

创建知名品牌是推动效益农业发展、提升农产品加工业层次、促进农民增收的重要途径。要按照“集中力量、整合资源、强化培育、扶优扶强”的思路，依托领军型加工龙头企业，推进同类农产品品牌的整合重组，培育具有地域优势和历史文化底蕴、市场知名度高的农产品品牌。鼓励农产品加工企业树立品牌意识，积极采用国际标准，大力开展无公害农产品、绿色食品、有机产品的认证，开展中国驰名商标、中国名牌农产品、农产品地理标志登记等创建活动。鼓励和支持农产品加工企业与国内外知名企业、知名品牌开展合作，提高产品国际竞争力。

参考文献

［1］曹利群．现代农业产业体系的内涵与特征［J］．宏观经济管理，2007（9）．

［2］刘涛．中国现代农业产业体系构建：内涵、特征与政策取向［J］．石家庄经济学院学报，2012（6）．

［3］袁世全，等．中国百科大辞典［M］．北京：华夏出版社，1990．

［4］张克俊．现代农业产业体系的主要特征、根本动力与构建思路［J］．华中农业大学学报，2011（5）．

第九章 建设现代农村市场体系

第一节 农产品流通体系建设

农产品的流通主要分为两个维度：一是价格信号在消费者和生产者之间的传导；二是农产品在生产者和消费者之间的物理传输。后者又可进一步分为三个维度，即在时间、空间和形态上的传输，意味着消费者可以在非农民收获、销售的时间，在不同于农民销售的地点，获得农民初级销售产品的其他形态，如进一步加工过的农产品。

一、农产品流通体系建设的沿革

（一）粮食流通

第一阶段即1978—1984年，粮食流通的逐步搞活阶段。1979年尽管维持了粮食统购统销政策，但大幅提高了粮食收购价格，从1979年夏粮上市起提高20%，超购部分在新的统购价格基础上加50%（之前是20%）。[①] 部分产品允许议购议销和自由购销，逐步缩小农产品统派购的范围，并在1982年明确实行“粮食征购、销售、调拨包干一定三年”的粮食管理办

---

① 张晓涛，等．大国粮食问题：中国粮食政策演变与食品安全监管［M］．北京：经济管理出版社，2009：80.

法。但该阶段仍强调以计划经济为主、市场调节为辅的方针。

第二阶段即1985—1997年，反复市场化阶段。农村统购、超购价格的上升和城市统销价格的固定，引起购销价格差异扩大，加上粮食产量的大幅增加，造成了国家沉重的财政负担。1985年国家要求以合同定购制度代替统购制度，定购的粮食国家按“倒三七”比例计价，即三成按统购价，七成按原超购价，而且放开流通渠道，允许定购以外的粮食自由上市，保护农民的利益。但粮食减产造成粮价回升，国家财政无力提高定购价，而重新赋予合同定购以“国家任务”的性质，并提出了“逐步缩小合同定购数量，扩大市场议购”的方针，形成粮食购销的“双轨制”。但过高的财政负担又促成了“减购、压销、提价、放开”的粮食购销体制改革。1992年实现购销同价，到1993年底放开粮食购销价格的县（市）占到了98%。相应地，城镇居民口粮定量办法也被打破，结束了粮食统购统销体制。从1994年起，国家定购的粮食全部实行“保量放价”，建立国家对粮食的保护价制度，并相应建立粮食风险基金和储备体系。为保障合理的种植结构，从1995年开始实行粮食地区“米袋子”省长负责制。

第三阶段即1998—2003年，市场化攻坚阶段。由于粮食购销体制问题和国有粮食部门的效率低下、资金运营混乱情况，1992—1997年粮食系统亏损挂账高达2140亿元，令财政背上了沉重的负担。因此1998年国务院提出，贯彻“四分开、一完善”的原则，要求实施以“三项政策、一项改革”为主要内容的政策措施，加快国有粮食企业自身改革。并成立中国储备粮管理总公司，负责中央储备粮的调运、轮换、仓储管理和粮食的进出口。2001年确定“放开销区、保护产区、省长负责、加强调控”的粮改思路。加入世界贸易组织后为履行“入世”承诺并保障国内生产，我国自2002年4月1日对铁路运输的稻谷、小米、大米、小麦粉、玉米、大豆等实行铁路建设基金全额免征，批准对大米、小麦和玉米实行零增值税税率政策，并且出口免征销项税。同年，试行对粮食主产区种粮农民的直接补贴政策。

第四阶段即2004年至今，完全市场化阶段。从2004年开始，国家全面放开粮食收购与销售市场，实行购销多渠道经营。同时加快国有粮食购销企业改革步伐，转变企业经营机制，完善粮食现货和期货市场，严禁地区封锁，搞好产销区协作，优化储备布局，加强粮食市场管理和宏观调控。自此，我国进入了供求决定粮价、市场配置粮源的新时期。而粮食保护价收购制度逐步调整为最低收购价制度，农业支持补贴制度发展为“粮食直补、良种补贴、农机具购置补贴、农资综合直补”四大补贴体系，有力促进农民的种粮积极性。

（二）棉花流通

第一阶段即1978—1984年，棉花流通在统购统销下试探改革阶段。从1979年开始，国家将棉花收购价格提高了15.2%，对超购部分再加30%，对华北棉区在收购价格基础上再补贴5%。[①] 并缩小棉花的收购范围，从全额收购到定基数收购，即根据其计划前若干年（一般为三年）的平均产量收购，并按照一定的勾留比例，对超购部分予以奖励。此外，又对棉花、糖粮专项用粮进行了奖售粮的规定，絮棉由凭票供应改为敞开供应，允许等外棉上市交易。到1984年出现棉花大丰收，国家储备棉花大幅度增加，国家财力难以承受，政策改革的压力加大，已经到了不得不改的地步。

第二阶段即1985—1997年，棉花流通体制松动阶段。1985年中央取消棉花统购，改为合同定购。但由于同年棉花生产下滑，国家连续三年逐渐严格棉花的计划管理，规定在全国棉花合同定购任务完成前，不开放棉花市场，由供销合作社统一收购、统一经营。实际上直至1995年，仍坚持“不放开市场、不放开价格、不放开经营”，期间只适当提高棉花收购价格。直到1996年，国家出台了棉花市场交易制度，即以棉花市场交易形式，搞活棉花销售环节，保留原有的棉花收购政策，使棉花流通体制改革终于走出了关键的一步。

第三阶段即1998年至今，市场化改革阶段。在棉花产量连续多年供大

① Sicular T. Agricultural Planning and Pricing in the Post – Mao Period. The China Quarterly. No. 116. （Dec.，1988），pp. 671 – 705.

于求下，从1999年起放开棉花购销价格，拓宽流通渠道。政府主要做好市场准入资格的审定和强化棉花质量管理，从2000年起在全国开展棉花打假专项行动，维护棉花市场的正常秩序。2001年进一步深化改革，要求采取“一放、二分、三加强，走产业化经营路子”方式①，彻底结束计划经济，走向市场化。2002年起改革供销社，发展棉花企业，组建中储棉公司作为国家宏观调控的载体。并在2007年提出棉花的良种补贴政策。

（三）鲜活农产品流通

第一阶段即1978—1984年，鲜活农产品稳步市场化阶段。1978年对蔬菜实行城郊生产并就地供应的原则，蔬菜产销仍以统购包销为主。1979年后作为逐步开放的补充措施，农村的农贸集市相继恢复，市场交易情况得到了空前的活跃，改变了国营蔬菜公司垄断蔬菜市场流通的局面。而且大幅提高肉、禽蛋、水产类产品统购与销售价格，除鲜蛋外实行派购与议购相结合的购销政策。中央要求搞活商品流通，调整购销政策，打破城乡分割和地区封锁，广辟流通渠道。要求尽量放活鲜活产品，减少环节，组织产区、销区直接流通。

第二阶段即1985—1997年，进一步市场化阶段。1985年开始开放蔬菜的经营与价格，国营蔬菜公司仅对主要品种采取“定购包销”的方式。同时，在大城市和主产地开始建立蔬菜批发市场，出现大范围长距离的广域流通。1997年底，我国农副产品批发市场发展到约4000家，初步形成以中心批发市场为核心，连接生产基地和零售市场的稳定的“菜篮子”市场体系。②肉类产品的流通自1985年进入“双轨制”阶段，直到1992年完全放开。肉、禽蛋、水产品这些农副产品成为我国最早放开市场流通的农产品。

第三阶段即1998年至今，保证质量安全、深度市场化阶段。继续坚持以批发市场为中心的“菜篮子”产品市场体系建设，切实解决乱设卡、乱

---

① 即放开棉花收购，实行社企分开、棉花储备与经营分开，加强和改进对棉花市场的宏观调控，兼顾棉农和纺织企业的利益，加强棉花市场管理和质量监督，加强棉花信贷资金管理，“以市场为导向，实施科技兴棉，发展订单农业，培育棉农合作组织，积极推进产业化经营”。

② 菜篮子工程［EB/OL］，2013-09-02. http：//www.cctv.com/lm/797/-1/54219.html

收费问题，在产销区之间建立起畅通无阻的“绿色通道”，并进一步实施“三绿工程”。[①] 此外，积极扶植发展产业化经营龙头企业，扩大和完善农产品市场信息系统，规范和完善农产品期货市场。除注重数量外，更加注重农产品质量、卫生与安全，加快实施无公害食品行动计划，进一步加强农产品质量安全管理。

二、我国农产品流通体系的现状

经过三十年的市场化改革，目前我国农产品流通政策主要表现在四大方面：积极培育多元化市场主体，搞活农产品流通；围绕“菜篮子”工程促进农产品批发市场升级改造；以“绿色通道”建设为核心构建全国性资金、信息与物流流通网络；坚守“米袋子”省长负责制，三大政策调控粮食安全，保障安全可靠的农产品供给。日渐完善的四大支柱不断夯实我国农产品流通市场的发展根基，目前已基本建立起以现代物流、连锁配送、电子商务、期货市场等现代市场流通方式为先导，以批发市场为中心，以集贸市场、零售经营门店和超市为基础，布局合理、结构优化、功能齐备、制度完善、有较高现代化水平的统一、开放、竞争、有序的农产品市场体系。

（一）培育多元化市场主体，搞活农产品流通

顺应市场化经济发展要求，我国农产品流通主体由单一经营发展为多元化、多渠道齐头并进，积极鼓励和扶持具备资格的经营主体进入市场，包括农产品经纪人、农业专业合作社和协会、农业产业化龙头企业等流通中介组织，并发展“农超对接”模式，促进产销对接，降低流通成本。由全国供销合作总社推动，农产品经纪人于2003年纳入国家职业体系范畴，并获得农业产业化专项资金的培训经费支持，还享受税收优惠与融资优先政策。目前队伍发展到600万人[②]，真正实现“买全国、卖全国”，成为搞

① “三绿工程”指提倡绿色消费，培育绿色市场，开辟绿色通道。

② 省供销合作社网站．办好中国农产品流通经纪人协会 为推进社会主义新农村建设做贡献［EB/OL］，2008－05－25/2012－08－28. http：//www. hlj. gov. cn/fwsn/system/2007/12/21/000079027. shtml.

活农产品流通的重要市场中介。国家对农民专业合作社的部分经济活动给予增值税和印花税减免优惠政策，对增值税一般纳税人从合作社购进的免税农业产品，可按13%的扣除率计算抵扣增值税进项税额。国家给予符合条件的龙头企业一定税收减免与金融支持政策。对龙头企业从事生鲜农产品生产与流通的，率先进行农业保险试点。对从事种植业、养殖业和农林产品初加工所得，免征企业所得税。而农业发展银行、国家开发银行等政策性银行则为符合条件的龙头企业提供多样化金融支持，提供高质量配套金融服务。此外，商务部、农业部自2008年起启动“农超对接”试点工作，于2009年开展“农超对接”试点工作，有力促进产销对接，缩短中间环节，进一步丰富农产品流通形式。2010年商务部启动了“农超对接信息服务系统”以进一步规范“农超对接”项目管理，积极推动“农超对接”工作。2011年商务部、农业部提出，全面推进“农超对接”工作，力争“十二五”期间大中型城市生鲜农产品经超市销售比重翻一番，达到30%。

（二）健全农产品市场体系，促进农产品批发市场升级改造

健全农产品市场体系，首先要建立现代化农产品现货批发市场。2001年开始农产品批发市场建设由数量扩张转向质量提升，在抓好基础设施升级改造的同时，重点完善市场信息化、质量安全监管等现代物流功能，建立健全适应现代农业发展要求的大市场、大流通。农业部自1995年起在全国推行定点农产品批发市场联系支持制度，在全国选择一批规模大、设施条件较好、管理比较规范的农产品批发市场作为农业部定点市场。商务部于2006年开始组织实施“双百市场工程”，重点扶持100家农产品批发市场和100家大型农产品流通企业。同时，组织实施“万村千乡市场工程”，扶持有实力的流通企业在乡镇和行政村开设面向农民的生活消费品和农业生产资料供应连锁店。同年，农业部组织实施了农产品批发市场“升级拓展5520工程”，即在5年内通过多方筹资重点扶持建设500个农产品批发市场，推进设施改造升级和业务功能拓展20项工作。此外，2013年国务院发布降低流通环节费用的具体方案，特别关注农产品批发市场运营成本问题。

（三）加强农业信息体系建设，缩小城乡“数字鸿沟”

“十五”时期我国相继出台了一系列文件，并通过实施“金农”工程、“三电合一”工程和信息化村示范工程等项目，建立和完善信息采集系统、构建信息服务网络，不断促进农产品市场信息体系的建设与完善，从而通过信息技术改造传统农业、装备现代农业，通过信息服务实现小农户生产与大市场的对接，通过提高信息化水平缩小城乡“数字鸿沟”。其中，“金农”工程是指以农业和农村经济监测预警、市场监管、市场与科技信息服务三大功能为主体，开发整合各类农业信息资源，加强农业综合信息服务平台建设，构建延伸到县乡的农村信息服务网络，建立功能齐全、体系完备、高效共享、反馈灵敏的农业信息体系。“三电合一”信息服务工程是指在农村推广电视、电脑、电话“三电合一”的信息服务模式，通过平台服务系统建设、信息资源建设、信息人才队伍建设，为农民提供更加便捷、有效的信息服务。“信息化示范村”工程是指“十一五”期间，计划完成“十万村庄建设信息服务站（点）、培训百万村干部在线获取信息、带动千万农民上网”的建设目标。

（四）以“绿色通道”建设为核心，构建全国性流通网络

我国农产品全国性流通网络的构建基本基于以下三条发展路径：一是通过前述农产品现货产销批发市场的建设，充分发挥市场集散功能；二是通过加快交通基础设施建设，减免税费构建绿色通道网络，实现农产品在全国范围的快速便捷低成本流通；三是通过建立农产品期货市场，实现资金与信息的全国甚至世界范围内的流通。

1. 加快交通基础设施建设

近些年，我国交通基础设施建设发展迅速，客流与货物运输能力大幅提高。据交通部统计，与1998年相比，2011年全国公路货运量增长到282亿吨，增长了188.94%，而水路货运量增长288.81%，民航货运量增长297.57%。农村公路建设经历了“十一五”时期的“五年千亿元工程”和“十二五”期间的继续投入，取得了可喜成绩。全国乡（镇）和建制村基

本实现公路和硬化路建设[①]。目前已基本形成城乡公交资源相互衔接、方便快捷的运输网络，为农产品从产地运往全国，减少运输损耗继而提高市场竞争力创造了条件。

2. 开通鲜活农产品“绿色通道”运输网络

鲜活农产品运输的“绿色通道”政策是指确定以国道网为基础，结合主要鲜活农产品的流量和流向，在全国建立鲜活农产品流通的“绿色通道”网络，对整车合法装载运输鲜活农产品的车辆免收通行费。享受“绿色通道”政策的鲜活农产品为新鲜蔬菜、水果，鲜活水产品，活的畜禽，新鲜的肉、蛋、奶，以及2010年新增的马铃薯（土豆）、甘薯（白薯、红薯、山药、芋头）、鲜玉米、鲜花生。

逐步建立以自动检测为主、人工查验为辅的鲜活农产品运输“绿色通道”检测体系，利用科技手段，尽可能缩短鲜活农产品运输车辆的查验时间，提高合法运输车辆的通行效率。据有关部门统计，自2005年以来全国共减免通行费277亿元，在鼓励鲜活农产品流通方面发挥了积极作用，为新时期农村改革发展创造了良好的政策环境。

3. 发展农产品期货市场

我国自20世纪90年代开始发展农产品期货市场，已初步涵盖了粮棉油糖四大系列农产品期货品种体系。中央对农产品期货市场发现价格与风险规避的功能愈加重视，“一号文件”连续强调要逐步扩大期货品种，培育具有国内外影响力的农产品价格形成和交易中心。目前，郑州和大连两家商品交易所共上市了小麦、玉米、棉花、大豆、白糖、豆油、菜籽油、棕榈油、油菜籽、菜籽粕等农产品期货品种，上海期货交易所上市了天然橡胶，并且晚籼稻、粳稻、土豆、鸡蛋、木材、生猪期货品种等也处在积极的研究开发之中。

（五）坚持市场化调节手段，提高市场宏观调控能力

搞活农产品流通是农业农村经济发展的重要任务，加强政府对农产品

---

① 2011年公路水路交通运输行业发展统计公报（农村公路部分）［EB/OL］，2012－05/2013－09－04. http：//www. moc. gov. cn/06road/shuju/201205/t20120508_ 1237014. html

市场的宏观调控是稳定农民收入、推进农业稳定发展的重要手段。为了在农产品市场化、国际化的新形势下加强宏观调控，防止农产品价格大起大落，国家逐步构建涉及粮棉油糖等大宗农产品的市场调控政策体系。其中主要包括粮食市场调控的三大政策与国际贸易政策。

1. 粮食最低收购价政策

最低收购价政策始于2004年，其指向是主产区的稻谷和小麦。在执行过程中，该政策形成了以下几个特点：第一，各粮食品种的最低收购价逐年提高，根据品种的余缺情况，提高幅度有所不同。第二，最低收购价的公布时间在粮食播种之前。第三，最低收购价的执行时间基本明确为新季小麦和稻谷集中上市的时间。第四，收购粮食的标准也会根据情况灵活掌握。例如，2009年小麦收获期间，部分地区由于受连日阴雨天气影响，小麦出现大面积麦穗发芽等情况，小麦品质下降，给农民收入和小麦收购工作带来不利影响。为保护农民利益，减少农民损失，国家有关部门同意将不完善粒20%以内的等内小麦列入最低收购价收购范围。

2. 临时存储粮食收购计划

临时存储粮食收购计划始于2007—2008年，其政策指向是主产区的玉米和大豆，也曾经将东北粳稻和南方稻谷纳入其执行范围，甚至还包括少量的小麦。总的来看，国家临时储备粮食收购计划具有三个特点：第一，临时收储主要针对玉米和大豆等未纳入最低收购价政策执行范围的粮食品种，适当的时候也为局部地区承受价格下跌压力的稻谷、小麦等粮食提供价格支持，此外还为油菜籽、棉花等非粮食作物提供托市。[①] 第二，临时储备粮食收购计划相对地独立于中央储备粮食轮换收购工作，目标指向是粮食价格暂时性下跌或者下跌趋势，一般在每年主产区粮食集中上市的时期下达。第三，根据市场行情，临时收储价格也保持了逐年上调的态势，而且稻谷和小麦的价格一般高于当年的最低收购价。

---

① 小麦的临时收储政策主要实施地区是新疆等地。

3. 政策性粮食竞价交易

政策性粮食竞价交易上升为一种市场调控手段始于2006年。最低收购价收购、进口临时存储、临时收储、跨省移库的储备粮食，相继成为政策性粮食竞价销售的标的，相关交易细则不断得到修订和完善。该政策具有以下三个特点：第一，政策性粮食投放市场的数量随调控需要和国家库存而定，一定程度上实现了对粮食市场供给的数量调节，为国家调控粮食市场提供了一种公开市场操作手段；第二，各种收储政策形成的粮食储备在粮食批发市场上常年常时公开竞价销售，交易底价和投放数量也根据市场需要进行调整，对市场也释放了一种关于价格调整和国家库存情况的信号；第三，政策性粮食竞价交易与最低收购价、临时收储计划等政策相互配合，实现了国家储备的吞吐调节。

4. 进口调控政策

进口调控政策主要包括进口配额与关税政策。到2005年我国加入WTO的后过渡期基本结束，大部分农产品关税削减已经到位，进口配额也已固定在“入世”承诺的水平，因而主要通过调整关税政策调控进口。但根据“入世”承诺，大豆进口执行3%的单一关税税率，豆油、棕榈油、菜籽油施行9%的单一关税税率。与其他大宗农产品不同，国家仅对棉花实施了超配额进口滑准税制度[①]，配额内棉花的进口关税率为1%，配额外实施基本范围为5%～40%的滑准税税率。征收的目的是在大量进口棉花的情况下，减少进口棉对国内棉花市场的冲击，确保棉农收益。这相当于为进口棉花价格设置了底线，可对国内棉花市场价格形成支撑。

5. 出口调控政策方面

主要包括出口关税政策和出口退税政策。最近五年，出口政策分为两阶段：一是2007—2008年，小麦减产引发全球性粮食危机爆发，国家通过

① 滑准税也称为滑动税（Sliding Duty），是一种关税税率随进口商品价格由高到低而由低至高设置计征关税的方法。

取消小麦等原粮及其制粉和部分植物油的出口退税，对粮食原粮及其制粉通过设置较高出口暂定关税、严格实施粮食制粉出口配额等方式限制出口，以保障国内重要农产品的供应；二是2009年至今，粮食危机缓解，国家通过提高部分产品出口退税率，取消包括玉米、杂粮及其制粉等粮食产品的出口关税或特别出口关税等方式促进农产品出口，但对部分化肥及化肥原料的出口关税有所反复。

三、我国农产品流通体系运行的绩效

（一）市场主体多元化、流通形式多样化

30多年市场化改革真正搞活了农产品流通经济，经营主体多元化发展，带来流通形式的多样化。到2012年末，农产品经纪人队伍发展到600万人，各级供销合作社领办的农产品经纪人协会1379个。供销系统组织农民兴办的各类专业合作社77088个，其中农产品类66657个，农业生产资料类4389个，入社农户1063.18万户。各级政府和省以上有关部门认定的龙头企业2042个，共带动农户1659万户，帮助农民实现收入593.7亿元。全系统连锁企业5709家，拥有配送中心10548个，发展连锁、配送网点91.3万个。其中农业生产资料连锁经营企业2118家，配送中心5311个，连锁、配送网点31.8万个，其中，县及县以下网点21.57万个。[①] 而据商务部统计，到2011年，全国开展“农超对接”的规模以上连锁零售企业已逾800家，从业人员200余万人，与超市对接的合作社已突破1.56万家，社员总数超过100万人。[②]

（二）市场升级改造基本完成

近几年，我国农产品批发市场数量增长快、投资规模大、成交额大，充分发挥了市场集散功能。据国家统计局贸易外经统计司最新统计，2011年全国农产品批发市场发展到1000家，总摊位数74.01万个，营业面积51.88百

① 经济发展和改革部．全国供销合作社系统2012年基本情况统计公报［EB/OL］，2013－01－28/2013－08－28. http：//www. chinacoop. gov. cn/HTML/2013/01/28/83291. html.

② 刘兵，胡定寰．我国“农超对接”实践总结与再思考［J］．农村经济．2013（2）：109.

万平方米，年成交额 164.25 百亿元，均占全国批发市场的 30% 左右。其中农产品综合市场 196 个，专业市场 804 个。在农产品专业市场，粮油市场 100 个、蔬菜市场 280 个、肉禽蛋市场 70 个、水产品市场 121 个、干鲜果品市场 144 个。另外，2009 年农业部统计显示，全国农产品产地批发市场（含产销结合市场，下同）2627 家，占农产品批发市场的 72.8%，其中规模以上的产地批发市场 1037 个。产地批发市场实现年交易额 6709.23 亿元，占市场年交易总额的 50%，带动农户 1.1 亿户，占全国农户总数的 44%。其中，蔬菜市场 689 个，约占 1/3；水果市场 184 家，占 7%；畜产品市场 207 个，占 7.88%；水产品市场 100 个，占 3.8%。[①]

（三）农业信息化基础明显改善

通过金农工程、三电合一工程、信息化示范村工程等，我国农业信息化基础得到明显改善。在基础设施上，“村村通电话”、“乡乡能上网”完全实现，广播电视“村村通”基本实现。截至 2009 年，我国农村居民计算机拥有量达到 7.5 台/百户，移动电话拥有量达到 115.2 部/百户，固定电话拥有量达到 67 部/百户。在信息资源建设上，覆盖部、省、地市、县的农业网站群基本建成。据统计，我国农业网站数量达 31000 多家，其中政府建立的有 4000 多家。农业部相继建设了农业政策法规、农村经济统计、农业科技与人才、农产品价格等 60 多个行业数据库。在信息技术方面，农业生物环境信息获取与解析、虚拟农业与数字化设计等信息技术在农村综合信息服务、农业政务管理、农业生产经营以及农产品流通等领域开展了相关应用推广工作，并且发展迅速，有逐步深化的趋势。在信息化体系方面，“县有信息服务机构、乡有信息站、村有信息点”的格局基本形成。全国 100% 的省级农业部门设立了开展信息化工作的职能机构，97% 的地市级农业部门、80% 以上的县级农业部门设有信息化管理和服务机构，70% 以上的乡镇成立了信息服务站，乡村信息服务站点逾 100 万个，

---

① 农业部市场和经济信息司．关于加强农产品产地批发市场建设问题的调查报告［EB/OL］，2009 - 09 - 04/2013 - 08 - 28. http://www.moa.gov.cn/sjzz/scs/sclt/201106/t20110614_2029305.htm.

农村信息员超过70万人。①

（四）全国性流通网络基本形成

第一，如前文所述，交通基础设施建设发展迅速，特别是农村公路与硬化路建设。第二，“绿色通道”覆盖面增加。截至2009年底，我国共开辟全国性绿色通道37条，总里程达8.3万公里。其中，铁路绿色通道为30条，总里程约4万公里；公路绿色通道“五纵二横”网络总里程达到4.5万公里，基本贯通全国31个省（区、市），实现了省际互通，连通了全国29个省会城市、71个地市级城市，覆盖了全国所有具备一定规模的重要鲜活农产品生产基地和销售市场。而且2009年也提出从2010年12月1日起，全国所有收费公路（含收费的独立桥梁、隧道）全部纳入鲜活农产品运输“绿色通道”范围。第三，农产品期货市场也充分完善起来。2011年，我国农产品期货交易量达5.73亿手，占全部市场份额的54.33%，我国已经成为全球第二大农产品期货市场。② 2013年11月18日，粳稻期货正式在郑州商品交易所上市交易。至此，国内上市的农产品期货品种已有16个，占商品期货市场的一半。

（五）市场宏观调控能力进一步增强

为了保障农产品的安全、稳定、有效供给，国家通过建立和完善农产品流通政策体系，提高了市场宏观调控能力，而且调控手段越来越倾向于市场化，由对购销、计划的管制向对质量、市场秩序的监管转变，更多运用经济手段间接调控农产品市场。如不直接对价格进行行政指令限制，而是通过对重要农产品和农资建立储备制度以及最低价收购托市政策，吞吐调节粮食、棉花、肉类等产销，稳定或提高农户收入，防止供求不平衡造成的市场波动，促进农产品在时间上的供需平衡与市场稳定；对各种农产品和农资的流通补贴，逐渐从补贴流通主体转向直接补贴生产者，通过影

---

① 全国农业农村信息化发展“十二五”规划［EB/OL］，2013－09－16. http：//www. moa. gov. cn/ztzl/sewgh/.

② 郭凡礼，马遥，等. 2013—2017年中国农产品期货市场投资分析及前景预测报告（EB/OL），2013年修订版. http：//www. ocn. com. cn/reports/2009950nongchanpinqihuo. htm.

响生产者扩大生产，并进入流通领域的决策来有效增加产品供给；通过完善全国质量监测预警、市场准入等质量安全法律制度，加强质量安全监管，保障农产品质量安全水平；通过产销地批发市场和期货市场的建设、交通基础设施的完善和“绿色通道”网络的构建，形成全国性流通网络，提高农产品全国供应能力。

四、目前我国农产品流通体系建设中的问题

（一）市场主体发育不够完善

尽管全国供销合作系统的报告显示，我国农产品市场的经营主体进一步多元化，但代表农户利益的市场组织数量还比较少。前述提到的农民经纪人、农业产业化龙头企业、超市等流通环节的经营主体更多追求自身利润的增长，与农户形成的利益联结机制与风险分担机制还比较薄弱，而且分布不均、规模小、辐射与带动能力弱。而本应最代表农户利益的专业合作社有时部分或完全被龙头企业操控，未能真正强化农民谈判地位。

（二）市场流通环节仍然较多

农产品从田间地头到餐桌要经过农产品经纪人或运销商、批发市场、二级批发市场、农贸市场等 5～6 个环节。每个环节涉及人工费、加工费、存储费、摊位费、进场费和运输费等，而后层层加价，每个环节通常加价 10%～20%，最终导致消费者支付了较高的价格，而农民却无法从中获益，农产品市场呈现出“中间笑、两头叫”的局面。

（三）农产品流通环节损耗较大

基础设施建设仍不到位，特别是农村道路设施仍然比较落后。前文提到的农村通硬化路的建制村仅占 84%，而且承载力低，道路狭窄，坑洼较多，路况糟糕，缺少道路养护，增加运输困难。而且，有些大中城市要求“货车限行”，不利于农产品快速运输。此外，流通设施如保鲜储藏、冷链物流系统等因成本较高，普及率较低，尤其不利于鲜活农产品的流通。这造成我国农产品进入流通领域后损失严重，果蔬、肉类、水产品流通腐损率分别达到 30%、12%、15%，仅果蔬一类每年损失就达 1000 亿元以上。

（四）调控机制尚不完全

主要表现在农产品价格波动大，国家调控水平低，“谷贱伤农”与“米贵伤民”的问题未能很好解决；三大政策未能确实实现政策初衷，国有收储企业内部管理制度与外部监督机制存在漏洞，2013 年更是频繁曝出中储粮企业的系列贪腐案件；进出口调节机制不健全，政策从制定到落实存在较大时滞，而且未充分考虑国际因素，导致开放条件下国内市场调控政策与国际贸易政策的不协调，常有逆向调节现象；农产品流市场信息建设落后，信息服务“最后一公里”问题尚未得到有效解决，信息资源共享程度偏低，信息工作队伍服务能力还不能满足需要，广播、电视、电信、报刊等常规媒体传播农业信息的潜力尚未得到充分开发。

五、完善我国农产品流通体系的思路与政策展望

（一）促进市场主体发育，提高流通组织化程度

需要积极推进农产品流通主体的发展培育，在资金和政策上给予倾斜，提高组织型流通主体的规模与辐射带动能力，增加分散型流通主体的数量与分布率，强化生产主体与流通主体的利益联结与风险共担机制。同时，提高农户的组织参与程度，增强农户进入市场、获取市场信息、参与市场谈判和市场竞争的能力。

（二）减少市场流通环节，切实降低流通费用

仍要围绕“农超对接”流通模式，进一步丰富农产品直销渠道，发展“农餐对接”、“社区直送”、“订单生产”、“网上直销”、“周末市场”、“产销联盟”等多种方式，以减少流通环节。另外，尽量降低每个环节的成本，继续“绿色通道”网络建设，并打通农产品流通“最后一公里”，落实批发市场税费优惠减免政策，从而降低流通成本，缩小运销价差。

（三）加强基础设施建设，减少流通环节损耗

加快交通基础设施建设，加大水路、铁路、公路运输能力，同时要重视道路建设质量与道路养护工作，确保有路必护，重点加强农村道路设施

建设与养护，尤其是重点产区，注重提高运输效率。另外，要深化批发市场升级改造，完善现代化配套流通设施建设，普及保鲜储藏、冷链物流设施等，降低鲜活农产品腐损率。

（四）坚持市场化改革方向，完善市场调控机制

需要根据过往经验教训，总结制度改进方向，完善粮食储备制度、最低价收购制度与国有收储竞价拍卖制度。增强对国有收储企业的内部控制制度与外部监督机制建设，从纵向控制扩展横向监督，提高国有收储企业的合规合法水平，确实起到政策初衷的效果。加快政策调整落实过程，提高办事效率，同时做好市场信息体系建设，保证政策能及时、有效地解决问题。

第二节　农产品质量与安全监管

进入21世纪，中国已经告别了农产品短缺的时代，农产品供给开始趋向总量基本平衡、丰年有余。但同时农产品质量安全问题凸显出来，不仅引起社会各界极大震动，也使我国农产品在国际贸易中遭遇严重的绿色贸易壁垒。在此背景下，国家针对农产品供给的政策也由比较注重数量向更加注重质量、保证卫生和安全转变，从探索、发展到全面完善的三个阶段，不断加强农产品质量安全管理。

一、我国农产品质量与安全监管的历史沿革

（一）探索阶段（20世纪90年代后期至21世纪初）

20世纪90年代后期，中国农产品供给数量基本能够满足需求，已经基本达到了营养供给标准。这一阶段也对农产品流通提出了新的挑战，即加快实现由比较注重数量向更加注重质量、保证卫生和安全转变。[①] 在这

① 引自2002年国务院《关于加强新阶段“菜篮子”工作的通知》。

期间，国家通过了《食品卫生法》，为食品安全提供了法律上的依据。并组织实施“三绿工程”，推广绿色产品的生产销售。初步提出用标准化手段促进农产品质量、效益的提高，关注农产品质量标准和检测体系的建设。特别强调疫病防治和饲料监测体系的建设，要求加大行政执法力度，确保畜禽水产品的质量和卫生安全。

（二）发展阶段（2001—2008 年）

20 世纪末，国际食品安全事件引发了国内对食品安全的关注，而且中国农产品出口遭遇了很大的“技术性贸易壁垒”。在此期间，国家通过《中华人民共和国农产品质量安全法》，并颁布了《兽药管理条例》、《重大动物疫情应急条例》，发出《关于扶持家禽业发展的若干意见》、《关于促进畜牧业持续健康发展的意见》等，要求发展健康养殖业，加强农产品质量安全监管和市场服务，全面提高农产品质量安全水平。具体行动上，针对药物残留问题，农业部在 21 世纪初连续组织实施“无公害食品行动计划”，逐步在大中城市实行农产品市场准入制度，加快认证体系建设，杜绝有毒有害物超标的农产品流入市场，并在 2002 年提出具体实施目标。同年，国务院发布《关于加强新阶段“菜篮子”工作的通知》，提出了“两个转变”，让城乡居民真正、长期吃上“放心菜”、“放心肉”。此外，2006 年国务院办公厅公布《全国食品安全专项整治行动方案》，首次提出突出抓好农村食品安全。并在之后每年组织专项整治行动，整顿市场秩序。同年，农业部《全国农业和农村经济发展第十一个五年规划（2006—2010 年）》决定完善农业质量标准体系，推行良好农业规范（GAP）。

（三）全面完善的新阶段（2009 年至今）

2008 年，以三鹿企业为首，很多奶制品企业被查出向牛奶中添加化工原料三聚氰胺，从而揭开了中国奶制品的重大食品安全事件。次年“一号文件”将对农产品质量安全的要求提高到了“全程监控”的水平，着力扶持企业建设标准化奶站，确保奶源质量。2009 年，《中华人民共和国食品安全法》通过。法律规定，国务院设立食品安全委员会，国务院卫生行政部门承担食品安全综合协调职责。2010年“一号文件”直接将农产品质量安全与新一轮“菜篮子”工程相结合，提出推进菜篮子产品标准化生产，力图把质量安全落实到农产品生产流通的全过程中。同年，《国务院关于进一步促进蔬菜生产 保障市场供应和价格基本稳定的通知》提出，依法严禁使用高毒高残留农药，推广使用高效残留农药（含生物农药）。2011年“一号文件”继续狠抓“菜篮子”产品供给，要求强化食品质量安全监管综合协调，加强检验检测体系和追溯体系建设，开展质量安全风险评估。大力推广使用高效安全肥料、低毒低残留农药，严格规范使用食品和饲料添加剂。2013年则在提出建立重要农产品供给保障机制时，将提升食品安全水平作为五大措施之一。同年，国家发布《质量安全发展纲要》，提出到2015年，农产品和食品质量安全水平稳定提高。农业标准化生产普及率超过30%，主要农产品质量安全抽检合格率稳定在96%以上。之后出台了关于加强食品安全工作的决定，要求进一步健全食品安全监管体系、加大食品安全监管力度、落实食品生产经营单位的主体责任、加强食品安全监管能力和技术支撑体系建设等。同时整合各部门的食品安全监督职责，组建国家食品药品监督管理总局，对食品药品安全进行统一监督管理，实现无缝衔接。

二、我国农产品质量与安全监管的现状

（一）强化农产品质量安全法制建设

“十一五”以来，国家进一步完善农产品质量安全方面的立法，颁布实施了一系列相关法律法规，主要包括食品安全法、农产品质量安全法、农药等投入品法规条例的修正、农产品包装标识管理法、动物防疫法等，涵盖农产品生产加工包装消费过程的方方面面，基本使涉及农产品质量安全的各个环节都做到有法可依。

1. 颁布实施食品安全法

2009年6月1日，我国开始实施《中华人民共和国食品安全法》，该法成为我国食品安全方面的基本法律。与1995年的《食品卫生法》相比，该法在

食品安全监管原则、组织保障、涵盖范围和相关制度上均有所改进。坚持预防为主的原则，设立国务院食品安全委员会，监管链条向前推移、更为全面，重视源头管理，着重加强了对食品添加剂的监管，经过调整还将保健品纳入了监管。根据《食品安全法》，2010 年 2 月国务院食品安全委员会成立。

2. 颁布实施农产品质量安全法

2006 年 4 月，《中华人民共和国农产品质量安全法》通过，对农产品质量安全标准、监督检查、法律责任等做出法律上的界定。该法填补了过去《食品卫生法》和《产品质量法》只适用于经过加工、制作产品，未对种养殖业活动进行规定的空白，从农产品生产的产地环境，生产过程中各主体的职责和相关制度，农产品包装和标识，监督检查的主体、制度及运行机制，相关主体的法律责任等各个方面做了较为详细的规定。

3. 修订实施农药等投入品使用相关法规条例

2007 年 1 月，农业部发布 806 号公告，对投入品等物质的使用做出相关规定。违反规定的行为，将依照《农产品质量安全法》、《农药管理条例》、《兽药管理条例》、《饲料和饲料添加剂管理条例》等法律法规处理。2008 年 1 月新修订的《农药管理条例实施办法》开始实施。2012 年发布食品安全国家标准《食品中农药最大残留限量》（GB2763－2012），自 2013 年 3 月 1 日起实施。

4. 制定实施农产品包装标识管理法

为规范农产品生产经营行为，加强农产品包装和标识管理，建立健全农产品可追溯制度，保障农产品质量安全，农业部依据《中华人民共和国农产品质量安全法》制定了《农产品包装和标识管理办法》，并于 2006 年 11 月 1 日开始实施。

5. 分类制定、修订及实施农产品质量安全的相关法律法规

为规范畜牧产品的质量安全，2006 年 7 月 1 日开始实施的《中华人民共和国畜牧法》专门设立质量安全保障的相关章节。“十一五”期间，禽流感等重大动物疫病卷土重来，为此，新修订《中华人民共和国动物防疫法》，重点对免疫、检疫、疫情报告和处理等制度做了修改、补充和完善，并于2008年1月1日实施。针对2008年发生的三聚氰胺奶粉事件，2008年10月9日《乳品质量安全监督管理条例》公布实施。该条例对奶畜养殖生产过程做了详细规定，将确保乳品生产源头的农产品质量安全纳入保障乳品安全的重要环节。2010年3月，进一步在《鲜乳卫生标准》和《生鲜乳收购标准》的基础上，《生乳》国家标准公布，同年6月起实施。

（二）从源头控制农产品质量安全

1. 完善农业质量安全标准体系

“十二五”时期，国家以农兽药残留标准为重点，加快健全农业标准体系。以园艺产品、畜产品、水产品等为重点，推行统一的标准、操作规程和技术规范。集中创建一批园艺作物标准园、畜禽养殖标准化示范场和水产健康养殖示范场，加强国家级农业标准化整建制推进示范县（场）建设。加快发展无公害农产品、绿色食品、有机农产品和地理标志农产品。

2. 实施产地环境监控

“十一五”期间，产地安全制度建设取得了突破，国家颁布实施相关法律法规，使农产品产地环境监控有法可依。同时，各部门积极开展环境监测与管理，对重点区域、重点产品开展产地环境监控。2006年11月，农业部颁布实施《农产品产地安全管理办法》，对产地监测与评价、禁止生产区的划定与调整、产地保护、监督检查做了更详细的规定。

建立农产品产地环境监控体系的标志性文件是2007年5月发布的《国家食品药品安全“十一五”规划》（国办发〔2007〕24号），该规划勾勒出一个覆盖重点地区的农产品产地环境监测体系框架。2012年公布的《国家食品安全监管体系“十二五”规划》继续推进全国农产品产地安全状况调查和评价，加快食用农产品禁止生产区域划分工作，实施农产品产地环境安全分级管理。

3. 加强投入品管理

近年，国家通过修订完善投入品生产使用管理条例、开展放心农资下乡活动、进行全国农资打假专项治理行动等“红盾护农”措施来加强投入品管理。第一，修订完善投入品生产使用管理条例。2007年1月，农业部发布

806 号公告，对投入品等物质的使用做出相关规定。2008 年 1 月开始实施新修订的《农药管理条例实施办法》。2012 年 5 月施行新修订的《饲料和饲料添加剂管理条例》。2013 年 3 月 1 日起实施食品安全国家标准《食品中农药最大残留限量》。第二，开展放心农资下乡活动，进行全国农资打假专项治理行动。继 2005 年在天津、河北等各省 15 个县（市、区）开展“放心农资下乡进村”试点后，2006 年农业部组织在全国开展放心农资下乡活动，以后每年均组织开展该活动，做好放心农资下乡进村工作，从净化源头上抓质量安全。此外，2007 年 9 月，农业部发布《关于开展农业投入品专项治理行动、保障农产品质量安全的通知》（农办市〔2007〕27 号），该专项治理行动以农药、兽药、饲料和饲料添加剂为重点，保障农业投入品的安全。

4. 大力推进标准化生产及安全种养

“十一五”以来，国家通过大力推进农产品标准化生产，从源头上控制农产品质量安全，使农业加快向高产、优质、高效、生态、安全的方向发展，从数量和质量上保障农产品有效供给。《全国农业和农村经济发展第十一个五年规划》将农业标准化生产能力显著提升作为目标之一。2007 年 5 月发布的《国家食品药品安全“十一五”规划》提出，建立大宗鲜活农产品、优势农产品和出口农产品质量安全标准化示范体系和国家级农业标准化示范区。之后，除 2011 年外，所有的“中央一号”文件都有关于推进农业标准化生产及安全种养的内容。标准化生产及健康养殖范围基本覆盖所有农产品，如畜禽、畜牧水产、生猪奶牛、园艺作物等，在饲料管理、信贷与场地支持方面都有要求，从示范区（场）到示范县扩大标准化建设规模。为贯彻落实文件精神，农业部针对不同品种，制定发布相关政策文件，大力推进各种种类农产品标准化生产、农业标准示范园区建设和健康养殖。

（三）加强农产品质量安全市场监管

“十一五”以来，国家通过进一步完善农产品监管制度、加强基础设施建设、提高农产品质量安全体系装备水平、完善相关配套措施、开展各种农产品质量安全执法活动来进一步加强农产品质量监管。

1. 加强农产品质量检测、监测能力建设

“十一五”期间，国家加强了农产品质量监管基础设施建设，并在“十二五”期间继续完善。2007 年“一号文件”提出，启动实施《农产品质量安全检验检测体系建设规划》（2006—2010）。该规划详细规定部级及以下五个级别质检机构的建设思路等，确定农产品质量安全检验检测建设的功能布局，并提出 5 年发展目标。

2. 开展各项农产品质量安全执法活动

在农产品质量安全执法活动方面，除了继续实行 2001 年以来严格的例行检测活动外，国务院还连续开展全国食品安全专项整治活动，并在 2006 年首次提出抓好农村食品安全。2007 年，为贯彻落实国务院关于产品质量和食品安全专项整治工作，农业部发布《水产品药残专项整治行动方案》（农办渔〔2007〕66 号），并在 2009 年农业部出台了新的水产品质量安全监督抽查工作规定，制定了《产地水产品质量安全监督抽查工作暂行规定》。同年，农业部组织开展了农产品质量安全整治暨执法年活动。

（四）建设农产品品牌和完善质量安全认证制度

发展安全优质农产品、实施农业品牌化发展战略是提高农产品质量安全和市场竞争力、实现农业可持续发展的有效手段。“十一五”以来，国家大力实施农业品牌化战略，继续扩大无公害、绿色和有机食品等优质农产品的生产和供应，形成无公害农产品、绿色食品和有机农产品“三位一体”整体推进的工作局面。国家成立中国名牌农产品推进委员会负责组织领导中国名牌农产品评选认定工作，并相继颁布实施《中国名牌农产品管理办法》、《农产品地理标志管理办法》等。2006 年全国农业和农村经济发展第十一个五年规划规定，加强无公害农产品、绿色食品及有机食品开发。2011 年“十二五”规划则增加发展地理标志农产品，在此期间各年“一号文件”都有所体现。2007 年 10 月，为实施农业品牌化发展战略、规范中国名牌农产品的评选认定工作，农业部发布《中国名牌农产品管理办法》。该办法确立了名牌农产品评选认定的组织机构，农业部成立中国名牌农产品推进委员会，负责组织领导中国名牌农产品评选认定工作，并对评选认定工作进行监督管理；

对名牌农产品的申请、评选、认定、监督检察做了详细规定。2008 年 2 月，农业部发布实施《农产品地理标志管理办法》，规范农产品地理标志的使用，保证地理标志农产品的品质和特色，提升农产品市场竞争力。

（五）探索实施农产品质量全程监控

农产品质量全程监控的提出将农产品质量安全工作提高到了一个新的高度。2008 年十七届三中全会对农产品质量全程监控提出了要求：切实落实农产品生产、收购、储运、加工、销售各环节的质量安全监管责任，杜绝不合格产品进入市场。经过连续 5 年的发展，探索形成监管体制的无缝衔接、监测体系的全面覆盖，特别重视粮食质量安全，促进批发市场升级改造，以实现农产品质量全程监控。

1. 建立无缝衔接的监管体制

监管是保障食品安全的关键所在。在国务院机构改革之前，我国食品安全监管机制主要是多部门合作，即俗称“九龙治水”，但治理效果并不理想，出现“人人都管事、事事无人管”的监管盲区。2013 年，为整合监管主体，减少监管环节，分清监管职责，按照《国务院机构改革和职能转变方案》，将食品安全办的职责、食品药品监管局的职责、质检总局的生产环节食品安全监督管理职责、工商总局的流通环节食品安全监督管理职责整合，组建国家食品药品监督管理总局。国家食品药品监督管理总局承担生产、流通、消费环节的食品安全统一监管职责，同时督促地方改革完善食药监督管理体制，确保食药监管工作上下联动、协同推进，从而实现监管机制的无缝衔接。此外，农业部继续负责农产品种植养殖，卫生部负责食品安全标准和风险评估。

2. 扩大农产品质量安全例行监测范围

2007 年 5 月发布的《国家食品药品安全“十一五”规划》（国办发〔2007〕24 号）要求，完善市场例行监测制度，在大中城市批发市场、大型农贸市场和连锁超市建立鲜活农产品质量监测监控点。2010 年中央“一号文件”规定，扩大农产品和食品例行监测范围，逐步清理并降低强制性检验检疫费用。例如，2013 年第二季度有关部门进行了农产品质量安全例行监测，共监测了 31 个省（区、市）153 个大中城市的蔬菜（含食用菌)、水果、茶叶、畜禽产品和水产品五大类产品80个品种87个参数，抽检样品9658个。2012年公布《质量安全发展纲要》，要求主要农产品质量安全抽检合格率稳定在96%以上。

3. 探索建立农产品质量可追溯制度

2004年，农业部启动了8个城市的农产品质量安全监管系统试点工作，在重点区域把质量安全可追溯作为实施农业标准化的重要考核内容，全面推进质量安全追溯管理。2007年中央“一号文件”则提出，建立农产品质量可追溯制度。2009年提出进一步探索更有效的食品安全监管体制，实行严格的食品质量安全追溯制度、召回制度、市场准入和退出制度。2008年7月，农业部启动农垦农产品质量追溯系统建设项目。农业部农垦局与15个省级主管部门及23家企业签订了“农垦农产品质量追溯系统建设项目”合同。2011年，有关部门开始倡导电子追溯的监管方式。《国家食品安全监管体系“十二五”规划》提出，按照循序渐进原则，先行在婴幼儿配方乳粉和原料乳粉、肉类、蔬菜、酒类产品、保健食品等方面实现电子追溯，并逐步拓展到其他重点食品品种。

4. 加强粮食质量安全建设

粮食质量安全不仅关系到国民口粮食品安全，还关系到饲料、食品添加剂等粮食加工品的质量安全。2007年5月发布的《国家食品药品安全“十一五”规划》提出，建立原粮污染监控制度，开展原粮质量安全和卫生监测，建设粮食质量安全和原粮卫生监测网络。2012年国家粮食局全面贯彻落实《国务院关于加强食品安全工作的决定》，进一步健全粮食质量安全监管体制机制、加大粮食质量安全监管力度、落实粮食经营者的主体责任、加强粮食质量安全监管能力建设等。2012年，国家发展改革委、国家粮食局会同有关部门在调查研究基础上，起草了粮食法征求意见稿，这将是我国首部粮食法。2013年，国家粮食局提出，用5年时间打造全国“粮安”工程，保障粮油安全。《国家粮食局关于做好2013年粮食质量安全重点工作的通知》提出，完善监管机制，落实属地管理责任，并实施粮食质量安全监管队伍装备标准化建设和检验检测体系建设，做好粮食质量安全监测与抽检。

5. 促进农产品批发市场升级改造

农产品批发市场升级改造不只限于基础设施的完善，更关注质量安全监管的配套物流功能。2005 年 4 月，商务部、农业部、国家税务总局、国家标准委联合下发了《关于开展农产品批发市场标准化工作的通知》（商建发〔2005〕30 号），决定在全国范围内开展农产品批发市场标准化工作。2006 年“一号文件”中规定，加强农村现代流通体系建设。积极推进农产品批发市场升级改造，促进入市农产品质量等级化、包装规格化。为贯彻落实“一号文件”精神，2006 年 2 月商务部发布关于实施“双百市场工程”的通知（商建发〔2006〕42 号）。为保证“双百市场工程”农贸市场项目建设质量，做好项目验收工作，商务部组织制订了农贸市场建设标准和验收规范。同年，农业部组织实施了农产品批发市场“升级拓展 5520 工程”，即在 5 年内通过多方筹资重点扶持建设 500 个农产品批发市场，推进设施改造升级和业务功能拓展 20 项工作。

三、我国农产品质量与安全监管的绩效

经过不懈努力，我国农产品质量安全水平稳步提升，主要农产品监测合格率稳定在 96% 以上。同时，农产品质量监管水平进一步提升，农业标准化、规模化生产成效显著，农产品认证工作初见成效。可以说，我国农产品总体上质量安全，消费有保障。①

（一）农产品质量安全水平稳步提升

“十一五”期间，尽管食品安全事件时有发生，但是农产品质量安全水平总体上还是高于“十五”。分品种来看，蔬菜产品质量安全总体合格率持续上升，畜产品质量安全总体合格率保持较高水平。但水产品质量安全水平波动较大，尤其是 2008 年下降 3.9 个百分点，但后期趋稳。“十二五”期间农产品质量安全水平比较稳定。2013 年 4—6 月，最近一次全国农产品质量安全例行监测结果显示，蔬菜、水果、茶叶、畜禽产品和水产品样品监测合

---

① 我国农产品质量安全监管工作取得积极成效［EB/OL］, 2013 - 06 - 20/2013 - 09 - 27. http：//www. gov. cn/gzdt/2013 - 06/20/content_ 2430461. htm.

格率分别为96.7%、93.8%、99.0%、99.8%和93.9%。[①] 2014年上半年两次监测合格率平均，蔬菜、水果、茶叶、畜禽产品和水产品样品合格率分别为95.9%、95.6%、99.0%、99.7%和94.2%。（详见图9-1）

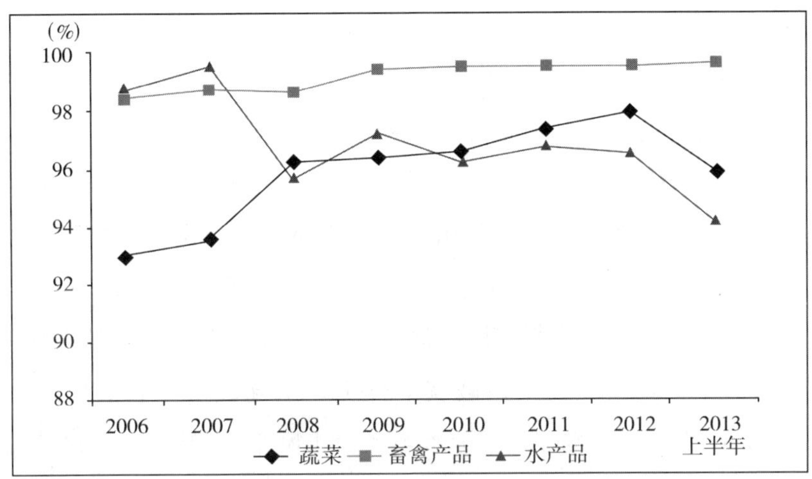

图9-1 全国蔬菜、畜禽产品和水产品的质量监测合格率变化

资料来源：根据历年农产品质量安全例行监测信息整理。

（二）农产品质量监管能力进一步提升

各级农业部门在监管长效机制建设等方面开展了一系列卓有成效的工作。一是抓紧完善修订《农药管理条例》和《饲料及饲料添加剂管理条例》等有关法规，使农产品质量安全监管工作有法可依；制定《生鲜乳收购站标准化管理技术规范》、《产地水产品质量安全监督抽查工作暂行规定》和《无公害农产品质量安全风险管理规范》等规范性文件，使农产品质量安全监管工作有章可循。二是监管机构逐步强化。目前全国所有的省级农业厅局、63%的地市、48%的区县和94%的乡镇建立了农产品质量安全监管机构。农业系统质检人员达到2.72万人。[②] 三是完善例行监测制

① 共监测了31个省（区、市）153个大中城市的蔬菜（含食用菌）、水果、茶叶、畜禽产品和水产品5大类产品80个品种87个参数，抽检样品9658个。

② 我国农产品质量安全监管工作取得积极成效［EB/OL］，2013-06-20/2013-09-27. http：//www.gov.cn/gzdt/2013-06/20/content_2430461.htm.

度。目前监测范围覆盖31个省（区、市）的144个主要大中城市，初步建立了进出口食品、食用农产品及饲料安全风险监控体系。[①] 四是加强质检体系建设。通过实施农产品质量安全检验检测体系建设规划，投资建设了国家（部）、省、市、县四级农业质检机构2273家，一个以部级中心为龙头、省级中心为骨干、地市级质检中心为支撑、县级质检站为基础、乡镇监测点为延伸的农产品质量安全检验检测体系已基本形成。五是执法能力大幅提升。2001—2012年全国立案查处假劣农资案件52.4万件，查获各类假劣农资435.4万吨，捣毁制假窝点22394个，为农民挽回直接经济损失148亿元。开展了“瘦肉精”专项整治，狠抓“瘦肉精”制售源头，实施全链条监管，建立了9部门协调机制、涉案线索移送和案件督办工作机制，实施了清查收缴行动，破获案件120余起，端掉非法生产“瘦肉精”黑窝点28个，基本摧毁了地下生产销售网络，判决了98名违法犯罪分子，取得突出成效。[②]

（三）农业标准化、规模化生产成效显著

近几年来，在中央生猪、奶牛标准化规模养殖等扶持政策的推动下，各地标准化规模养殖加快发展，生猪和蛋鸡规模化比重分别达60%和76.9%，已成为畜产品市场有效供给的重要来源。[③] 我国已累计发布绿色食品标准152项，形成了产地环境、生产过程、产品质量和包装贮运全程控制的标准体系。[④]

标准制修订工作得到全面加强，标准范围拓展到农产品生产全过程。截至目前，共制定发布农业国家、行业标准7656项，农兽药残留限量达

---

① 国务院办公厅关于印发国家食品安全监管体系“十二五”规划的通知［EB/OL］，2012-07-21/2013-09-27. http：//www.gov.cn/zwgk/2012-07/21/content_2188309.htm.

② 我国农产品质量安全监管工作取得积极成效［EB/OL］，2013-06-20/2013-09-27. http：//www.gov.cn/gzdt/2013-06/20/content_2430461.htm.

③ 《农业部关于加快推进畜禽标准化规模养殖的意见》（农牧发〔2010〕6号），于2010年3月29日发布。

④ 2010年6月22日农民日报《我国已发布152项绿色食品标准》中对中国绿色食品发展中心主任王运浩的访谈。

2800多个，检测方法900多项。标准推广示范力度加大，创建农业标准化示范县（场）591个，规划建设“三园两场”（标准果茶菜园、畜禽标准化规模化养殖场、水产健康养殖示范场）7288个。产品标准化生产水平明显提高，实施标准化生产的“三品一标”（无公害农产品、绿色食品、有机农产品、农产品地理标志产品）产地面积近9.5亿亩，约占全国耕地面积的49%，绿色食品原料标准生产基地573个，产品合格率保持在98%以上。安全优质农产品总量规模稳步增长，质量安全稳定可靠，品牌影响不断增强，深受广大消费者认可。截至目前，产品达9万余个，产品总量占全国食用农产品商品总量的40%以上。[①]

（四）农产品认证工作初见成效

截至2012年底，全国有效无公害农产品产地达到76686个，其中种植业产地面积约占全国耕地面积的49%；有效无公害农产品达74529个，总量2.8亿吨，约占食用农产品商品总量的35%；累计公告颁证农产品地理标志1047个。无公害农产品连续5年抽检合格率高于98%，农产品地理标志连续4年抽检合格率为100%。无公害种植业产品平均生产规模超过300公顷，贴标无公害农产品比一般农产品价格普遍提高5%～10%，半数以上地理标志农产品价格高于当地普通农产品20%以上，近1/3的登记主体带动农户平均年收入增长达20%。[②]有效使用绿色食品标志企业总数6862家，产品总数17125个，抽检合格率达到99.6%。[③]

四、目前我国农产品质量与安全监管中的问题

尽管我国农产品质量安全监管水平大幅提高，但近年仍相继爆发重大食品安全或农产品质量安全事件。一方面，我国正处于发展转型时期，也

① 我国农产品质量安全监管工作取得积极成效［EB/OL］，2013－06－20/2013－09－27. http：//www. gov. cn/gzdt/2013－06/20/content_ 2430461. htm.

② 截至2012年底我国有效无公害农产品产地达76686个［EB/OL］，2013－03－29/2013－09－27. http：//www. gov. cn/gzdt/2013－03/29/content_ 2365632. htm.

③ “三品一标”将率先实行质量安全全国追溯［EB/OL］，2013－04－02/2013－09－27. http：//sannong. cntv. cn/20130402/102029. shtml.

处于从保障农产品数量供给转向保障农产品有效、安全、高质量供给的进程中。根据国际经验，这一阶段往往是农产品质量安全问题多发阶段。另一方面，我国监管体制机制尚不健全，监管能力较为薄弱，法规和标准体系有待完善，风险监测评估和科技支撑能力仍需提高，食品安全宣传教育亟待加强。

（一）产业层次与从业人员素质低，安全宣传教育亟待加强

我国是农产品消费大国，但是农业生产仍然依靠2亿多分散的小规模农产品种植户和养殖户。以生猪养殖为例，美国养猪户数为7万，而我国有6700万。食品产业层次也相对较低，生产经营者规模小、数量多、分布散，监管难度大、成本高。同时，与其他行业相比，农业从业人员素质相对较低。据统计，我国从事农产品生产的3.4亿农民中，文盲和小学文化程度者约占40%；农产品加工行业中，进城务工人员占大多数，其中85%以上受教育水平较低。农业和食品生产经营者缺乏法律意识和专业技能，责任意识淡薄，主体责任没落实，甚至不讲诚信、见利忘义、违法犯罪，给农产品质量安全带来巨大挑战。同时，食品安全培训体系尚不健全，培训机构和师资较少，培训内容缺乏针对性，对各级监管执法人员的专业培训普遍不足。公众食品安全意识和食品安全基础知识水平仍需提高，食品安全科普宣传力度亟待加大。

（二）监管体制有缺陷，无缝衔接仍需细化

我国食品安全监管体制以分段监管为主、品种监管为辅，监管环节较多，在实践中还存在监管职能不清、责任不明等问题。综合协调机制仍待完善，一些地方还没有建立综合协调机制、明确办事机构；各监管环节衔接不够紧密，监管力量分散，缺乏信息、资源共享机制，监管效率较低。一些地方政府监管责任制及责任追究制不完善，监管责任落实不到位。尽管已组建食品药品监管总局对生产、流通、消费环节的食品安全进行统一监管，但具体效果如何，还要看各级政府和监管部门的协调联动效果、地方监管机构配套改革和内部机构关系理顺结果。

（三）监管能力不足，风险监测评估和科技支撑能力仍需提高

一方面，我国食品安全风险监测、评估工作起步较晚，风险监测体系有待进一步完善，监测网点数量、监测范围、监测技术机构数量和能力等与实际需要仍有较大差距。食品安全风险评估能力仍然薄弱，专业技术人员缺乏，系统性风险防范能力有待加强。对食品安全规律的系统性研究不够深入，食品安全管理理论与方法、检验检测技术与设备、过程控制技术等领域的研究相对不足，科研成果应用前安全性评估不够，基础数据缺乏，食品安全隐患识别能力不强。另一方面，各级食品监管部门尤其是基层单位，监管人力短缺，执法装备匮乏，一线执法快速检测能力较低，导致安全隐患难以及时发现。

（四）执法问责不严，法规和标准体系有待完善

食品安全法配套法律规章还不健全，相关法律法规之间衔接不畅。对食品安全违法犯罪行为的惩处力度不够，违法犯罪成本过低。在法不足畏、法网有疏的情况下，一些人往往会铤而走险、知法犯法。如对农产品质量安全违法企业的经济处罚，2011 年之前上限为“货值金额的十倍以下”或“十万元以下”罚款。同时，地方性法规制定滞后，大部分地区尚未制定针对食品生产加工小作坊、食品摊贩的管理办法。统一的食品安全标准体系尚未完全形成，部分食品卫生标准、质量标准、食用农产品质量安全标准以及行业标准存在缺失、滞后、重复以及相互矛盾的问题，食品安全标准整合及制修订任务繁重，相关投入尚不能满足实际工作需要。

五、完善我国农产品质量与安全监管的思路及政策展望

《全国农业和农村经济发展第十二个五年规划》对农产品质量安全提出了具体目标要求：“农产品质量安全水平稳步提升，农产品质量安全例行监测总体合格率达到 96% 以上。”为了实现这一目标，必须加强农产品质量安全监管体系建设。

（一）建立农产品质量安全全程监管体系

强化源头、产中、产后全程监管，健全国家、省、市（地）、县（场）

四级投入品和农产品质量安全监管体系。细化无缝衔接监管体系，尤其对地方食品监管要加强配套改革，保证纵向协调，同时横向发展部门合作，明确职责，实现横向联结。完善投入品登记、生产、经营、使用和市场监督等管理制度，完善农产品质量安全风险评估、产地准出、市场准入、质量追溯、退市销毁等监管制度，健全检验检测体系。

（二）加大执法监察力度，强化监管能力

继续完善农产品质量安全有关法规标准建设，确保有法可依、有据可循。同时，加强安全监管执法队伍的装备建设，重点增加现场快速检测和调查取证等设备的配备，提高监管执法能力。建立协调配合、检打联动、联防联控和应急处置机制。确保执法监督措施到位，强化农产品产地环境监管，实行农产品产地安全分级管理。

（三）实施农产品质量安全检验监测能力建设工程

完善各级质检机构检验监测仪器设备，建设部级水产品质量安全研究中心，补充建设一批部级专业质检中心，全方位建设地（市）级综合质检中心和县（场）级综合质检站；构建全国农产品质量安全监测信息预警平台。

（四）强化农业企业社会责任

继续加强企业诚信示范建设，推动农产品生产、加工和流通企业建立诚信制度，定期面向全社会发布企业社会责任报告、披露有关企业社会责任的信息，接受全社会监督。

（五）普及质量安全知识，发动群众媒体监督

针对农业生产者与经营者质量安全认识较薄弱、法律意识淡薄的情况，应大力普及农产品质量安全卫生知识与法律知识，提高经营者法律道德素质。同时，要提高舆论宣传监督力度，各地可酌情设立有奖举报制度，合理利用网络、媒体、社会大众增加对质量安全事件的曝光率。

第三节 农村消费品市场体系建设

改革开放以来，我国农村商品流通产业无论在规模、速度还是经济效益及社会贡献等方面都出现了较好的发展态势，农村居民消费水平不断提高，消费结构不断改善，成为拉动内需、促进经济增长的一个重要因素。但随着农村流通结构调整的深度和广度不断加大，从所有制结构、行业结构、业态结构到组织结构、网点结构都经历了翻天覆地的变化，在“去组织化”的过程中，传统的国有垄断和高度集权的体制机制已不复存在，但这一进程中微观上以资本追求利润最大化的改革又引发了新的问题。流通网络现代化程度低、流通成本高、流通渠道混乱，特别是部分农村流通主体还存在盲目布点、盲目扩张的情况，流通网络布局缺乏规划依据，存在较大的主观随意性，流通网络结构不合理，网络经营效率比较低，造成农村流通成本较高、农村消费环境不佳等问题，制约着农民消费水平的提升。

一、我国农村消费品市场发展的现状及问题

（一）农村消费品市场的现状

近年来，我国大力推进农村现代流通网络建设，并将其纳入新农村建设的重要内容。目前，多形式、多渠道的农村商品流通网络体系初步建立。私营企业、个体工商户、农产品经纪人数量庞大，供销合作社流通渠道优势明显，部分大中型流通企业开始向三线、四线城市渠道下沉，少数外资企业通过投资、参股等方式开始进入农村流通市场，从网点数量、零售额、市场占有率看，农村流通市场基本上形成多种流通渠道相互竞争、共同发展的局面。但是由粮食、物资、供销、邮政等演变而来的协会、企业、科研院所等仍然没有得到有效的整合，各个部门、各种所有制、各种形式的流通组织数量众多。据商务部估计，2012 年连锁化农家店将达 52 万家，覆盖全国 80% 的乡镇和 65% 的行政村；而农业系统的基层农技、畜牧、水产、农机、经管

等约近 20 万个组织；林业系统的基层林技推广、种苗、林产品购销等服务组织达 3. 8 万多个；水利系统的设计施工、物资供应等服务组织达 4. 8 万个；供销合作社系统的数据则显示其拥有 100 多万个农村商品流通网点，其中县及县以下达到 61 万个；邮政系统则称其拥有大约 24 万个为农服务网点；另外，有近 12 万家的农业产业化龙头企业、约 4500 个农产品批发市场、2. 5 万个农贸市场和将近 2 万家第三方物流商。

我国农村地广人稀，共有 2856 个县、33981 个乡镇、68. 3 万个行政村，大约 2. 2 亿户。农村商品流通网络是农村市场体系的重要组成部分，对农村经济社会发展具有重要的作用和影响。新中国成立以来我国农村消费品流通体制改革经历了疾风骤雨式过程，在短短 60 多年时间内先后经历自由购销体制、计划经济时期的统购统销体制、改革开放初期的农村消费品流通统购统销体制的放开、计划商品经济向市场经济转变阶段的农村消费品流通市场经济体制的过渡以及完善农村消费品流通的市场体系五次大的变革。而西方发达国家从以 1852 年百货商店的诞生为标志的第一次零售革命，到如今 160 年时间，一共才爆发八次渠道革命，平均周期大约为 20 年。但是中国的渠道变革却很特殊，1990 年成立第一家百货商店，一直到 20 世纪 90 年代末期没有发生大的变化。然而到 90 年代末期和 21 世纪初期却爆发了西方国家 160 年时间才爆发一次的综合性渠道革命。西方国家 160 年左右时间出现的东西，我国十来年全部出现了。既有传统的店铺销售，也有市场上依赖于批发市场，也有零售终端开始拉动，或者连锁体系开始拉动，当然也有与信息网络密切结合的电子商务渠道。因此，旧的农村流通体系已经完全打破，新的现代化流通体系尚未建立，正因为此，农村消费品市场依然存在较多的问题。

（二）农村消费品市场的主要问题

1. 农村日用消费品进货渠道环节多、不规范，产品质量识别困难制约农村日用消费品市场规范化进程

目前，农村商贸流通企业进货渠道主要是批发商和区域代理商，这增加了进货成本；农村日用消费品的进货渠道不规范，使得农村成为假烟、

假酒、私盐、假冒洗涤用品以及走私的二手家电、服装等商品的主要销售区。同时农村消费者识别真伪的能力低于城市消费者，再加上制假者的窝点多半设在农村，使得农村日用消费品无法溯源，农村消费者权益受损严重。据调研，局部地区假冒伪劣商品在农村市场约占20%甚至更高。这些问题的存在导致农村日用消费品市场规范化进程由快转慢。

2. 高税费、高租费增加了农村日用消费品市场规范化进程的成本

根据我国农产品经营的有关规定，目前农贸市场的农产品经营户只需交纳定额税，农民或农民专业合作社自产自销不需交增值税和营业税，而连锁超市经营农产品却要按规定交纳增值税和营业税，税收负担要比农贸市场高得多。虽然连锁超市购进农产品可以抵扣13%的进项增值税，但目前执行起来困难重重。其原因一是农户或合作社往往无法开具足额增值税专用发票。二是连锁企业大多是跨区经营，但我国目前还存在地区分割，全国没有统一的农产品收购发票，各地自行制定发票，无法实现跨区抵扣。三是根据税务部门现有的规定，超市公司可凭农民和农民合作社自产自销证明，开具收购发票抵扣增值税进项，但实际上有些农产品经纪人不具备自产自销条件，根本无法抵扣。这就增加了连锁超市的税收负担，影响其开展“农超对接”的积极性。因此，税收负担的高低直接影响着连锁超市经营农产品的成本，重税负不仅使超市公司农产品的销售价格难以降低，而且直接影响连锁超市农产品经营的竞争力。再就是农村连锁超市承担的各种费用达20种之多，涉及收费的相关部门都比照城区连锁店的标准和要求收取费用，缴纳费用451元，农家店因销售额提高而增加的利润相当一部分用于缴纳各种费用。连锁超市的另一个重要成本是房租，一般连锁超市在农村及乡镇都是通过租赁获得经营用房，近几年房租大幅提高，这也阻碍了农村消费品市场规范化进程。

3. 农村日用品消费市场支撑配套体系不健全，制约日用消费品市场规范化进程

由于我国城乡二元结构的长期存在，农村的市场化进程起步较晚，进入21世纪随着农民收入的大幅提高，农村消费品市场开始快速发育，农村消费潜能大量释放。但与此同时农村市场发展的薄弱环节也凸显，支撑现代市场发展的物流体系、售后服务、信息对接等市场服务机制、支撑体系尚不完备，影响了农村消费品市场的健康发展。

4. 农村基础设施薄弱制约日用消费品市场规范化进程

农民对改善型消费需求，如对洗衣机、空调、电脑等家用电器的需求逐步增加，而这类商品对基础设施的要求较高。调查中发现，不少农民不愿购置家电的原因是由于农村基础设施建设滞后，导致一些家电买回后无法使用。例如电脑的联网服务，由于农村电信网络建设滞后，不少农村地区网速较慢、上网费用高、安装不便利，限制了消费需求。水电管网的不完善使很多农村用户不能正常使用冰箱、洗衣机等家用电器，影响了农民购买家电的积极性。

5. 农村消费信用制度发展滞后制约日用消费品市场规范化进程

就目前我国农村的消费特征来看，近年来农村消费信贷虽有不断增长的态势，但总体滞后于农民消费需求的增长。如果没有消费信贷体系的支持，在现阶段要进一步扩大农村消费需求是难以实现的。这就要求消费模式向信用支持模式过渡。但是目前，我国农村金融资源供给与需求严重不平衡，农业银行的经营方向着重在城市，邮政储蓄在农村只存不贷，其他的商业银行基本上没有在农村开展消费信贷业务，农村信用社成为办理农村消费信贷的主要机构。但农村信用社资金实力有限，并在很大程度上担负着支持农业生产的任务。目前发放的消费贷款主要是农民自建房贷款和助学贷款，而且这类贷款的准入条件相当高，金额偏小，期限过短，对其他类消费贷款尚未形成系统的管理和操作办法。消费信贷的缺失，使得农民的流动性约束难以消除，这无疑是制约扩大消费的重要因素。

（三）制约我国流通业持续、健康发展的主要因素

1. 重视程度不够，管理体制不顺

长期以来，受历史、文化等因素的制约和影响，我国“重生产、轻流通”的思想根深蒂固，流通业长期得不到应有的重视。一方面，由于流通行业平均利润率仅为1%左右，低于国际2.5%的平均水平，也低于其他行

业利润率，在“求速度、讲政绩”的影响下，流通业长期得不到重视；另一方面，由于流通业一直是国民经济的末梢产业，很多政府官员认为流通业应该是充分竞争的行业，政府没必要投入太多精力，从而极大地抑制了流通业的规范、有序发展。目前我国的行业管理体制与现代流通业发展还不适应。工商、规划、商务、发改、财政、税务等部门对流通业进行多头管理，行业管理职能分散，政出多门、部门分割时有发生，大部制改革亟待进一步深化。

在重要商品产量和价格波动异常的时候，政府缺乏有效的调节手段，只能采取临时性的补救措施。公益性设施特别是物流设施少，政府投入不足，政府调控失去了一个重要抓手。目前，除了政府的商品储备粮库，其他商品流通设施基本上都丧失了公益性质，一些政府投资或资助的流通设施也实行完全的商业化运营。国家出台的促进农村商品流通的政策措施不少，但由于没有明确的实施细则，以及地方利益平衡问题没有根本解决，政策执行大打折扣。

2. 政策法规不完善

与其他行业政策措施相比，流通业发展的政策法律尚不完善，还没有形成有机、系统的政策体系。虽然国家近几年先后出台了《行政许可法》、《反垄断法》、《商业特许连锁经营管理条例》等一系列与流通领域相关的政策法律，但总体而言流通业立法相对落后。此外，政策之间的协调、配合还亟待加强。据资料显示，流通企业税收种类 12 种，行政事业性收费 19 项。此外，各种银行卡刷卡费、用水用电费、过路过桥费等负担较重，土地使用、税费等优惠政策尚未完全落实。

3. 地方利益保护

一方面，国家虽然对跨区域经营的统一核算的连锁企业统一申报缴纳增值税和企业所得税有明确规定，但由于税源利益分配、地方利益保护等，各地执行不到位；另一方面，不少地方政府片面地重视外资、外商，实行非国民待遇，不仅在税收上内外不一样，而且在选择地段、土地出让价格上也给予特殊优惠，甚至个别地方提出对世界著名零售业实行十年免租的待遇，把内外资零售业置于完全不平等的地位。

4. 人才缺，融资难

一方面，从事农村流通业的专业人才极度缺乏。零售业、餐饮业、门店店长、专职采购、营销策划等高素质复合型人才严重不足，许多企业招聘难，甚至有的流通企业高管岗位缺编率达到15%以上；另一方面，流通企业大多是小微企业，资金来源渠道较窄，经营资金基本靠自有资金、经营薄利、亲属借款、地下钱庄、高息贷款等渠道获得，造成流通企业，特别是小微企业融资风险较大。

二、进一步促进农村消费品市场发展的思路与建议

（一）主要思路

随着我国经济的快速发展，人均GDP和农村居民人均纯收入有了明显增长，恩格尔系数总体上降低。目前，我国人均GDP已突破3000美元大关，2012年人均GDP为人民币38449元，约合6200美元，接近中等发达国家水平，农村居民人均纯收入7917元，比上年名义增长13.5%；农村居民恩格尔系数2012年为39.3%，比2000年降低了近10个百分点。在这种情况下，农村的消费能力提高、消费结构变化、消费层次提升，进而对农村商品流通提出了新的要求，表现在消费环境的舒适化、产品的多样化、质量的适中化、价格的合理化、购物的方便化和服务的综合化。这必然要求流通方式、渠道、业态、设施、管理、服务都必须与此相适应。

我国农村消费品市场应该以国有资本参股控股的股份制大型流通商业为主导，民营商业为主体，引进外资商业做示范，保持个体、小型商业为补充。在具有市场导向作用的大型流通企业中，必须保证国有资本的适量存在。这不仅涉及市场的稳定和繁荣，而且涉及新兴工业化道路的有序推进和国家的经济安全。供销合作社一直在农村商品流通中发挥着重要作用，2012年销售额占到县及县以下社会消费品零售总额的12%。因此，发挥供销合作社在农村商品流通中的主导作用，有利于市场的稳定和繁荣，

有利于新型城镇化道路的有序推进和国家的经济安全。广大中小流通企业和农民专业合作社更适应农村商品流通点多、面广、变化大的特点，所以应将其作为商业体系的主体和基础。引进外资只是为起到示范性、引导性的作用，绝不能由其占据主体性、支柱性、主导性的市场地位。另外，我国人均收入水平低下、收入分配不平衡、东西部和城乡差距较大、低收入群体庞大的国情决定了个体商贩、集市、小商品市场必须长期存在。现阶段就采取“取代”、“限制”、“改造”等过激政策是错误的，它们的市场补充作用还需要进一步挖掘。因此，在四化同步尤其是城镇化快速推进的过程中需要加大农村商品流通网络的整合力度，形成以供销合作社为主要渠道，中小流通企业、农民专业合作社为主体，引进外资商业做示范，保持个体户、农家店为补充的农村商品流通网络。以供销合作社为主的多元化组织建构既能发挥统一主体的综合协调作用，又可发挥多元组织主体的广泛性；既能及时掌握情况和反馈信息，又能有效实现各种农村流通组织主体间的互补。民营商业资本比国有商业资本更适应商品流通点多、面广、变化大的特点，所以应将其作为商业体系的主体和基础。农村零售商业业态结构应当以百货店为主导、以各种超市为主体、以专业店和专营店群为辅助，有条件的地区适当地发展购物中心，许多地区特别是欠发达地区则应长期保留夫妻店、小商贩、小生产商等传统形式。

（二）政策建议

应充分认识农村商品流通的重要作用，在完善法律法规的基础上，理顺各方之间的关系，加大投入力度，科学规划网络布局，大力发展新型流通业态，积极引入现代流通方式，规范市场秩序，建立“布局合理、规范有序、高效畅通、管理科学”的现代农村商品流通新体系。

1. 充分发挥市场调节的基础作用，完善政府调控机制

鼓励各种市场主体充分发育，发挥市场自组织作用，建立健全中小微型流通企业的扶持机制。研究界定农村商品流通的经营性和公益性，明确宏观调控的范围尺度，不断完善宏观调控的组织工具和经济手段，通过透明的、规范的市场准入管理方式，规范市场秩序。

2. 加大各种政策协调整合力度，充分发挥政策组合效应

从整体上理顺和协调农村商品流通链条各环节主体的利益关系出发，清理整顿并制定法律法规，制定统一的农村商品流通规划。整合财税、金融、土地等政策，出台相互配套、紧密衔接的农村商品流通的法规、规划、政策、标准规范，充分发挥政策组合的系统效应。

3. 建立专项基金制度，向农村流通的关键节点和薄弱环节倾斜

变“撒胡椒面”的扶持方式向重点区域、重点市场、物流设施、检测检疫、质量追溯、信息化等流通链条关键节点倾斜转变。对于东中西部，尤其是东北、西北、东部沿海等差异较大的地区实施不同的政策，同时，加大对网络薄弱县、空白县的扶持力度，鼓励农民专业合作社的联合合作，提高市场主体的组织化程度，实现重点突出、均衡发展的流通格局。

4. 积极扶持推进一网多用，提升流通网络的综合服务功能

积极引导，加大扶持，因地制宜，“一网多用”，综合经营，努力把“农家店”构建成集日用消费品销售、农资品经营、科技信息服务、农产品收购营销、文体健身于一体的综合服务中心。充分发挥各个产业网络优势，形成相互融合、相互促进、一网多用、双向流通的物流网络体系。通过物流平台实现农资、农产品、日用消费品、再生资源网络的融合，特别是扶持大型物流园和第三方物流配送中心，可实现不同产品的物流配送、季节平衡和双向流通。通过支持电子商务信息网络的渗透而实现农资、农产品、日用消费品、再生资源网络的融合，实现一网多用，相互促进。

5. 推进财税金融扶持政策的改革，创新农村流通金融扶持方式

要加大对农村流通中公益性基础设施建设的扶持力度，进一步增强财政政策和扶持资金的针对性和连贯性，提高财政资金使用效率。要尽快研究制定连锁企业统一纳税后地区间财政利益的调整和补偿办法，完善流通物流企业增值税抵扣政策，进一步扩大农产品增值税免税范围。要努力探索财政资金与金融服务的有机结合，通过财政资金担保、资金互助社、小额信贷等方式支持农民专业合作社。支持供销社农资、棉花流通企业开展供应链金融试点。

参考文献

[1] Frank Ellis. *Agricultural Policiesin Developing Countries* [M]. Cambridge Uversity Pess, 1992: 65 - 124.

[2] 程国强. 我国农村流通体系建设: 现状、问题与政策建议 [J]. 农业经济问题, 2007 (4): 59 - 62.

[3] 黄国雄. 转变观念构建多元化的农村市场结构 [J]. 商业时代, 2013 (4): 66 - 68.

[4] 刘兵, 胡定寰. 我国"农超对接"实践总结与再思考 [J]. 农村经济, 2013 (2): 109.

[5] 刘根荣. 转型时期农村现代流通体系建设 [J]. 中国流通经济, 2012 (8): 25 - 29.

[6] 马龙龙. 以流通为突破口破解"三农"问题 [N]. 人民日报, 2010.

[7] 彭超. 农产品流通体制改革 [M] //孔祥智主编. 崛起与超越. 北京: 中国人民大学出版社, 2008.

[8] 宋洪远. "十一五"时期农业和农村政策回顾与评价 [M]. 北京: 中国农业出版社, 2010.

[9] 张红宇, 赵长保. 中国农业政策的基本框架 [M]. 北京: 中国财政经济出版社, 2009: 132 - 145.

第十章 加快农业科技创新

科技进步是推动农业长期增长的关键动力。增长理论清晰地表明了科技作为增长源泉的重要作用，科技进步对经济增长的启动、加速和持续性的关键作用被广为接受。作为整体经济的一大部门，农业的增长也依赖于科技创新。我国改革开放以来的实践表明，更具激励的制度变革和不断进步的农业科技是我国农业增长的两大源泉。从作用效果来看，根本性的制度变革能够在短期内发挥出很强的激励效应促进农业增长，而科技进步则可以持续不断地为经济增长提供强大的动力。自 20 世纪 80 年代中期以来，技术进步已经成为农业增长的主要动力。中国农业科研有很高的回报率，20 世纪 90 年代以来科研投资的总经济收益大约相当于农业产值的 1/3。中国农业的快速增长可以归功于农业科研投资、制度创新和市场改革。当前，随着我国人口数量的持续增加、农业市场化程度的不断提高以及居民消费结构的加快转型，耕地减少、水资源短缺、气候变化等对农业生产的约束日益突出，未来保障国家粮食安全和主要农产品供求平衡的压力更大。要有效应对这些挑战，必须深刻把握农业科技的新形势、新任务，切实加快农业科技进步与创新。

第一节 农业科技创新体系建设

一、我国农业科研体系的组成

改革开放之后，我国在恢复农业科研机构的同时，尝试建立符合科研活动特点、有利于发挥各层次科研机构优势的组织制度。1980 年国务院下发《关于加强农业科研工作的意见》，奠定了我国农业科研体系的基本架构。这个框架涵盖了中央科研机构、地方科研机构以及大学科研教育机构等多种类型的主体。其中，中国农业科学院是全国的农业科学研究中心，进行农业基础理论和全国性重大农业科技问题的应用研究，承担国家和农业部的重点科研项目和有关的科研协作，并对省农业科学院进行技术指导。各省根据本地自然资源条件和农业生产特点，建成地方特色的省级农业科学院、研究所等农业科研机构。这些机构以应用研究和发展研究为主，同时重视农业基础理论研究，按照当地农业发展的需要，开展具有自己特色的重大课题研究，同时承担国家、农业部和有关部门下达的重点农业科研项目。地区农业科学研究所在本省、自治区的统一规划下，根据本地区农业生产的需要，开展具有地区特点和侧重某几项专业的科研工作，引进国内和省、自治区内先进技术进行适应性试验研究，少数有基础、有特长的县农业科学研究所可以根据生产需要进行一些科学研究。高等农业院校的科研力量侧重农业基础理论的研究，也进行重大科技问题的应用研究。

21 世纪以来的改革坚持市场化导向，通过科研和教育领域的改革，进一步调整了原有农业科研体系，实现了对农业科研机构的分类管理，确立了农业科研与教育双线并行的系统，并推动了市场化科研主体的发展，形成了延续至今的农业科研体系。

科研领域的改革对科研机构进行了分类管理，实现了以非营利性科研院所为主体的公益性科研体系与以科技型企业为主体的市场化科研体系的分离。科研机构改革前，国务院部门属公益类院所的人均经费只相当于开发类院所的1/3～1/2，科技人员年收入绝大部分在1.5万元以下，工作条件较差，生活待遇较低。这些严重制约着我国公益性科研事业的发展。2000年，政府颁布实施《关于加强技术创新，发展高科技，实现产业化的决定》、《关于深化科研机构管理体制改革的实施意见》等政策，启动了部门所属科研事业单位的分类改革：一部分按非营利性机构管理和运行，一部分拟转为科技型企业，一部分转为其他类型事业单位，还有一部分被合并或撤销（包括并入高校、医院等）。农业部下属中国农业科学研究院、中国水产科学研究院和中国热带农业科学研究院三家机构改革前共有下属机构69家，经过改革，按照非营利性机构管理和运行的机构30家，拟转为科技性企业的机构22家，转为其他类型事业的为11家，进入高校的4家，因合并减少2家。

教育体制改革使农业科研领域形成了研究和教育相对独立的双线体系。2000年以前全国主要的农业大学由农业部管理，省级农业大学由各省政府部门管理。在研究机构方面，中国农业科学院在行政上由农业部管理，省级科学院则由省级政府部门管理。在教育领域，所有农业大学的管理权在2000年改革后都转到了教育系统，全国三所主要的农业大学由国家教育部管辖，省级农业大学或学院由各省教育部门管辖。我国农业科研体系和包括美国在内的一些国家形成了鲜明对比，美国体系中教育、科研及推广活动都是在一起的。中国体系中这种教育、科研及推广的分离不利于形成完整综合的农业技术系统。

在这一轮改革过程中，市场化的导向改变了科研投资的激励机制，客观上鼓励科技产品商业化，促进了科技市场发展，提高了科研成果的商业价值。在改革的激励下，附属于政府机关和事业部门的一些单位，包括国有的种子、农业、食品、化肥及机械公司转制成为企业；一部分研究技术和产品市场化前景比较好的科研单位也转制为企业；此外，在政策引导和市场竞争下，一些大型农业企业也直接组建或通过合并科研院所成立了自己的研发部门。转制为科技型企业的院所的出现，加上由大型农业企业建立的研发部门和民营、外资农业企业建立的研究部门的发展，形成了以市场为导向、以利润为驱动的各类农业科研的市场主体，农业科研领域的市场力量不断成长，企业逐步发展成为农业科研的重要参与者和投入者。

二、我国农业科研投入情况

从科研投入角度来看[①]，农业科研的公共部门承担了我国农业科研的绝大部分任务。但是，进入21世纪，农业科研的非公部门投入迅速增长，非公部门逐渐成为我国农业科研一支重要的力量。2000年非公部门投入资金总量仅占农业科研投入资金的1/10。到了2006年，非公部门的资金总量增长近5倍，约占农业科研投入的1/5。在非公部门扣除政府投入、在公共部门中扣除非政府投资后计算可知，农业科研中非政府投入已经占政府投入的1/4左右，非公部门已经成为我国农业科研投资体系中的重要一环（见表10－1）。

具体来看，非公部门的农业科研投资表现出两个特点[②]：第一，科研投入增长快速。以现价计算，2000—2006年我国非公部门农业科研投资总量由7.7亿元增长到35亿元，扣除物价因素年均上涨26.9%。其中，企业自身投资年均增长27.7%，政府对企业投资年均增长仅为18.7%。

第二，投入偏向知识产权易于保护的领域。统计数据表明，2006年种植类企业的研发投资占全部投资15.3%，其中农作物种子企业研发投资占3.3%，茶叶生产与加工占3.2%，园林和绿植占3.7%，蔬菜和水果占5.1%；畜牧业研发投资占32.7%，其中饲料研发占15.9%，品种改良占16.7%；水产研制占9.1%；农产品加工企业占41.2%，其中乳制品加工

① 除特别说明外，本文农业科研投入数据主要来自《中国科技统计年鉴》。年鉴中的科技投入的统计来源包括：研究与开发机构、企业、高等院校和其他部门。其中企业数据主要来自规模以上企业，中小企业科研投入存在一定误差。就本文研究目的而言，最大的问题是年鉴中并没有公布按行业和按部门的科技投入分类数据。因此，非公部门科研投入数据从以农业部普查数据为基础的相关论文和报告整理得到。此外，两组数据还存在如下问题：第一，年鉴中分行业科研投入数据没有包括教育系统的农业科技投入；第二，农业部数据的调查口径与年鉴口径并不完全相同。尽管存在这些问题，但是通过对比两组数据还是能够反映非公部门的发展趋势。

② 本部分数据来自相关报告与研究中披露的农业部普查数据

占9.6%，粮食、蔬菜和水果、肉类加工分别占8.3%、15.1%、8.1%；农业生产资料企业占1.8%。可见，我国非公部门科研投入集中于知识产权容易保护的领域。

表10－1　两部门农业科研投入情况及比较　　单位：万元

年份	非公部门投入		投入总量		比例	
	总量（a）	公司投入（b）	总量（c）	政府投入（d）	总量比（a/c）	投入比（b/d）
2000	46300	41323	498676	335116	9.3%	12.3%
2004	125572	107077	735416	601109	17.1%	17.8%
2005	158217	143523	820182	699734	19.3%	20.5%
2006	210248	195129	928290	782319	22.6%	24.9%

注：非公部门投入不包括农资与农产品粗加工行业；投入总量不包括高校农业科研投资。

资料来源：《中国科技统计年鉴》和农业部普查数据估算，投入金额均为现价。

我国对农业科研部门的改革沿着改善农业科研的激励机制、增加农业科研投入的效率的方向进行，我国农业科研体系在以下三个方面取得了明显进步：

第一，农业科研投入总量增速加快，财政拨款占比逐年增加。我国农业科研投入呈现出很强的阶段性。1976—1985年，农业科研经费年递增率曾高达13.5%，然而1985—1996年，农业科研投入总量虽然增长近3倍，但是扣除物价因素后，农业科研投入年均增长率只有2.5%。1995—2008年农业科研投入（包括农业、林业、畜牧业、渔业和农业服务业）逐步增加，由42亿元增长到145.7亿元（现价），增长了3.5倍，扣除物价因素后增长2.7倍，年均增长率达到8.5%（不变价）。分阶段以不变价计算，1995—1999年，农业科研投入年均增速为2.7%；2000—2004年，农业科研投入年均增速为7.5%；2005—2008年，农业科研投入年均增速达到15.5%。

从来源看，政府财政拨款投入在农业科研中的重要性日益增强。1995—

2008 年政府对农业科研投入由 22.6 亿元增长到 128.7 亿元（现价），增长了 5.7 倍，扣除物价因素后，农业科研投入增长 4.4 倍，年均增长率达到 12.7%（不变价）。随着政府投入快速增长，农业科研资金中的财政拨款占比不断上升，政府资金在农业科研资金中的比例由 1995 年的 53.7% 上升至 2008 年的 88.4%，累计增加超过 37 个百分点。但是政府农业科研投入的增速幅度仍然小于同期财政收入和支出的增长幅度。（见表10－2）

表 10－2　中国农业科研投入情况　　单位：万元

年份	农业科研投入	其中：政府资金	农业科研投入	其中：政府资金
	（现价）		（不变价）	
1995	420248	225586	227028	121867
1996	419769	215562	213670	109725
1997	382759	250517	190549	124715
1998	439826	275098	220085	137656
1999	487767	302643	246312	152828
2000	498676	335116	249914	167945
2001	546711	385129	272517	191974
2002	693252	515670	346581	257802
2003	721704	548312	354790	269550
2004	735416	601109	345165	282128
2005	820182	699734	378567	322973
2006	928290	782319	422115	355739
2007	1256632	1105632	547645	481839
2008	1456578	1287299	608371	537668

资料来源：《中国科技统计年鉴》；数据经过作者调整，不变价为作者计算。

第二，农业科技人员结构逐渐合理，机构改革成效初现。冗员繁多曾是我国科研机构被长期诟病的一大问题，政府对农业科研体制的一系列改革使这一弊端逐渐减弱。早期的农业科研体制改革并未从减员增效上着手，20 世纪 90 年代中期前还一度出现科研人员大量流失的现象，科研人员由1986年的占职工总数的70%下降到1996年的57%，科研人员与非科研人员比例逐年下降，降低了我国农业科研的效率和创新能力。在政府意识到这一问题后，精简行政辅助人员数量成为随后多轮科技体制改革中的重要组成部分。农业科研从业人员由1995年的15.5万人下降到2008年的9.7万人，总共减少37.4%。同期，从业人员中科学家和工程师的数量增加了5579人。科学家和工程师占农业科研从业人员的比重也由1995年的30%增加至2008年的54%，从2007年起超过半数的农业科研从业人员都是具备一定科研能力的专家与学者。然而，农业科研机构科学家和工程师占比仍然低于非农科研部门，2008年前者比例约为54%，而后者为62%。农业科研机构人员结构还具有相当的改进空间。（详见表10-3）

表10-3　中国科研机构人员与经费情况　　单位：人、万元

年份	农业科研机构			非农业科研机构		
	从业人员	其中：科学家和工程师	人均经费	从业人员	其中：科学家和工程师	人均经费
1995	155396	46735	2.70	833288	316253	5.25
1996	128014	38784	3.28	838703	328343	5.76
1997	127903	39295	2.99	817326	318104	5.56
1998	123713	39183	3.56	790268	308195	6.17
1999	120409	38932	4.05	684692	280764	6.97
2000	111258	37374	4.48	567719	244841	8.86
2001	105208	36190	5.20	492765	223028	11.23
2002	106556	38178	6.51	482585	232333	13.12
2003	104662	38146	6.90	464233	228281	14.61
2004	101903	38859	7.22	459591	223745	15.57
2005	101169	44727	8.11	461982	273892	18.80
2006	97234	45685	9.55	469278	283357	19.76
2007	97734	49673	12.86	507660	306819	22.43
2008	97274	52314	14.97	517462	320383	24.18

资料来源：《中国科技统计年鉴》，作者根据行业分类进行调整。

随着农业科研从业人员结构的优化，农业科研人员人均科研经费以每5年左右翻一番的速度增加，1995—1999年，农业科研单位人均科研经费每年为3.3万元，2000—2004年，达到6.1万元，2005—2008年增长至11.4万元。同期非农部门的人均科研经费平均每年分别为5.9万元、12.7万元和21.3万元。从经费投入上看，农业科研部门落后非农部门至少5年的水平。农业科研机构改革从总体上看是相对成功的，但是与其他科研部门相比仍显滞后。

第三，农业科研竞争性资金快速增长，稳定性支持增长缓慢。

农业科研的投入按照资助方式可以分为竞争性资金和非竞争性资金两类。竞争性资金主要指需要向有关基金会和管理部门申请并通过同行评议后获得的课题经费，非竞争性资金主要是指国家为维持科研机构日常运行和一般科研需要拨付的稳定性支持资金，如科学事业费等。

表10－4　中国农业科研课题经费情况　　单位：万元

年份	农业科研投入总量	农业课题经费数	比例
1996	419769	49616	11.82%
1997	382759	61703	16.12%
1998	439826	85257	19.38%
1999	487767	85765	17.58%
2000	498676	109766	22.01%
2001	546711	113999	20.85%
2002	693252	159675	23.03%
2003	721704	182448	25.28%
2004	735416	203410	27.66%
2005	820182	240354	29.30%
2006	928290	267067	28.77%
2007	1256632	358195	28.50%
2008	1456578	442204	30.36%

资料来源：《中国科技统计年鉴》，作者根据行业分类进行调整。

我国农业科研机构获得的竞争性资金由1996年的5亿元增加到2008年的44亿元，增长近9倍；同期非竞争性资金由37亿元增加到101亿元，增长不到3倍。农业科研竞争性资金快速增加导致1996—2008年竞争性资金在农业科研资金中所占比重由11.8%上升至30.4%。这种变化体现了政府为增加农业科研机构的激励而进行改革的努力。在农业科研机构中引入了竞争条件，有利于科技资源向优势单位汇集，从而在优胜劣汰的选择机制下提高农业科研投资的使用效率。但是，在我国当前的农业科研体制下，行政力量对科研的影响几乎无处不在，易于导致短期化行为和过度干预的问题。如不能避免这些问题，竞争性资金对稳定支持资金的挤压就会对农业科研机构的持续研究能力发展产生不良影响。（见表10－4）

三、农业科研的国际比较

科研投资强度经常用来比较国家对科研的投入水平。一般使用农业科研投入总量与农业增加值的比值来衡量农业科研投资强度。不包括教育系统的投资，我国农业科研投资强度自1996年以来涨幅不大，不但低于全世界的平均水平，而且低于发展中国家的平均水平。与发达国家相比，2008年我国农业科研投资强度仅相当于发达国家2000年水平的1/6。即使包括教育系统的农业科研投入，我国农业科研投入强度依然没有达到世界平均水平，更远远低于联合国粮农组织建议的发展中国家应确保农业科研投资强度达到1%的水平。（见表10－5、表10－6）

表10－5　农业科研投入强度国际比较

指标	1991年	2000年
发展中国家平均	0.52	0.53
发达国家平均	2.38	2.36
世界平均	0.86	0.8

资料来源：转引胡瑞法等①，2007。

① 胡瑞法，等．中国农业科研投资变化及其与国际比较［J］．中国软科学，2007（2）．

表 10－6 我国农业科研投入强度

年份	投资强度	
	不包括教育系统	包括教育系统
1996	0.30%	0.40%
1997	0.27%	0.35%
1998	0.30%	0.40%
1999	0.33%	0.44%
2000	0.33%	0.44%
2001	0.35%	0.46%
2002	0.42%	0.56%
2003	0.42%	0.55%
2004	0.34%	0.46%
2005	0.37%	0.49%
2006	0.39%	0.51%
2007	0.44%	0.59%
2008	0.43%	0.57%

资料来源：教育系统科研投入根据相关学科投入估算，投资强度由作者计算。

与其他国家相比，我国非公部门农业科研投资占投资总量的比例依然偏低。2000 年以后，我国非公部门农业科研投入有了显著的增加，不过与发达国家农业科研投入的将近一半由非公部门提供的情况相比，我国非公部门投入水平还有巨大增长空间。（见表 10－7）

表 10－7 OECD 国家非公农业科研投资占农业科研总投资的比例 （%）

国家或地区	年份		
	1986	1991	1993
澳大利亚	17.9	26.8	30.3
荷兰	51.8	52.7	56.8
新西兰	9.1	19.5	26.9
英国	55.8	62.0	62.4

续表

国家或地区	年份		
	1986	1991	1993
美国	52.1	52.7	53.7
其他 17 国平均	43.5	46.6	46.8
22 国平均	46.2	48.9	49.6

资料来源：Pardy，Roseboom，andCraig①，1997。

尽管农业科研机构的改革在精减人员方面取得了很大进展，但是与世界其他国家农业科研人员投入相比，我国近十万人的从业人员和五万多的技术专家的队伍仍然十分庞大。虽然在科研人员问题上并不是数量越少越好，但是考虑到我国农业科研投资强度和投入总量，农业科研人员可以获得的经费支持显然远低于世界平均水平。而且在当前的人力资源水平下农业科研效率也不能令人满意。我国农业科研机构还需要进一步改革。（见表 10－8）

表 10－8　不同国家从事农业科研的科学家人数比较　　单位：人

国家	公共农业研究机构科研人员	大学	非公企业	总科研人员
发展中国家*				
印度（1987）	4052	5800	600	10452
巴西（1995）	2097	965	266	3328
阿根廷（1995）	1051	61	110	1222
哥伦比亚（1995）	524	17	318	859
墨西哥（1995）	1365	464	901	2370
智利（1995）	189	50	13	252
发达国家*				
西德（1989）	1300	2410	404	4114
日本（1986）	11154	3605	8850	23609

① Pardy P. G.，J. Roseboom，and B. J. Craig. Agricultural R&D Investments and Impact [J]. Chapter 3 in J. M. Alston，P. G. Pardey，and V. H. Smith eds. *Paying for Agricultural Productivity*. IFPRI，1997.

续表

国家	公共农业研究机构科研人员	大学	非公企业	总科研人员
美国（1991）	3687	7525	14188	25400
中国**	—	—	—	97274

资料来源：*PrayandAnderson①，1997；**《中国科技统计年鉴》。

第二节 农业技术服务体系建设

经过30多年的改革开放，以提高土地产出率、劳动生产率和农产品商品率为主要内容的农业科技创新能力和创新水平持续提升，科技对农业的贡献率不断增加。与农业科技研发水平快速发展不相匹配的是我国一直没有形成高效运转、多元投入的农业科技服务体系。随着我国传统农业向现代农业产业体系转型，当前对科技的需求更加突出，建立新型的农业科技服务体系成为一项迫切任务。

一、农业技术推广体系的现状

在过去相当长时间内，我国农业技术的扩散与推广主要依赖政府事业单位性质的农业技术推广体系。我国农业技术推广体系包含种植业、畜牧业、水产业、农业机械化、农业经济管理、林业、水利七个部门，仅前五个农业部所属农业技术部门在县乡两级的机构就超过15万个，在编人员50余万人。客观说，农业技术推广体系对我国农业发展做出了重要贡献，一批重大农业技术，例如水稻抛秧栽培技术、小麦精播半精播技术和玉米早熟、矮秆、耐密增产技术等的推广、应用与农业技术推广体系密不可分。农业技术推广体系在取得显著成绩的同时也存在一些根本性的问题，其完全依赖政府投入的模式在统筹城乡发展的大趋势下难以满足现实

① Pardey, P. G., J. Roseboom and J. R Anderson. *Agricultural Research Policy: International Quantitative perspectives*, Cambridge University Press, 1989.

需求。

随着我国农业农村经济的发展，农业技术体系本身固有的缺陷也逐步显露出来：首先，基层农业技术推广机构经费短缺，很多地区人员工资都不能保证，工作经费更是无从着落；其次，作为行政事业机构设置的农技推广体系在人员管理上缺乏退出机制，人才老化退化现象比较严重；此外，农技人员与本职工作错位现象普遍，很多技术人员多将时间和精力放在政府行政事务上，没有时间和精力搞好本职工作。农业技术推广体系的运转受到严重影响，在农业发展中的作用被大大削弱。

2003 年国务院开始深入推进农业技术推广体系改革。改革以明确公益职能、合理设置机构、理顺管理体制为主要方向。首要问题是解决农业技术推广体系的职能定位问题。新一轮改革中，农业技术推广体系被定位为公益型政府服务机构，主要从事“关键技术的引进、试验、示范，农作物和林木病虫害、动物疫病及农业灾害的监测、预报、防治和处置，农产品生产过程中的质量安全检测、监测和强制性检验，农业资源、森林资源、农业生态环境和农业投入品使用监测，水资源管理和防汛抗旱技术服务，农业公共信息和培训教育服务等”。此外，政府在新一轮改革中努力解决投入不足的问题，具体措施是在全国范围内选择试点地区（以县为单位提供支持，2010 年达到 800 个县），每年安排 100 万元财政资金开展技术指导、示范户建设等工作。旨在通过不断扩大的试点，探索出一条以职能改革、机构精简为基础的经费投入机制。

二、新型农业科技服务模式

在政府努力改革公有农业技术推广体系的同时，在市场激励下，以满足现代农业科技需求为主要目标的各类农业科技服务模式不断涌现出来，促进农业向产业链上下游延伸，推动传统农业向现代农业转型。

全国各地在实践中形成了各具特色的不同模式：宁夏在实际工作中创造了科技特派员创业行动与农村信息化建设紧密结合的宁夏模式；海南突破了传统农业技术服务半径的限制，发展了以广覆盖性为核心特点的“农技110”服务模式；北京市整合现有资源，以农村科技服务港、“院乡1+1”建设和“农业科技协调员”行动为主要内容构建了农技信息港服务模式；浙江省以县级“农技110”中心为基础，“浙江农网”为骨干，乡镇“农技110”为补充，利用电视、报纸等综合手段，为农民提供科技和市场信息；河北通过实施“农业科技传播工程”，培育新型农业科技服务体系；江苏以有店面、有队伍、有网络、有基地、有成果、有品牌“六有”为主要模式，建设总店、分店和便利店三级农村科技超市网络，建设了“科技超市”新型的农村科技服务体系模式。

这些科技服务模式不同于以往的农技推广，新模式尊重技术供需双方意愿，以市场需求为导向，以利益激励为动力，把科技服务的范围从传统农业生产扩展到了包括第一、第二、第三产业的农村产业体系，助推农业发展的同时也促进了农村经济社会的发展。科技特派员是新型科技服务的提供者。在各地实践中，科技特派员的概念也从最初“南平模式”中政府选派的公职人员变成了政府认定的来自各界优秀的农村科技服务提供者。据统计截至2009年底，全国已有31个省（自治区、直辖市）、新疆生产建设兵团的2139个县（市、区、旗）开展了科技特派员工作，科技特派员总人数达119626人，其参与的科技项目直接服务近800万农户，辐射带动受益农民总人数已经达到4153万。科技特派员在政府引导下，面向市场，深入农村创业服务，领办、创办、协办科技型农业企业和专业合作经济组织，培育新型农村生产和经营主体，将科技、知识、金融、信息、管理等现代生产要素带到农村腹地，在整个农业产业创新链条上形成新的分工体系，为农业和农村的科技进步带来了更为活跃的局面。

三、农业科技服务体系应发挥的主要作用

当前我国明确提出在工业化、城镇化过程中加快发展农业现代化的战略举措。这就需要逆转过去压榨农业剩余支持工业发展和汲取农村要素补充城市发展的经济发展方式。长期以来的不平衡发展战略已经使农业成为弱质产业，农村成为落后地区。简单消除过去的干预政策，在市场机制下

人才、资源等生产要素也会在循环累积效应下继续从农村流动到城市。实现城乡统筹需要新的政策思路，科技作为长期增长的决定性要素，应该成为注入农村的首选。但是科技要素不会自发流向农村，需要一个全新的农村科技服务体系作为中介和催化剂，加快以科技为代表的各项现代生产要素向农村流动并扩散。

首先，新型的农业科技服务体系要成为由城市到农村的要素流动渠道，并形成一套有效的激励制度。实现城乡统筹，除了财政投入要向农业农村倾斜外，更重要的是要提升农业农村的内生发展能力，使人才扎根在农村，资源汇聚在农村。从城市向农村流动的人才应该是科技人才或者是懂科技的管理人才，向农村流动的资源应该是汇聚了科技的现代生产要素。这就要求新时期农村科技服务体系应该突破以往农技推广模式的局限，形成良好的激励机制，以人才的流动带动资源要素的流动，切实实现内化于人才和资产的科技要素在广大农村地区推广扩散。

其次，新型的农业科技服务体系必须能够满足经营管理的创新需求，在科技、人才、装备条件等方面提供有效服务。促进城乡一体化要依靠发展现代农业加快农村发展。现代农业是一个包括产前、产中和产后等各阶段并紧密相关的产业体系。现代农业的运行基础为现代市场经济体制，并对科学技术、物质装备和人力资源提出了更高要求。在这种意义下，传统的农技推广体系显然已经不能满足现代农业的要求。从动态看，植入了大量科技要素的现代农业是一个快速发展的产业体系，并根据灵活多变的市场需求不断调整自身结构。这就对相应的科技服务体系提出了高效、灵活的要求，新的科技服务体系应在现代管理学和经济学理念的带动下，强调经营理念的革新和经营方式的创新。以行政事业单位为组织形式的推广模式由于官僚体系固有的稳定特征，不能满足快速灵活变化的要求，因此新的科技服务体系在组织结构上也必定不同以往。

最后，保障粮食安全和食品安全始终是事关全局的重大问题，新型农村科技服务体系要发挥好支撑作用。围绕粮食丰产稳产的优质品种推广，先进适用技术普及，农业病虫害和疫病防治，农业灾害预报、对应与处理的工作必须一直作为农业技术推广应用的基础行为。此外，提供放心的安全农产品牵动亿万消费者的关注，这也要求在农产品生产过程中加强质量安全检测、监测和强制性检验。这部分工作内容具有很强的公共属性，应由政府主导的农业技术体系提供。

四、农村科技服务体系应具备的基本特征

在统筹城乡发展的新时期，新型农村科技服务体系要成为促进城市先进生产要素流向农村的有效渠道，在组织机构和人员配备上进行深刻调整，既要满足现代农业发展对科技、人才、资本、信息等要素的需求，又要服务于保障国家粮食安全、维护人民食品安全的重大任务。新型农村科技服务体系要实现可持续、高效率运营，必须保证机制灵活、运营成本合理和资金来源多样。综合这些要求，我国当前要建设和发展的新型农村科技服务体系应具备多元化、专业化和信息化的基本特征。

（一）多元化

从全国实际的发展现状来看，一方面原有的农技推广体系陷入困境，举步维艰；另一方面多样的农村科技服务模式不断涌现，蓬勃发展。从我国农业农村发展对农村科技服务的需求出发，这些科技服务模式都应被纳入新型农村科技服务体系之中，表现出多元化的特征。

具体来说，粮食安全和食品安全是经济平稳运行发展的基础，与广大人民利益密不可分，具有很强的公益性，相关科技服务应由政府建立公益性科技推广服务体系提供，这就需要改革现有农业技术推广体系来实现。若以向第三方出资购买服务再免费提供给广大农民，也需要一个组织管理机构运作。总之，实现公益性目标离不开政府直接参与。

另外，发展现代农业、增加农民收入客观上需要把科学技术与创新能力与广大农民紧密联系起来，使得掌握科技、管理、资金等现代生产要素的人才与农民群众联结成利益共同体。在联结中农民不会被排斥出去，是因为农民能够提供农业生产需要的土地和涉农产业需要的劳动力。实现联结的农民能够通过进入高附加值的现代农业生产领域和农业产业链的深层

环节而获得利益。这种联结的基本机制是市场，利益最大化的主体在市场上搜索匹配形成的联结是灵活且高效的，最终结果是双赢的。不过当前农村地区制度建设滞后，市场发育不完备，使得这种联结很难自发的出现和增长。需要政府有意识地引导意图在现代农业领域进行科技创业的各界人员进入农村广阔天地施展抱负。这也是农村科技服务的一种形式。当前迅猛发展的农业科技特派员体现了市场化农业科技服务的精髓，成为新型科技服务体系的主要组成内容。

（二）专业化

新型农村科技服务体系的另一个特征是专业化。公益性的技术推广体系依托现代农业产业体系建设，通过精简人员，加强在职培训交流实现专业化发展。对于市场化的科技服务体系，专业化更是其安身立命的根本，因为市场化的农业科技服务体系的服务模式是在双向选择基础上形成的利益共同体，其生存与发挥都要经过严酷的市场竞争检验，在研发、生产、销售每一个关节都要具备相当的专业水平。

从宁夏发展科技特派员创业行动的经验来看，科技特派员不是简单的科技下乡，而是带着各类要素、各种资源到农村广阔天地和农民风险共担、利益共享，成为创业者，带领农民一起参与竞争，成为农业生产经营的主体力量。科技特派员不仅仅带动科技要素深入农村，同时带到农村的还有营销、资金、金融运作、管理等要素，以现代经营的思维合理分工，并在产权基础上有效整合各方力量形成利益共同体。

（三）信息化

日趋成熟的信息化手段能够在提高农村科技服务覆盖范围、建立有效沟通渠道、响应农民突发需求等方面提供高效、灵活、低成本的解决方案。农村人口众多并居住分散是我国的基本国情，传统的科技服务手段很难协调解决在合理成本范围内提高服务覆盖率的问题。特别是丘陵、山区等特殊地形地貌区域，直接进村上门服务的成本十分高昂，从农村科技服务资金的使用效益来看也不符合优化原则。基于网络的信息传播技术能够有效地解决这种困境，并可以方便地实现科技人员一对多服务，提高服务质量与效率。新型农村科技服务体系建设应该和农村信息化建设有效整合，使信息化成为新型农村科技服务体系的显著特征。

第三节 种业科技与制度创新

2000 年 12 月《种子法》实施，我国种业实现了由指令经营向许可资格经营的转变，标志着我国种业进入市场化改革阶段，种子产业化发展进程不断加快。2002 年我国加入 WTO，按照协议条款种业也开始有限制的对外开放。实际上，20 世纪 90 年代初我国已经开始对外开放棉花种子市场。我国是种子大国，种业进入市场化发展阶段和对外开放后，受到种子市场巨大需求的吸引，国内外资本也不断涌入，种子公司数量快速增长，种业呈现出主体多极、分散的特征，真正意义上的种业开始形成。

一、我国种业发展的历史阶段

新中国成立以来，我国种业大体经历了四个发展阶段。

（一）新中国成立初期的“生产恢复”阶段（1957 年以前）

新中国成立初期，为了恢复长期混乱对农业生产的破坏，在农业部召开的第一次全国农业工作会议上，把推广良种作为恢复和发展农业生产的重要措施之一，并根据新中国成立初期的农业生产状况，制定了《五年良种普及计划（草案）》，要求以县为单位，广泛开展群众性的选种活动，选育出的品种就地繁殖、就地推广，在农村实行家家种田、户户留种。这种方式在这一时期极大地促进了我国农业生产发展，取得了一定成果。但家家种田、户户留种的方式只适用于生产水平很低的状况，由于户户留种，邻里串换，种子混杂，造成良种退化，单位面积产量很难大幅度提高。这个时期仍处于种子自给阶段。

（二）计划体制下的“四自一辅”阶段（1957—1980 年）

种子产业实行了自选、自繁、自留、自用，辅以必要的调剂，简称“四自一辅”。在这一方针指引下，遵照国务院批示，种子经营由粮食和商业部门划归种子部门管理，制订了相应的种子收购、计价、供应政策，提出了财务、会计、报表制度，接管和新建了一批种子库，实行行政、技术、经营三位一体。这一时期，在农业较发达的地方开始出现事业性质的种子站，并逐步形成科研院所、县原种站和县种子站“三结合”的种子服务体系。逐步形成了以县良种场为核心、公社（大队）良种场为桥梁、生产队种子田为基础的三级良种繁育体系。这些措施对提高产量、改进品质、增加抵抗病虫害能力等起到了重要作用。

（三）双轨体制下的“四化一供”阶段（1980—2000 年）

改革开放后种子事业也得到了高速发展。1978 年 4 月，国务院批转了农业部《关于加强种子工作的报告》，批准在全国建立省、市、县三级种子公司，加强种子生产基地的经营基础设施建设，并继续实行行政、技术、经营三位一体。同时还出台了“品种布局区域化、种子生产专业化、加工机械化、质量标准化，以县为单位组织统一供种”的种子工作方针，简称“四化一供”。“四化一供”工作方针的提出对当时我国种子事业的发展起到了巨大的推动作用。按照“四化一供”目标，我国相继成立了各级种子公司，全国建立各级国有种子公司 2549 个，职工近 7 万人。在这一阶段，虽然各级国有种子公司仍对主要农作物种子实行垄断经营，但也诞生了上万家经营非主要农作物种子的不同性质的种子实体，形成了主要农作物种子国有垄断，蔬菜、瓜果、种苗种子百家争鸣的市场双轨体制。

（四）市场体制下的“种子产业化”阶段（2001 年以后）

2000 年 12 月 1 日颁布了《中华人民共和国种子法》，政府取消了国家对主要农作物种子的管制，放开了种子的育、繁、销环节，在市场利益的驱使下，各种性质的种子企业纷纷成立，打破了原来国有种子公司一统天下的局面，从而拉开了中国种业激烈竞争的序幕。《种子法》、《植物新品种保护条例》的颁布实施，使种子产业制度上升到法律高度。市场体制机制的不断建设使育种者的权益有了法律保障，加快了种子产业化进程，拉开了我国种子产业由传统的粗放生产向集约化大生产的转变；由行政区域的自给性生产经营向社会化、国际化市场竞争转变；由分散的小规模生产经营向专业化的大中型企业或企业集团转变；由科研、生产、经营相互脱节向育、繁、推、销一体化转变的序幕。

二、当前我国种业的发展现状

2000 年以来，我国种子市场保持着年均 5% 的增长水平，到 2007 年，我国种子市场的销售额已达 250 亿元左右，居世界第二位；常年种子使用量在 125 亿斤左右。据专家预计，到 2010 年，我国种子市场规模可以达到 300 亿元，潜力巨大的市场为我国种子行业提供了巨大的发展空间。（见图 10－1）

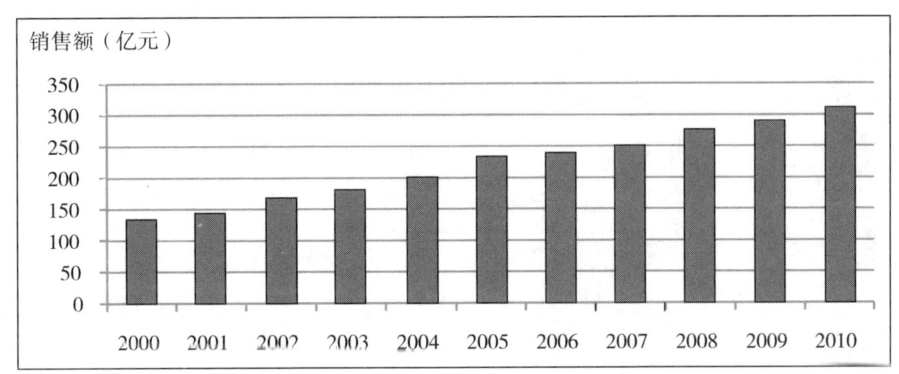

图 10－1　我国种子市场历年销售额

种子品种特点各异，玉米、水稻种子商品率较高。种子按照经营品种划分，可以分为粮食作物种子（玉米、水稻、大豆、小麦等）、经济作物种子、蔬菜瓜果种子和花卉种子等。由于不同品种作物的种子的每亩使用量差异较大，因而每个种子品种的制种量和市场销售量差别较大，因此在分析种子的产品结构时，我们用种子的销售额来说明问题。由图 10－2 可以看出，玉米和水稻的销售额占较大部分的市场销售额。

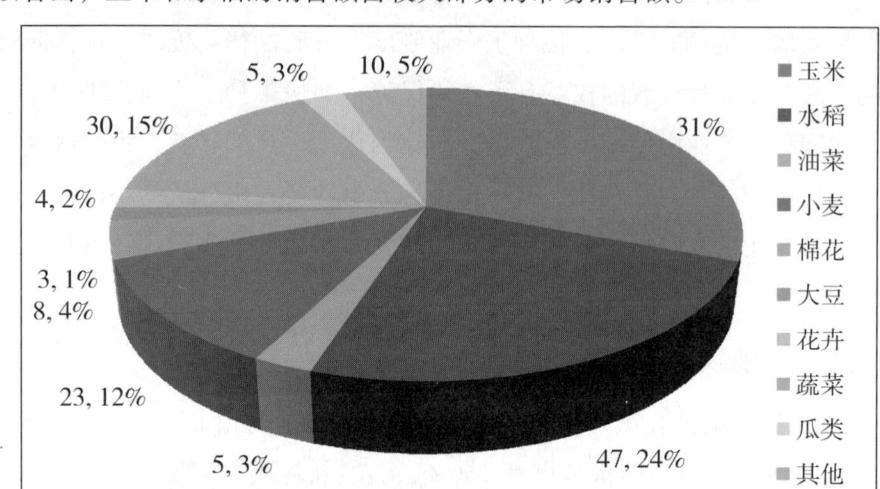

图 10－2　中国种子市场主要产品结构

从不同品种种子的商品率来看，玉米的商品率最高，达 98.3%，水稻种子的商品率为 64.3%；两类种子播种面积大、产销量大，吸引了众多种子企业参与，它们合计市场占比达 53.5%，占据了种子市场的半壁江山。棉花、蔬菜、油菜种子虽然商品率高，但是因为国内播种面积小、产销量少，所以企业参与较少，难以形成有效规模。对于小麦种子而言，农民有使用自留种的习惯，很少到市场购买，所以商品化低，只有 24.6%，而瓜果、花卉种子等，因为品种差异大，每个品种又有大量细分，难以形成规模化的生产，因此商品化程度低，市场参与主体少。

目前全国拥有种子经营许可证的企业已超过 8700 家，其中国有公司就达 2700 多家，除此之外，从事种子零售经营的企业和其他终端经营者则快速增长到约 18 万家。我国种业公司分散而且规模较小，2006 年，我国种业前 10 强的销售总额达 48 亿元，相当于世界前 10 强销售总额的 6%，仅是孟山都一家种业公司年销售额的 22%。2007 年，世界前 10 强种业企业的贸易额占世界种子贸易额的 35%，而中国前 10 强同期只占 0.8%。截至 2008 年，全国没有年销售收入超过 10 亿元的种业公司，企业个体市场占

有率均不超过5%，我国最大种子企业的种子销售收入占总体市值比例不到3%。（详见图10－3）

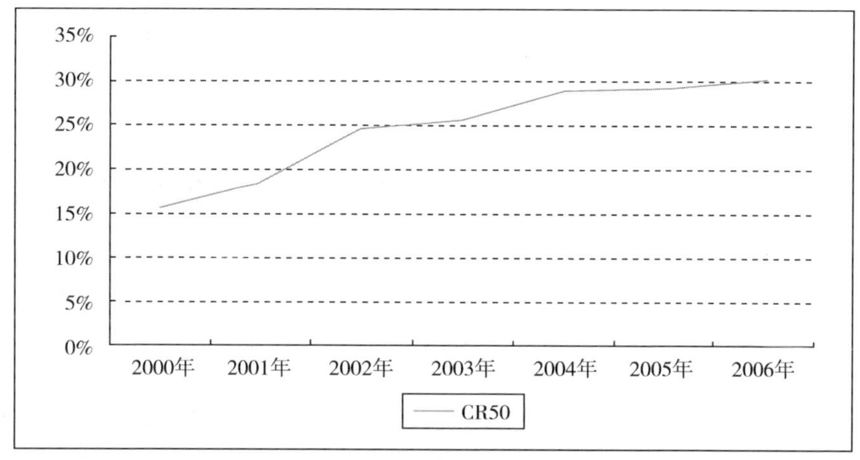

图10－3 中国种子行业前50强市场占有率

近年来，我国种业中的龙头企业发展较快，产业集中度有一定的提高。2000—2006年我国种业前50强所占市场份额从15%左右增长了1倍，达到30%左右。种业上市公司是我国种业公司中最具代表性的企业。目前国内A股上市的种业公司中，非ST股票有五家，分别是以玉米种子为主的登海种业、万向德农，以辣椒、杂交水稻种子为主的隆平高科，以西瓜种子、水稻种子为主的丰乐种业以及以玉米、棉花种子为主的敦煌种业。2007—2009年三年的时间我国五家非ST上市公司实现了总资产从673.45亿元到850.61亿元的突破，2009年比2008年同比上涨了58.3%。2009年5家上市公司总的营业收入达到485.82亿元，比2008年增长了74.6%。利润总额上，由2007年的17.22亿元上升到2009年的55.23亿元，上涨了220.7%，净现金流量也以接近4倍的速度上升。

从国内情况来看，1999年我国各类农作物播种面积达1.53亿公顷，需种量125亿千克，占世界种子需求量的10.4%，实际供种量为45亿千克，种子商品率达36%，商品种子价值为30亿美元，在世界排名第二，占世界商业种子市场的10%。综合考虑种子商品率提高、种粮价格比增大、复种指数的提高和播种面积的减少这四个因素，到2020年我国种业市场商品种子价值将超过100亿美元，年增长率将达10%～15%。2005年我国人口已达到13亿，2030年将达到16亿，因人口的增长到2030年增加粮食需求4900万吨，可见，种子市场蕴藏着巨大的需求和商业机会。从国际市场来看，由于我国种子业的国际竞争力差，国际市场的占有率还很低。2000年，我国种子进出口总额为1.33亿美元，其中出口0.52亿美元，进口0.81亿美元。随着种业未来的发展，种子进出口贸易必将有较大的增长。

三、外资种业进入我国市场的情况

随着农业国际化和我国对外开放程度的不断加深，国内种子市场正在融入国际种子市场，成为国际种子市场的组成部分之一。庞大的市场吸引了孟山都、杜邦先锋、先正达等众多跨国巨头纷纷在中国布局销售渠道、建立研发中心，并积极参股本土市场的优势种子企业。

世界最大的几家跨国种业公司如孟山都、杜邦先锋、先正达等企业，在20世纪80年代已在我国设立办事机构、聘用技术人员、布置品种试验，努力实现本土化。从普通员工到高层管理人员，从资源采集到育成品种，从技术转让到研究开发，乃至从企业文化到公益事业都在努力植根本土化。跨国种业公司通过并购国内具有科研实力的大种子公司和与农业科研机构进行技术合作等方式，从源头控制特异种质资源、优异基因产权、新品种权及关键技术专利等，意欲控制中国种子研发核心力量，进而间接控制整个农业生产的全部环节。

1998年先锋公司在辽宁铁岭市设立了铁岭先锋研究有限公司，开始进行玉米杂交品种的区域实验。2002年，杜邦先锋的4个品种3394、33B75、32F20、33G05拿到了中国政府的许可证，获准在中国市场推广销售。紧接着，美国先锋公司与我国最大玉米制种企业——山东登海种业成立了合资公司，合资公司一期注册资本为3000万元人民币，其中登海集团控股51%，杜邦先锋占股49%。2006年，先锋公司与甘肃敦煌种业股份有限公司成立敦煌种业——先锋海外有限公司。甘肃省敦煌种业具有20多年的种业经营历史，是我国大型种子生产企业之一，产品几乎遍及中国市场。与敦煌种业合作，为先锋在中国生产杂交玉米种子打开了大门。

另一家跨国种子企业孟山都公司在中国迅速发展。1996年11月，孟山都公司与河北农业厅下属的河北省种子站以及美国岱字棉公司合作，成立了第一个生物技术合资企业——河北冀岱棉种技术有限公司，第一次将保铃棉棉种带入中国市场。1998年7月，孟山都又成立了安徽安岱棉种技术有限公司，引进转基因棉种。孟山都公司还与农业部全国农业技术推广中心、国际矿业公司（IMC国际公司）以及加拿大国际发展机构共同在河北省永年县陈刘营村建立了可持续农业示范村，通过效果展示，推广抗虫棉种子。2001年3月，孟山都与中国种子集团公司合作，在北京成立了中种迪卡种子有限公司，在中国开发迪卡公司培育的玉米杂交种“迪卡683”、“迪卡656”、“迪卡743”、“迪卡007”，这些杂交种在中国西南、西北一些省区试种并通过了审定。目前孟山都公司的玉米品牌“迪卡007”在中国推广的非常迅速。“迪卡007”玉米于2000年春天通过了广西的品种认定，2001年开始在广西推广种植。2008年上半年，“迪卡007”在广西的南宁、百色、河池、柳州和贺州等地累计推广应用面积超过1026万亩。2008年，“迪卡007”玉米的升级品种杂交玉米“迪卡008”也通过了审定，开始在广西地区推广。

近年来，跨国种业公司开始着力布局杂交稻市场。2007年，世界排名第四的法国利马格兰种子公司通过旗下VIIK公司，与湖南隆平高科第一大股东长沙新大新集团合作，成立长沙新大新威迈农业有限公司。利马格兰种子公司的真实意图就是通过新大新旗下的湖南隆平高科，涉足中国杂交稻种子市场。2008年，先正达又与安徽农科院水稻研究所达成为期8年的合作协议，旨在以水稻为模式植物，对新型基因功能进行实验室和田间验证。同年10月，先正达投资6000万美元在北京建立了农业领域首个独资的生物技术研究中心，水稻也是重点研究对象。到目前为止跨国种业公司基本完成在中国种业“布阵”的准备工作，正在努力地搜集种质材料、合理配置资源、开展科学研究、鉴定适应区域，以及全面制订未来在中国发展的战略和措施。

杜邦先锋、孟山都、先正达等跨国公司悄然布局中国市场，除建立研发中心外，纷纷参股本土市场的优势种子企业，成立合资公司，其步伐不断加快。从20世纪90年代起，以色列海泽拉、先正达等30多家国外种子公司先后来到有“中国大菜园”之称的山东寿光，建立了示范基地。在山东寿光，蔬菜80%种的是“洋品种”，寿光的30多家国外种子公司每年在我国种子销售额超过6亿元，辐射全国蔬菜面积250万亩以上，而寿光本土的茄子、辣椒、西红柿等品种已经被挤出了市场。国外公司凭借其先进的科技、雄厚的资金和丰富的国际市场运作经验大举进军中国种子市场，在不到十年的时间里已占领了我国高端蔬菜种子50%以上的市场份额，几乎涉及所有蔬菜作物。在国内主要规模化蔬菜生产基地，特别是出口型蔬菜生产基地，外国种子品种占据了主导地位。

最近几年，在进入蔬菜花卉种子市场之后，国外大公司又开始整合、进军我国大田作物种子市场。在玉米方面，粮食作物玉米“洋品种”进入种业的速度加快，外资企业在我国共审定玉米品种84个，一些品种如杜邦先锋的“先玉335”、孟山都的“迪卡007”影响很大，推广速度很快，所占份额逐年增加。美国先锋公司通过与国内种子公司合资，大力推广其玉米种子，2006年“先玉335”在我国东北的推广面积仅26万亩，2009年迅猛增加到1900多万亩，几乎占到吉林省玉米播种面积的10%。其品种影响大、推广速度快，创造了我国玉米新品种的纪录。继“先玉335”后，先锋公司还形成了“先玉696”、“先玉508”等系列品种，预计将占有更大的市场份额。

四、我国种业科研存在的问题

（一）种业科技投入总量不足，科研项目结构不平衡

我国种业科研投入方面无论是公共投资还是企业投资都严重不足。首先，公共性科研投入较少，20世纪90年代是现代生物技术快速实用化的时期，发达国家对种业的投资大幅增加，美国每年总投资在6亿美元左右，

而我国同期“863”计划和国家科技攻关计划等平均每年生物技术研究投资仅有1亿元人民币左右，其中用于农业生物技术方面的比例在20%左右。其次，公司相比国外同行投入差距更大，我国拥有研发创新能力的种子企业不到总数的1.5%，多数企业科研投入仅占销售收入的2%左右，仅少量企业能达到5%以上，而国外种业公司的科研投入一般都能达到销售额的10%左右。考虑到公司销售收入的差距，我国种业公司的科研投入与国外领先公司相比差距更加悬殊。

当前国家加大对现代生物技术的支持力度，却没有相应增加常规育种和杂交育种支持力度，造成科研结构不平衡。在国家五年项目对农业的支持计划中，用于生物育种的研发费用达到300亿元，对常规育种项目的安排只有1.8亿元，差距巨大。由于生物技术需要依托传统种子才能发挥技术优势，因此这种投入结构从长远看不利于种业发展。此外我国科研通行以竞争性项目支持相关研究，这种方式容易偏向支持能够在3~5年内就能见到效益的“短平快”项目，导致对国家基础性、系统性的研究工作支持不足。长此以往会削弱基础性研究，使种业创新研究失去坚实的根基。

（二）种业科技研发力量分散，具有自主知识产权的技术和产品少

我国目前有400多个专门从事作物品种选育和改良的机构，数量居世界首位，在投入总量并不充裕的情况下，机构数量优势反而分散了有限的科技经费。各科研单位间甚至同一单位不同研究小组间相对封闭，在种质资源搜集、保存、管理和交流上没有形成畅通渠道，新品种相互鉴定评价及创新技术相互利用工作薄弱，新发现和新发明的知识产权确定和保护不力，不能形成有效的科技研发激励机制。

中国的植物新品种知识产权保护相对起步较晚，1997年颁布《植物新品种保护条例》，1999年加入UPOV1978公约，成为联盟的第39个成员。我国获得的原创知识产权少，获得的专利数不及美国的1/10。从专利权所有人来看，国外农作物品种的研究和更新70%是靠企业完成的，而我国90%是由科研院所来完成，我国专利权人主要为科研院所，这就导致我国很多专利缺乏推广、应用的动力，其潜在应用价值未能得到挖掘，未能发

展成带来显著经济效益的核心专利。

（三）种业产学研脱节，难以形成规模化的育种模式

与国外相比，我国种业的产、学、研分割严重，科研机构和企业的联系不密切，没有形成很好的对接，上游科研单位较注重新品种、新技术的研发，缺乏产业化能力，下游的种子企业技术创新力量薄弱。我国种子的科研、生产、推广和销售长期以来相互分离，科研成果转化速度慢。在推进“产学研”的有机结合过程中，我国科研单位与企业的结合也多以“短、平、快”的项目合作和成果转让为主，战略层次的合作很少，组织形式松散，缺乏持续保障机制。加之我国农业生物产业链的上、中、下游承担的单位及单位性质不同，研发及成果转化环节容易出现断层，大量的科研成果没有获得高效的转化利用。

现代育种技术的发展是以综合利用杂交技术、常规技术以及生物技术为基础的，需要在种质搜集、品系搭配、农艺性状鉴定、环境抗性检验、生产性试验、分子标记等许多环节投入大量的资金和人力，工作量大、重复性强，科研单位难以承担与完成。只有企业加入，运用有效的管理机制和灵活、高效的组织形式，加上大量的资金、人员投入，才能高效率地实现综合开发与试验，不断产生大量新品种。例如我国主要动植物转基因研究一般处于年产转基因植株几十至几百株或几个动物的研究水平，而孟山都一家公司已经达到年产30万株转基因植株的技术水平，规模化的商业育种模式的优势巨大。

（四）种业科技创新战略联盟开始出现，缺乏运行经验和有效支持

近年来随着我国种业快速发展，我国一些龙头种业企业在经营效益和创新能力上也有很大发展。但是面对日益复杂的种业技术发展趋势和来自国外种业巨头强大的竞争压力，依靠常规的发展思路，我国种业企业难以应对如此激烈的挑战。通过与业内公司和科研单位结成长期合作、共担风险的稳定性创新战略联盟成为种业发展的一个重要趋势。由中国种子集团有限公司与中国农业大学、中国农科院部分应用型研究所、华中农业大学

等科研院所和高等院校，以及部分大中型种子企业联合发起的中国种业科技创新战略联盟已在组建。该联盟具备承担国家种业科技项目和产业转化的较强能力，容纳了中国种业大部分一流的科研院所、大专院校和企业，逐步探索深化联盟内的产学研结合，强化龙头企业的科研组织管理和产业转化能力的有效方式。

种业科技创新战略联盟的出现有利于在联盟内部打破产学研分离的局面，促进种业产业链建设。但种业科技创新战略联盟还处于起步阶段，很多根本问题还没有解决，如联盟中企业和科研单位是纵向分工关系还是横向合作关系、合作研发的技术与产品投入与利益分配问题、联盟中的企业相互之间的竞争与合作关系、联盟的规模与运作机制问题等。此外，政府层面对种业科技创新战略联盟的有效支持还不足，支持模式还需要多样化，相关管理政策也需要进一步完善。

五、推动我国种业发展的战略举措

提高我国种子产业的科技水平对保障我国粮食安全、增强农业整体国际竞争力具有重要意义。需要从国家科技发展的战略高度，重新认识和定位种业的重要地位，确立统一种业科技发展规划，力争在重大品种选育和产业化开发方面取得战略性突破。

（一）把种业作为战略性新兴产业的重要内容，集中力量攻克生物育种主要技术，提高种业核心竞争力

重点挖掘具有自主知识产权的高产、优质、抗病虫、抗逆、养分高效利用的重要优良等位基因资源。坚持高新技术与常规技术的紧密结合，重点开展农作物强优势利用核心技术研究，拓宽植物杂种优势利用的范围，提高杂种优势利用的效率。开展农作物高通量转基因及鉴定评价技术、高通量分子标记育种技术、高通量单倍体育种技术以及规模化基因克隆、分子设计育种、动植物高效细胞育种、计算机模拟育种、基因绝育技术等前瞻性新技术研究。研究生物代谢工程技术，培育高附加值的农业重大产品，推进我国生物代谢工程和生物反应器产品的产业化。提高种业的核心

竞争力，促进民族种业做大做强，为保障我国粮食安全和农民增收服务。

（二）加强种业科技平台能力建设，构建现代种业科技创新体系，推进产业科技创新战略联盟发展

加强种业科技创新基地、产业园、国家重点实验室、工程技术研究中心和育种研究中心建设。有效整合全国的种业科技资源，建设国家级的现代种业科技创新技术公共平台，加大对公共平台先进装备、试验设施的投入，集中力量开展共性技术研究，提高种业科技的持续创新能力。克服当前科研体制存在的问题，加强种业科技上中下游的有机结合，建设以市场为导向、公共研究单位与企业紧密结合、以企业为主体的种业科技创新体系。引导种业龙头企业与优势科研单位形成企业与企业、企业与院所的产业科技创新战略联盟，出台相关政策支持战略联盟承担科技项目，促进战略联盟发展，全力推动“产、学、研”实质合作和融合。

（三）提高企业科技投入意识，增强企业科技研发能力，培育具有国际竞争力的现代种业企业

集中整合行业优势资源，避免重复建设与力量分散，提高行业研发、产业投入的整体投资效率。抓住我国种业快速发展的大好时机，增强企业自主创新能力，提高种业企业的竞争力，重点培育几家具有国际竞争力的种业“航空母舰”，培育具有国际竞争力的新型种业企业，保持国家自主企业对中国种业的控制力和影响力。

第四节　农村技术人才队伍建设

人才是强农的根本。任何产业的发展都离不开掌握现代科学技术的人才，中国是农业大国，对农村技术人才的培养在推进新农村建设、促进农业稳定发展和农民持续增收过程中起着举足轻重的作用。

一、农村技术人才的现状分析

农村技术人才应是根植农村，懂技术、善经营、做示范、能推广的多层次复合人才，包括农业技术推广人才、农业产业化人才和农民专业合作组织负责人、农村生产能手、农村经纪人等。当前，我国农村技术人才总量不足，结构不合理，整体素质偏低，示范带动作用不明显。据统计，2008 年我国农村技术人才约为 880 万人[①]，相对于近 7 亿农民微乎其微，平均 1000 名农业人口中技术人才不到 2 名。农学专业人才培养不乐观，农学专业的招生人数在全国高校的招生人数中所占份额极小，2010 年大专、本科农学类专业的招生人数占总招生人数的 1.79%，意味着在每招收 100 名高校生时，其中农学专业的不足 2 人，且近年农学类专业招生呈逐年递减的趋势。

此外，农村技术人才学历层次偏低。据《中国劳动统计年鉴》相关数据显示，2009 年我国农业从业人员中，文盲的比例为 7.7%，受过小学教育的比例为 37.5%，拥有初中水平的比例为 48.9%，农业从业人员中文化程度是初中水平或低于初中水平的占 94.1%。农村技术人才中接受过正规、系统农业培训的人极少，即使接受过培训的人员多数也只是受过短期或临时的培训。

同时，在农村“空心化”和农民“老龄化”的影响下，农村技术人才流失严重，老龄化现象明显。2010 年我国农民工人数约为 2.4 亿，农村留守农民平均年龄达 55 岁，其中妇女超过 60%。由于农业劳动力的大量外流，青年人才不能实现充分补给，农业技能和经验知识的传递出现断层，在农业生产活动中拥有多年从业经验的乡土人才逐步迈入老龄化阶段。第二次全国农业普查数据显示，2006 年 50 岁以上的农业从业人员上升为 32.5%，较 1996 年第一次全国农业普查提高了 14.4%，平均每年增长 1.44%。农民综合素质偏低制约了现代农业的发展。

① 《农村实用人才和农业科技人才队伍建设中长期规划（2010—2020 年）》。

农村技术人才匮乏的现状严重阻碍了农业科技进步，不利于农业发展方式的转变和发展现代农业。因此《农业农村人才队伍建设中长期规划(2010—2020 年)》（以下简称《规划》）中特别强调加强农村实用人才和农业科技人才队伍建设是农业农村人才工作的重点领域，是实施人才强农战略的关键环节，制定大力培养农业技术推广人才、着力培养农村实用人才带头人；全面培养农村生产型人才、积极培养农村经营型人才、加快培养农村技能服务型人才等农村技术人才的重点任务。《规划》指出到 2020 年，农业技术推广人才数量要达到 60 万，生产型人才数量达到 630 万，经营型人才数量达到 320 万，技能服务型人才达到 360 万。

二、农村技术人才的培养与培训

从农村技术人才现状来看，距目标任务缺口最大的主要是经营型人才和技能服务型人才。因此农村技术人才的培养重点应放在农村，目标应瞄准农民。提高农村技术人才数量与能力应把提高教育水平作为培养农村技术人才的长期手段，把使用技能培训作为解决农业生产现实问题和推广现代农业新技术的有效措施，做到长短结合，注重实效。

发展现代农业对农村技术人才提出了更高层次的需求，农村教育的重心应在继普及九年义务教育之后适度上移，着重扶持中高等职业教育。现代农业中的农村技术人才应具备一定水平的农业科学知识和生产技术。现代农业向产前、产后拓延，是农业全产业链的产业，农村技术人才所属的范围及层次已超出了传统农民的范畴，这对农村技术人才的素质提出了更高的要求：一是由高产型农业向高效型农业乃至知识型农业的转变，需要更多掌握现代农业科技知识的劳动者的参与；二是农业产业链涵盖了农村服务业、涉农企业及进入城市发展的各行业，提高农村富余劳动力的科技文化素质和社会适应能力，能够有效引导并充分利用这部分人力资源，使其适应现代农业产业链对人才的需求；三是农业高新技术推广应用的需要，农村技术人才是各类农业科技成果转化与传播的主体，只有提高“研发—生产—效益”各环节的人才素质，科技成果才能最终通过农民转化为生产力。

在农村技术人才培养体系中，农村职业教育的地位尤为突出。如何扩大农村职业教育应用领域进而提高服务质量，是培养农业产业化人才的关键环节。这就需要调整农村职业教育类型、层次、布局及对象等结构，转变农村职业教育发展模式，为推动农业产业化进程、发展区域社会经济、改变农民生产生活方式服务。其中重要的是改善农村职业教育办学条件，提高农村职业教育水平，通过建立专业的教育培训平台，以宣传、交流等灵活的方式为参与农业产业化生产经营的各类人员提供职业教育机会，让受教育者了解现代产业化发展状况及发展方向，提供有针对性的帮助和指导。对接受农业中高等教育的学生进行职业教育，引导并协助其适应农村工作生活环境，做好所学专业基础知识与专业知识应用的衔接，提供必要的发挥专业优势的学习、实验及实践条件，激发其为农业农村服务的热情。对参与农业产业化经营的劳动者进行职中、职后培训，保障学习的适用性及连续性，不仅能增强劳动者掌握新知识、新技术的能力，提高劳动效率，增加个人收入，还能帮其拓展学历及职业的上升空间，提高其参与职业培训的积极性。

高等农业类学校是高端农村技术人才培养的主阵地。在农业人才的培养方面，农业高等教育通过长期的发展集聚了丰富的资源，但它的产出在农业生产环节中的应用还不是很直接，一个重要的原因就是培养的人才与农业生产发展所提供的接收条件还存在一定的落差，很多农业高校毕业的大学生、研究生都选择脱离农业，更别说进入农业生产主战场，投入广袤农村。农业类高等院校作为培养人才的最高阵地，应通过内部调整，加大农业科技推广人才培养力度、扩大农村技术人才培训范围，并且联合地方职业教育机构，在人才的培养与使用环节增加与区域农业产业化发展相连接的职业化引导过程，从而增强农业高层次人才在区域农业产业化经营组织中的作用，推动农业科技人员到一线成长提高，促进农业技术成果转化。

三、培养农村技术人才与发展职业农民

人才制约着我国现代农业发展，职业农民是现代农业发展中不可或缺的人力要素，职业农民培育是现代农业发展的基础。根据美国人类学家沃尔夫的经典定义，传统农民主要追求维持生计，他们是身份有别于市民的群体；而职业农民则充分地进入市场，将农业作为产业，并利用一切可能的选择使报酬极大化。现代农业中的职业农民是农业生产的主体，通过更多的市场手段配置农业生产资源，可以有效地促进生产要素的合理流动，提高农业生产的集约化、社会化水平，提高农业的产业比较效益。职业农民具有对农业科技的强烈偏好，是培养农村技术人才的理想目标。因此，把培养农村技术人才与发展职业农民结合起来，是提高我国农村科技人力资源水平的有利渠道。

职业农民强调由“身份”向“职业”的转变。农民职业化后，农民转而成为一种职业，成为一种社会分工。职业农民根据市场需求自主经营。同时职业农民也有一定的准入门槛，需要相应的职业技能。职业农民的来源范围从传统农村居民、农业院校的学生、农业技术人员，到城市中从事农业生产的居民、其他行业的人员、企业单位、法人、组织团体，不受户籍、地域、主体性质等方面的限制。职业农民所服务的现代农业，是以现代服务业引领的第一、第二、第三产业结合体，涉及农业生产、加工、销售、物流、中介服务、管理等多个工种，所从事的工作能够涵盖第一、第二、第三产业的各个方面。

职业农民按照最终从事的工作内容、特质，大致可以分为四类（见表10－9）。其中，经营型职业农民要求具有较高的职业技能，能胜任的人员相对较少，位于职业金字塔的顶端。服务型与生产型的职业农民是职业农民队伍的主体，涵盖了现代农业的各个角落。家庭型主要以家庭的独立经营为主，这与当前一家一户的农业经营是不同的，其专业生产能力更强，家庭农场就是典型代表。

表 10－9 职业农民的类型特点

类型	工作特征	技术要求	工作形式
经营型	从事现代农业的经营管理	管理、经营等综合性技能	涉农企业、农业中介组织等
服务型	围绕现代农业产业链开展专业性服务	专业性服务技能	农业流通、加工企业，农业服务中介组织等
生产型	专业从事农业某一方面的生产活动	专业性生产技能	种植、养殖企业，专业合作社等
家庭型	以家庭为单位的农业生产经营	生产、管理等综合性技能	家庭农场、专业大户等

结合中国“三农”现实对职业农民的培育大致有以下几种形式：

第一，推动传统农民中的“精英”向职业农民转变。传统农民对土地有着天然的感情，与外来人员相比他们更了解当地的农业生产情况，特别是一些种植大户、养殖大户、农业经纪人、合作社带头人、乡土人才等，他们已开始走农业产业化发展之路。但对一些专业技术知识、管理知识的欠缺，制约了他们的发展壮大。可以有重点地选择这些有能力的传统农民，通过对他们开展有针对性的职业技能服务以及配套的政策扶持，引导他们在当地走现代农业之路，帮助他们进一步扩大生产规模，提高生产组织化程度，逐步将他们培育成为稳定、持续发展农业的职业农民。在加快推进传统农民分工分业的基础上，对于那些既懂技术又懂管理的种养大户、合作社带头人等，要引导他们向家庭农场、农业公司等方向发展。

第二，促进传统农业技术人员向职业农民发展。我国传统的农业技术推广体系培育了大批农业技术人员，目前农业技术推广机构实有人员为50多万人。这些农业技术人员拥有较强的专业知识，在农村实践中也积累了大量农业生产经验，更了解中国农村社会的情况。而他们自身拥有较强的文化素养，能更好地了解市场信息，因地制宜地发展现代农业。同时，在近些年开展的科技特派员行动中，大批科技人员进入农村，2012 年全国科技特派员的数量达到24 万人。以科技特派员项目为契机，推进科技特派员的农村创业，以他们的成功典范引导更多的农业技术人员加入职业农民队伍中，不失为培育职业农民的现实途径。

第三，引导更多的企业家成为职业农民。规模化并以高科技支撑的农业经济效益较高，有可能吸引下一批原来在城市创业的企业家在完成初期资本积累后，将资金用于广阔的农村市场。城市企业家的进入，不仅可以为农村发展快速注入新的活力，而且可以迅速突破传统农业的种养殖限制，发展农村的规模化经营，扩大农产品加工、包装、物流等第二、第三产业的服务。同时，企业对土地的规模经营也必然会促进原有土地上的农民转化为农业产业工人，在农业生产环节获取更多的现金收益和更多的发展机会。

第十一章 加强农业基础设施建设

中国是世界上人口最多的国家，根据第六次人口普查的结果，截至2011年底，我国人口已达13.47亿，占世界总人口的19.3%[①]。在巨大的人口压力下，即使我国很多资源总量都排在世界前列，但人均占有量却远低于世界平均水平。以农业中最重要的耕地资源和水资源为例：我国耕地面积为11000万公顷，约占世界耕地面积的8%，居世界第4位，但人均耕地面积不足1.3亩，为世界人均水平的41%。不仅耕地资源稀缺，而且耕地质量也不高。大量耕地面临土壤有机质含量低、土壤盐碱化、土壤污染、土壤侵蚀和荒漠化等问题。我国可再生淡水资源总量为28462亿立方米，约占世界可再生淡水资源总量的7%，居世界第6位，但人均占有量仅2113立方米，为世界人均占有量的1/4[②]。据估计，我国每年缺水量为360亿立方米，其中农业缺水量为300亿立方米，大约占全国农业用水总量的8%[③]。因此，人多地少水缺使我国农业现代化进程面临着严峻的资源约束。加强农业基础设施建设、改善农业生产条件，是突破我国农业现代化进程中资源约束的主要途径。21世纪以来，在“以工促农、以城带乡”

① 国家统计局. 中国统计年鉴（2012）［M］. 北京：中国统计出版社，2012：5.

② 国家统计局. 国际统计年鉴（2013）［M］. 北京：中国统计出版社，2013：8，9. 其中，耕地资源数据是2010年的，可再生淡水资源数据是2009年的。

③ 经济合作与发展组织. 中国农业政策回顾与评价［M］. 北京：中国经济出版社，2005：49.

基本方略的指引下，一系列加强农业、农村基础设施的政策相继出台，特别是2004—2014年的11个“一号文件”和《中共中央关于推进农村改革发展若干重大问题的决定》，为我国的农业、农村基础设施建设指明了方向，提供了支持。在政策的推动下，国家财政用于农业基础设施建设的投入大幅提高。据统计，2002—2011年，农业部共安排农业固定资产投资和农业综合开发资金1398亿元；年度农业基本建设投资已从2002年的56.4亿元增长到2011年的267.86亿元[①]。这一时期，我国的农业、农村基础设施建设得到了较大的发展，同时也存在一些问题。本章主要对21世纪以来农田水利建设、农业机械化建设、农业生产基地建设以及农村基础设施建设等领域的发展现状和问题进行梳理。

第一节　农田水利建设

一、我国农田水利设施建设的成效

农田水利建设长期以来都是我国农业基础设施建设的重中之重。21世纪以来关于“三农”的十个“一号文件”都强调要坚持不懈抓好我国的农田水利建设。2008年《中共中央关于推进农村改革发展若干重大问题的决定》对我国的农田水利设施建设做了短中期部署：“加强大江大河大湖治理，集中建成一批大中型水利骨干工程，加快大中型灌区、排灌泵站配套改造、水源工程建设，力争2020年基本完成大型灌区续建配套和节水改造任务。加快病险水库除险加固，确保2010年底完成大中型和重点小型水库除险加固任务。鼓励和支持农民广泛开展小型农田水利设施、小流域综合治理等项目建设。推广节水灌溉，搞好旱作农业示范工程。”“十一五”期间，中央财政通过水利口安排农田水利建设资金达465.54亿元，比“十

① 中国农业年鉴编辑委员会. 中国农业年鉴（2012）[M]. 北京：中国农业出版社，2013.

五”时期增长了277%；中央财政其他专项资金中用于农田水利建设为889.8亿元；地方财政投入农田水利建设资金约1600亿元；利用银行贷款和社会资金约200亿元[①]。经过多年的政策探索与财政投入，我国农田水利建设取得了很大的成效，主要表现在以下三个方面。

（一）农田水利设施总量增加

国家层面政策的重视和财政投入的增加促进了我国水利设施总量的增长。如表11－1所示，截至2011年底，我国建成万亩以上灌区5824个，比2000年增加2.48%；水库数88605个，比2000年增加6.42%；堤防长度30万公里，比2000年增加11.11%；节水灌溉面积2917.9万公顷，比2000年增加78.04%；除涝面积2172.2万公顷，比2000年增加3.49%；水土流失治理面积10966.4万公顷，比2000年增加35.45%。可见，21世纪以来，我国的灌溉、蓄水、防洪、节水、除涝、保持水土等方面的水利设施数量都得到了提高，尤其是节水灌溉面积和水土流失治理面积增加幅度较大，对保护水资源和耕地资源发挥了较大的作用。

表11－1 21世纪以来我国农田水利设施总量变化情况

	2000	2008	2009	2010	2011
万亩以上灌区数（个）	5683	5851	5844	5795	5824
水库数（个）	83260	86353	87151	87873	88605
堤防长度（万公里）	27	28.7	29.1	29.4	30
节水灌溉面积（万公顷）	1638.9	2443.6	2575.5	2731.4	2917.9
除涝面积（万公顷）	2098.9	2142.5	2158.4	2169.2	2172.2
水土流失治理面积（万公顷）	8096	10158.7	10454.5	10680	10966.4

资料来源：中国农业年鉴编辑委员会．中国农业年鉴（2012）[M]．北京：中国农业出版社，2013.

（二）辐射农田面积不断上升

由于农田水利设施总量的增加，我国农田有效灌溉面积和有效灌溉率

① 摘自2012年4月25日水利部部长陈雷在第十一届全国人民代表大会常务委员会第二十六次会议上的报告。

都稳步上升。2000 年，我国农田有效灌溉面积仅为 53820 千公顷，有效灌溉率为 10.11%，2004 年起，我国农田有效灌溉面积和有效灌溉率扭转了 21 世纪初的下降趋势，2011 年农田有效灌溉面积增长到 61682 千公顷，年均增长 1.2%，农田有效灌溉率增加到 11.76%（见图 11－1）。此外，旱涝保收面积和机电排灌面积也得到了很大的提高。其中，旱涝保收面积从 2000 年的 38336.3 千公顷增加到 2011 年的 43383.4 千公顷，增幅为 13.17%；机电排灌面积从 2000 年的 35954.1千公顷增加到 2011 年的 41464.7 千公顷，增幅为 15.33%。

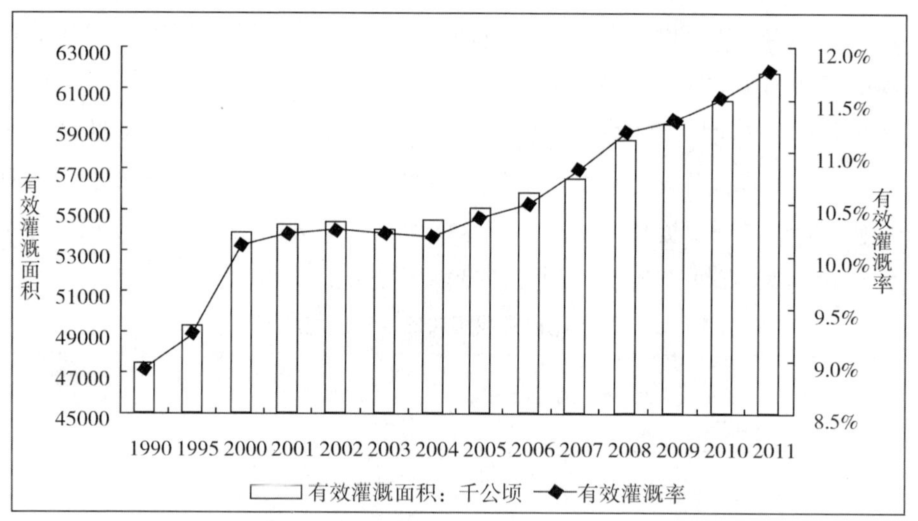

图 11－1 1990—2011 年我国农田有效灌溉面积与有效灌溉率

资料来源：耕地面积来自世界银行数据库，其中，2010 年、2011 年耕地面积取 2009 年数值；有效灌溉面积来自历年《中国统计年鉴》。有效灌溉率＝有效灌溉面积/耕地面积。

（三）防洪抗旱减灾能力明显加强

农田水利建设的一个重要作用是增强农业抵抗自然气象灾害的能力。21 世纪以来，我国农田旱灾、洪涝灾成灾面积整体上呈现出了下降的趋势。2000 年，农田旱灾、洪涝灾成灾面积分别为 26784 千公顷和 4321 千公顷；2011 年两项指标分别下降到 6599 千公顷和 2840 千公顷，分别比2000年的指标值下降了75.36%和34.27%（见图11－2）。此外，我们成功抗御了2009年北方冬麦区大范围干旱、2010年西南地区特大干旱和2011年全国三次大范围严重干旱，“十一五”以来累计减免粮食损失7780亿斤[①]，这些成就在很大程度上要归因于我国农田水利设施的不断改善。

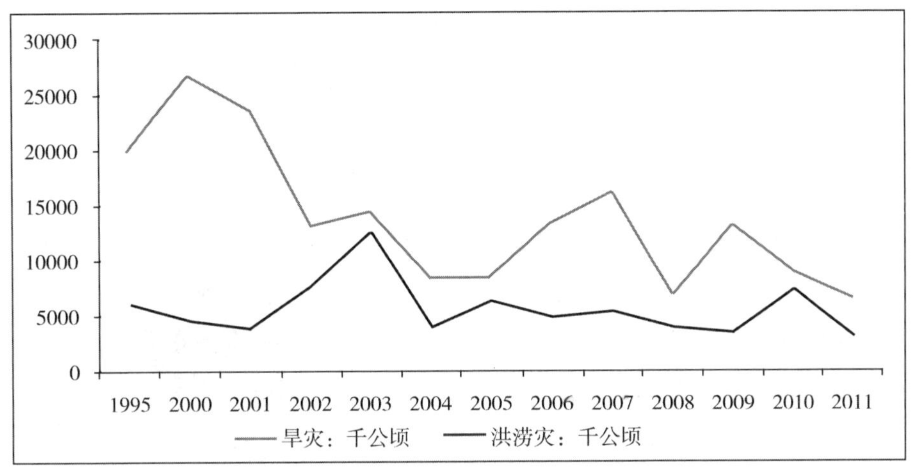

图11－2 1995—2011年中国洪涝旱成灾面积

资料来源：中国农业年鉴编辑委员会．中国农业年鉴（2012）[M]．北京：中国农业出版社，2013.

二、我国农田水利设施建设中存在的问题

在取得成就的同时，当前我国农田水利设施建设中主要存在以下问题。

（一）农田水利建设投资仍显不足

尽管国家把农田水利设施建设放在基础设施建设的首要位置，但对其投资仍然不足，稳定增长的投资机制尚未完全建立，发展速度相对滞后。由于投入不足，多数水利设施老化失修，一些地方在干旱面前束手无策，

① 摘自2012年4月25日水利部部长陈雷在第十一届全国人民代表大会常务委员会第二十六次会议上的报告。

水利设施不堪重负。大型灌区工程设施的完好率不足50%，中小型灌区工程设施的完好率不足40%。尤其突出的是小型农田水利建设，虽然中央财政小农水补助资金的设立对局部改善我国小农水工程面貌、部分弥补“两工”取消带来的投入缺口具有一定作用，但与点多量大面广的农田水利工程需求相比，差距仍然很大。中央财政、省级财政和其他渠道每年投入到小农水的资金总量不足100亿元，投入到农田水利基本建设的资金总量不足900亿元，缺口巨大，欠账太多，造成各地小农水工程整体退化、报废加快①。

（二）农田水利与建设现代农业还不相适应

目前我国农田有效灌溉面积占农田面积的48%，有一半以上的农田得不到有效灌溉，仍然“靠天吃饭”。农业用水方式粗放，水资源利用效率效益不高，我国农田灌溉水有效利用系数远低于0.7～0.8的世界先进水平；水分生产率（单位用水的粮食产量）不足2.4斤/立方米，而世界先进水平已达到4斤/立方米左右。中小河流治理、小型病险水库除险加固、山洪灾害防治等防洪薄弱环节建设亟待加快实施。

（三）农田水利建设新机制亟待完善

我国农田水利设施建设机制仍然很不完善：农民投工投劳的激励机制仍在探索阶段，还没有形成成熟的机制，而农田水利建设“一事一议”还有待规范，农民用水合作组织建设与发展亟待政策和资金保障。小型水利设施的产权制度改革中，股份合作形式较少，以承包、租赁形式出现的多，由于承包租赁者仅获得小型农田水利设施的经营权、使用权，不具有所有权，易引起委托—代理问题，租赁承包者追求承包期内自身效用的最大化，经营者采用短期行为，投入少、掠夺性利用，难以确保水利资产保值增值。

① 王冠军，等．新时期我国农田水利存在问题及发展对策［J］．中国水利，2010（5）．

第二节 农业机械化

一、我国农业机械化的成效

21 世纪以来，农业劳动力结构性短缺矛盾日益突出，农业劳动力人均土地面积将逐渐增加，劳均土地面积的增加必然需要农业机械化。因此，农业生产发展的趋势对农业机械化的需求越来越迫切，国家对农业机械化发展越来越重视。21 世纪以来关于“三农”的十个“一号文件”中有七个提出要加快推进农业机械化。近年来，《农业机械安全监督管理条例》（2009）以及《国务院关于促进农业机械化和农机工业又好又快发展的意见》（2010）先后颁布实施，与《农业机械化促进法》（2004）和各地方法规共同构建起中国特色的农业机械化法律法规政策体系。农机购置补贴政策实施力度不断加大，中央财政农机购置补贴资金从 2004 年的 7000 万元增加到 2011 年的 175 亿元。另外，随着农机化推进工程、保护性耕作工程、农机培训阳光工程等重大专项的实施，中央和地方在农机化科研、教育培训、购机补贴、作业补贴等方面的投入力度将持续加大。我国的农业机械化发展取得了巨大的成就，主要表现在以下五个方面。

（一）农业机械数量增加

2011 年全国农机总动力达到 97734.7 万千瓦，比 2000 年增长了 81.90%。21 世纪以来，我国各类主要农业机械的拥有量都有了明显的增加（见图 11-3）。截至 2011 年底，我国大中型拖拉机拥有量为 4406471 台，比 2000 年增加 352.16%；小型拖拉机拥有量为 18112663 台，比 2000 年增加 43.25%；联合收割机拥有量为 1113708 台，比 2000 年增加 324.14%；农用排灌柴油机拥有量为 9683914 台，比 2000 年增加 40.73%。可见，21 世纪以来，我国农业机械数量增长迅猛，特别是大型拖拉机和联合收割机均增长了3倍以上，我国农业机械化程度有了较大的提高。

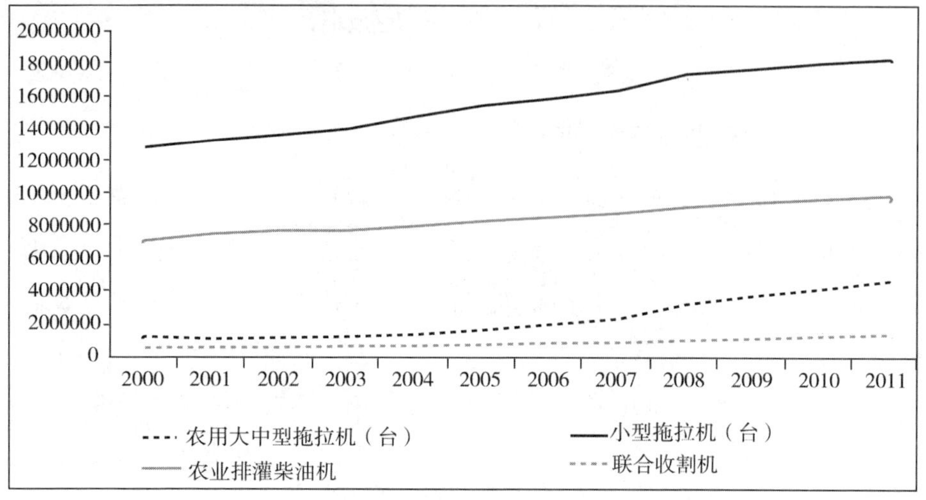

图11－3　2000—2011年中国主要农用机械台数变化

资料来源：中国农业年鉴编辑委员会. 中国农业年鉴（2012）［M］. 北京：中国农业出版社，2013.

（二）农机作业水平得到快速提升

主要农作物的农机作业水平有了较大提高，其中水稻种植机械化水平取得了突破性进展，水稻机播水平达到76.48%。玉米、水稻、油菜等作物的机械化收获水平增幅较大，特别是玉米的机械化收获水平年均增长率高达60.79%。“十二五”期间，水稻、玉米的机收水平将继续高位增长，特别是玉米机收水平处于飞跃时期，水稻机插秧水平将继续保持快速增长。此外，受近年来政策刺激和国家对农机科研投入力度的加大，农机生产企业数量、规模都快速增加，预计“十二五”期间主要农作物关键环节的农机装备供给将大大增加。

（三）农机的使用提高了水、种、肥、药的利用率，改善了耕地的质量

2010年机械深松面积为1.43亿亩，精少量播种面积为5.3亿亩，机

械深施化肥面积为4.89亿亩，机械节水灌溉面积1.76亿亩。2010年保护性耕作技术实施面积达到7000万亩，带动机械化免耕播种面积达到1.8亿亩，秸秆机械化粉碎还田面积为3.7亿亩。相同的施肥量用机械深施基肥可增产5%～10%，而在保持产量相同的情况下，可节约肥料20%以上。通过机械化高效施药可比传统施药方法提高利用率30%以上。在同等生产条件下，水稻、小麦、玉米生产全程机械化可实现节种增产减损的综合增产能力分别为53千克/亩、37千克/亩、72千克/亩。粮食机械化收获可在抢农时的基础上减少收获损失5～8个百分点。采用低温干燥可在提高稻谷品质的基础上，减少霉烂损失4%以上。在依靠地、水、肥等资源要素投入增产受到的约束逐渐增强的情况下，发展农业机械化成为挖掘我国粮食增产增收潜力的现实选择。

（四）农业机械在抗旱抗洪中发挥了重要作用，减少了灾害带来的农业损失

“十一五”期间，农业机械平均每年完成的抗洪排涝面积近1亿亩，排渍量700亿立方米，抗洪抢险拉运土石方9000万立方米，拉运救灾物资6000多万吨，抗旱抽水面积达6亿亩次，抽水量600多亿立方米，完成其他农机抗灾救灾作业面积近3亿亩次。大量的农业机械植保机械和6个农用航空站在防治各种病虫害的发生方面取得了明显的实效。农业机械在灾后恢复农业生产工作中也发挥了重要作用，受灾地区农机部门积极组织开展灾后水毁农田抢修及受旱、受涝农作物补种、改种等多种措施，争时间、抢速度，不误农时。2009年春天北方小麦主产区遭遇30年一遇、部分地区遭遇50年一遇的特大干旱，全国累计投入抗旱保春管机具823万台套，农机灌溉面积约占小麦抗旱灌溉面积的80%以上，充分发挥了农业抗灾救灾主力军的作用。

（五）农机专业合作社发展迅速，农机社会化服务能力不断增强

“十一五”期间，农机社会化服务能力和效益明显提升。随着《农民专业合作社法》的颁布和农机购置补贴力度的不断加大，我国农机合作社得到了较快发展。2008年以来，我国农机专业合作社年均增长率高达

62.95%，农机组织化程度逐渐提高，农机服务专业化水平也相应有所提升。农机专业合作社不断涌现，服务领域拓展、服务形式多样化、总体经营效益提高，实现普通农户与农机经营者以及社会效益多赢，为立足家庭承包经营加快推进农业机械化创造了条件，有效解决农业小规模经营与大农机生产之间的矛盾。实践证明，在农机化快速发展阶段，发展好农机化专业合作社平台，能够有效延伸农机公共服务载体，弥补乡镇公益性农机化服务缺失，完善基层公共服务体系。

二、我国农业机械化发展中存在的问题

（一）农业机械化发展不平衡

首先，在西南丘陵山区和南方低缓丘陵稻区与全国其他地区存在差距，这些差距存在逐年扩大的趋势。其次，农机化发展存在较多薄弱环节，如水稻机械插秧、玉米机收、油菜机播和机收、马铃薯播种和收获、甘蔗收获、棉花收获、花生收获等环节，如不尽快解决这些薄弱环节的机械化问题，不仅将制约农机化全面协调可持续发展，也必将影响农业现代化进程。

（二）农机化公共服务能力不高

目前我国农业机械化正处于快速发展时期，对信息服务、安全监理、试验鉴定、科技推广、质量监督等公共服务的需求也快速增长，然而目前我国农机化公共服务能力的发展落后于农业机械化，出现了农机化管理体制不顺、投入保障不足、服务能力有待提升等问题。如何加强农机化公共服务体系建设，推进农业机械化又好又快发展，是各级农机化主管部门必须面对的重大而紧迫的战略任务。

（三）农机农艺融合不够紧密

制约我国农机农艺融合的因素主要包括：①精耕细作的传统农业生产模式与大规模机械化生产之间的冲突。人多地少、耕地后备资源不足是我国的基本农情，依靠精耕细作提高单位面积产量成为发展农业生产的必然选择，轮作倒茬、多熟种植、多种经营、用养结合、循环利用等经验和技术是我国传统农业的重要特征。这种传统农业模式与以规模化、标准化为

特征的机械化生产方式进行对接，必然出现不适应甚至对立冲突。②复杂多样的种植模式与机械化要求的标准化生产之间的冲突。我国不同区域的气候、地形、土壤和经营规模差异较大，同一作物在不同区域种植的行距与株距、轮作与套作方式、平作与垄作方式等也不同。传统农业模式和复杂的种植制度决定了良种、良法和机械化技术之间集成配套难度很大。③农机与农艺的行政管理、科研教学和技术推广部门缺乏协同推进的动力机制。目前在农机与农艺结合实践中出现了“四个缺乏”的被动局面，即缺乏相互包容的发展目标、缺乏规范协调的工作机制、缺乏同步发展的工作基础、缺乏“兼收并蓄”的复合人才。这是制约两者有机统一、阻碍农机化快速发展的根本症结所在。

（四）农机合作社发展处于初级阶段，存在许多制约因素

目前我国农机专业合作社保持较快的发展速度，但是还存在很多制约因素，如合作社用地政策、金融政策、配套法律法规不完善问题等。合作社用地问题牵涉土管、财税、农机等部门，用地审批门槛高，手续难办，政策落实仍然非常困难，同时存放农资、大型农机具的场库棚建设用地短缺也是合作社面临的一大难题。农机是一项较大的投资，部分刚发展起来的合作社都存在着机具少的问题，仅依靠合作社成员内部筹资无法解决问题，这在很大程度上制约了合作社发展。还有一些农机行业的配套法律法规，如农机用油问题、农机购置补贴如何向农机合作社倾斜等问题，都制约合作社更好更快发展。

（五）农业科技传统观念对农业机械化存在一些负面影响

农业技术传统观念对农业机械化的负面影响主要包括：①片面认为“农村剩余劳动力多，不需要机械化”。这种观点认为中国农村有过多的剩余劳动力，机械化解放出来的劳动力并不能找到足够的就业机会。这种认识把问题简单化处理，其实若把国家作为一个整体，可能情况是局部地区有农业剩余劳动力，而同时其他地区缺乏或者很快会缺乏农业劳动力。哪里经济发展越快，哪里的副业和小工业就扩展的越快，大量农民就离开土地，随之劳动

力的短缺开始加剧，农业劳动力工资急剧提高。受上述片面观念的影响，我国在农作制度和农机化工程技术领域的研究经费短缺，人才流失，缺乏长期连续的研究积累，很难实现品种、栽培和机械化技术的同步推进、协调发展。②农业科研重“品种”、轻“技术”。长期以来，我国农业科研投入主要集中在利用生物技术和常规技术，选育高产、优质和抗逆的新品种，这与我国人口基数大且耕地和水资源缺乏的基本国情密切相关。但同时，作物栽培、土壤管理、施肥、病虫害防治、农业排灌和机械化等配套技术研发却得不到重视，科研基础薄弱，研发能力严重不足。

第三节　农业生产基地建设

农业生产基地是国家充分发挥地区生产优势，集中力量建设配套设施、增加科技投入、保障大宗农产品持续供给的重要方式。21 世纪以来，我国高度重视主要农产品生产基地的建设，关于“三农问题”的 10 个“一号文件”中有 8 个对农业生产基地建设做出了强调和部署。其中，2004 年、2005 年和 2006 年的三个“一号文件”只涉及商品粮基地建设；2008 年、2009 年、2010 年、2012 年和 2013 年的五个“一号文件”则对粮、棉、油、糖等大宗农产品的生产基地建设都做出强调，对农业生产基地建设的深度和广度提出了更高的要求。近年来，我国大宗农产品生产基地建设正处于稳步发展中。限于篇幅，本节重点讨论商品粮基地和油料生产基地建设。

一、商品粮基地

保证粮食安全是我国生存和发展的前提。21 世纪以来，国家高度重视商品粮基地建设。2004 年“一号文件”提出“要增加对粮食主产区的投入。农业固定资产投资、农业综合开发资金、土地复垦基金等要相对集中使用，向主产区倾斜。新增农业综合开发资金主要用于主产区。从 2004 年起，确定一定比例的国有土地出让金，用于支持农业土地开发，建设高标准基本农田，提高粮食综合生产能力”。2005 年“一号文件”强调“要加强商品粮基地生产技术、农机、信息和产销等服务，搞好良种培育和供应，促进粮食生产节本增效”。2008 年“一号文件”提出“实施粮食战略工程，集中力量建设一批基础条件好、生产水平高和调出量大的粮食核心产区”。2009 年 11 月，国务院颁布了《全国新增 1000 亿斤粮食生产能力规划（2009—2020 年）》，确立了 800 个产粮大县，其中从粮食主产区选出 680 个，从非主产区选出 120 个，通过加强基础设施建设、健全科技支撑与服务体系，充分挖掘粮食单产潜力，增强粮食供给能力。此后，2010 年、2012 年和 2013 年的“一号文件”将政策的重点放在加强 800 个产粮大县的基础设施建设上。2010 年“一号文件”提出“重视耕地质量建设，加大投入力度，安排中长期政策性贷款，支持农田排灌、土地整治、土壤改良、机耕道路和农田林网建设，把 800 个产粮大县的基本农田加快建成高标准农田，建立稳固的商品粮基地”。在政策的指引下，财政对粮食生产基地的扶持资金也有显著提高。2011 年，国家发改委将田间工程及农技服务体系建设中央与地方投资比例由以往的 1∶0. 5 调整为 1∶0. 25，并要求省级投资占地方配套资金的一半以上，减轻了产量大县的配套投资压力。2011 年，国家发改委安排中央投资 65 亿元，用于 800 个产粮大县的田间工程建设；安排中央投资 67 亿元，用于大型灌区续建配套和节水改造、大型灌排泵站更新改造、新建水库配套灌区等项目建设。此外，财政部安排农业综合开发资金 70 亿元左右，用于产粮大县中低产田改造、中型灌区节水配套改造，改善粮食生产条件①。

粮食生产基地的建设为近年来全国粮食稳定增产发挥了重大作用。据初步统计，截至 2011 年底，项目区累计平整土地 140 多万公顷，建成高产稳产粮田 266 万多公顷，改造中低产田 163 万公顷，改良土壤 16 万公顷，新增合理有效灌溉面积 133 万多公顷，新打或维修机井 8. 5 万眼，铺设输水管道 5 万多公里，修建灌排渠道 6. 3 万公里、排灌泵站 2. 7 万个、闸桥

① 国家粮食局. 中国粮食年鉴（2012）［M］. 北京：经济管理出版社，2012：85.

涵等4.8万个、集蓄水池9042个、机耕路1.9万公里、水稻育秧大棚11.6万栋。这些基础设施的建设为稳步提高我国粮食产能奠定了坚实的物质基础。截至2011年底，800个产粮大县的粮食产能与2009年相比增加了约2650万吨，粮食生产能力得到了显著提高①。

二、油料生产基地

进入21世纪，我国经济持续高速发展，居民对植物油的需求量不断提高。但由于我国的油料生产发展滞后，油料进口量不断攀升，油料和油脂的自给率不断下降，再加上外资顺势而入垄断了我国的大豆压榨行业，我国植物油产业的对外依存度不断攀升，2010年我国植物油对外依存度为62.17%。这一状况引起了党和政府的高度重视，农业部决定从2008年开始在全国组织实施振兴油料生产计划，主要内容是“推进重点区域布局规划，培育长江流域油菜优势带、黄淮海花生优势区、东北高油大豆优势区及其他特色油料区。推进科技创新，选育一批高产、优质（高含油率）新品种。加大油料生产农机具购置补贴力度，加强油料机械研发和推广。大力开展油料病虫草害的统防统治”。2008年“一号文件”强调要“大力发展油料生产”。2009年“一号文件”提出“支持优势产区集中发展油料等经济作物生产。加快实施新一轮优势农产品区域布局规划。落实国家扶持油料生产的各项政策措施，加强东北和内蒙古优质大豆、长江流域‘双低’油菜生产基地建设。重点支持适宜地区发展油茶等木本油料产业”。2010年“一号文件”提出“大力发展油料生产，加快优质油菜、花生生产基地县建设，积极发展油茶、核桃等木本油料”。2012年和2013年的“一号文件”又进一步强调了支持优势产区油料生产基地建设，进一步优化布局，主攻单产，提高效益。

2008—2011年，国家发改委累计安排中央投资8亿元，先后在湖南、湖北、江西、安徽、四川、江苏等省建设了一批“双低”油菜生产基地，

① 国家粮食局. 中国粮食年鉴（2012）[M]. 北京：经济管理出版社，2012：85.

在河南、山东、河北等省建设了一批榨油花生生产基地。针对制约我国油料生产的主要因素，油料生产基地建设以提高油料综合生产能力、促进油菜机械化生产、改善油料品质为主要目标，以地市为单位，统筹规划、连片建设。基地建设的主要内容为良种繁育设施、小型农田水利等田间工程，以及病虫害防控、地力监测培肥建设等，改善油料生产条件，推动油料生产规模化、标准化、机械化发展。

此外，近年来党和政府越来越强调对棉花、糖料、橡胶、蔬菜等农产品的基地建设。2008 年“一号文件”提出“鼓励优势区域发展棉花、糖料生产，着力提高品质和单产”。2009 年“一号文件”指出要“支持优势产区发展糖料、马铃薯、天然橡胶等作物，积极推进蔬菜、水果、茶叶、花卉等园艺产品设施化生产”。2010 年“一号文件”提出“支持优势产区发展棉花、糖料生产”。2012 年“一号文件”提出“支持优势产区加强棉花、油料、糖料生产基地建设，进一步优化布局、主攻单产、提高效益。深入推进粮棉油糖高产创建，积极扩大规模，选择基础条件好、增产潜力大的县乡大力开展整建制创建”。2013 年“一号文件”提出“支持优势产区棉花、糖料生产基地建设。扩大粮棉油糖高产创建规模，在重点产区实行整建制推进，集成推广区域性、标准化高产高效模式。深入实施测土配方施肥，加强重大病虫害监测预警与联防联控能力建设。加大新一轮‘菜篮子’工程实施力度，扩大园艺作物标准园和畜禽水产品标准化养殖示范场创建规模”。这些主要农产品基地的建设对保障我国主要农产品供给的作用将越来越突出。

第四节 农村基础设施建设

一、我国农村基础设施建设的成效

农村基础设施是农村经济社会发展和农民生产生活改善的重要物质基础，加强农村基础设施建设是一项长期而繁重的历史任务。在统筹城乡发展思想的指导下，党和政府高度重视农村基础设施建设，21 世纪以来关于“三农”问题的十个“一号文件”中有五个“一号文件”强调要加快农村基础设施建设。2008 年党的十七届三中全会通过的《关于推进农村改革发展若干重大问题的决定》提出要加快农村饮水安全工程建设，五年内解决农村饮水安全问题；加强农村公路建设，确保“十一五”期末基本实现乡镇通油（水泥）路，进而普遍实现行政村通油（水泥）路；扩大电网供电人口覆盖率，推进广电网、电信网、互联网“三网融合”；推进农村能源建设；不断改善农村卫生条件和人居环境。“十一五”期间，政府主要以“水、路、电、气、房”五方面为抓手，不断加大农村基础设施建设投入力度，逐步完善建设管理体制，农村基础设施水平有了较大改观。

（一）农村饮水安全得到很大改善

“十五”时期中央预算内和国债资金安排 123 亿元用于农村饮水解困工程，解决了 6000 万农村人口的饮水困难和 1100 万农村人口的饮水安全问题。“十一五”期间，我国农村饮水安全得到了显著的改善，共解决 1. 65 亿人的饮水安全问题。2006—2008 年国家已安排中央投资 238 亿元，地方自筹配套资金 195 亿元，用以解决 10866 万人的饮水安全问题。2009 年，农村饮水安全工程使 6069 万农民受益，农村饮水安全人口达到 6. 8 亿人，农村自来水普及率达到 68. 7% 。[①] 农村饮水安全工程提高了环境卫生质量，减少了介水性疾病的传播，改善了农民生活条件，提高了农民健康水平，节省了农民的医疗费用。据测算，农村饮水安全工程建设项目区户均年节省医药费支出 200 元左右。

（二）农村公路通达水平和通畅程度大幅提高

“十一五”期间，农村公路建设速度继续加快，公路建设里程达 345 万公里。同时，公路管养改革深入推进，建设质量稳步上升，农村公路建

① 水利部. 全国水利发展统计公报（2010 年）.

设迈上了一个新台阶。“十一五”前4年，中央投入农村公路建设车购税资金1336亿元、国债资金325亿元，带动地方完成农村公路建设投资7528亿元。新改建农村公路156万公里（年均39万公里）。农村公路通达水平和通畅程度大幅提高。截至2009年底，全国农村公路总里程达到333.6万公里，全国乡镇通沥青（水泥）路率达到92.7%，比“十五”末提高了11.3个百分点；东中部地区建制村通油（水泥）路率达到92.3%，西部地区建制村通公路率达到90.1%；建制村通公路率、通沥青（水泥）路率分别达到96.3%、76.9%，较“十五”末提高了2个和14.5个百分点①。

（三）农村水电建设成果显著

21世纪以来，我国农村电力建设扎实推进。截至2011年底，我国乡村办水电站达到45151个，比2000年增加了50.69%；乡村办水电站的装机容量达到6212.3万千瓦，比2000年增加了7.89倍；农村用电量达到7139.6亿千瓦时，比2000年增加了1.95倍。（见图11－4、图11－5）

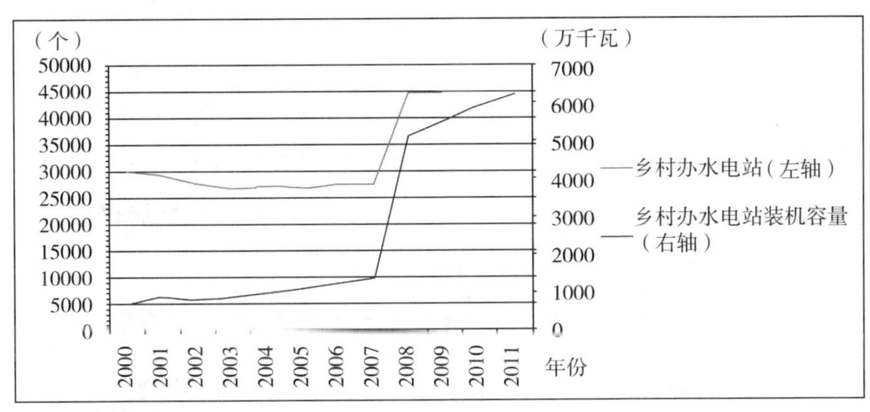

图11－4 21世纪以来我国乡村办水电站发展趋势

资料来源：国家统计局．中国统计年鉴（2012）［M］．北京：中国统计出版社，2012.

① 资料来源：2010年交通部全国农村公路工作电视电话会议材料。

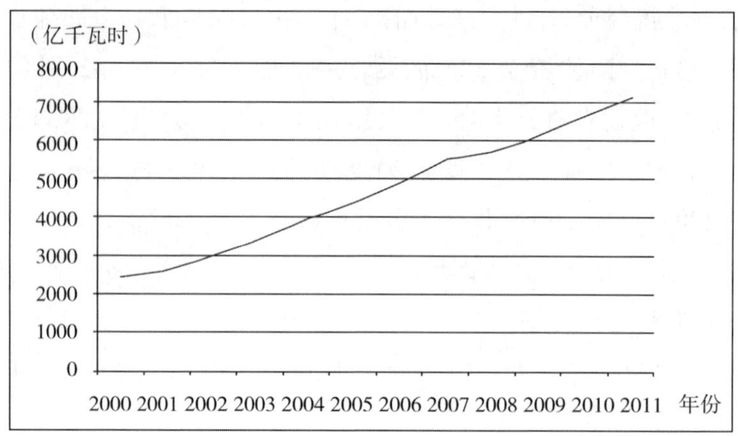

图 11－5　21 世纪以来我国农村用电量变动趋势

资料来源：国家统计局．中国统计年鉴（2012）[M]．北京：中国统计出版社，2012.

（四）农村新能源使用稳步增加

在科学发展观和发展循环经济思想的指导下，与新能源开发利用相配套的基础设施发展迅速。21 世纪以来，国家逐步加大农村沼气建设力度，农村户用沼气稳步增长。截至 2011 年底，全国农村沼气池产量达到 152.8 亿立方米，比 2000 年增长了 4.90 倍。此外，农村地区太阳能利用也快速发展，截至 2011 年底，全国农村太阳能热水器使用面积达 6231.9 万平方米，比 2000 年增加了 4.63 倍；全国农村地区太阳灶达 2139454 台，比 2000 年增加了 5.44 倍。（见表 11－2）

表 11－2　21 世纪以来农村新能源使用情况

	2000 年	2001 年	2007 年	2008 年	2009 年	2010 年	2011 年
农村沼气池产气量（亿立方米）	25.9	29.8	101.7	118.4	130.8	139.7	152.8
太阳能热水器（万平方米）	1107.8	1319.4	4286.4	4758.7	4997.1	5498.3	6231.9
太阳灶（台）	332390	388599	1118763	1356755	1484271	1617233	2139454

资料来源：中国农业年鉴编辑委员会．中国农业年鉴（2012）[M]．北京：中国农业出版社，2013.

（五）农村居住环境得到很大改善

农村居住环境建设是新农村建设的重要内容。2009 年是扩大农村危房改造试点的第一年，中央财政共安排 40 亿元资金，支持全国陆地边境县、西部地区民族自治地方的县、国家扶贫开发工作重点县、贵州省全部县和新疆生产建设兵团边境一线团场完成 79.4 万农村贫困户的危房改造。2011 年，全国危房改造补助资金达 166 亿元，计划任务为 265 万户。截至 2011 年 10 月 31 日，全国危房改造开工率为 97.0%，竣工率为 74.5%①。21 世纪以来，我国农村卫生厕所也得到很大的发展，截至 2011 年底，全国累计使用卫生厕所的农户为 18019 万户，比 2000 年增加 88.25%；卫生厕所普及率达 69.2%，比 2000 年提高了 24.4 个百分点（见表 11－3）。农民的居住环境得到了较大的改善。

表 11－3　21 世纪以来我国农村卫生厕所普及情况　　单位：万户

	2000 年	2001 年	2007 年	2008 年	2009 年	2010 年	2011 年
累计使用卫生厕所户数	9572	11405	14442	15166	16056	17138	18019
卫生厕所普及率	44.8%	46.1%	57%	59.7%	63.2%	67.4%	69.2%

资料来源：中国农业年鉴编辑委员会．中国农业年鉴（2012）［M］．北京：中国农业出版社，2013.

二、我国农村基础设施建设中存在的问题及发展趋势

（一）农村基础设施建设资金投入不足

21 世纪以来，虽然各级财政对农村基础设施建设的投入每年均有所增加，但是资金投入量远远满足不了农村基础设施建设发展的需要。农村由于点多、线长、面广，基础设施建设耗资巨大，政府承担很大的资金压力，相当一部分村组无集体经济，村民无力承担建设资金，而目前还没有成型的金融制度来支持农村基础设施建设，贷款难、融资难问题严重影响

① 中国建设年鉴编委会．中国建设年鉴（2012）［M］．北京：中国建筑工业出版社，2013：69.

了项目的顺利实施，致使建设进度慢、工程质量相对较差，从而导致部分农村基础设施建设推进受到一定影响。

（二）农村基础设施建设供给重“量”而轻“质”

水电路气房等基础设施都是农民生产、生活最基本的需要，政府加大此类建设的供给切实符合当前经济社会发展的需要，因此得到了农民的大力拥护。但农民对此类农村基础设施建设的满意程度更多的是对供给“量”上的满意而非“质”上的满意。主要是因为政府在评价农村基础设施的成效时，其评价标准是投入了多少资金、修了多少里程的公路、自来水的普及率、建了多少沼气池、改造了多少危房等，只重视数量，而对质量和效率重视不足。农村基础设施管理严重滞后，缺乏质量控制，监督力度不足，使得很多基础设施建设保量不保质，工程质量比较差。

（三）重建轻养现象较为普遍，缺乏相应的管理维护

由于养护责任落实不到位，缺乏后续投入和维护管理，农村基础设施老化失修现象较为普遍，直接影响基础设施的使用效果和使用年限，难以长期发挥效益。很多基础设施存在有人建无人管的现象。

（四）基础设施建设中农民的主体地位被忽视

基础设施建设是一项民生工程，其建设关键在于符合民意。农民的有效参与是保证农村基础设施符合民意的关键。在我国目前基础设施建设中，民众的参与性被忽视，造成民生工程不合民意，社会效益低。社会资源分配的不均衡导致农民在农村建设中的“人微言轻”，再加上我国农村农民的参与意识整体性不够强，导致农民主体地位被严重忽视。基础设施建设往往缺乏自下而上的利益表达机制，造成供给效益低。

自2006年以来，历次中央“一号文件”都高度关注农村基础设施建设问题。2014年中央“一号文件”把农村基础设施建设作为健全城乡发展一体化体制机制的具体措施，在各个方面进行了部署。主要有：①加快编制村庄规划，推行以奖促治政策，以治理垃圾、污水为重点，改善村庄人居环境。②实施村内道路硬化工程，加强村内道路、供排水等公用设施的

运行管护。③提高农村饮水安全工程建设标准，加强水源地水质监测与保护，有条件的地方推进城镇供水管网向农村延伸。④以西部和集中连片特困地区为重点加快农村公路建设，加强农村公路养护和安全管理，推进城乡道路客运一体化。⑤因地制宜发展户用沼气和规模化沼气。⑥在地震高风险区实施农村民居地震安全工程。⑦加快农村互联网基础设施建设，推进信息进村入户。可以预料，随着政府的高度重视以及财政投入的增加，农村基础设施的完备程度会越来越高，城乡差距也会逐步缩小。

参考文献

[1] 中国农业年鉴编辑委员会. 中国农业年鉴（2012）[M]. 北京：中国农业出版社，2013.

[2] 国家粮食局. 中国粮食年鉴（2012）[M]. 北京：经济管理出版社，2012.

[3] 中国建设年鉴编委会. 中国建设年鉴（2012）[M]. 北京：中国建筑工业出版社，2013.

[4] 国家统计局. 中国统计年鉴（2012）[M]. 北京：中国统计出版社，2012.

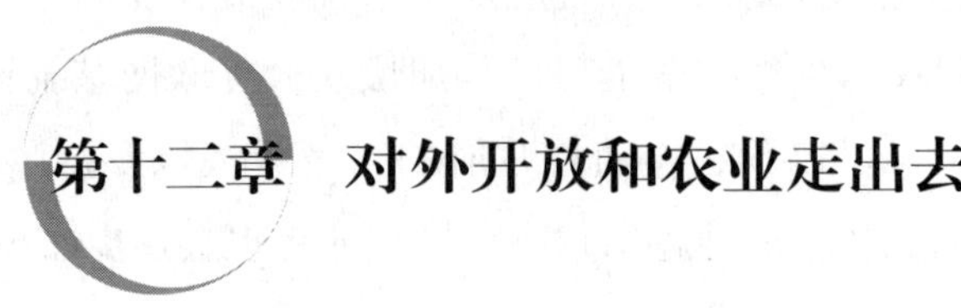

第十二章　对外开放和农业走出去

第一节　资源禀赋与中国农产品对外贸易

一、资源禀赋理论

20世纪初瑞典经济学家赫克歇尔和俄林提出了各国生产要素的相对丰裕程度（即资源禀赋状况）是决定国际贸易产生和流向的根本原因，这一表述被称为赫克歇尔—俄林（H－O）定理或H－O模型。该理论可概述为："不同的商品需要不同的生产要素比例，而不同的国家拥有的生产要素比例是不同的。因此，各国在生产那些能够比较密集地利用其较充裕的生产要素的商品时，就必然会有比较利益产生。因此每个国家应该出口能利用其充裕要素的那些商品，以换取那些需要比较密集地使用其稀缺生产要素的进口商品。"①

赫克歇尔和俄林认为生产商品需要不同的生产要素，而不仅仅只是劳动力，资本、土地以及其他的生产要素也都在生产中起到了重要的作用，并影响到劳动生产率和生产成本。而且，他们提出，不同的商品需要不同生产要素的配置来生产，那些需要大量的机器设备和资本投入的产品称为

① 贝蒂尔·奥林．地区间贸易和国际贸易［M］．北京：首都经贸大学出版社，2001．

资本密集型产品，那些需要大量体力劳动来生产的产品称为劳动密集型产品。由于各国的生产要素的储备比例不同，所以有的国家资本雄厚，而有的国家则是劳动力相对充足。所以前者生产资本密集型的产品相对成本较低，而后者生产劳动密集型产品更具有竞争优势。因此，国际贸易的基础是生产资源配置或要素禀赋上的差别①。

资源禀赋是决定中国农产品比较优势，最终决定中国农产品的对外贸易格局的关键性因素。比较优势事实上反映了国家之间由于资源禀赋的差异所导致的产业以及对外贸易结构模式的差异。一国资源禀赋不同，例如劳动力要素丰裕的国家和土地要素丰裕的国家将会选择不同的劳动密集型产品或者土地密集型产品进行生产和对外贸易。也就是说一国有什么样的资源优势，就会选择什么样的生产，从而确定什么样的贸易模式②。

根据比较优势理论，考察一国产品是否具有比较优势主要考察该国生产该产品所需要的资源禀赋情况。一国的资源禀赋决定其要素丰度，从而决定其要素价格即成本价格。如果用一国生产某产品所需所有要素成本（机会成本）与该种产品的进口价格或者出口价格进行比较，若所需的单位资源成本小于进口或出口价格，则表明该生产是有比较优势的。因为以机会成本形式表现的国内资源成本，即所有国内资源（要素）应该获得的报酬在机会成本等于边界价格时，可以从边界价格中得到实现；在机会成本低于边界价格时，则可以从边界价格中得到差额利益，即比较利益。

二、中国农业资源禀赋现状分析

农业生产是人类有意识地利用动植物生长机能以获得生活所必需的食物和其他物质资料的经济活动，它是自然再生产过程和经济再生产过程的交织。消耗资源和利用环境是农业生产的必要条件。农业生产最基本的资源要素是耕地、水、劳动力，这三种农业资源禀赋的富裕程度在很大程度上决定着农业生

---

① 曹靖．中国农产品国际贸易二十年变迁及其成长环境研究（1982—2001）［D］．北京：中国农业大学，2004．

② 于爱芝．中国农产品比较优势与对外贸易结构整合研究［D］．武汉：华中农业大学，2002：20．

产和农产品供给。下面将具体分析这三种资源禀赋的现状及变化趋势。

（一）耕地资源的现状及变化趋势

中国人口约占世界总人口的21%，但耕地面积仅占世界的7%①。与一些农业生产大国相比，加拿大、美国和澳大利亚等国家不仅在人均耕地水平上（依次为1.463hm^2/人、0.636hm^2/人和2.451hm^2/人）高于中国，而且在劳动力负担耕地水平上（115.051hm^2/人、59.459hm^2/人和108.796hm^2/人）更是远远高于中国，与这些国家相比，中国农业处于土地资源极度稀缺这样一个资源禀赋约束状态；与日本和印度这样的与中国一样土地资源稀缺的国家相比，尽管印度的人均耕地水平（0.16hm^2/人）和劳均耕地（0.609hm^2/人）也不及世界平均水平（分别为0.226hm^2/人和1.033hm^2/人），但却高于中国（分别为0.097hm^2/人和0.242hm^2/人），尤其是日本，其人均耕地水平（0.036hm^2/人）仅为中国的37.1%，但劳动力平均负担耕地（1.631hm^2/人）却是中国的6.74倍。以上情况说明，中国农业生产的土地资源高度稀缺性的特点极为显著②。

此外，除耕地资源在国家间不均等分配的固有资源禀赋约束外，中国的城市和工业扩张都需要地理空间，这进一步强化了农业生产的土地资源约束。随着经济的发展和城镇化、工业化、现代化的快速推进，农业与非农产业、农村与城镇在耕地和水资源等自然资源方面的竞争将日益激烈。由于农业比较利益低、农业对地方财政收入的贡献低于非农产业，在与非农产业和城镇的耕地争夺战中，农业和农村的弱势地位逐渐凸显，进而导致农业生产的耕地面积减少。全国耕地面积从1997年的12990.31万公顷下降到2008年的12171.58万公顷，年均减少74.43万公顷（见图12－1）。按此速度，到2020年，全国耕地面积将减少到11278.43万公顷（169176万亩），突破18亿亩（12000万公顷）耕地的红线。2004年以来，生态退

① Crook, F. W. Agriculture, in Worden, R. L., Savada, A. M. and Dolan, R. E. (Eds), China: A Country Study, Federal Research Division, Library of Congress, Chapter 6, 1987.

② 辛贤．中国主要农产品的完全生产成本及其对农产品贸易的含义［D］．中国农业大学，2003：19－21.

耕工程接近完成，全国耕地减少的趋势有所放缓。到了2005年，耕地面积锐减的势头得到控制，但是减少的趋势并没有得到根本性扭转，东部和长江流域及其以南地区耕地减少的压力依然严峻。2004年，全国耕地较上年净减少80.03万公顷，2005年、2006年、2007年、2008年分别减少37.76万公顷、29.08万公顷、4.07万公顷和1.92万公顷，自2004年以来的5年间年均减少30.57万公顷。此后，耕地面积年均减少30.57万公顷水平的压力将越来越大。即便是按年均30.57万公顷的速度下降，到2020年，全国耕地面积也要下降到11804.74万公顷（177071万亩）。因此，在经济高速发展的驱动下，耕地面积在短期内将一直处于下降状态，今后中国农业发展的耕地资源约束将会进一步强化。

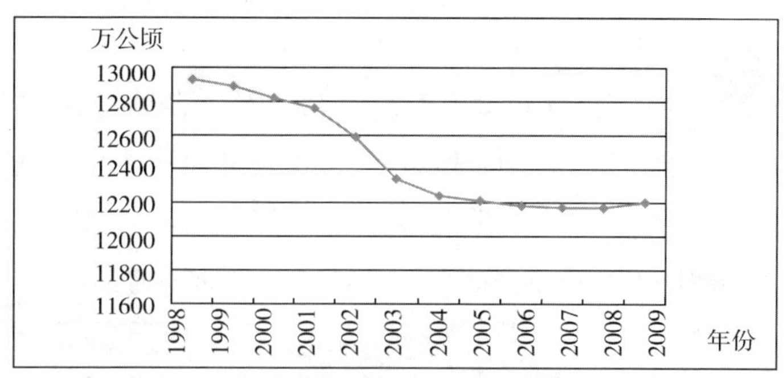

图12－1 1998—2009年全国耕地面积变化情况

资料来源：历年《中国统计年鉴》。

（二）水资源的现状及变化趋势

中国是个水资源短缺、水旱灾害频繁的国家，人均水资源占有量只有2200立方米，仅相当于世界人均水资源占有量的1/4①，是世界13个贫水国之一②。中国的水资源在时空上分布不均匀且在全球气候变化的影响下变化愈加复杂，但总体下降趋势难以扭转。2011年全国农业用水总量为3790亿立方米，占全国用水总量的62.4%；1997年以来，全国农业用水总量占全部

① 金碚．资源与环境约束下的中国工业发展［J］．中国工业经济，2005（4）．

② 贾大林．农业用水危机与粮食安全对策［J］．农业技术经济，1999（2）．

用水总量的比重在60%～70%，总体呈下降趋势。2010年，新增有效灌溉面积163.4万公顷，新增节水灌溉面积197.5万公顷，节水灌溉面积增加幅度大于有效灌溉面积，反映我国不但加快了水利建设步伐，而且更加注重农业用水方式的转变和水资源的节约。但是，就目前总体而言，节水灌溉面积仅占灌溉面积的43.4%，其中喷灌、微灌面积仅占灌溉面积的7.8%，灌溉水有效系数仅为0.50，节水灌溉现状不仅难以保证现代农业精耕细灌和高保证率的要求，而且不符合我国水资源短缺和农业高度依赖灌溉的基本国情①。据水利部《21世纪中国水供求》预测②，2010年中国工业、农业、生活及生态环境总需水量在中等干旱年为6988亿立方米，供水总量6670亿立方米，缺水318亿立方米，自2010年起中国将进入严重缺水期，并于2030年出现缺水高峰。此外，根据中国科学院农业政策研究中心的调查，1995—2005年，井灌区77%的村地下水位呈现了下降趋势。在下降的村中，年均下降速度为1.02米，甚至还有14%的村水位下降幅度超过国家警戒线（1.5米/年）。从流域层面来看，水位下降是很多流域面临的普遍问题。

表12－1　不同流域地下水水位的变动（1995—2005年）　（%）

水位变化	样本村比例				
	全部	松辽河	海河	黄河	长江与淮河等
水位上升	9	0	28	28	44
水位不变	14	35	35	22	8
水位下降	77	15	55	23	8
年均下降速度					
小于0.25米	20	40	36	12	12
0.25～1.5米	66	12	57	22	8
大于1.5米	14	0	58	42	0

资料来源：曹建民，王金霞．井灌区农村地下水水位变动：历史趋势及其影响因素研究［J］．农业技术经济，2009（4）．

① 韩俊．中国食物生产能力与供求平衡战略研究［M］．北京：首都经济贸易大学出版社，2010.

② 中国社会科学院农村发展研究所和国家统计局农村社会经济调查司．中国农村经济形势分析与预测（2010—2011）［M］．北京：社会科学文献出版社，2011.

随着城市的不断扩张和工业的发展，城市和工业用水量急剧增加，持续恶化的生态环境的修复也需要更多的生态环境用水，而我国未来可供水量已不会再有过大增长，由此导致城市和工业用水与农业用水的矛盾越来越尖锐。同时由于农业比较利益低、农业对地方财政收入的贡献低于非农产业，在与非农产业和城镇的水资源争夺战中，农业和农村的弱势地位逐渐凸显，进而导致农业生产用水将面临更加严峻的挑战。

（三）劳动力资源的现状及变化趋势

2010年底，世界农业人口为261911万，占世界总人口的比重为37.91%，而中国农业人口为83449万，占我国总人口的比重为62.28%以上，这不仅远远高于世界发达国家如美国的2.6%、法国的3.9%、日本的5.3%，也大大高于世界平均水平，甚至比印度也高出十个百分点。据估计，目前农村仍有1亿左右的富余劳动力，即使到2015年，富余劳动力仍有7500万左右[①]。因此可以断言中国农业最突出的特征之一就是拥有世界上最为丰富的农业劳动力资源。

从中国的基本国情和农业发展现状来看，现阶段农业资源禀赋的基本特征是耕地资源、水资源短缺而劳动力资源相对富裕。

三、资源禀赋对中国农产品对外贸易的作用

中国农产品国际贸易比较优势的显现，是中国对外贸易格局变迁的另一种表现。通过对中国农产品国际贸易显示性比较优势和相对贸易优势的计算，可以把握中国农产品的基本变动趋势。中国农产品国际贸易的格局变动，是依据比较优势的变化而变化的，但比较优势的计算指标只不过是一种指标的变化，真正能影响和决定比较优势长期变化趋势的，是隐藏在比较优势背后的农业生产资源禀赋。也就是说，农业生产的资源禀赋影响和决定农产品对外贸易格局的变迁。

① 张红宇．准确把握农业农村经济发展大趋势［J］．农村工作通讯，2010（24）：25－27.

与发达国家相比，中国的农业生产拥有比较丰富的人力资源，而在人均土地和人均资本的拥有量上，却与美、澳、欧、加等国相去甚远。这种要素禀赋的基本构成决定了中国进行农业生产的基本类型必然是充分利用中国丰富的农村劳动力资源，进行劳动密集型的农业生产，以求得农业的合理发展。

实行改革开放政策前，农业生产计划和贸易计划均由中央政府控制，那时农业资源的配置是以国家计划为主，在“以粮为纲”的思想下进行的，这导致中国农业生产的资源配置极不合理，造成了大量资源浪费。当中国农业转向市场导向时，农业生产格局就向合理配置资源的方向转化，而这种转化的依据便是生产要素禀赋的变化所导致的比较优势的变动。中国生产要素禀赋的变化是导致比较优势改变的主要原因。随着中国经济实现快速发展，农业生产所依赖的土地和水资源数量下降，物质资本和人力资本则实现了快速积累。20 世纪 90 年代以来，中国农产品的出口已逐渐从土地密集型转向劳动密集型。这一特点适合中国劳动力资源丰富、土地及相关资源稀缺的资源禀赋特征，说明经过 30 多年的改革开放，中国农产品出口已逐步趋于符合比较优势法则，且这一趋势正进一步得到加强。特别是“入世”以后，农产品进口结构与中国资源禀赋特征日趋吻合，进口的主要是油料和棉花等土地密集型产品，出口的主要是劳动密集型农产品。这种贸易增长总体上有利于增加农产品有效供给，减缓农业对环境资源的压力。按 2008 年国内大豆 114 公斤/亩和棉花 87 公斤/亩单产水平推算，2008 年进口 3743 万吨大豆和 219 万吨棉花，相当于当年使用了 3. 5 亿亩外国耕地；按每亩用水 300 立方米计算，则相当于节约国内农业用水 1050 亿立方米。农产品对外贸易格局正越来越反映其资源禀赋特征，即主要出口畜产品、水产品和蔬菜等高附加值劳动密集型产品，而进口粮棉等土地密集型产品。

第二节 加入 WTO 以来中国农产品对外贸易格局的变化

一、加入 WTO 以来中国农产品进出口贸易概况

20 世纪 90 年代以来，我国农产品进出口贸易总额不断地扩大，尤其是 2002 年“入世”以后，进出口贸易总额增长较快。1994—2001 年，农产品进出口总额由 258 亿美元上升到 279 亿美元，年均增幅仅为 1.1%，可以说农产品对外贸易处于波动徘徊阶段。2002 年我国农产品贸易总额为 304.3 亿美元，2010 年即增加到 1219.6 亿美元，年均增速 40% 左右。我国农产品进出口贸易进入快速发展阶段。

但是在农产品进出口贸易增长的同时，我国农产品进出口总额占全国商品进出口总额的比重却在逐年下降，从 2001 年的 5.47% 下降到 2009 年的 3.87%（见图 12-2）。这也是我国未来农产品贸易发展的趋势，说明我国工业化发展到新阶段，已进入以城带乡、工业反哺农业的阶段。

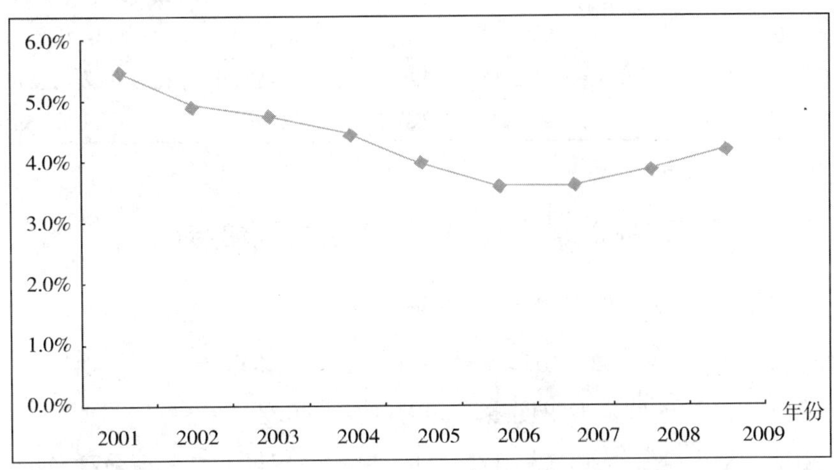

图 12-2 我国农产品进出口总额占商品进出口总额的比重

资料来源：根据 2010 年中国统计年鉴、中国海关总署数据计算获得。

同时，我国农产品进出口贸易的一个重要变化不容忽视。由表12-2可看出，2001年至今，我国农产品进口、出口均处于增长状态，但进口增幅显著超过出口增幅。在进出口双增长的情况下，2004年我国农产品贸易首次出现逆差，由2003年的顺差25亿美元变为逆差46.4亿美元。此后连续7年我国农产品一直处于贸易逆差状态。2005年、2006年贸易逆差额有所缩小，但2007—2010年，贸易逆差额连年扩大，2010年贸易逆差额已达231.4亿美元，仅6年时间贸易逆差额增长了400%。

表12-2　2001—2010年我国农产品进出口额　　单位：亿美元

年份	进出口总额	出口		进口		净进口	
		出口额	增幅	进口额	增幅	净出口额	增幅
2001	279	160.7	—	113.8	—	46.9	—
2002	304.3	180.2	12.13%	124.1	9.05%	56.1	19.62%
2003	403.6	214.3	18.92%	189.3	52.54%	25	-55.44%
2004	514.2	233.9	9.15%	280.3	48.07%	-46.4	-285.60%
2005	562.9	275.8	17.91%	287.1	2.43%	-11.3	-75.65%
2006	630.2	310.3	12.51%	319.9	11.42%	-9.6	-15.04%
2007	781	370.1	19.27%	410.9	28.45%	-40.8	325.00%
2008	991.6	405	9.43%	586.6	42.76%	-181.6	345.10%
2009	921.3	395.9	-2.25%	525.5	-10.42%	-129.6	-28.63%
2010	1219.6	494.1	24.80%	725.5	38.06%	-231.4	78.55%

资料来源：中国海关总署。

二、加入WTO以来中国农产品进出口贸易的新变化

（一）农产品进出口结构发生显著变化

1. 土地密集型产品：出口明显下降，进口大幅增长

第一，粮食进口量大幅度增加，出口量大幅度减少。

稻米：稻米是我国第一大粮食品种，播种面积最大、单产最高、总产最多，在粮食生产和消费中历来处于主导地位。在过去30年中，稻谷种植面积占我国粮食总面积的28.3%，稻谷产量占粮食总产量的40.9%。2008年，全国稻谷播种面积为2940万公顷，单产437.6公斤/亩。我国水稻总产量

1.93 亿吨（折合大米 13510 万吨），占世界总量的 23.1%，位居世界第一。[①]

20 世纪 90 年代以来，我国稻米基本上一直处于净出口状态。从图 12-3可看出，2004 年我国稻米出口量骤减，由 2003 年的 2583 千吨下降到 880 千吨，减少近 2/3，之后呈逐年下降趋势。2004 年稻米进口量骤增，之后也呈逐年下降趋势，但仍然高于 2004 年以前的进口量。总体上说，我国稻米的国际竞争力在减弱，出口量连年下降。

小麦：我国一直是小麦进口国。从图 12-4 看出，1990—1999 年我国一直是小麦的净进口国，且进口幅度较大，远远超过出口量。仅 2001—2003 年三年小麦出口量大于进口量。2004 年我国小麦进口量骤增，由 2003 年的 418 千吨骤增至 3749 千吨，增量近 8 倍，又由净出口转变为净进口。2006 年后，我国小麦出口量增加，进口量下降，又转变为净出口状态，并持续至 2009 年。

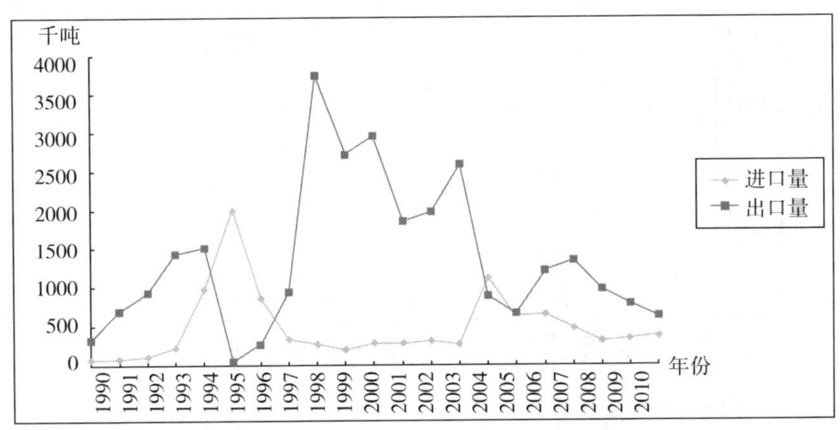

图 12-3 1990—2010 年我国稻米及谷物粉的进出口量

资料来源：USDA（美国农业部）。

据商务部报告，2009 年 8 月，我国小麦的国内价格已经超过国际小麦的到岸税后价，小麦出口没有了价格优势。总体上说，我国小麦出口优势不大，净进口的年份较多。

① 商务部.2009 年中国农产品出口分析报告.

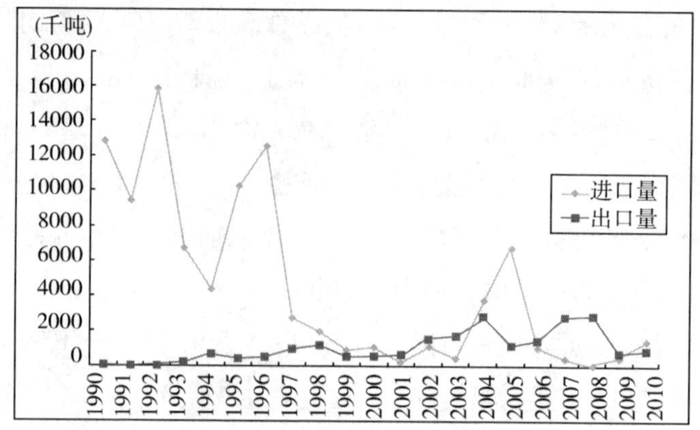

图 12－4　1990—2010 年我国小麦进出口量

资料来源：USDA（美国农业部）。

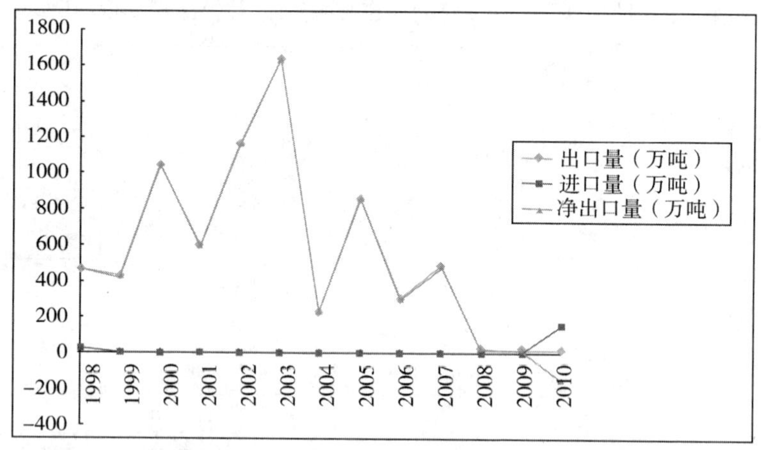

图 12－5　1998—2010 年我国玉米进出口量

资料来源：Uncomtrade。

玉米：我国是世界第二大玉米生产国和消费国，玉米是我国第二大粮食作物，在粮食生产中占据重要地位，同时又是重要的工业原料和饲料来源。从图 12－5 可看出，我国一直是玉米的净出口国，但自 2004 年起，玉米出口量骤减，由 2003 年的 1640 万吨下降至 231 万吨，出口量减少了 1400 多万吨，将近 90%。2004 年后一直呈下降趋势，2008 年出口量再次骤减，2010 年出口量已下降到 20 年来最低水平。

和出口量相比，我国玉米进口量一直很少，但 2010 年玉米进口量突然猛增，由 2009 年的 8 万吨上升至 157 万吨，增幅将近 20 倍。我国十年来首次大量进口玉米，且 60% 为转基因玉米。这一现象引起了很多人的关注。

2004—2009 年玉米连续 6 年增产，2010 年东北玉米减产，减幅超过 20%，国内玉米供给减少，这是 2010 年玉米大幅进口的首要原因。与此同时，我国玉米的消费需求强劲增长。玉米消费包括食用、饲用、工业加工和其他消费。20 世纪 80 年代以前，玉米是我国城乡居民的主要口粮。90 年代以后，畜牧业和玉米加工业快速发展，饲用玉米和工业用玉米消费量不断增长，食用消费比重下降。1992—2001 年，国内玉米消费量由 8783 万吨增加到 11590 万吨，食用、饲用、工业加工和其他消费由 24∶65∶8∶3 调整为 15∶72∶11∶2。① 近年来，国内玉米食用消费稳定在 710 万吨左右，但饲用消费和工业加工消费稳步增长。（见图 12－6）

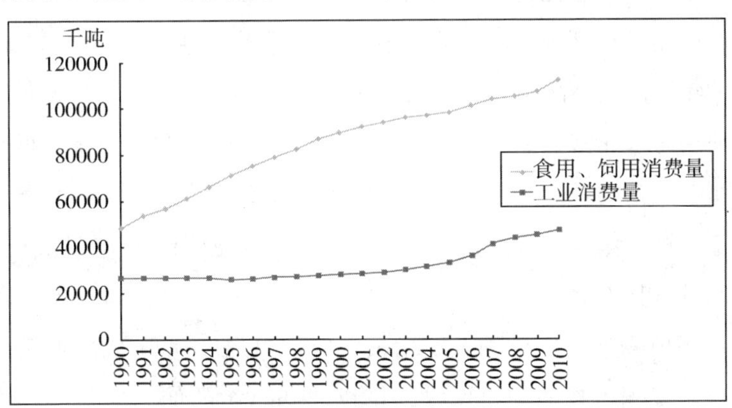

图 12－6 1990—2010 年我国玉米消费量

资料来源：USDA（美国农业部）。

21 世纪以来，随着生物能源的兴起，工业乙醇的加工越来越多。尤其是随着石油价格的大幅上涨，乙醇作为替代性清洁能源受到消费市场的欢迎，带动了工业用玉米的需求快速上升。另外，随着人们生活水平的提高，人们的消费

① 王启现．我国玉米产业形势分析与栽培学科前景展望［J］．玉米科学，2008（4）．

结构发生了变化，粗粮比例越来越少，精粮及肉类食品的消费越来越多。以淀粉糖为代表的玉米淀粉类加工规模同比扩大，以满足精粮的消费需求。肉类食品需求旺盛带动了畜牧养殖业的发展，加上国家大力扶植生猪养殖，以及对养殖户采购的玉米给予优惠政策等，带动了饲料行业的发展。玉米是饲料的主要成分，饲用玉米消费量逐年增加，在玉米总消费中比重最高，占六成之多。我国玉米的消费格局呈现出“食用消费逐年下降、饲料消费稳步增长、工业消费快速发展”的局面①。饲用玉米和工业用玉米双需求快速增长，玉米深加工产品种类增多，我国玉米的供需关系已从过去的供大于求逐步转向供求平衡甚至供应偏紧，玉米有效自给压力加大。可以预见，未来我国玉米供求将出现紧平衡，出口量将进一步减少，进口需求进一步增加。

总的来看，我国粮食出口明显下降，进口大幅增加，呈净进口格局。这和中国的资源禀赋情况相符。我国土地资源紧张，耕种规模小，粮食作为土地密集型产品正在逐步丧失国际竞争力，大量出口将越来越困难。在我国粮食连续七年增产的情况下，我国粮食出口不力，进口大幅增加，说明我国对粮食的消费需求非常强劲。同时伴随着生物能源的兴起，对粮食的工业消费需求将持续强劲增长。ABCD 四大粮商垄断了国际市场上 80% 的粮食，拥有绝对的定价权。作为人口大国，我国仍然不能忽视粮食安全问题。

第二，我国食用油出口下降，进口增长，且进口会继续保持在较高水平上；食用植物油进出口均有所增长，但进口幅度远高于出口幅度。

大豆是我国重要的油料作物，是豆油和豆粕的加工原料，在中国居民的膳食结构和饲料工业中占据重要地位。大豆是我国最主要的进口农产品，我国大豆消费量的 50% 以上源于进口。20 世纪 90 年代以来，随着我国植物油消费需求的增加和畜牧业的发展，我国大豆需求急剧增大，产需缺口迅速扩大。1993 年以来，我国大豆的整体供需趋势表现为供不足需，中国大量进口大豆以满足国内需求。1996 年，我国大幅削减大豆及豆粕的关税水平至 3%，当年大豆进口量大幅增加。至 2003 年，大豆进口数量达

① 杨子刚，郭庆海．世界玉米市场供求分析［J］．农业经济，2011（6）．

2074万吨，我国超过欧盟成为世界最大的大豆进口国。随后，大豆进口量连续几年超过国内产量，国内消费的六成依靠国际进口。

从图12－7可看出，我国大豆进口量持续高速增长。2009年，我国大豆进口量高达4255万吨，是同年国内产量1930万吨的2倍还多。而我国大豆的出口量较少，基本属于调节性贸易活动。大豆进口的激增加大了国内食用油市场和饲料市场的不稳定性，不利于我国食用油市场和畜牧业生产的稳定性，我国大豆高度的对外依存度值得关注。

尽管我国大豆供需偏紧，但在一些年份国产大豆仍被大豆加工企业冷落，出现“卖豆难”的问题。我国大豆的主要消费途径是豆油和豆粕。目前全球90%的大豆用来榨油，我国油脂加工占大豆加工总量的90.5%[①]。美国大豆的出油率一般为19%，而我国大豆的出油率仅为15%，低4个百分点。国内的大豆通常从不同农户处收购，品种混杂，质量难以保证。另外，我国大豆生产成本较高，价格高于进口大豆，把进口大豆到岸价同国内大豆批发价作比较，前者仍低20%。因此，质高价廉的进口大豆在国内市场很受欢迎，国产大豆相比之下缺乏竞争力。

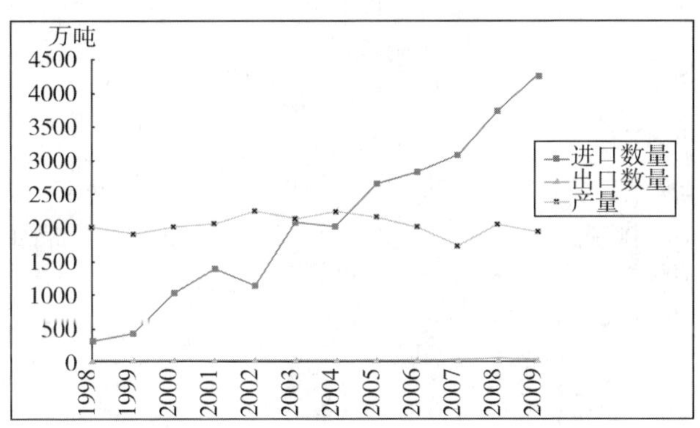

图12－7 1998—2009年我国大豆进出口量和产量

资料来源：中经网数据库。

我国是大豆生产国中唯一尚未进行转基因大豆商品化生产的国家，在欧

① 谭林，武拉平．中国大豆需求及供需平衡分析［J］．农业经济问题，2009（11）．

盟、日本等国抵制转基因食品的国际贸易环境中处于品质优势。但我国非转基因大豆缺乏认证，而且品质良莠不齐，品质优势并未形成竞争优势。从我国大豆产业的发展来看，根据我国居民特有的膳食结构，对豆油将呈刚性需求，畜牧业的快速发展也将带动对豆粕需求的持续增长。目前我国大豆单产为 1.6～1.8 吨/公顷，仅为美国、巴西、阿根廷等主产国单产水平的 70% 左右。随着我国农田水利设施的建设和品种的改良，我国大豆单产仍有增长潜力，但仍难满足国内强劲的消费需求。可以预见，未来的 5～10 年间，我国大豆仍将产生 3500 万～4000 万吨的巨大的供需缺口，仍将大量依赖进口。

食用植物油：从图 12－8 可以看出，我国自 1994 年以来大量进口食用植物油，进口幅度远远超过出口幅度，进口量不断增长，出口量徘徊低位增长。尤其是 2002 年后，食用植物油进口数量猛增至 319 万吨，比上年增加了近 1 倍。2004 年后，我国食用植物油的进口量一直在高位运行，每年在 800 万吨左右。

我国居民的膳食习惯是喜爱食用油，近年来，由于植物油相对健康，对植物油的需求量一直不断提高，国内面临巨大的产需缺口。

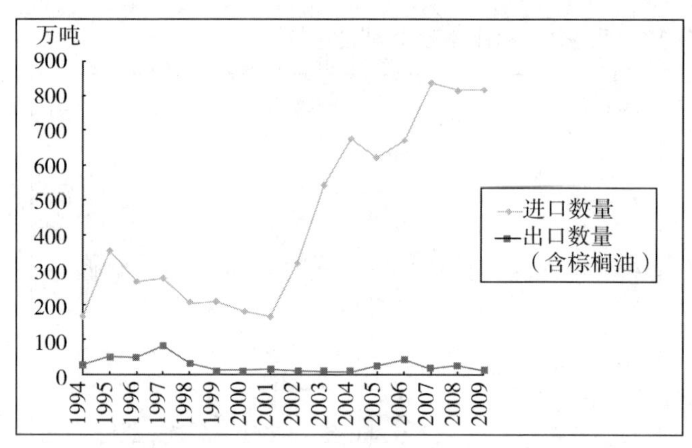

图 12－8　1994—2009 年我国食用植物油的进出口量

资料来源：中经网数据库。

第三，棉花和食糖均为贸易逆差，且逆差扩大。

棉花：棉花是我国第一大经济作物，是纺织品最重要的工业原料。从图 12－9 可以看出，自 1999 年来，我国棉花连续 10 年消费量超过生产量，供需紧张，进口连年增加。我国自2001年起成为棉花净进口国，之后进口量大幅上涨。2003年起，棉花进口量呈井喷式增长。当年我国成为世界第一大棉花进口国，2006年棉花进口量达到历史最高峰364万吨，是2001年6万吨的60倍之多。

纺织品用棉占棉花消费量的94%左右。自2002年我国加入世界贸易组织以来，我国大量进口质优价廉的纺织品，对棉花的需求量急剧上升，导致国内棉花供不应求，只能大量进口棉花以平衡国内需求。

我国棉花出口量一直在低位徘徊，棉花基本一直处于贸易逆差状态，且出口量和进口量的差额越来越大。棉花出口数量由2003年的11.2万吨骤降至2004年的0.9万吨，之后便一直在1万吨左右徘徊。我国已连续9年成为棉花贸易逆差国。

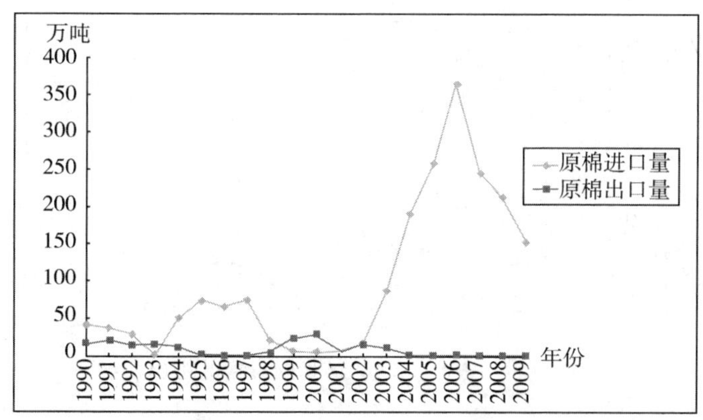

图12－9 1990—2009年我国棉花的进出口量

资料来源：中经网数据库。

食糖：如图12－10所示，我国食糖自1994年起便处于贸易逆差状态，每年净进口食糖。自2000年起，贸易逆差额快速扩大，1999年贸易逆差额为5万吨，2009年逆差额即上升为100万吨。10年间逆差额扩大了20倍。同时，我国食糖出口量自1993年起就呈不断下降趋势，2006年起持续低迷，至2009年已下降到历史最低点，仅为6.39万吨。相比1993年185万吨的出口量，其降速迅猛。

用于生产蔗糖的主要农产品是甘蔗和甜菜，二者均属于土地密集型产品，国际竞争力连年下降，进口大幅增加，出口大幅减少，贸易逆差连年呈扩大趋势。

总的来说，粮食、大豆、棉花、食糖等均属于土地密集型农产品。我国土地资源紧缺，生产规模较小，生产土地密集型农产品不具有国际贸易比较优势。另外，随着化肥、农药、种子及人工成本的提高，这些大宗农产品的生产成本不断提高，其在国际市场上的竞争力越来越弱。随着我国经济的发展，对这些农产品的消费需求不断攀升，供求均处于紧缺状态，进口大幅增长，出口大幅减少。

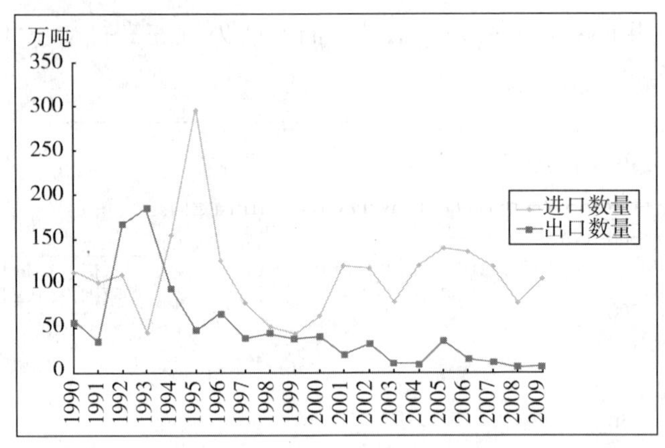

图 12－10　1990—2009 年我国食糖的进出口量

资料来源：中经网数据库。

2. 劳动密集型产品：进出口双增长

第一，蔬菜和水果出口一直保持增长，均为顺差，且近年来顺差增大。

蔬菜：蔬菜出口近年来增长幅度较快，2004 年顺差为 47 亿多美元，2005 年顺差为 57 亿多美元。由图 12－11 可以看出，自 20 世纪 90 年代以来，我国蔬菜出口一直保持增长势头，尤其是 2000 年后，蔬菜出口更是连年大幅增长。2001 年蔬菜出口 317 万吨，比上年增长了近 35%。至 2009 年，我国蔬菜出口量达 636 万吨，是 2001 年的 2 倍。我国鲜蔬菜在蔬菜出口中占了较大份额，也保持较快的出口增长势头。

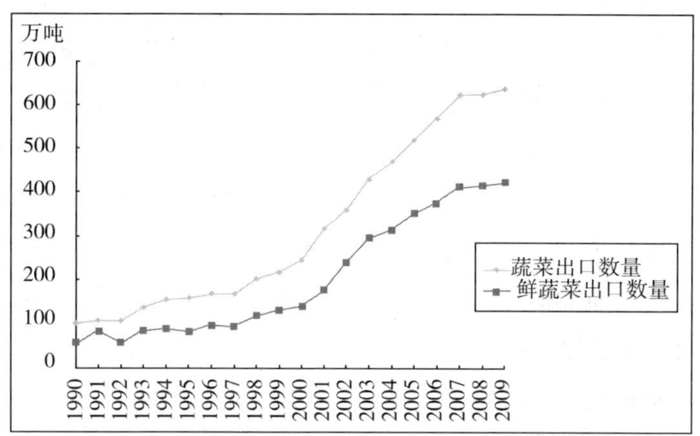

图 12－11　1990—2009 年我国蔬菜和鲜蔬菜出口数量

资料来源：中经网数据库。

水果：自 20 世纪 90 年代以来，我国的水果出口一直保持良好的增长势头，尤其是 2002 年我国加入 WTO 后，出口量增长更加迅速。以我国水果中的桔、柑、橙和苹果为例，如图 12－12 所示，2002 年后，出口量增长都非常迅速，苹果增长量尤为迅猛，2002 年苹果出口量为 4.3 万吨，2009 年即上升至 11.7 万吨，出口量增长将近 3 倍。

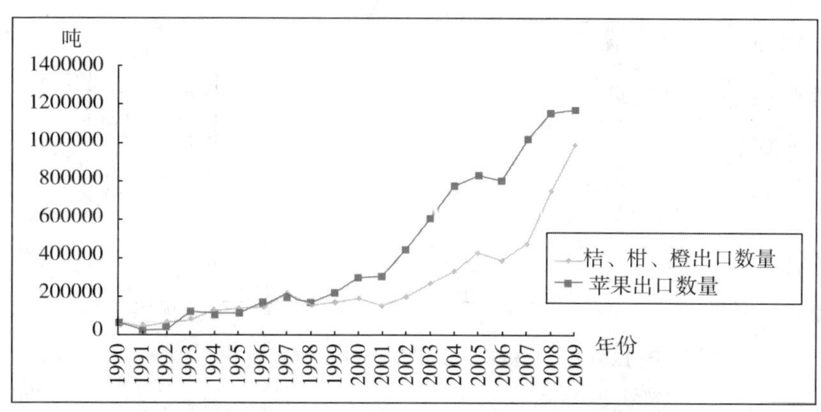

图 12－12　1990—2009 年我国桔柑橙和苹果出口量

资料来源：中经网数据库。

第二，畜产品进出口数量均有所增长，进口增长幅度远超过出口幅度，处于贸易逆差状态，且贸易逆差额有扩大趋势。

从图12－13可以看出，我国畜产品自2003年起至今，一直处于贸易逆差状态，但进口额和出口额均有所增长。2004年的贸易逆差为8亿美元。2005年畜产品出口36亿美元，进口42.3亿美元，逆差有所减少。但2006年后，我国贸易逆差额不断扩大，至2008年已达33.4亿美元，比2004年扩大了4倍之多。

其中，活家禽出口额连年下降，尤其2004年出口量大幅下降，出口额由2003年的6736万美元下降为3333万美元，下降幅度超过一半。2004年后，活家禽出口额继续下降。这和2004年的禽流感疫情暴发关系密切。与此相反，我国鲜蛋出口额连年上升，尤其是2002年后，出口幅度大幅上升。详见图12－14。

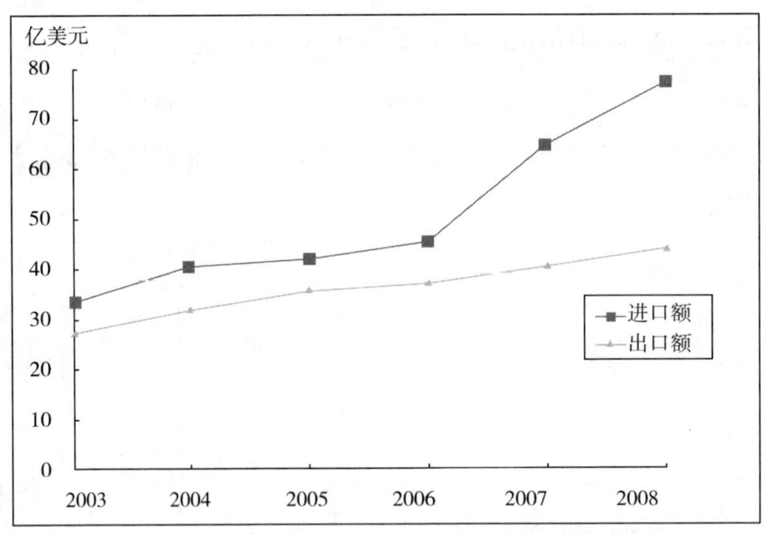

图12－13　2003—2008年我国畜产品进出口额

资料来源：中国农业信息网。

第三，水海产品出口大幅增长，贸易顺差额继续增大。

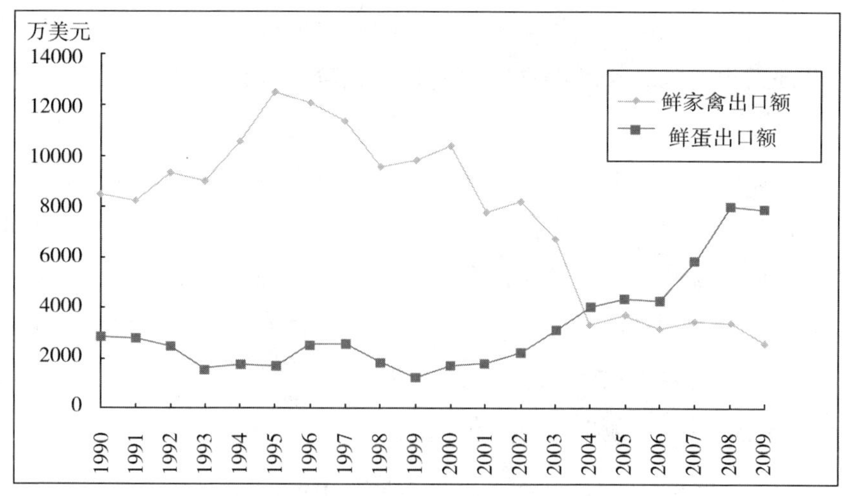

图 12－14　1990—2009 年我国活家禽、鲜蛋的出口额

资料来源：中经网数据库。

由图 12－15 可以看出，自 20 世纪 90 年代开始，我国水海产品出口额一直不断增长，尤其是 2004 年，比上一年增长 25% 左右，之后以更快的速度增长，成为我国农产品出口中的一大亮点。我国水海产品出口已连续六年居世界首位，约占世界水海产品贸易总额的 1/10。但近年来，由于人民币升值，日美欧等主要进口市场提高了技术门槛，导致我国水海产品出口频频受阻。

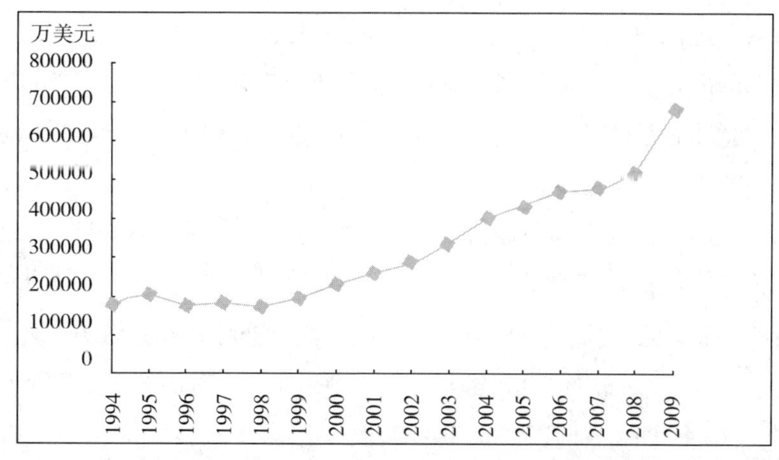

图 12－15　1994—2009 年我国水海产品出口额

资料来源：中经网数据库。

综上所述，我国土地密集型农产品的进口大幅增加，基本呈净进口格局。劳动密集型的农产品出口大幅增长，蔬菜、水果、水产品等出口优势明显，贸易顺差额继续扩大。这一贸易结构的变化和我国的资源禀赋是契合的。我国的土地资源紧张，劳动力资源相对丰富，生产粮棉油等土地密集型农产品无比较优势，而蔬菜、水果等劳动密集型产品充分发挥了我国的劳动力资源优势，价格低廉，品质优良，在国际市场上竞争力较强。我国应充分发挥农产品的比较优势，通过加强特色农产品的出口来促进农产品出口，维持贸易平衡。

（二）进出口市场进一步多元化

2002—2009 年，我国农产品出口市场由以前的亚洲市场占绝对份额发展为亚洲市场为主、美国市场不断扩大、欧洲市场稳定增长的格局。亚洲市场由原来的日、韩两国占绝对主导发展为日本、韩国和东盟三足鼎立。进口来源地也日益广泛，除欧美市场外，来自亚洲、大洋洲、南美洲和非洲地区的进口不断增加。农产品贸易伙伴量 5 年来明显增多。

从表 12 - 3 可看出，亚洲一直是我国第一大出口市场，对亚洲出口额持续增长，市场份额占我国对全球农产品出口总额的比重稍稍下降。进口方面，2003—2007 年亚洲基本都保持我国农产品第三大进口市场的地位。

对欧洲进出口双增长。欧洲是中国第二大农产品出口市场。我国农产品对欧洲的出口额一直在增长，2007 年上升至 70. 1 亿美元，是 2003 年的 2. 3 倍。欧洲作为我国农产品进口第四大市场，从欧洲进口额也持续在增长，4 年间增长 1 倍之多。

向北美洲、南美洲出口幅度略有增加，进口农产品大幅增长。北美洲是我国第一大农产品进口市场，2003—2007 年，进口幅度增加将近 1 倍，2003 年为 55. 6 亿美元，2007 年即火箭般地上升到 104. 1 亿美元。其中，中国对美国农产品出口一直在增长，美国在中国农产品总出口额所占比重由 1995 年的 4. 9% 上升到 2008 年的 12%，仅次于日本。南美洲作为第二大农产品进口市场，有赶超北美洲之势，进口幅度增长更快，2007 年进口额高达 115. 3 亿美元，成为我国第一进口市场。美国等新兴市场份额的增加，对日本市场依赖性的降低，说明我国出口市场结构进一步趋于合理，有利于规避贸易壁垒，降低出口风险。

表 12－3 2003—2007 年我国农产品进出口地区 单位：亿美元

地区	2003 年	2004 年	2005 年	2006 年	2007 年
出口额					
亚洲	147.5	157.9	179.5	191	220.4
欧洲	30.3	33.8	45	55.2	70.1
北美洲	22.8	26.2	32.2	42.3	49.4
南美洲	2.68	4.03	5.22	8.08	8.9
非洲	6.49	5.96	6.61	8.88	11.4
大洋洲	2.6	2.97	3.39	4.77	5.99
进口额					
亚洲	39.6	55.3	56.5	79.2	100.9
欧洲	21.1	25.8	33.8	36.7	45
北美洲	55.6	91.6	78.9	84.2	104.1
南美洲	50.2	66.1	75.3	76.8	115.3

资料来源：中国商务部。

（三）外资和民营企业成为出口主体

2002—2009 年，不同贸易主体中，外商投资企业出口额占农产品出口总额比重由 38% 上升至 43%；民营企业从 7% 上升至 30%，成为农产品出口第二大主体；国有和集体企业出口额占农产品出口总额比重下降，分别由 49% 和 6% 下降至 22% 和 5%。

三、我国农产品进出口格局展望

在农产品进出口贸易总额不断扩大的同时，因为加入世界贸易组织的承诺，中国农产品的进口关税水平下降，农产品的进口和销售也无须通过国有企业和中介机构，并逐步取消了对小麦等 7 类农产品的进口配额等，我国农产品进口的品种和数量大幅增加，进口增幅迅速。但与此同时，中国农业产业薄弱，农产品国际竞争力较低，农产品出口经常遭受“绿色壁垒”的限制。中国农产品遭欧美日韩等国海关退运的事件层出不穷，而作为中国非常重要的农产品出口国的日本，2006年开始实施的“肯定列表制度”设置了更为严格的农药残留标准，几乎涵盖中国对日出口的所有农产品，使中国农产品出口雪上加霜。另外，随着中国人民生活水平的提高，消费能力增强，购买优质的进口水果、食品的强大需求也带动了进口的迅速增长。我国农产品贸易出现逆差，说明我国农产品供求存在较大缺口，甚至已经形成对国际市场较大程度的依赖。

农产品贸易逆差状态是我国农业资源刚性约束矛盾的突出表现。随着经济的发展和人民生活水平的提高，我国对农产品的需求不断扩张，对加工产品的需求越来越多样化。而同时，从中长期角度看，今后稳定和增加主要农产品供给的难度将会不断加大：随着工业化、城镇化的加快推进，粮食等传统农产品增加供给的难度更大；主要农产品市场价格经常大涨大落，种植的风险明显增加。另外，我国农产品的国际竞争力在短期内也难以提高，出口额将继续低迷，所以未来一段时间内我国贸易逆差将成为常态。

由图12－16可知，2004年我国农产品首次出现贸易逆差，2005年、2006年逆差额逐步回缩，2007年至今农产品逆差额迅速扩大。和我国整体的贸易顺差不同，我国农产品已连续7年处于贸易逆差状态，历史上以农产品赚取外汇来换得工业产品的传统作用已被大大削弱。我国的农产品贸易逆差是基于进出口都在迅速增长，但进口增速远超过出口增速的基础上形成的。可以预见，我国未来一段时间内，农产品贸易逆差将成为常态，而且逆差额有可能呈扩大趋势。

随着我国农产品开放程度的提高，贸易自由度越来越高，未来我国农产品贸易总量仍将保持快速增长。尤其是金融危机过后，我国及世界经济复苏，农产品贸易面临更好的国际环境。主要农产品未来的进出口走势为：

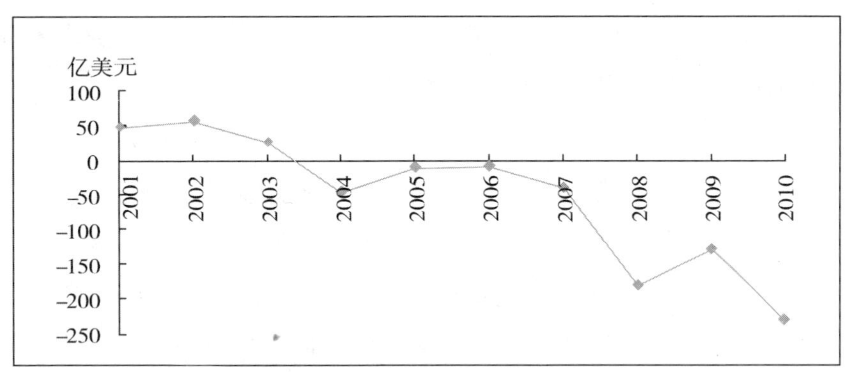

图 12－16　2001—2010 年我国农产品净出口额

资料来源：中国海关总署。

第一，我国的劳动密集型农产品，尤其是蔬菜、水果、水海产品等在未来一段时间内在国际市场上仍然具有非常明显的价格优势，国际竞争力较强，市场前景看好。目前，我国主要产品的成本和价格不到出口目标市场的 1/4～1/3①。因此，劳动密集型产品在未来一段时间内的出口将继续增长，贸易顺差额会继续扩大。其中，拥有自由基地和完善的质量管理体系的蔬菜、水果将表现出更强的出口竞争力，尤其是有机产品、品牌产品将受到出口市场的欢迎。受国内近年多起鱼药物残留超标事件影响，目标出口国对我国淡水鱼类的药物残留问题更加关注，国外的技术壁垒和质量安全标准对我国水产品的出口造成较大阻碍。另外，水产品的初级产品和粗加工产品过多，出口附加值太低。

第二，粮食、棉花、油料等土地密集型农产品进口将进一步增加。近年来，我国大力扶持粮食生产，实施粮食直补、提高最低收购价格等，我国粮食生产恢复性增产，国内产需缺口缩小。但当前国内深加工需求旺盛增长，未来我国玉米等粮食进口仍将大幅增加。由于粮食补贴等，棉花种植比较利益较低，随着我国纺织工业的快速发展，未来棉花缺口仍将进一步上升，棉花进口量将进一步扩大。随着我国人民生活水平的提高，膳食

---

① 李先德．中国农产品进出口回顾与展望［J］．世界农业，2006（6）．

结构不断调整，对蛋白质、豆油的消费需求进一步增长，我国大豆将继续出现较大产需缺口，将大量依赖国际市场进口。

第三，畜产品近年来一直处于逆差状态，但出口将有所增长。我国畜产品占农产品出口总额从 1995 年的 18.9% 下降到 2004 年的 13.5%，其中畜禽肉及杂碎和活动物出口比例下降，而乳、蛋及其他动物产品相对较为稳定，肉类制品的比例还有所上升[①]。我国畜产品在国际市场上有很强的价格竞争力，日本等发达国家的禽肉生产成本高昂，无力与进口禽肉竞争。但因为病情疫情、药物滥用、抗生素的超标使用等，在各国越来越关注食品安全的情况下，纷纷提高检测标准，对动物疫病的控制也越来越严，畜产品出口受到很大的阻碍，我国的畜产品竞争优势没有发挥。但是随着我国提高质量安全控制，未来几年中国畜产品出口机会将会增加。

综上所述，自 20 世纪 90 年代以来，我国的农产品国际贸易状况发生了日新月异的变化，尤其是 2004 年后我国农产品贸易由顺差转为逆差，更是深刻地影响着我国经济的运行。未来我国如何提高农产品国际竞争力，保障粮食和农业产业安全，降低对外依存度，保障国民经济的健康稳定运行，仍是十分重要的战略性问题。

第三节　中国农产品对外贸易发展战略

一、中国农产品对外贸易面临的新形势

受国内资源约束、农业生产效益低、全球气候变暖、生物质能源发展、贸易自由化程度提高等因素的影响，中国农业贸易发展受到了严峻挑战。

---

① 李先德．中国农产品进出口回顾与展望［J］．世界农业，2006（6）．

（一）国内资源约束愈加明显，保障有效供给任务越来越艰巨

中国人口众多，以土地资源和水资源为主的农业资源人均占有严重不足，经济的快速发展使本来就比较紧张的中国农产品供给面临更多的约束。从耕地资源看，中国耕地面积已从1996年的19.51亿亩减少到2008年的18.26亿亩，平均每年净减少1240万亩，而且将继续以较快速度减少，目前人均耕地面积只有世界平均水平的40%。从水资源看，中国人均水资源仅为2300立方米，为世界平均水平的1/4，是全球13个水资源最贫乏的国家之一，越来越多的地区农业发展开始受到缺水的制约。从劳动力资源看，中国农业劳动力成本也出现了快速上升趋势，据调查，在粮棉主产区打短工的日工资水平已由2003年的15～20元/天上升到2008年的40～50元/天。

从需求看，中国对农产品的需求将呈刚性增长，据预测，今后几年中国粮食需求将每年增长40亿公斤，肉类需求每年增长80万吨，食用植物油需求每年增长100万吨。

可以看出，随着水、土以及劳动力等基本资源约束的不断加强，立足国内保障中国主要农产品的供应难度也越来越大。

（二）农业生产效益仍然偏低，农民增收难度不断增加

中国农产品市场开放后面临的竞争主要来自美国、澳大利亚、加拿大、巴西、阿根廷等农产品出口大国，与之强大的资源优势相比，中国农业经营规模小，生产效益较低。中国家户的平均经营规模仅为0.5公顷，而美国、澳大利亚、加拿大、巴西、阿根廷的农场规模通常为100～500公顷。生产成本方面，除了农村劳动力价格快速上涨外，近年来国内生产资料价格的大幅度上涨也弱化了惠农政策的实效，进一步降低了农业生产效益，减少了农民收入。价格方面，尽管国家花很多财力对粮棉油糖等大宗农产品实行最低收购价和临时收储政策，但由于国际竞争力不强，市场高度开放的大豆、油菜籽等农产品进口仍然是大幅度增长，导致国产农产品销售不畅，价格下跌，农民收益受到严重影响。中国农民收入的50%以上

来源于农业收入，受资源约束影响，未来农业产业发展在很大程度上需要依靠不断提高农产品价格，但在市场开放背景下国内农产品价格上涨又受限于国际价格，因此未来中国农民收入增长的难度将不断加大。

（三）非传统因素不断增加，国际市场波动愈加频繁

在当前形势下，国际农产品贸易不仅受传统的市场供需因素影响，而且还受到气候变化、技术壁垒、石油价格、生物质能源、国际投机资本等许多非传统因素的重要影响，这些非传统因素极大地增加了国际农产品贸易的不确定性。全球气候变暖会增加水资源紧缺的风险，还会导致自然灾害频繁发生或灾害程度加重及农业生产资源缩减，使得未来农业生产发展面临极大的不确定性，甚至可能造成灾难性后果；食品安全标准的不断提升和技术壁垒的不断升级将成为阻碍农产品贸易的重大障碍；在2008年爆发的粮食危机中，石油矿物能源价格的大起大落通过化肥、农药、农膜等农业生产资料生产及农产品运输的直接作用对国际粮食市场造成了巨大而显著的影响；生物质能源的发展不仅增加了对农产品的非传统需求，而且打通了农产品市场与能源市场的分隔从而使其密切关联，石油价格的频繁波动对玉米、大豆、食糖和油菜籽等农产品价格的影响越来越大；金融投机资本在农产品和能源两个市场上的大进大出也成为农产品价格大幅波动的重要因素。这些非传统因素的出现和对国际农产品市场主导作用的增强大大增加了国际农产品市场的变数和不确定性，中国农产品贸易将面临更多的挑战。

（四）短期内贸易保护主义抬头，长期来看贸易自由化程度将不断提高

随着金融危机的蔓延以及世界农产品市场供求形势发生变化，为了稳定国内农业生产和市场，各国纷纷出台了提高关税、增加补贴等具有贸易保护性质的政策措施，国际贸易保护主义明显加剧，在短期内影响了中国农产品出口贸易发展。但长期来看，和平、发展、合作仍是当今时代的主流，经济全球化和区域经济一体化的趋势不可逆转，世界农产

品贸易自由化程度将进一步提高。

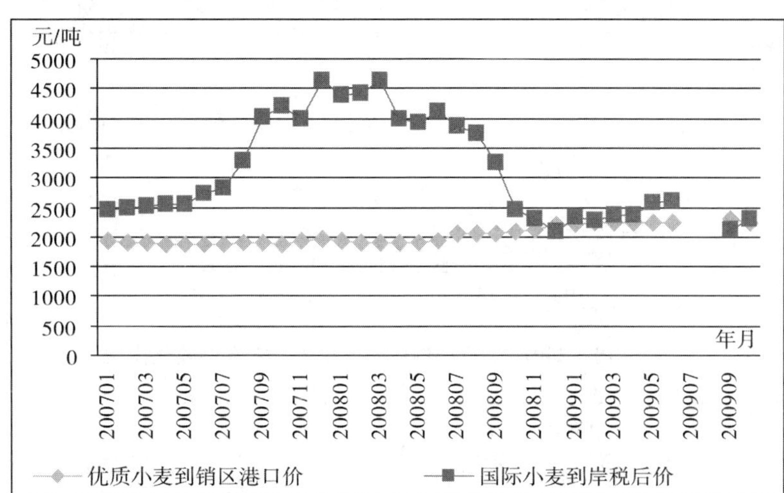

图 12-17 2007—2009 年国内外小麦价格月度变化情况

注：2007 年下半年至 2008 年上半年，国际小麦价格大起大落，在很短时间内涨跌幅度高达 50% ~80%。相对而言，国内价格比较平稳。以下的大米和玉米变化均有类似情况。

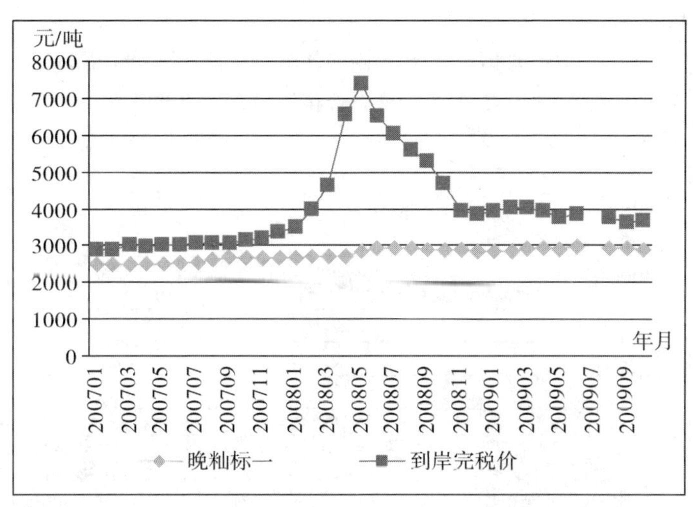

图 12-18 2007—2009 年国内外大米价格月度变化情况

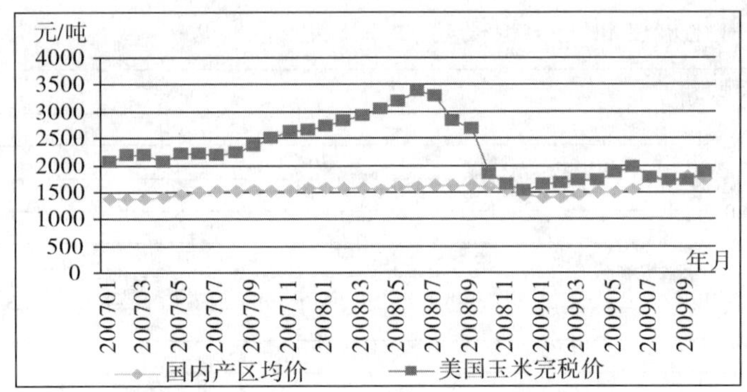

图 12－19　2007—2009 年国内外玉米价格月度变化情况

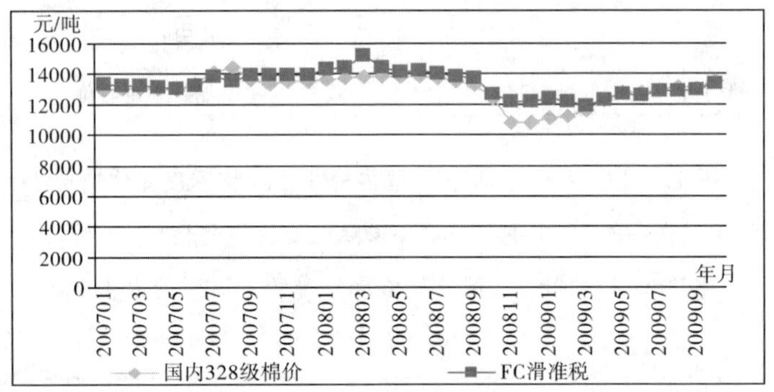

图 12－20　2007—2009 年国内外棉花价格月度变化情况

注：由于采用滑准税政策，国内外棉花价格变化也呈高度关联。

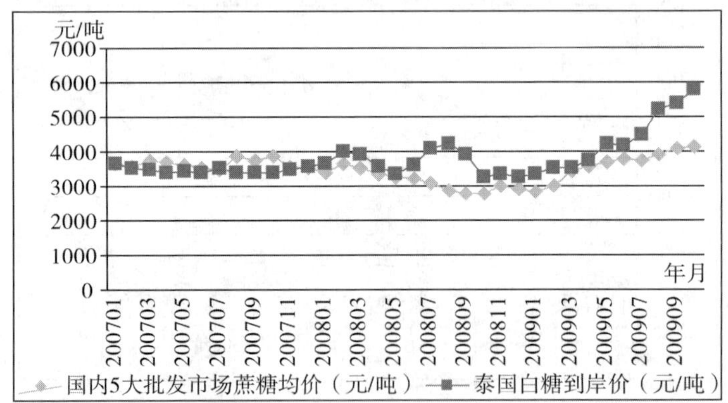

图 12－21　2007—2009 年国内外白糖价格月度变化情况

注：中国白糖还是具备一点优势的，加之有关税配额保护，国际白糖进入国内后价格还是略高一些。

二、促进中国农产品对外贸易发展的战略举措

十七届五中全会提出，实施互利共赢的开放战略，进一步提高对外开放水平。这就要求我们既要顺应农村改革发展的必然要求和世界农业发展的必然趋势，坚定不移地推进农业对外开放，充分利用两个市场、两种资源，不断拓展开放的广度和深度；又要在开放中注意趋利避害，加强政策调控，加强对农业的合理保护，更加有效地利用国际市场和资源，确保农业产业和农产品贸易的健康、稳定、可持续发展。具体而言，农业对外开放要努力实现如下目标：

一是保护农业产业安全。在进口满足国内需求和合理利用外资的同时，保证国内产业健康发展，防止行业主导权的丧失，防范化解产业风险。二是转变贸易发展方式。转变过度依赖低成本低效益的数量速度型贸易增长，牢牢把握我国农业的比较优势，扩大优势农产品参与国际竞争，合理调整进出口结构，为充分利用世界市场创造有利条件。三是增创国际竞争优势。在世界范围内配置农业资源，提高农业综合生产能力和产业化水平，促进结构优化升级，改善农产品的品种和质量，全面提升农业国际竞争力。四是保护好农业政策和产业升级空间。通过积极参加国际磋商谈判，施加影响，争取农业支持调控和扩大贸易的空间，充分运用国际规则维护自身利益。贯彻互利共赢的开放战略，统筹好农业对外开放与国内农业农村经济发展两个大局。

为完成上述任务目标，应采取以下几项重要措施。

（一）加强对农产品出口企业的财税金融政策扶持

一是全面提高农产品出口退税率。在已出台相关政策的基础上，将农产品出口退税率上调的范围由深加工农产品扩大到初级农产品，将退税率由部分上调提高到“全征全退”，帮助企业降低出口成本、缓解出口困境。

二是提升农产品贸易便利化水平。改善出口农产品的物流条件，提高通关速度，降低出口成本。对通过质量体系和环境认证，质量好、守信誉的农产品出口企业，简化检验检疫程序。继续减免农产品出口检验检疫费。

三是加大政策性金融支持力度。研究制定对农产品出口提供政策性金融扶持的具体办法，加大对农产品出口的信贷支持力度。继续完善农产品出口政策性保险制度，探索出口信用保险与农业保险相结合的风险防范机制。扩大农产品出口信用保险的承保范围，有效提高企业投保比率，增强农产品出口企业的风险防范能力。

四是扩大国家外贸发展基金对农产品出口企业支持份额。每年在中央外贸发展基金中安排一定比例，作为农产品出口发展基金，专门用于支持扩大农产品出口。适度扩大农产品外贸发展基金规模，重点支持中小企业开拓国际市场和培育出口品牌。

（二）进一步强化农产品贸易促进和信息服务

一是强化政府对优势农产品营销促销的支持力度。通过建立财政专项，对农产品出口企业开展品牌建设和国内外产品质量认证等给予补贴。进一步加大对企业和行业组织开展多种形式的产品推介和市场营销活动的支持力度。引导企业实施出口市场多元化战略，积极开拓新兴市场。

二是加强国际市场监测和完善贸易信息服务体系。加强对重点国家、重点市场、重点品种的农产品贸易情况监测，做好国际市场价格、贸易形势以及国外贸易政策等动态信息的收集整理，为企业提供农产品贸易指南、月报等公共信息。积极跟踪了解国外农产品质量法规、技术标准等信息，及时向出口企业通报相关国家的疫病疫情、质量卫生标准、检验检疫措施、贸易摩擦等动态情况。鼓励和指导地方、行业组织和专业机构，开展区域性农产品信息咨询服务，逐步构建多层次、一体化的农产品进出口信息服务体系，为企业经营提供参考。

（三）强化农业贸易谈判、产业安全预警和贸易救济工作

一是做好多双边贸易谈判，保有必要的政策调控空间。强化多双边农业贸易谈判和贸易规则制定参与力度，始终坚持把农业作为保护的重点，在争取优势农产品出口准入机会的同时，维护好中国非常有限的国内支持

和贸易调控政策空间。在WTO多边谈判中，力争中国农产品特别是关系国计民生的大宗重要农产品不做减让或只做象征性减让。在自贸区谈判中，按照互利互惠互补的原则，借鉴其他国家自贸区谈判农业处理的做法和经验，寻求对重点大宗产品特殊、灵活的解决办法。继续加强与主要国际农业机构的合作，广泛参与涉农国际谈判和协作，争取对我国有利的国际规则。

二是加强对主要农产品产业安全的监测和预警，提高调控水平。要加强部门间的配合，建立统一、权威的全国性大宗农产品产业安全监测预警系统，特别要对粮棉油糖等国际竞争力弱、进口压力明显的大宗农产品的国内外价差和供需走势密切跟踪，及时分析、研判、预警并制定相应应急预案，为复杂形势下中国农业产业健康发展保驾护航。

三是加快农业贸易救济体系建设，妥善应对贸易摩擦。建立健全农业贸易争端解决和贸易救济的专门机构、队伍和体系。加强农产品进口的跟踪预警，开展产业损害调查和国外贸易壁垒调查等所需的基础性工作，有效利用反倾销、反补贴、保障措施等合法手段，及时实施贸易救济。妥善应对与国外贸易摩擦，运用多边机制、新闻宣传、外交磋商等多种渠道反击歧视性贸易保护措施，维护中国农产品出口利益。

四是高度重视和充分利用各种技术手段，保护国内产业与食品安全。大力加强技术性标准以及相关法律法规的研究和制定，为合理运用技术手段调控农产品贸易奠定科学的法律基础。加强技术手段应用的部门协调，扩大相关领域国际交流合作，积极参与国际技术标准和技术规则制定。加强对大豆、棉花、乳制品、禽杂等重点进口农产品的质量监控和检验检疫，运用合法手段保护国内产业。

（四）加强国内价格政策、贸易政策、国内支持和补贴政策的紧密衔接

在总结近年经验的基础上，出台最低收购价或临时收储政策时，要充分考虑国内市场调控与相关进口政策的紧密衔接，避免出现边收储边快速进口、用国内有限的财力资源补贴他国廉价农产品的情况，要统筹考虑对

生产者与流通加工者的利益保护。对大豆、油菜籽等实行单一低关税且非常重要的敏感农产品，可考虑采用大幅度提高对主产区生产者直接补贴的方式，取代目前实行的临时收储政策。

（五）全面提升中国农产品的国际竞争能力

一是不断提高中国农业科技自主创新能力。农业国际竞争的核心和焦点是农业科技竞争。要通过深化体制机制改革以及大力增加投入不断提高中国农业科技自主创新能力，降低农业生产成本，提高农业资源利用效率，从根本上提高中国农业综合生产能力。

二是逐步完善与农产品市场开放水平相适应的农业支持保护体系。按照制度化、法律化和规范化要求，充分利用国际贸易规则赋予的权利，进一步健全完善农业支持保护政策体系；争取投入、补贴、金融、价格、税收等多方面政策向农业和农村重点倾斜；在农产品市场开放过程中逐步建立对受影响较大的产区、产业和生产经营者的利益补偿机制。

三是高度重视和不断提升农产品质量安全水平。加强出口示范基地建设，推行农业标准化生产，推进出口农产品质量追溯体系建设，从根本上提高农产品质量安全水平，突破进口国的贸易壁垒。强化监管能力，加快出口农产品质量安全监管体系建设，建立健全农产品质量安全检验检测体系，不断提高农产品质量安全执法能力和水平。

（六）加强对农业“走出去”的政策引导

创造公开、公平、公正、透明的竞争与参与环境，积极鼓励和正确引导各类资源参与农业“走出去”。加强对重要项目的监管，规范参与者行为，防止在“走出去”过程中出现盲目决策、恶性竞争。对农业“走出去”企业实行优惠补助和税收政策。将国内支农惠农政策向国外延伸；调整农产品出口退税政策，减免出口环节税费，避免双重征税。

参考文献

[1] 谭林，武拉平．中国大豆需求及供需平衡分析［J］．农业经济问题，2009（11）．

[2] 孔祥智，丁玉．我国农产品进出口贸易的特点及趋势：1998—2011［J］．经济与管理评论，2013（1）．

[3] 孔祥智．农业农村发展新阶段的特征及发展趋势［J］．农村工作通讯，2012（2）．

第十三章　促进农业可持续发展

在党的十八报告中，把“四位一体”扩大到了“五位一体”，“生态文明建设”受到高度重视。多年来，中国农业基础设施薄弱，抗御自然灾害能力弱的问题非常突出。随着农村人口的不断增加和农村经济的发展，农业综合开发规模和乡镇企业对资源利用强度日益加大，农村环境污染和生态破坏严重，人口、资源、环境压力越来越大，环境与发展协调的问题更加突出，农业可持续发展就显得非常重要。只有促进农业的可持续发展，才能全面推进农村经济发展和社会进步，建成富裕民主文明的社会主义新农村。因此，2007 年的“一号文件”和 2014 年的“一号文件”都强调要提高农业可持续发展能力，推进农村生态文明建设。

农业的可持续发展是指在农业发展过程中，既能满足当代人对农副产品的需求，又不对后代人农副产品的需求产生威胁。即既要达到发展经济的目的，又要保护人类赖以生存的自然资源和环境，实现人口、经济、社会和环境协调发展①。随着对农业环境问题的认识不断提升，我国在农业可持续发展道路上取得了一定的成效，但由于我国对农业可持续发展问题的重视相对较晚，人们的观念转变需要一个过程，很多技术还不够成熟，在发展过程中仍存在着很多问题。

---

① 姚卫红. 浅议我国农业可持续发展的制约因素［J］. 农村经济，2003（3）：55.

本章通过分析中国农业污染的现状与成因，指出要建立合理的农业生态补偿机制和农业绿色技术采纳机制，最后提出中国农业可持续发展战略的建议。

第一节　农业污染的现状与成因

一、农业污染的现状

农业作为一个国家的基础产业，直接关系到人的生存和经济社会发展水平。农产品质量的好坏直接影响人们的身体健康，而农业环境又是决定农产品质量安全的重要因素。改革开放以来，人们为了增加农作物产量、减少虫害、铲除杂草等，对农业化学品的投入幅度不断增大，在带来一定经济效益的同时也产生了严重的农业污染，土壤板结、土壤肥力下降、水体富营养化等问题日益严重，已成为制约我国农业可持续发展的主要障碍。中国农业污染的现状主要表现在以下几个方面。

（一）农业污染和生态破坏范围不断扩大

近几年，中国农业污染和生态破坏范围不断扩大。

第一，水资源短缺、水污染加剧。有资料显示，中国农业用水占到总用水量的70%，但农业灌溉水利用率仅为每立方米产粮0.8公斤，不及发达国家的40%。这种高耗低效导致对水资源的过度开发和生态环境的进一步恶化。中国人均占有水资源量只有世界人均占有量的1/4，属水资源脆弱国，但人口增长、工业废污水的乱排乱放、城市垃圾、农村农药喷洒等，使原本就少的淡水资源短缺加剧。全国78条主要河流有45条都遭到了污染，七大水系中的一半也遭到了污染。

第二，土地沙化、水土流失更加严重。多年来，过度开垦、过度放牧、乱砍滥伐、不合理开矿、修路及水资源无序利用等，使土地沙化、水土流失形势严峻。据国家林业局公布的数据，中国目前沙化土地已经达到

173.97万平方公里，占国土面积的18.12%。据国土资源部、水利和环保部门统计，截至2012年，我国水土流失面积达356万平方公里，占国土面积的37%。虽然近年来陆续出台了相关政策，并采取了生态修复措施，但并没有从根本上遏制土地的进一步沙化和水土流失。

第三，农田受污染面积进一步扩大。由于不合理使用化肥、滥用农药、农膜大量残留、工业“三废”及生活污水的排放等，农田被严重污染。2011年10月10日，中国工程院院士罗锡文表示：全国3亿亩耕地正在受到重金属污染的威胁，占全国总耕地面积的1/6。而实际情况比这个更加严重，农田受污染程度还在不断加剧。以湖南为例，湖南省权威部门统计发现，由于不合理耕作、过度种植、农用化学品的大量投入，与20世纪80年代第二次土壤普查时相比，到2013年，湖南省耕地土壤pH值已由6.5降至6.0，30年土壤酸化程度相当于自然状态下300年的酸化程度。“研究表明，土壤pH值每下降一个单位值，土壤中重金属流活性值就会增加10倍”。湖南省一位农业专家说，湖南是目前全国土壤酸化面积最大的一个省，全省耕地中有2/3存在不同程度的酸化现象。

第四，农业生物多样性不断减少、耕地生态系统单调。农业生物多样性对人类的发展起着重要的保障作用，为有效保护生态环境做出了重要贡献。我国是世界上生物多样性最丰富的国家之一，高等植物和野生动物物种均占世界的10%左右。然而，由于人类对资源的掠夺式开发利用、环境污染、生物环境变化、气候变化等，物种数量急剧减少，有的物种已经灭绝，农业生物多样性不断减弱，耕地生态系统也变得单调。据统计，我国高等植物大约有4600种处于濒危或受到威胁。近50年来，约有200种高等植物灭绝，平均每年灭绝4种，野生动物中约有400种处于濒危或受到威胁状态。

第五，森林资源少且分布不均衡。我国森林面积小，人均资源少，地区分布不均。第七次全国森林资源调查结果显示，全国森林面积为19545.22万公顷，森林覆盖率为20.36%，仅达到世界森林覆盖率的2/3。在干旱半干旱地区，森林覆盖率更低。新疆的森林覆盖率仅为4.24%，青海为5.2%，甘肃、宁夏、西藏等地的森林覆盖率略高于10%，与全国以及世界平均森林覆盖率有很大差距。

第六，草地资源退化严重。草地是可持续利用的自然资源，它不仅为发展畜牧业提供了物质基础，也是人类重要的生态屏障。但由于人类的粗放式经营、过度放牧等，我国的草地资源退化呈加速趋势。目前，中国90%的草地不同程度地退化，其中中度退化以上草地面积已占半数。全国“三化”草地面积已达1.35亿公顷，并且每年还以200万公顷的速度增加，草地生态环境形势十分严峻。

（二）农业污染源和污染物不断增多

农业污染源和污染因子不断增多。第一，不合理施用化肥造成了严重的化肥污染。农民为了增加产量，近乎疯狂地施用化肥，有些农户还在底肥中掺一些高毒、高残留农药，造成严重的土壤污染。第二，使用价格低廉、高毒、高残留农药导致了农药污染。近几年，由于病虫草害的频繁发生，每年都给农户造成了大量损失。为了快速解决病虫草害问题，很多农户都选择使用一些高毒农药。高毒、高残留农药的大量使用会造成农药大量残留在土壤里或者渗入到地下水，造成水源污染。第三，地膜大量残留造成了地膜污染。由于地膜有增温保湿、促进植物生长发育、减少杂草蚜虫危害等作用，被大量投入农业生产。但是，由于地膜比较薄，加上抗拉能力差、易碎等特点，回收难度很大，也造成了大量的地膜残留。地膜为理化性质相对稳定的石化产品，残留在土壤环境中的碎片几十年甚至几百年内都很难降解。残膜的长期大量积累会造成土壤性质恶化，导致农作物减产、品质变差。第四，工业“三废”造成污染。大量工业废水通过河流排向农村，污染农田和水源；大量工业废气和燃煤废气排入大气，形成酸雨，降回地面损害森林和农作物；大量的固体废弃物和垃圾堆放在农村，使农村环境成为名副其实的“纳污区”。[①] 第五，畜禽粪便造成污染。随着经济发展以及生活水平的提高，人们对畜禽产品的需求量也在逐步加大，

① 张凤英．我国农村环境污染现状成因与防治［J］．黑龙江科技信息，2013（2）：69.

畜禽养殖规模不断扩大，畜禽粪便的大量排放给环境造成了严重危害。通常畜禽养殖场都靠近水源，而畜禽粪便中含有大量的氮、磷等有机物，会污染水源，造成水体富营养化。第六，焚烧秸秆造成焚烧污染。每到夏秋两季，人们为了省事方便，便把地里留下的秸秆就地焚烧。大规模、广范围的秸秆焚烧不仅污染空气危害人体健康，还会破坏土壤结构，造成农田质量下降。

（三）农业污染造成的损失越来越大

农业污染导致农作物产量下降、品质降低、农产品的安全性缺乏保障。由于过量使用化肥、农药及污水灌溉等，土壤板结、地力下降、土壤受到重金属、无机盐、有机物等物质污染情况严重。[①] 土壤环境受到的严重破坏直接导致农作物产量下降、品质降低。由于过度使用高毒、高残留的化肥、农药来实现增产，导致一些农产品含农药、重金属等都严重超标，人们吃到放心菜成了奢望，农产品的安全性难以保障。

二、农业污染的成因

（一）对农业污染认识不足，缺乏重视

公众环境保护意识水平的高低，直接关系到我国环境保护事业的成败。[②] 农民和政府部门对农业污染认识不足，缺乏环境保护意识是造成农业污染的重要原因。由于我国农民受教育程度普遍不高，尤其是贫困地区的农民，不仅受教育程度很低，而且还处于维持生存的境地。因此多数农民环保意识差，片面追求短期经济效益，乱砍滥伐、滥用化肥农药、任意排污、不合理开垦荒山荒地，以破坏生态环境、浪费资源为代价，换取眼前的高产量、高收入，而不考虑社会效益和环境效益。同时，一些地方政府为了增加财政收入，以经济效益为中心，以牺牲环境为代价，以生态换取 GDP，在大力发展工业的同时，严重破坏农业生态环境。

---

① 刘贵平，周永春．我国农业污染的现状及应对建议［J］．国际技术经济研究，2006（4）：19.

② 杜江，罗珺．我国农业环境污染的现状和成因及治理对策［J］．农业现代化研究，2013（1）：92.

（二）城乡二元结构

新中国成立初期，我国优先发展重工业的赶超战略、限制农民入城的户籍制度以及长期以来的工农产品价格“剪刀差”等城市偏向政策，使得中国的二元结构表现得十分突出。[①] 城乡二元结构使得城乡长期分割，造成乡村人口过多，加剧了人口与资源的紧张关系。虽然近几年城市化发展进程加快，一部分农村人口向非农产业和城镇转移，但农村人口现有比例依旧过大。巨大规模的农村人口不仅在客观上扩大了农业污染的乘数效应，而且为了提高收入，对资源环境造成了巨大压力。同时，流入城镇和非农行业的一般都是农村精英人才，留下的农村从业人员普遍素质较低，不懂科学种田，接受环境保护知识能力弱，缺乏环保意识。

（三）资金投入不足

资金投入不足主要包括两个方面。一是对农业科学技术、设备的投入不足，二是对农业污染治理的投入不足。造成农业污染很重要的原因就是种植管理不科学、缺少先进设备。目前，农业科学技术普遍偏低，设施落后。对农业科学技术的投入是一项长期而复杂的工作，不仅需要资金的投入还需要时间和方法，让农民真正学会科学种植管理。先进设备的引进需要大量的资金。目前引进设备的资金大多来自群众自筹和政府帮扶，还存在相当大的缺口。而且，现在的资金投入主要集中在可见性利益的投资上，如先进的农业耕种、收割等配套设施，而对于先进的节水灌溉设施和污水处理设备等潜在利益方面的投入则较少。在农业污染治理方面，政府财政也没有足够的资金投入。一直以来，政府对污染控制的资金投入“重点源、轻面源”，对农业非点源污染控制的资金投入严重不足。同时，财政对污染控制的资金投入“重城市、轻农村”，农村从财政渠道几乎得不到污染治理和环境管理能力建设资金，也难以

① 杜江，罗珺．我国农业环境污染的现状和成因及治理对策［J］．农业现代化研究，2013（1）：91．

申请到用于专项治理的排污费，而地方政府往往财力不足，或者缺乏动机去建设污染治理基础设施。

（四）农业污染治理法律缺失

我国政府对农村污染的关注程度低于对城市的污染。政府及各界对城市污染的关注度更高，针对城市污染制定了一系列相关的法律法规。如现行的《大气污染防治法》、《水污染防治法》等都是围绕城市为中心设计的。虽然农村污染产生的范围广、危害大，但却被认为农村环境容量大、纳污能力强，而没有引起足够重视，关于农村、农业的环境政策和法律更是相当不健全，甚至存在诸多空白。即使近几年出台了一些关于农业污染的法律法规，但法律内容普遍不够细化、针对性不强，且缺乏法律强制效力，所以收效甚微。由于法律约束缺失，污染制造者无须对自己的污染行为承担任何责任，这就降低了制造农业污染需要承担的成本，从而导致农业污染严重加剧。

第二节　建立合理的农业生态补偿机制

我国农业污染严重、生态环境脆弱已成为不争的事实，要有效解决这一问题，建立合理的农业生态补偿机制刻不容缓。

一、建立农业生态补偿机制的意义与作用

农业生态补偿又称农业生态环境补偿，是生态补偿在农业生态系统的具体化，也是生态补偿的一个重要分支。它是指以恢复、维持和增强农业生态系统生态服务功能为目的，对损害农业生态环境的开发利用者进行收费或对为保护农业生态环境而投入成本的相关主体的一种利益补偿。[①] 建立农业生态补偿机制具有以下意义与作用。

① 张金艳．推进我国农业生态补偿法律制度实施建议［J］．林业经济，2013（5）：115.

（一）农业生态补偿可以增强农民的抗风险能力

传统农业生产方式造成的农村面源污染和生态退化问题不断加重，不仅使农民增收困难，还很大程度上影响了广大群众的健康。但是，由于农民收入有限，无力独立承担环境污染或其他灾害带来的风险，有必要对农业生产进行补贴，给予资金上的支持，提高其收入水平。农业生态补偿机制的建立，有利于促进传统经济增长方式以及粗放型资源开发模式的转变，从而增强农民的抗风险能力。

（二）农业生态补偿有利于促进农业生态环境稳定持续发展

农业生态补偿是为达到保护农业资源和环境的目的而进行的生态规划和设计，并通过一定的社会经济手段和技术措施治理农业污染、建设农业生态、提升资源环境承载能力，在治理和建设过程中若对农村环境和农民经济状况造成影响和损害的，则对其进行补偿。同时，建立完善农业生态补偿机制，还可以让那些生态环境的受益者支付一定的费用，有利于唤醒广大人民群众保护环境的意识，有利于形成节约资源、减少污染的生产模式，从而促进农业生态环境稳定持续发展。

（三）农业生态补偿有利于促进公平

一直以来，农业生态环境的恶化有很大一部分是由城市经济增长带来的，而环境保护设施和环境保护服务却大都集中在城市，农业生态环境的成本都由农村来承担。改革开放以来，随着城镇化的快速发展，农村土地被大量征用，也使农村蒙受了很大损失。农村为城市经济的增长做出了巨大的贡献和牺牲，自身却遭受了严重的生态破坏和资源的耗竭。同时，城市工业污染也大量从城市转移到农村，进一步加剧了农村的生态环境危机。农业生态补偿可以让在发展中获益的城市对农村环境造成的损害进行赔偿，通过反哺促进公平。

二、如何建立合理的农业生态补偿机制

我国农业生态补偿机制在实施中还存在诸如法律制度不完善、补偿标准低、补偿方式单一、未考虑地区差异等问题，在很大程度上影响了我国

农业生态补偿工作的推进。要建立合理的农业生态补偿机制，需要注意以下几方面。

（一）建立健全我国农业生态补偿法律法规体系

目前，我国关于生态补偿的法律规定比较分散，主要散布在一系列生态环境法律法规中，如《环境保护法》、《水法》、《草原法》、《野生动物保护法》、《自然保护区条例》等。[①] 关于农业生态补偿的法律法规体系更是薄弱，对各利益相关者权利义务责任的界定补偿内容、方式和标准的规定都不明确。尤其是一些重要的法规对生态保护和补偿的规范不到位。根据美国、日本、欧盟成员国等发达国家的经验，必须进一步完善我国农业生态补偿法律法规的建设。

由于相关立法和配套制度还很不健全，各地农业生态补偿政策、补偿程序和补偿标准差异很大，导致政府在制度实施过程中由于缺乏法律依据而不够灵活。为防止“一刀切”的僵硬执法后果，要根据农田、饮用水源地、公益林等的规模和地理情况，因地制宜地制定不同地区农业生态补偿标准或补偿资金范围，并通过人大立法，使农业生态补偿有法可依。

（二）提高农业生态补偿标准、拓宽补偿范围

实行农业生态补偿，必须把保护农民利益放在首位，只有这样农民才有动力采取措施，积极保护与修复农业生态。由于一直以来城乡二元结构的影响，政府通常比较关注城市的环境保护，而忽略了农村和农业的生态环境保护。多数环保资金也都投入城市，而有关农业生态补偿的标准却普遍较低。要提高农民参与农业生态保护的积极性，就要建立合理的农业生态补偿机制，优化提高农业生态补偿标准，确保农民的生活水平不因为保护生态而降低。在考虑受偿主体经济成本的同时还应充分考虑生态环境的价值，在国家经济的发展水平和对生态效益的需求之间寻求动态平衡。

目前，我国的生态补偿主要局限于自然保护区的生态补偿、重要生态

---

① 张金艳．推进我国农业生态补偿法律制度实施建议［J］．林业经济，2013（5）：116.

功能区的生态补偿、矿产资源开发的生态补偿、流域水环境保护的生态补偿等，有关农业的生态补偿还处于初级阶段。西方发达国家的生态补偿范围很广，特别是在欧盟，几乎包括了所有对环境友好的生产措施。如美国的土地休耕计划，欧盟对有机农业、生态农业、传统水土保持措施甚至地边田埂生物多样性的保护措施等。[①] 因此，我国农业生态补偿还应在土地休耕、草原休牧、水土保持、生物多样性保护等方面开展更多的工作，对有利于农业生态环境建设的行为或措施都可以进行补偿。

（三）促进融资渠道多元化以及补偿方式多样化

我国在补偿资金和融资渠道方面还比较单一，目前主要依靠政府补贴，市场很少参与。现阶段，我国农业生态补偿资金的来源主要是国家财政支付、财政补贴、向受益者收取补偿费等，制度运行成本较高，财政压力逐年增大，资金来源渠道的单一使得政府的补偿能力和补偿范围都受限制，这无疑会影响农业生态补偿的实施。参考国际经验并结合我国实际，我国生态补偿的融资方式应该向政府、集体、社会团体和个人共同参与的多元化投融资机制转变，拓宽生态环境保护与建设投资渠道。同时加强对外合作交流，争取国际性金融机构优惠贷款和民间社团组织及个人捐款，进行生态环境建设。还可以考虑通过征收农业生态环境补偿税费的方式筹集农业生态补偿资金，比如按照污染量或污染程度征收生态补偿税。

在农业生态补偿方式上，我国主要采取的是直接进行资金补偿。简单的资金补偿通常不能达到最好的效果，可以根据补偿对象、补偿领域的不同进行不同方式的补偿。如对生态循环农业、节水灌溉、农业面源氮磷流失生态拦截、畜禽粪便资源化利用等的补偿可以以实物补偿、市场补偿或技术补偿的方式为主进行，改变目前单一的农业生态补偿方式。

（四）建立科学合理的社会化监管和评估机制

由于立法的缺失，目前我国的农业生态补偿体系较为紊乱，各地关于

---

① 邢可霞，王青立．德国农业生态补偿及其对中国农业环境保护的启示［J］．农业环境与发展，2007（1）：1－3．

农业生态补偿的补偿标准、补偿对象、补偿程序以及补偿监督方面均没有明确的规定，最终导致农业生态补偿金落实不到位，往往沦为各级相关主管部门的一项重要收入。① 一直以来，我国在生态建设方面实行的都是上级主管部门对其下级部门的工作进行监督和评估。这种监督和评估机制，很容易由于从本位主义出发而引起诸多问题。为保证生态补偿政策的公平合理，可借鉴欧盟的监测评估经验，由独立的第三方对生态补偿进行监管和评估。第三方监管和评估机构必须由多学科专门人才组成，能对生态效益、经济效益、社会效益进行全面评估。

（五）建立参与式补偿标准制定机制

很多看似很好的政策实施效果往往与政策制定的初衷大相径庭，原因之一就是政策制定者并不了解政策针对对象的真实状况及真实需求，因此，政策执行者及其相关主体缺乏积极性，甚至反其道而行之。鉴于此，农业生态补偿标准的制定要充分考虑受偿人群的意见和建议，让农业生产者、农村居民充分发表意见，并且通过各种渠道和方式了解清楚农业生态环境主要影响者的生活状况、生产状况，认真测算由于实行生态保护而减少的农民利益，制定合理的补偿标准，因地制宜，灵活多样，在不降低农民现在及今后生活标准，而且使他们有更高生产技能的前提下，通过补偿有效保护农业生态环境。

第三节　构建农业绿色技术采纳机制

改革开放以来，随着人口的迅速增长与工业化和城市化的加快，农业用地减少，粮食危机显现。同时，为提高粮食生产，化肥农药被广泛使用，导致环境恶化，危害人类和动物的健康。造成农业污染、生态环境恶化的一个重要原因就是传统农业技术缺少环保理念，片面追求经济效益，

① 张金艳．推进我国农业生态补偿法律制度实施建议［J］．林业经济，2013（5）：117.

以高消耗、高污染为代价换取高经济效益。要缓解农业污染，阻止生态环境继续恶化，需要采用农业绿色技术发展可持续农业。绿色技术是指能减少污染、降低消耗和改善生态的技术体系。农业绿色技术是指能够有效减少农业污染、降低农业资源消耗和改善农业生态环境的技术体系。农业绿色技术能有效解决资源浪费和环境污染问题，满足大众不断增长的对绿色产品的需求，有利于合理有效地利用不可再生资源和开发利用可再生资源。

农业绿色技术在强化生态效益和环境价值取向的同时，客观上也存在着长远利益和当前利益、经济效益和环境效益、投入与产出的矛盾。农民是否采纳农业绿色技术主要取决于农业绿色技术可以带来的收益。农业绿色技术带来的收益包括经济收益和环境收益。环境收益是一种社会收益，农民一般不会直接关心。所以，决定农民是否采纳农业绿色技术的关键在于它的经济收益。一方面，采用农业绿色技术可以减少水、土地等自然资源的消耗，降低生产成本，从而给农民带来额外的收益。但是，农业绿色技术的采用也需要付出一定的资本和劳力成本，通常情况下，农民所付出的资金和劳力成本远远大于所节约的自然资源价值。这就导致农民不愿意采用农业绿色技术。另一方面，农业绿色技术的采用还可以提高产品质量，提升农产品的环保程度，形成绿色农产品。通常情况下，绿色农产品的价格要高出普通农产品，这些溢价也会给农民带来额外收益。但是，农业绿色技术的采用通常不会改变农产品的外在特征和功能，只是暗含绿色属性。而这些暗含的绿色属性不容易被消费者察觉，如果要对绿色属性认证，又要花费很大成本，这就导致绿色农产品所带来的溢价不确定性很大，使农民没信心和动力采纳农业绿色技术。

当市场无法让人们做出更有利于人类长远发展的行为时，就需要各级政府从可持续发展的高度，运用经济、法律和行政手段，加强生态制度建设，构建农业绿色技术采纳机制。机制的构建具有约束和引导功能，通过制度、法律法规的安排引导从事农业的人员自觉、主动地采纳农业绿色技术。具体可以采取以下措施。

一、加强执法力度，建立农业污染约束机制

法律是市场经济条件下促使农民采用农业绿色技术最重要、最有效的外部强制力量。但是，由于我国相关法律还不健全，对造成农业污染的主体惩罚程度不足，不能有力约束农民采用农业绿色技术，走可持续发展道路。为使法律在农业绿色技术采纳机制中发挥应有的作用，政府可以采取以下措施：①在立法上，强化现有各项与农业环境保护有关的法律。②对造成农业污染者，制定切实可行的惩罚措施。③加强对环境的执法监督，做到有法必依、执法必严、违法必究。

二、建立健全农业技术采纳外部激励机制

国家政策和激励机制是农户采用农业绿色技术的外部动力。农民不采用农业绿色技术最主要的原因就是内部不经济。要有效解决这一问题，政府可以采取外部刺激措施：①加强环境管理的经济刺激手段。一方面，对于造成环境污染的主体进行收费，提高污染环境成本。另一方面，对有利于节约资源、减少污染的农业绿色技术采用农户进行补贴，降低采用农业绿色技术的成本。②设立农业绿色技术采纳专项资金。对于采用农业绿色技术所需要的机械、设备等设立专项资金支持，降低农户购买这些机械、设备的成本。③制定相关政策，使绿色农产品在市场上具有竞争优势。一方面，要提高公众购买绿色农产品的意识。只有公众绿色意识觉醒，才能促进绿色农产品市场的形成。只有绿色农产品市场形成规模，农户才愿意采用农业绿色技术，生产绿色农产品。绿色意识的觉醒不可能一蹴而就，要靠政府通过各种媒体广泛宣传，对人们进行潜移默化的教育。另一方面，要降低绿色农产品认证成本，严厉打击仿冒绿色农产品商家。目前，我国绿色农产品认证程序复杂、成本偏高，导致农民不愿也没能力进行农产品绿色认证。同时，市场上仿冒的绿色农产品也很多，不仅打击了公众购买绿色农产品的信心，也使通过绿色认证的农产品缺乏竞争优势。所以，相关部门要加强绿色技术、生态知识、绿色产品等的宣传教育，引导人们消费绿色农产品；打击仿冒绿色农产品商家，为卖家提供一个公平竞争的市场。

三、构建农民采纳绿色技术的内在动力机制

外部约束和刺激对于农民采纳农业绿色技术必不可少，但只有农民有内在的意愿、动力采纳农业绿色技术，农业绿色技术才能在农村普及、推广。农民不采纳农业绿色技术不仅存在主观上觉得不经济的原因，还存在客观上的条件不允许。现阶段，我国的国情是人多地少、人地矛盾突出，户均耕地面积少，还存在着地区分布不均的问题。这种超小规模的农业生产经营方式，不仅浪费成本、降低土地和劳动生产率，而且大大抑制了农民对农业绿色技术的需求。因为小规模的农业生产对采取农业绿色技术带来的微薄收益不敏感，农民没有动力使用这些绿色技术。要使农民有动力去采纳农业绿色技术，可以从以下方面着手：①加快土地流转，推动农业适度规模经营。农业的适度规模经营可以让农民明显感受到农业绿色技术所带来的收益，从而增加农民采用农业绿色技术的热情。加快土地流转，推动农业适度规模经营可以通过个人承包土地、家庭农场、企业租赁等方式进行。②促进农民合作组织发展，提高农民组织化程度。农民合作组织通常会提供一些农技培训，这也为农业绿色技术的学习提供平台。农民合作组织的领办者或核心人员通常技术水平高，学习能力强，接受新技术、新方法快，因此，他们可以起到很好的带头示范作用，能很好带动其他农民采用农业绿色技术。

第四节　中国农业可持续发展战略

农业可持续发展是指在不损害子孙后代利益的前提下，实现当代人对农产品的供求平衡，同时保护资源的供需平衡和环境的良性循环。农业是国民经济的基础，农业的可持续发展是整个社会可持续发展的基础。要实现社会的可持续发展就必须重视农业的可持续发展，巩固加强农业基础地位，促进经济社会的可持续发展。

促进农业可持续发展就是要解决农业发展与环境保护的双向协调。在发展经济的同时，注意资源、环境的保护，使资源和环境能永续地支撑农业发展。同时，通过农业的发展促进资源和环境有效保护，使资源与环境的开发、利用、保护有机地结合，既避免农业发展以破坏资源与环境为代价，又避免单纯强调保护而阻碍了开发、利用。

促进农业可持续发展的具体措施，可以从以下方面着手。

一、加强农业资源环境保护，巩固农业可持续发展基础

农业生产既依赖于自然又受人工控制，与资源环境高度相关。农业资源环境是农业的基础，要实现农业的可持续发展，就必须严格保护耕地、森林植被和水资源，防治水土流失、土地荒漠化和环境污染，改善生产条件，保护生态环境。

土地是人类生存与发展最宝贵的资源，耕地是土地资源的重要组成部分，是农业的基础。一直以来，我国都存在着人均耕地少、人与耕地矛盾的问题。近几年，农业污染、城市扩张、非法占用耕地等问题的存在使得耕地迅速减少，更加剧了人与耕地的矛盾。只有保护和合理开发耕地，才能巩固农业基础，为农业可持续发展提供可能。

森林植被对于防风固沙、维持生态平衡有着重要作用。但由于人类的乱砍滥伐使我国的森林覆盖率偏低，造成土地沙化、水土流失等严重后果。要实现农业的可持续发展，就要保护草原和林业，大量植树种草，对于过度开垦的土地还林还草。

水资源是人类生产生活必不可少的资源，可如今生态环境遭到破坏，水污染严重、淡水资源减少已成为我们不得不面对的现实。水资源短缺越来越成为我国农业和经济社会发展的制约因素，必须引起重视，加强大江大河大湖的治理、加快农业水利设施的建立和加大节水灌溉的宣传已刻不容缓。

二、加快农业科技创新与推广，提高农业可持续发展能力

2012 年中央“一号文件”突出强调要加快推进农业科技创新，指出农业科技是确保国家粮食安全的基础支撑，是突破资源环境约束的必然选

择，是加快现代农业建设的决定力量。目前，我国农业存在着生产结构不合理、科技利用率低、技术创新缺乏和高消耗、低产出等问题。要实现农业的可持续发展，就要广泛利用现代农业科学技术成就，有效控制农业生产过程，发展持续稳定的现代农业。

当前，我们应立足基本国情，加强植物分子设计育种研究，解决品种创制中预见性差、周期长、效率低等关键技术问题；加强动物分子与细胞育种技术研究，促进我国畜禽产业的发展；加强农业生物功能基因组研究，为生物育种产业提供核心技术；加强数字农业和农业物联网技术的研究及应用，加快农业智能化和精准化发展；加强农业信息监测技术与装备研究；建立环境友好的生产体系；加强农业药物与生物制品创制技术研究；加强农产品质量安全技术研究。① 在农业科技推广方面，一要构建多元化的新型农技推广服务体系。引导高等学校、科研院所等积极开展农技服务，成为公益性农技推广的重要力量，培育和支持农业社会化服务组织，形成多元化、多主体、多层次的农技推广服务。二要造就新型农业科技人才队伍。科技人才是技术产生的源泉，是技术传播者，是农业科技推广的基础。

三、大力发展现代农业，加强农业可持续发展支撑

传统农业的科技含量低，物质技术装备差，农业产业体系不健全，土地产出率、资源利用率、劳动生产率都低，农业的抗风险能力差，国际竞争力不具备，可持续发展能力差。② 传统农业的种种特点都显示出其不适应整个经济社会发展的趋势。要促进农业可持续发展，必须大力发展现代农业。

现代农业是广泛应用现代科学技术、现代工业提供的生产资料和科学管理方法进行的社会化农业。现代农业就是要使农业具有较高的综合生产

---

① 信乃诠．科技是农业可持续发展的决定因素［J］．农经，2013（7）：11．

② 黄和文．加强生态文明建设－促进农业可持续发展［J］．中国社会经济发展战略，2009（2）：23．

率，使农业成为可持续发展和高度商业化的产业，实现农业物质条件、科学技术、管理方式以及农民素质的现代化。它不仅突出现代高新技术的先导性、农工科贸的一体性、产业开发的多元性和综合性，还强调资源节约、环境零损害的绿色性，重视生态环保。

发展现代农业，促进农业可持续发展，关键是以市场为导向，提升农业的产业化水平，提高农民组织化程度、农业生产力水平和生产效率，使农业生产能力得到加强。具体可以采取以下措施：①完善现代农业产业体系。②强化农业科技和人才支撑。③改善农业基础设施和装备条件。④增强农产品质量安全保障能力。⑤提高农业产业化和规模化经营水平。⑥大力发展农业社会化服务。⑦加强农业资源和生态环境保护。⑧创建国家现代农业示范区。[①]

四、提高农民素质，增强农业可持续发展动力

农民是农业生产活动的从事者，农民素质的高低直接影响农业生产活动水平。我国农民文化素质、科技素质、经营管理素质、社会心理素质整体水平都不高，这就限制了农民收入的增长，制约了农业人口的控制和转移，造成农业生态资源破坏，阻碍农业科技进步与技术推广，导致农业产业化推进缓慢，[②] 也制约了发展高效农业、绿色农业、特色农业、创汇农业等富民举措的推进。要增强农业可持续发展动力，就必须加强教育培训，提高农民素质。

农民各方面素质偏低已是由来已久的问题，非一朝一夕可以改变。首先，要进一步强化农村的基础教育。基础教育是提高农民素质的主要途径。要加快九年义务教育的推进，保证每个人都能接受良好的基础教育。其次，加强对农村劳动力职业技能的培训。培训是提高农民素质的有效途径，对农村劳动力进行职业技能培训、再教育，让从事农业的人可以掌握科技知识、科学种植管理。再次，充分利用多媒体进行宣传教育。多媒体

① 国务院关于印发全国现代农业发展规划（2011—2015 年）的通知.

② 王怀明，宋怡．我国农民素质对农业可持续发展的影响［J］．人口与经济，2004（1）：1－5.

宣传教育具有覆盖面广、成本低等优点，可以把农民组织起来看电视、听广播，使农民开阔眼界，增长知识，在潜移默化中提高素质。最后，深入开展科技下乡等活动。各级科技队伍定期到农村传播科技知识，进行科技指导，言传身教，提高农民的科技文化素质。

五、深化体制改革、建立健全法律法规，保障农业可持续发展

农业自然资源在很多情况下属于公共物品，而开发利用自然资源的农业活动往往具有外部性，因而极易发生市场失灵问题。比如，农民种植农业生态公益林，对于农业生态环境保护做出了贡献，但由于存在外部经济性，他们并不能从获益者那里得到报酬。所以，难以从经济上激励农民做出保护农业生态环境的行为。同样，农民过量使用化肥农药造成污染，也不必支付受害者费用，也就无法从经济上遏止农民采取污染环境的行为。

农业可持续发展关系到国家和社会大局，必须在自然资源管理体制方面深化改革，建立健全保护自然和生态环境的法律法规，以保障农业可持续发展。在自然资源管理体制方面：要实行严格的土地管理制度，完善耕地保护责任考核体系，实行土地管理责任追究制；明晰林权，建立部门之间管理权限与利益协调机制；建立健全水资源管理责任和考核制度，确立水资源开发利用控制、用水效率控制、水功能区限制纳污“三条红线”。在建立健全自然和生态环境法律法规方面：统一立法理念、目标和内容，使其更符合自然和生态环境建设的法律要求；强化环境法律法规的可行性，保证其有效实施；建立多层次、全方位的监督体系。

促进农业可持续发展，还应加快农村社会保障体系建设。农村社会保障制度能在一定程度上决定农业劳动力的供给数量和质量，约束农户的农业生产决策，进而对农业生产条件的改善、劳动效率的提高、生产规模的扩大以及经济效益的提升等多个方面造成影响，而这些恰恰是决定农业在生产和经济上的可持续性的关键因素。[①] 目前，我国的农村社会保障体系

---

① 龚晶．以农村社会保障体系建设促进农业可持续发展［J］．湖北农业科学，2012（24）：5833.

还不健全，社会保障制度覆盖范围还很小，保障水平不高。农村社会保障体系不完善，在一定程度上制约了我国农业的可持续发展。

健全农村社会保障体系，促进农业可持续发展，主要应做到：①完善农村社会保障制度，稳定农村的人力资本水平。②提高农村居民的福利待遇，吸引高素质人才进入农业部门。③推进城乡一体化建设，实现产业融合和城乡统筹。

参考文献

[1] 陈锡文，赵阳，罗丹．中国农村改革30年回顾与展望［M］．北京：人民出版社，2008.

[2] 王怀明，宋怡．我国农民素质对农业可持续发展的影响［J］．人口与经济，2004（1）.

[3] 龚晶．以农村社会保障体系建设促进农业可持续发展［J］．湖北农业科学，2012（24）.

[4] 黄和文．加强生态文明建设－促进农业可持续发展［J］．中国社会经济发展战略，2009（2）.

第十四章　培育现代新型农民

2006年的中央“一号文件”《中共中央国务院关于推进社会主义新农村建设的若干意见》中提出“提高农民整体素质，培养造就有文化、懂技术、会经营的新型农民，是建设社会主义新农村的迫切需要”。新型农民的本质和核心内容主要体现在：有文化，主要是指有一定的知识，具有辨别是非的能力；懂技术，主要是指掌握一定的科学、技术知识和劳动经验、生产技能；会经营，主要是指农民具有一定的市场意识、信息接收与反馈能力，以及能够参与市场竞争的能力；同时还要讲文明、守纪律，具备一定的法制观念①。

第一节　培育新型农民的重要意义

一、培育新型农民是实现农业现代化的重要基础

农业现代化是我国农业生产的重要目标，是“四化同步”（新型工业化、信息化、城镇化、农业现代化）之一。农业现代化是从传统农业

① 柯炳生，陈华宁．对培养新型农民的思考［J］．中国党政干部论坛，2006（4）．

向现代农业转化的一种过程。实现农业现代化，必须用先进的经营理念指导农业，用领先的科学技术改造传统农业，用现代化的机械装备农业，用先进的社会服务组织服务农业。加快实现农业现代化要以农业科技为手段，以调整农业结构为支撑，加快转变农业生产方式，夯实农业基础设施，全面提高农业综合生产能力。这一切最终都需要培育高素质的新型农民。

（一）培育新型农民是农业生产手段现代化的需要

农业科技进步是农业生产手段现代化的重要推动力。农业生产手段现代化的过程，是用现代农业科技装配农业生产的过程，也是用先进的科技知识、理念和技术手段造就和武装农民的过程。随着传统小农生产向社会化大生产过渡，现代农业对掌握现代农业科技、能操作现代生产工具的新型农民需求迫切。现在种养大户和家庭农场增多，农业产前、产中、产后专业分工加深，能够拥有市场经营能力、把握农业产业脉搏的新型农民，更能有效利用市场有利形势，实现产业化、规模化生产。只有通过各种途径，加强农民培养与培训，提高农民科学文化素质和农民生产技能，才能真正将先进的农业科技应用于农业生产，真正提高农业生产率。

（二）培育新型农民是要素投入集约化的需要

高投入、高消耗、粗放生产是农业可持续化发展的最大障碍。农业现代化要求现代农业适应全球农业集约化生产的需要，加强农业投入控制，广泛运用测土配施肥等先进生产技术手段，增强农业投入的针对性、精细化、标准化，合理搭配生产要素投入，做到最佳配比。农业生产要素投入的集约化要依靠农民生产素质的提高，依靠农民培训及农村职业教育的广泛实施。

（三）培育新型农民是市场化配置资源的需要

传统农业走的是封闭性、自给自足的道路。随着市场经济的发展和经济的全球化，农业现代化促使农业生产必须适应市场化潮流，必须紧跟时代步伐。加入WTO后，我国农业生产逐步走向开放，面对国际市场竞争，就必须充分适应国内和国际两种市场需求，面向市场搞经营、面向市场搞生产、面向市场搞投资，在市场竞争中提升竞争能力和生产效率。这需要农民懂经营、会营销，能在市场中找资源、找份额、找合作。

二、培育新型农民是推进社会主义新农村建设的重要保证

党的十六届五中全会描绘了社会主义新农村的美好蓝图，即“生产发展、生活宽裕、乡风文明、村容整洁、管理民主”。建设社会主义新农村是新时代的宏伟工程，是一项长期性、系统性和艰巨性的任务，最终的落脚点是农民素质的提高。

（一）培育新型农民是社会主义新农村精神文明建设的需要

社会主义新农村的一项重要内容是精神文明建设。加强新农村建设就是要塑造农民的健康文化素质，在农村中人人讲科技、讲文明、讲和谐，破除封建迷信思想，扫除落后守旧文化，打造新时代精神文化家园。只有农民的文化素质提高了，新农村建设的步伐才能加快，新农村建设才有实质性进步，否则，只是表面文章，一时文明，不能长久，不可持续。

（二）培育新型农民是社会主义新农村物质文明建设的需要

社会主义新农村建设要讲求物质文明建设的进步，要建设整洁的村容，要整治落后的生态环境，要搞好生产基础设施建设。只有培育新型农民、觉悟性农民、高素质农民，才能提高全员建设美丽乡村的积极性、主动和能动性，促进乡村面貌的全面改进，促进落后生产力的实质性提高。新农村建设不是鲜亮的口号，要落实到实际行动上，落实在农民素质的全面提高上。

（三）培育新型农民是社会主义新农村政治文明建设的需要

政治制度建设也是社会主义新农村建设的一项重要内容。新农村的建设需要村委会和基层党组织的充分组织和协调，尤其是要发挥村民的自治热情和参与热情，提高广大农民的政治觉悟和民主意识，发挥民主参与、民主决策、民主治理的优势，促进新农村建设符合广大村民的利益，有利

于全体村民的生产便利和生活健康。只有培育有文化、有素养、懂法守纪的新型农民，才能切实维护自身合法权益，共同维护公共利益，提高公共事务管理能力，促进新农村和谐健康发展。

三、培育新型农民是实现城乡统筹发展的重要保障

（一）培育新型农民为加快城乡协调发展创造更多物质资源

通过各种切实有效的手段加强农民科技知识和先进生产技术培训，促使农民掌握最新的生产信息和科学技术，应用最新的生产手段，生产更多的粮食、水果、蔬菜等食物，充分保障城乡百姓的粮食安全，保证充足的食物供应，稳定生活必需品物价。这就奠定了城乡协调发展的基础，为城乡互通发展提供坚实的物质后盾，充分满足城乡的物质需求。

（二）培育新型农民可为城镇化建设释放更多农村劳动力

新型农民意味着有别于传统型农民，相比传统农民拥有更高的劳动生产率，同样的要素投入拥有更高的产出。这就大大降低了农业生产的劳动力需求，释放出更多可从事其他职业的农村劳动力，从农业转移到第二、第三产业，从农村迁移到城市，充分满足城市发展、工业化发展需要，提升国内生产力。培育新型农民可有效挖掘人力资本潜力，充分延长“人口红利”，发挥人力资源优势。

（三）培育新型农民有助于缩小城乡发展差距

缩小城乡差距是社会主义新农村建设的目的，也是有效解决“三农”问题的重要内容。新型农民通过农村职业教育、技能培训，获取更高的文化素质、更高的技能和更新的技术知识，从而获得更高的收入。这就使得农民素质与市民差距慢慢缩小，生活水平与市民逐步持平，城乡差距渐渐缩小。

四、培育新型农民是促进农民增收的重要手段

（一）培育新型农民有利于提高农业生产经营效益

新型农民的特征之一是“会经营”。市场经济的发展使现代农民面临更多的机遇与挑战，不仅有价格的竞争，还有质量、品种、品牌等竞争，

这都对农民素质提出了更高的要求。要培育出“会经营”的新型农民，引入外部市场资源，把农业产业化，增强农业生产活力，搞好生产销售，实现农业生产优质化、农业产出高效化。

（二）培育新型农民有利于形成致富能手和带头人

农民增收靠的是自身的生产经营，同时也需要致富能手的传帮带，尤其是带头人的引领和带动。通过各种科技培训和项目推广，可使一部分基础条件好、年富力强的农民最先成为新型农民，充分享受技能带来的实惠。新型农民既可以实现自身经营收入的提高，又可以帮助和带领本村农民致富奔小康，从而带动农村从“部分富裕”到“共同富裕”发展。

（三）培育新型农民有利于形成组织化生产和合作化经营

生产组织化和社会服务化是农业产业化发展的必备条件和有效保障。新型农民有头脑、有技术、懂管理、会经营，能够有效地将本村及周边村民组织起来，成立合作社、农民协会等组织，实行规模化生产、合作化经营，有效地提高生产的管理效能。这使分散化的农业生产拥有“抱团”生产的规模化、标准化和品牌化优势，有效解决个体生产缺少社会化服务的难题，有利于提高农业生产的整体效益，增加农民的群体化收益。

第二节 21世纪以来的政策沿革及效果评价

一、21世纪以来新型农民培育的政策沿革

21世纪以来，党中央、国务院高度重视农业、农村和农民问题，自2004年开始，连续十年的中央“一号文件”均是聚集“三农”。“三农”问题的根本在于农民问题，关键在于农民的素质问题。正是从解决“三农”问题的高度出发，连续十年的中央“一号文件”都强调要加强农民技能培训和素质培养，造就“有文化、懂技术、会经营”的新型农民。（见

表14－1）

2003年12月，中共中央、国务院发布的《关于促进农民增加收入若干政策的意见》（中发〔2004〕1号）提出，“要调动社会各方面参与农民职业技能培训的积极性，鼓励各类教育培训机构、用人单位开展对农民的职业技能培训”。农民职业技能培训逐渐成为解决“三农”问题的重要内容。2004年12月的《中共中央国务院关于进一步加强农村工作 提高农业综合生产能力若干政策的意见》（中发〔2005〕1号）提出要“全面开展农民职业技能培训工作，要结合农业结构调整、发展特色农业和生产实际的需要，开展针对性强、务实有效、通俗易懂的农业科技培训”。2005年12月的《中共中央国务院关于推进社会主义新农村建设的若干意见》（中发〔2006〕1号）第一次提出要“培养造就有文化、懂技术、会经营的新型农民”，推进社会主义新农村建设。2006年12月的《中共中央国务院关于积极发展现代农业 扎实推进社会主义新农村建设的若干意见》（中发〔2007〕1号）又强调了“建设现代农业，最终要靠有文化、懂技术、会经营的新型农民”，要加强农村人力资源的开发，为推进新农村建设提供人才和智力支持。2007年12月的《中共中央国务院关于切实加强农业基础设施建设 进一步促进农业发展农民增收的若干意见》（中发〔2008〕1号）明确了新型农民的培养种类，“重点培训种养业能手、科技带头人、农村经纪人和专业合作组织领办人等”。2008年12月的《中共中央国务院关于2009年促进农业稳定发展 农民持续增收的若干意见》（中发〔2009〕1号）依然强调“开展农业科技培训，培养新型农民”。2009年12月的《中共中央国务院关于加大统筹城乡发展力度 进一步夯实农业农村发展基础的若干意见》（中发〔2010〕1号）同样重视农民培训工作，积极开展农民生产技术培训。2011年12月的《中共中央国务院关于加快推进农业科技创新持续增强农产品供给保障能力的若干意见》（中发〔2012〕1号）在新型农民的基础上，提出要“大力培育新型职业农民”，大力加强对未升学的农村高初中毕业生的农业技能培训。2012年12月的《中共中央国务院关于加快发展现代农业 进一步增强农村发展活力的若干意见》（中发

〔2013〕1号）强调要“实施新型农民培训民生工程，研究制定吸引青年务农的专门计划，加快培育新型职业农民”。培育新型职业农民是培育新型经营体系的核心内容，对于加快构建集约化、组织化、专业和社会化相结合的新型农业体系具有重要的主导性和基础性作用。

表14－1 21世纪以来中央“一号文件”关于培育新型农民的大事年表

时间	政策来源	主要观点和政策取向
2003年12月	《中共中央国务院关于促进农民增加收入若干政策的意见》（中发〔2004〕1号）	要调动社会各方面参与农民职业技能培训的积极性，鼓励各类教育培训机构、用人单位开展对农民的职业技能培训
2004年12月	《中共中央国务院关于进一步加强农村工作 提高农业综合生产能力若干政策的意见》（中发〔2005〕1号）	全面开展农民职业技能培训工作。要结合农业结构调整、发展特色农业和生产实际的需要，开展针对性强、务实有效、通俗易懂的农业科技培训。农村中学也要加强农业先进实用技术教育
2005年12月	《中共中央国务院关于推进社会主义新农村建设的若干意见》（中发〔2006〕1号）	加快发展农村社会事业，培养推进社会主义新农村建设的新型农民；提高农民整体素质，培养造就有文化、懂技术、会经营的新型农民，是建设社会主义新农村的迫切需要
2006年12月	《中共中央国务院关于积极发展现代农业 扎实推进社会主义新农村建设的若干意见》（中发〔2007〕1号）	建设现代农业，最终要靠有文化、懂技术、会经营的新型农民。必须发挥农村的人力资源优势，大幅度增加人力资源开发投入，全面提高农村劳动者素质，为推进新农村建设提供强大的人才智力支持
2007年12月	《中共中央国务院关于切实加强农业基础设施建设 进一步促进农业发展农民增收的若干意见》（中发〔2008〕1号）	组织实施新农村实用人才培训工程，重点培训种养业能手、科技带头人、农村经纪人和专业合作组织领办人等。加快提高农民素质和创业能力，以创业带动就业，实现创业富民、创新强农

续表

时间	政策来源	主要观点和政策取向
2008 年 12 月	《中共中央国务院关于 2009 年促进农业稳定发展 农民持续增收的若干意见》（中发〔2009〕1 号）	开展农业科技培训，培养新型农民
2009 年 12 月	《中共中央国务院关于加大统筹城乡发展力度 进一步夯实农业农村发展基础的若干意见》（中发〔2010〕1 号）	建立覆盖城乡的公共就业服务体系，积极开展农业生产技术和农民务工技能培训，整合培训资源，规范培训工作，增强农民科学种田和就业创业能力
2011 年 12 月	《中共中央国务院关于加快推进农业科技创新 持续增强农产品供给保障能力的若干意见》（中发〔2012〕1 号）	大力培育新型职业农民，对未升学的农村高初中毕业生免费提供农业技能培训，对符合条件的农村青年务农创业和农民工返乡创业项目给予补助和贷款支持
2012 年 12 月	《中共中央国务院关于加快发展现代农业 进一步增强农村发展活力的若干意见》（中发〔2013〕1 号）	实施新型农民培训民生工程，研究制定吸引青年务农的专门计划，加快培育新型职业农民

除了中央“一号文件”，中央还出台了许多其他文件，明确要加强农民培育、提高农民技能。为提高农民文化素质、促进农业增效和农民增收，2003 年 4 月，农业部颁布了《2003—2010 年全国新型农民科技培训规划》。2005 年 11 月的《国务院关于大力发展职业教育的决定》（国发〔2005〕35 号），提出要“实施农村实用人才培训工程，充分发挥农村各类职业学校、成人文化技术学校以及各种农业技术推广培训机构的作用，大范围培养农村实用型人才和技能型人才，大面积普及农业先进实用技术，大力提高农民思想道德和科学文化素质”。2006 年 3 月 14 日，中共中央、国务院发布《中华人民共和国国民经济和社会发展第十一个五年规划纲要》，指出“加快发展农村教育、技能培训和文化事业，培养造就有文化、懂技术、会经营的新型农民”。其中手段之一是支持新型农民科技培

训，提高农民务农技能和科技素质。2007 年 10 月 15 日，胡锦涛在中国共产党第十七次全国代表大会上的报告《高举中国特色社会主义伟大旗帜，为夺取全面建设小康社会新胜利而奋斗》中提出，“培育有文化、懂技术、会经营的新型农民，发挥亿万农民建设新农村的主体作用”。2008 年 10 月 12 日，中国共产党第十七届中央委员会第三次全体会议通过的《中共中央关于推进农村改革发展若干重大问题的决定》提出，要“大力办好农村教育事业。发展农村教育，促进教育公平，提高农民科学文化素质，培育有文化、懂技术、会经营的新型农民”。2010 年 7 月发布的《国家中长期教育改革和发展规划纲要（2010—2020 年）》，提出要“支持各级各类学校积极参与培养有文化、懂技术、会经营的新型农民”。2012 年 8 月，农业部办公厅印发《新型职业农民培育试点工作方案》(农办科〔2012〕56 号)，确定了 100 个县（市、区）开展新型职业农民培育试点。试点县根据农业产业分布选择 2 ~ 3 个主导产业，培育新型职业农民 500 ~ 1000 人，逐步探索本地新型职业农民教育培养模式和管理办法。为进一步加强对试点工作的指导，2013 年 6 月 4 日，农业部办公厅下发了《关于新型职业农民培育试点工作的指导意见》（农办科〔2013〕36 号)，强调加强认识，抓好落实，重点培育生产经营型、专业技能型和社会服务型职业农民，构建新型职业农民教育培训体系。

二、21 世纪以来农民培育的政策效果评价

（一）基本形成了农民培育的运行框架

21 世纪以来，相关政策文件的出台加强了国家对农民培训的投入力度，提高了新型农民培育的针对性和时效性。第一，建立了多部门联合管理机制。比如，2006 年成立了以农业部、中国科协为牵头部门，多部门参与的农民科学素质行动协调小组。定期召开碰头会，共同商讨和研究农民素质提升中的重大问题，共同制订培训计划，协同推进新型农民培训工作。第二，建立健全了农民教育培训机构。乡镇文化学校、农业广播电视学校、农村中学，以及农业培训机构等成为培育新型农民的重要阵地。第

三，经费投入和保障力度加大。农业部和财政部从 2006 年就实施“新型农民科技培训工程”，加强了专项资金的投入，为农民培训和职业教育专项工程提供坚实的经费保障。第四，围绕农业和农村需要开展培训。各地在农民培训中注重加强实用技能的教育与培训，突出围绕粮棉油高产、粮食基地创建、畜牧业升级、水产提高、农业产业化和生产机械化等制订农民培训方案，提高了培训任务的明确性和措施的有效性。一些培训深入乡（镇）、村，深入田间地头、鱼塘圈舍，方便了农民参训，提高农民参训积极性；各地利用现代远程技术，通过现代技术手段展开多方面、全方位的农业政策法规、致富经验、先进技术培训，还利用短信提供生产经营信息等服务。

（二）建立了多层次、多形式、多渠道的教育培训工程

一是农业广播电视教育。农业广播电视教育是由农业部主管的教育培训系统。为适应农业发展和农民培训需求，我国在 1980 年成立中央农业广播电视学校，随后全国各地也建立起地方农业广播电视学校。利用广播电视具有不受时空限制、技术手段先进、培训面广、就近学习等诸多优势。全国广播电视学校已为我国农村培养了千千万万的农业实用人才、高技能人才。

二是绿色证书培训工程。为提高农民素质，加强农业科技进步，农业部从 1990 年开始开展绿色证书培训试点工作，1994 年全面实施绿色证书工程。全国近 2000 个县、1000 多万农民参加了绿色证书培训工程。培训内容和范围逐步扩大，由传统种植、养殖业向特种养殖、产品加工等方面转变，由单一行业向多元化发展，由第一产业向农村第二、第三产业结合发展。培训对象范围扩大，从村干部、示范户、种养大户为主向未升学初高中生、复员军人、妇女等全面覆盖转变。培训的规范化、制度化、专业化程度提高，证书的功效和作用越来越大。进入 21 世纪，农业部和教育部下发《关于印发〈关于在农村普通初中试行“绿色证书”教育的指导意见〉的通知》（教基〔2001〕18 号），在农村中学开设有关绿色证书学习课程，促进农村职前教育与职后教育的有机衔接。这项工程为农村培养了一大批农民技术骨干，为农业发展和农村繁荣提供了人才保障和智力

支持。

三是跨世纪青年农民科技培训。为了培养一批农村青年骨干，1999 年农业部、财政和团中央共同实施了“跨世纪青年农民科技培训工程”，对农村优秀青年农民开展以农业科技为主的综合培训。工程的实施为全国 31 个省份培养了一大批致富带头人。

四是新型农民科技培训工程。为了延续“跨世纪青年农民科技培训工程”，从 2006 年起农业和财政部共同实施了“新型农民科技培训工程”，并加大了财政补助力度。主要在村开展农业生产技能以及相关知识培训，普及农业科学知识，促进农村发展，增加农业收入。工程以村为单位，发展主导产业，开发“一村一品”，建设科技示范村，确定每村基本学员，结合当地农村生产条件和资源开展系统培训。通过培训，使上百万的受训农民掌握了主导产业技术，增强了致富增收能力，成为当地的种植、养殖和加工业能手。

五是农村实用人才培养。为了推广农业科技，提高农业发展潜力，带动周边农民致富，从 2005 年开始，农业部实施“全国农业科技入户示范工程”。此工程在优势农产品和优势产区，推广主导产品、主导技术，整合农业科技培训资源，推动科技人员直接入户，提高科技示范户的科技应用能力，提升农产品综合生产能力。项目在全国 100 个县开展试点，培育示范户 10 万个，带动周边农户 200 万户，推广 50 个主导品种和 20 项主要技术，还引导农民发展新型农业技术服务组织，创新了科技入户模式和途径。2006 年起，农业部实施农村实用人才培养“百万中专生计划”，利用 10 年时间，为农村培养 100 万名具有中专学历的种植、养殖等生产能手，以及经营管理能人、乡村科技员等农村实用人才①。

（三）新型农民培育和培训实践取得显著成效

中央从顶层设计上加强对新型农民培育的政策制定和项目引导，起到了率先垂范的作用，逐步推动地方各级政府自觉行动起来。各地农业、科

① 朱闻军．新型农民培养问题研究［J］．中国农学通报，2007（9）．

技和教育等部门都积极探索新型农民培育的方式与方法，开展“燎原”、“星火”、“丰收”等计划，共同发力，提高了农村劳动力素质，促进了先进实用技术推广，推动了农业经济结构调整，促进了农村经济发展。

同时通过培训也优化了农业生产结构。现阶段农民农业生产大部分是采用原始经验、旧办法，遇到农业生产难题，如病虫害防治、施肥用药、风险灾害避险等问题，大多凭借传统经验或邻里相互借鉴，有一定效果，但缺乏科学性和长效性，起不到应有的效果，耽误了农时、防治时机等。农业培训的开展、先进成果的推广以及科学知识的普及，大大提高了农民采用先进生产技术的机率，促进了高产优质高效品种的使用，加快了农业产业结构调整，提高了新产品使用率，加快了产品更新换代。在一些地方，蔬菜、水果、花卉、药材、粮食、养鸡、养猪、养鱼等专业培训的开展，促进当地许多村建设成为专业村、产业基地，形成了大棚蔬菜、特种养殖、食用菌、苹果等支柱产业，促进了区域产业化发展，提高了农业生产活力。

新型农民培育的最终目标要落实在收入上。通过各种培训与教育活动，一些先进的实用技术、生产技能和操作方法被农民学习和掌握，并逐步应用到实践操作中，起到了良好的农业生产效果。在有的区、县，农民通过发展猪牛羊养殖或蔬菜、水果、粮食种植等产业，收入比以前有明显增加，有的亩产收入在万元以上，并成为当地的知名人或专业能手。

（四）积累了新型农民培育的工作经验

新型农民培育在全国已开展多年，在实践中探索了多种模式，积累了不少经验。一是统筹规划是做好农民培训工作的前提，二是政策支持、增加投入是做好工作的重要保障，三是创新机制、注重实效是做好工作的关键，四是典型引路、加强宣传是做好工作的动力①。各地创新形式，丰富内容，做出很多创新。如组织一些技术或技能培训，种植技能则贯穿整个

① 巫建华，李胜强，等．培育新型农民的实践与思考［J］．中国职业技术教育，2007(21)．

生产种植过程。创新教学形式，例如一些简单实用技术由技术员或技术能手亲手教授，一些复杂原理由各种专家进行讲解。还采取散发材料、田间交流、观看影视资料等手段，增强形式的灵活性和多样性。

通过从中央到地方的新型农民培育探索与实践，已经形成“政府主导、农民自愿，产业依托、项目运作，社会参与、多元供给，创业推进、突出效果”的培训格局，形成了政府主导型、企业主导型、院校主导型、社会主导型、能人主导型等培训模式，建立了农业广播学院、远程教育、各类培训班、劳动中介组织、公益项目、乡村文化大院等系列主体参与的新型农民培训体系①。

第三节 建立新型瞄准机制

一、我国新型农民培育面临的现实问题

尽管我国新型农民培育取得了许多进展，但还不适应农业与农村发展的现实需求，总体上看还存在许多问题和障碍，需要进一步破解。

一是我国农村劳动力素质低。我国农村人口面临的现实情况是，受教育文化程度低、整体科技水平不高、思想遵行观念落后、整体经营观念与法律观念不强、劳动力呈边缘化、组织化程度低等（雷世平、姜群英，2006；丁燕红、李祖超，2006；朱闻军，2007）。在一些地方，转移出去的农民工72%是“80后”、“90后”的青壮年劳动力；留下来的农民平均年龄达55岁，其中妇女超过63%，初中及以下文化程度近83%，农时缺人手、现代农业缺人才、农业生产缺人力现象突出②。二是农村基础培养条件有待提高。主要体现在基础教育薄弱，农村技能教育比例低，农村文

① 张亮．我国新型农民培训模式研究［D］．河北农业大学博士学位论文，2010.

② 曹茸，刘远．为现代农业建设培育核心主体——访新型职业农民培育专家咨询组组长、中央农广校常务副校长王守聪［N］．农民日报，2013－04－24.

化教育设施缺乏，农民接受再培训和教育的意识不强（李宏，2006）。三是现存的培养途径还不完善。纵向上，各级政府建立的科技培训资源互不衔接；横向上，多部门抓工作，好抓的都在抓，难抓的都不管。现存的培养机制还不健全，缺乏有针对性的培养需求分析，供求不对，在农民培训上容易供求错位和缺位。部分培训缺乏长效性，无跟踪与反馈机制（熊云飚，2009）。四是我国目前的农民教育体系存在缺陷。普通教育目标错位，把升学率作为主要目标，搞成“离农”教育；职业教育理念弱化，鄙薄农村职业教育，投入不足；成人教育发展滞后，脱离农业生产实际，实用性技能教育不充分（贾兵强、邹静琴等，2008）。

二、建立符合现代国情的新型瞄准机制

农民是农村经济社会发展的主体，培育新型农民是社会主义新农村建设的重点。新型农民的培养要集中于：培养有文化、懂技术、会经营的农民致富带头人，培养农村社会化服务组织的经营管理队伍，培养能带领农民共同致富的农村基层干部队伍，培养善经营、会管理、敢创新的农民企业家（鲁可荣、朱启臻，2007）。新型农民培育不单是一项单位的教育培训工作，需要从制度、政策、环境等方面进行引导和扶持。新型农民培育重要的是建立新的瞄准机制，关键是确定培养对象和目标，采取多种相互衔接、有机联系、行之有效的手段和形式，进行全面而有效的培训与培养。

（一）针对农民培训主体进行分类培训

根据培训主体，可以把农民分为一般劳动力、农业大户、返乡创业人员、农村经纪人、农民合作经济组织骨干等对象，并进行分类培训，以提高培训的针对性和有效性（高强、朱启臻，2007）。一是培训农村主体劳动力。我国外出打工的农村劳动力日趋增多，真正在村的劳动力呈老龄化和妇女化趋势，老人和妇女日渐成为农业劳动力的主体。针对这部分群体，要结合类似“一村一品”的农业产业化项目进行农业生产技能培训，主要包括种植、养殖、设施农业等专项技能培训。要多采用项目示范的方

式，通过示范带动的办法，让农民亲身体验技术使用过程。农业技术人员要经常深入到田间地头，进行手把手指导和示范，促进技术普及和应用。

二是培训农业大户。随着现代农业的发展，农业大户在各地逐步增多，在农业科技推广和现代农业发展中的地位日渐凸显。农业大户具有规模大、投资大、专业化强和商业化程度高等特点，是新型农民的代表，需要有针对性的教育与培训。对农业大户除了进行科技知识培训外，还要加强规模经营、市场营销等方面的知识培训。具体方式除集中培训外，还可以推荐进入中专、大专甚至大学学习进修。

三是培训返乡创业人员。返乡人员经过在外的打拼，增长了知识，开阔了眼界，积累了一定资金。返乡创业人员一般是开办养殖场、发展小型农场和小加工企业等，因此，要加强创业内容方面的培训。包括培训技术知识、经营管理知识和市场知识等培训，还要进行创业指导。具体方式可通过集中培训外加参观学习和经验交流的方式，并提供信息和技术平台。

四是培训农村经纪人。农村经纪人对农产品的市场化运销起着关键作用，是农村经济发展的客观需要。对农村经纪人的培训内容包括两部分：一是关于经营农产品特性的基本知识，如农业基本知识、生产资料常识、农产品交易特性等内容；二是经营业务知识，主要包括市场知识、物流管理、农业法律、产品营销及金融知识等内容。具体方式既可聘请相关专家进行培训，也可组织在专业院校内进行培训。

五是培训农民合作经济组织的骨干。农民合作经济组织骨干成员尤其是管理层成员，对组织的发展起着关键作用，担负着带领组织成员致富奔小康的重要作用。具体培训内容包括法律知识、市场经济知识，涉及农民合作社法、合作理念、民主管理、组织运行机制等方面内容，还要对其加强市场营销、商业谈判、合同签订等方面的知识传授。具体培训形式既可由组织主管部门统一组织培训，也可以委托大专院校进行培训。

（二）构建新型农民培育的系统路径

培养新型农民必须大力发展农村职业教育与培训，加快农业科技推广，加大农民培训力度，提高农民的组织化意识（史振厚，2006）。培育新型农民是长期工程、系统工程，需要以政府投入为主导、多方面配合。

一是建立新型农民培育的组织保障。一方面，政府尤其是地方政府，要担当起新型农民培训的领导责任和组织责任。政府要把这种公益性培训纳入当地经济发展总体规划，积极谋划，认真履行发展职责，建立起政府财政投入、企业资助、多元补助的农民职业教育培训体系。另一方面，发挥好农民基层组织和合作组织的作用。鼓励基层组织、农民专业合作社、农民协会、专家大院等组织加强自我管理，组织学习先进知识和技术，聘用技术专家学者指导，引进先进经营理念，开展合作经营、共同管理。

二是加强新型农民培训的技术支持。要重视“乡土人才”的带头作用，聘请“土专家”、“田秀才”、“种粮能手”等乡间人才，加强田间示范和引导，及时把探索和摸索的土办法和新发明传授给大家，促进适用技术的推广和应用，提高产量和经济效益。进一步健全和完善农村技术推广体系，组织以农业专业技术人员为骨干的新型农民培训队伍，完善激励机制和考核机制，实施分村包干、进村入户实施指导与咨询。加强农村职业教育培训，建立实用人才培训基地，加快资源整合，开发农村实用培训技术教材，利用农村中小学开展先进农业技术培训，促进“绿色证书”教育、“阳光工程”等培训项目的深入开展。

三是创新政策，吸引优秀人才。培育新型农民的关键是加快农村人力资源聚集，促进农村人才开发。要加强政策创新，改革管理办法，鼓励优秀大学毕业生和农业技术专长人才到乡下创业发展，开发生态农业、观光旅游农业，带动农民发展现代农业。制订农民人才培养培训计划，每个县（市）要有专门的农业人才培训中心，把农村带头人、未能升学的初中毕业生、农村干部等纳入培训计划，每年定期培训。

（三）建立多层次新型农民培育体系

根据是否公益性，将培育新型农民的培训分为政府主导的培训和市场主导的培训（张峭、徐磊，2009）。政府主导性培训的重点是抓大放小，抓好大众化、普及化或投资大的服务项目，搞好重点工程和重要技能的培训，协调不同群体间的利益，建立新型农民培育的督导与评估机制。市场主导性培训是企业主体或非营利组织开展或委托开展的培训，其目标性和针对性更强，围绕特定对象而展开。要充分发挥市场主导型培训不可替代性和市场灵活性的特点，调动各种社会力量广泛开展农民培训。

（四）建立新型农民终身培养机制

目前，我国农村教育主要包括农村基础教育、农村职业教育、成人教育、农民培训等。农村基础教育在中国特别是贫困地区，担负着为新农村建设提供中、初级人才的重任，为农业生产和农村发展培养后备力量。农村职业教育为农业培养中等技术人才，培育的是技术专家。成人教育是对农村成年人员的教育，主要是普及文化知识，扫除中青年文盲。农民培训是对农民生产技术的针对性培训，培养和完善农民技能，提高其生产经营能力。应从纵向层级贯通和横向部门联合入手，整合现有的从基础到技能、从少年到成年的教育培训资源，巩固和普及九年义务教育，发挥农村普通中小学基础教育功能，奠定新型农民的培养基础。积极推进农村职业教育和成人教育改革，根据地区产业设置课程和培训内容，发展“订单”培训，切实为农村培训实用人才。大力开展农民培训，培养大批种田能手、致富带头人、科技专家和农民企业家，充分释放培训功能，提高新型农民的培育效果。

参考文献

[1] 高强，朱启臻．关于新型农民分类培训的思考［J］．教育与职业，2007（9）．

[2] 朱闻军．新型农民培养问题研究［J］．中国农学通报，2007（9）．

[3] 雷世平，姜群英．新型农民的培育与农村职业教育的创新［J］．职教论坛，2006（4）．

[4] 史振厚．农村人力资源开发和新型农民培训［J］．华东经济管理，2006（8）．

[5] 鲁可荣，朱启臻．新农村建设的关键在于培养新型农民［J］．安徽师

范大学学报（人文社会科学版），2007（4）.
[6] 李宏．培育和造就新型农民是建设社会主义新农村的根本［J］．攀登，2006（5）.
[7] 张峭，徐磊．中国新型农民培训体系研究［J］．经济问题，2009（6）.
[8] 熊云飚．对新农村建设中新型农民培养的思考［J］．云南民族大学学报（哲学社会科学版），2009（1）.
[9] 丁燕红，李祖超．培养新型农民对策研究［J］．黑龙江高教研究，2006（9）.
[10] 贾兵强，邹静琴，向安强，易钢．新型农民培养与农村教育体系重构［J］．农业考古，2008（3）.

第十五章　城乡一体化和新农村建设

科学认识和妥善处理城乡关系是实现现代化国家必须面对的具有全局性和战略意义的重大课题。[①] 新中国成立以来，尤其是改革开放30多年来，我国的经济社会发展取得了举世瞩目的成就。但是，伴随工业化、城镇化深入推进，我国农业农村发展进入了新的阶段，农村社会结构、经济结构、农业资源要素流动等方面出现了新的问题与矛盾，城乡差距日益明显。为此，党中央、国务院相继提出了统筹城乡发展、推进社会主义新农村建设等重大战略任务。党的十七大提出，要加快统筹城乡发展，推进社会主义新农村建设。党的十七届三中全会强调，要把建设社会主义新农村作为战略任务，把加快形成城乡经济社会发展一体化新格局作为根本要求，创新体制机制，促进农村和谐，推动农村经济社会又好又快发展。

第一节　建立城乡经济社会发展一体化制度

城乡一体化发展涉及经济社会发展的各个领域，推进城乡一体化发

① 何燧初，洪萍．上海城乡一体化理论与实践探索——以奉贤实践为例［M］．上海：上海人民出版社，2012：1.

展，关键要突破制度政策因素所造成的城乡“二元结构”壁垒。党的十七届三中全会指出，要建立促进城乡经济社会发展一体化的制度，尽快在城乡规划、产业布局、基础设施建设、公共服务一体化等方面取得突破，促进公共资源在城乡之间均衡配置、生产要素在城乡之间自由流动，推动城乡经济社会发展融合。

一、城乡一体化规划与管理创新探索

2007 年出台的《城乡规划法》意味着我国将打破城乡二元结构的规划体制，进入城乡一体化规划的全新时代。历史上相当长的一段时间内，我国一直是按照城市和乡村两种不同的空间进行城乡规划。必须改变过去城乡规划不科学，布局不合理、条块分割，整体协调不足、产业发展不平衡等问题，在推进城乡一体化之初就必须做到科学规划先行，建立城乡一体的战略规划体系。

（一）建立城乡一体化的规划管理体制

建立省、市、县（区）和乡（镇）四级规划行政管理机构和规划工作监督机制，将城乡分立、多头分设的规划部门统一到一个统筹城乡规划的部门之中。建立政府组织、部门合作、专家咨询、公众参与的城乡规划编制决策机制，制定一系列城乡建设规划技术规范和标准，提高规划的科学性和系统性，确保城乡规划编制、管理、监督工作全覆盖。通过统一规划管理，明确各个区域功能定位，有效整合城乡资源，对城乡建设中涉及的土地利用、城镇建设、城乡住宅建设、产业园区建设、生态环境等进行统一规划和空间布局。

（二）建立城乡一体化的规划体系

按照全域城市化与新型工业化、农业现代化同步推进的思路，统筹考虑城乡经济、社会、文化、环境建设与发展，编制适合城镇体系、新农村建设的规划。将城乡一体的产业发展、土地利用、基础设施建设、社会事业发展、生态环境建设等各项规划协调统一起来，形成城乡一体高度衔接的规划体系。其中：首先，在城乡一体化的空间结构布局方面，要把规划的重点从规模转向空间结构调整和空间开发秩序问题上，通过合理有序的空间规划，不断完善城乡布局形态，形成多层次、多节点、网络状、点线面相结合的区域综合体。其次，在城乡土地的统筹规划方面，坚持城乡建设用地增减挂钩，优化城乡用地结构。建设用地预留区的空间安排，要与镇村建设规划、产业布局规划以及上一级土地利用总体规划相协调，使城乡土地得到合理的利用和最大的节约，真正体现“切实保护耕地”的基本国策。再次，在产业发展规划方面，长期以来乡村地域主要以传统的第一产业为主，第二产业呈现出规模小、分散化的特征，阻碍了第二产业的升级和第三产业的发展。因此，城乡产业一体化应在产业发展现状评估的基础上，以因地制宜发展多元特色产业为核心，以优化重构乡村产业为重点。鼓励第一产业规模化、标准化、现代化经营，第二产业向工业园区集中，明确三次产业的发展目标、重点主导产业和新兴战略产业，制定产业发展的鼓励和限制政策，促进城乡产业协调发展。最后，在农村人居与生态规划方面，要以城乡一体化目标和现有资源条件为引导，按照规模适度、有利于生产生活的原则，调整村庄布局，以农村地区新型社区为中心，形成梯次合理的农村居住点布局，统筹安排和设置公共服务设施。注意保护和培育镇村个性，加强农民定居点的规划和村庄整治建设，切实保护好耕地和生态环境。①

二、城乡市场体制一体化制度改革与创新

城乡一体化的重要内容之一就是打破城乡之间的要素分割体制，建立城乡一体化的要素市场。建立城乡一体化的要素市场的首要任务就是要消除生产要素在城乡之间自由流动的各种体制和政策性障碍，以促进劳动力、土地、资本、技术等生产要素在城乡之间自由流动。

（一）统筹城乡劳动就业，加快建立城乡统一的人力资源市场

1. 要建立城乡一体化的就业政策和管理体制

第一，要建立健全城乡一体化就业的组织管理体系，把农村劳动力的

① 成受明，程新良．城乡一体化规划的研究［J］．四川建筑，2005（9）．

转移和充分就业统一纳入政府的服务和管理体系，对农村劳动力向非农产业和城镇转移就业进行统筹规划。第二，要建立和完善农村劳动力职业介绍机构，培育放活市场中介组织，建立为农村劳动力转移就业服务的信息平台，构建劳动力转移就业服务网络，为实现农村劳动力转移就业创造条件。第三，做好农村劳动力的技能培训工作，设立专门的农村劳动力转移就业技能培训机构，不断充实培训内容，创新培训方式，完善培训机制。第四，要完善和落实国家对农民工的政策，依法维护劳动者权益，实现城乡劳动力就业的公平竞争、同工同酬、同等待遇。第五，改革户籍管理制度，取消户籍制度的限制，探索实行城乡一元化的户籍制度，给城乡劳动力创造一个平等的就业制度环境。通过建立城乡一体化的就业政策和管理体制，引导农民有序外出就业，鼓励农民就近转移就业，扶持农民工返乡创业。

2. 建立并完善农民工社会保障体系

首先，在社会保险方面，要建立全国统一的、强制性农民工工伤保险制度，使得农民工能享受与城镇职工同等待遇。按照农民工的就业种类和收入情况完善农民工的养老保险体系，尽快制定和实施农民工养老保险关系转移接续办法，使其养老保险权益能得到切实的保障。结合新型农村合作医疗，完善农民工医疗保险制度，重点解决农民工进城务工期间的大病住院医疗保障问题。

其次，在社会救助方面，主要是健全农民工法律援助体系，既要加强法制观念的宣传教育，提高农民工维权意识，又要逐步建立农民工法律援助机构，帮助农民工维护自身合法权益。①

最后，在社会福利方面，要加大廉租房、经济适用房的规划建设力度，逐步放宽农民工申请并使用廉租房、经济适用房的限制，提高农民工的住房保障。要解决农民工子女教育问题，加大政府补贴，取消公办学校收费制度，使农民工子女同等享受义务教育。

---

① 刘钧．社会保障水平的理论思考［J］．财经问题研究，2010（2）．

（二）深化农村金融制度改革

1. 建立现代农村金融体制

目前改革我国农村金融体制可从制度创新和金融产品、服务的创新两方面着手。在制度创新方面，放宽农村金融准入政策，加快建立一个商业性金融、合作性金融、政策性金融相结合的完整有效的农村金融体系。加大国有商业银行对农村改革发展的支持力度，积极拓展支农领域，稳定和发展农村服务网络。推动农村合作性金融制度创新，加快农村信用社产权结构和组织形式的改革，激励农信社进行基层的业务创新。引导和规范符合农村特点和需要的农村资金互助社、农村资金合作社及国家财政资金扶持的村级（农村社区）发展互助资金会等新型农村合作性金融服务组织的发展。完善政策性金融体制，拓展农业发展银行支农领域，加大政策性金融对农业开发和农村中长期固定资产和基础设施建设信贷支持力度。逐步健全以政府政策性保险为主体的农业保险制度，加快建立农业再保险和巨灾风险分散机制。在金融产品及服务的创新方面，创新农村信贷担保机制，因地制宜，扩大有效担保品范围，探索农村集体建设用地使用权、林权抵押融资服务，探索基于订单与保单的金融工具，鼓励和支持“公司＋中介组织＋农户”等农业产业化经营的信贷模式。① 大力发展符合农村需求特征的小额信贷机构，建立发达的小额信贷体系，以解决乡村小微型企业、不能提供有效担保的农户及贫困人口的生产、经营性融资和生活融资问题。

2. 加快农村投融资体制改革

搭建由政府引导、市场运作的投融资平台。扶持现代农业发展、农业物流、小城镇建设等方面的投资公司。通过贴息、入股、定向实行税收减免和费用补贴等政策性扶持方式，拓宽融资渠道。加快农村产权制度改革，推进农村产权交易，盘活农村土地等资源，推动农村资产资本运作，提高农村资产的资本化程度，吸引社会资本或者资金投向农业农村。②

---

① 徐同文．城乡一体化体制对策研究［M］．北京：人民出版社，2012：123.

② 刘曙华．深化投融资体制改革［EB/OL］．人民网，2012－10－30.

三、城乡公共服务一体化体制建设

长期以来，我国的城乡差距不仅体现在经济发展水平上，更多地体现在城乡公共服务水平上。因此，统筹城乡公共服务，积极推进城乡公共资源均衡配置，逐步建立城乡统一的公共服务制度是推进城乡一体化的重要内容之一。

（一）构建稳定的农村公共服务财政投入机制

第一，建立可持续的农村公共服务财政支持机制。要调整国民收入分配格局和财政支出结构，加大财政资金向农村地区的倾斜力度，扩大公共财政对农村的覆盖范围，形成财政支农资金稳定增长机制。第二，确保各级政府拥有与事权相匹配的财权。要合理调整各级政府之间的财权分配格局，不断完善地方税收体系，适当提高地方财政在全国财政收入中的比重，规范地方的非税收入，保证地方和基层政府有稳定充足可自主支配的财力。第三，深化省级以下财政管理体制改革，推进“强镇扩权”的制度探索。①要合理界定省级以下各级政府的事权与财政支出责任，合理划分省、市、县、乡各级政府的财政收入。规范省级以下政府间财政转移支付制度，加大省、市对县的一般转移支付力度。②推进省直管县的财政体制改革，简化财政层级，统筹协调省级政府辖区内财政分配，增强县级财政实力，扩大县域发展自主权，提高公共服务可持续供给能力。③探索“强镇扩权”的制度，对于经济发展快、人口吸纳能力强的小城镇要依法赋予其相应的行政管理权限，扩大其经济社会管理权限，增强经济社会发展的活力及实力，保障公共服务供给的稳定增长。[①]

（二）构建城乡一体化的基础设施建设机制

第一，统筹城乡基础设施建设的资金投入。一方面要加大国家财政向农村基础设施建设的投资力度；另一方面要拓宽投资渠道，引导银行、社会资金等的介入，加大资金投入，逐步建立起科学合理的城乡建设投融资

① 卜晓军．我国城乡公共服务均等化的制度分析［D］．西北大学博士学位论文，2010：95－99.

机制。第二，科学编制城乡一体化基础设施建设规划。明确城乡分区与功能定位，统一规划工业园区、农田保护区、居民生活区的基础设计建设，注重方便农民生产生活，保持乡村功能和特色。第三，统筹管理城乡基础设施建设的管理和维护，建立有效的农村基础设施建设管护监督机制。第四，加强交通、通信、网络等基础设施的建设，推进现代网络对农村的覆盖，实现城乡之间的信息资源共享。第五，健全村级公益事业一事一议财政奖补机制，鼓励公众参与，要充分听取居民的意见，切实解决村镇居民的实际需求。

（三）构建城乡一体化的社会保障体制

第一，建立符合农村特点的农村居民最低生活保障制度。①要明确农村居民最低生活保障制度的保障对象。②要提高农村最低生活保障的标准。现行的农村最低生活保障标准由地方政府自行确定，目前我国农村尤其是经济发展落后地区的农村低保标准普遍偏低，难以达到预期的保障效果，应尽快提高农村最低生活保障的标准。③建立合理的资金分摊机制和资金投入的稳定增长机制。第二，探索和完善新型农村社会养老保险制度。要尽快推进农村社会养老保险的全覆盖，加快探索“社会统筹和个人账户”相结合的新型农村养老保险制度模式，保险资金由国家、集体、个人共同承担。构建“广覆盖、保基本、多层次、可持续”的农村社会养老保险体系。[①] 在农村养老保障资金的筹集标准和方式上要与各地经济发展水平相适应，具体实施要根据农村居民不同群体特点“分层推进”。

（四）健全城乡一体化的公共卫生体制

第一，建立城乡一体化的公共卫生指标体系和规划，改善农村卫生环境条件，提高基本医疗服务的水平。第二，进一步完善县、乡、村公共医疗卫生资源体系，构建覆盖农村的疾病预防控制、医疗救助网络体系。第

① 徐同文．城乡一体化体制对策研究［M］．北京：人民出版社，2012：123.

三，进一步完善农村新型合作医疗制度。①提高政府的补贴力度，建立政府、集体和个人三方共同负担的农村医疗卫生筹融资制度，增强农村医疗卫生的财力保障。[①] ②合理地提高覆盖率，扩大受益面，逐渐提高农民大病医疗报销的范围和比例，增强抗大病风险的能力，切实缓解农民在大病治疗上的经济负担。③健全农村合作医疗保障资金的监管机制，加强对医疗保障资金的筹集、使用和管理情况的监督检查，确保资金的有效合理使用。

（五）完善城乡一体化的义务教育制度

第一，构建城乡一体化的义务教育服务标准体系，加快在教学经费、教学设施、教材安排、师资配置等方面实施统一的城乡义务教育服务最低标准，使农村义务教育的资源配置得以保障。第二，健全城乡一体化的义务教育投资保障机制。加大地方政府的投资力度并保障教育资源分配的公平性，优化教育支出结构，提高农村义务教育经费的投入比例。加强中央和省级财政对农村义务教育的支持力度，切实保障农村义务教育经费得以及时足额提供。第三，建立农村义务教育经费的监管机制。规范农村义务教育的预算编制，将农村义务教育经费的六大来源全部纳入教育预算的管理体系，加大监管力度，确保农村义务教育经费有效合理的使用。

四、城乡社会管理一体化体制创新

随着我国城乡一体化进程的推进，城乡流动人口规模不断扩大，但是传统的户籍制度以及附着在户籍制度上的诸如社会保障、住房、子女教育等政策已经成为城乡人口自由流动的障碍，城乡流动人口服务和管理的体制亟须改革创新。

（一）构建城乡一体化的户籍管理制度

户籍制度是城乡分割体制的主要标志，推进城乡一体化就必须逐步推进户籍制度改革。新的户籍制度要有利于人口的自由流动。首先，应

① 王谦．城乡公共服务均等化问题研究［D］．山东大学博士学位论文，2008：143－145.

确立以居住地划分城镇和农村居民，以职业划分农业和非农业人口的新标准；其次，应该放宽户口迁移的条件限制，放宽中小城市落户条件，加快推动在城镇有稳定职业、住所及生活来源的农民就地落户；最后，逐步建立全国城乡统一的户口登记管理制度，改变城乡分割的二元户籍管理体制，消除由于户籍不同而产生的城乡待遇的差异。只有使户口与附着户籍制度的一系列福利待遇剥离开来，才能够从根本上改变城乡之间的分割状态，使劳动力能够自由流动，进而推进城乡经济社会一体化的进程。

（二）深化户籍制度相关体制改革

我国自 20 世纪 90 年代开始尝试户籍制度改革，但到目前为止，户籍制度改革仍没有实质性进展。究其原因，户籍制度改革不是一个单纯改变户口的过程，而是与一系列福利待遇制度改革息息相关的。配套性制度的改革程度决定了整体改革的成效。首先，加大廉租房与经济适用房的建设力度，健全廉租房制度，着力解决流动人口住房困难问题，改善流动人口的居住条件；其次，切实解决流动人口子女的教育问题，尽快将流动人口子女中适龄儿童受教育问题纳入城市义务教育工作范畴；最后，推进城乡统一社会保障机制建设，根据现时期人口流动的特征，打破社会保障的地域分割，在取消城乡户籍差别的前提下，逐步实现社会保障在区域间、城乡间进行相互过渡和转换，尽快推进城乡统一的、多层次的社会保障体系建设，解决流动人口的社会保障问题，促进城乡劳动力的流动。

五、城乡一体化过程中土地制度改革与创新

目前我国土地制度存在所有权界定不明确、使用权不完善等问题。随着城乡一体化进程的推进，现有土地制度缺陷日益明显，已成为农村社会经济进一步发展的障碍。因此，积极探索农村土地集体所有制的改革与创新对充分利用与保护土地资源、更好促进农村经济社会发展和统筹城乡一体化有着重要的意义。

（一）进一步健全土地产权制度

农村土地产权制度是农村土地制度的核心，要加快推进农村土地产权制度的改革，构建合理的农村土地产权制度。第一，完善农村集体建设用地产权制度。按照土地增减挂钩原则，合理进行土地利用总体规划、城乡建设规划及产业布局规划，确保土地集体所有权不变，积极探索农村集体建设用地使用权通过转让、出让、出租、抵押和作价入股等方式进入流转市场。第二，健全农村宅基地使用权及集体土地房屋产权制度。合理规划，鼓励村民集中居住，通过集中居住置换出的村民宅基地以及依法自建房屋、乡镇企业房屋等在同证同权上逐步实现城乡一体化待遇，确权后可进入市场流转。第三，稳定双层经营体制，完善土地承包经营权。加快制定确保农村土地承包关系长期稳定的法律法规，赋予农民长期而有保障的土地使用权。全面落实农村土地确权、登记、颁证等工作，依法保障农民对承包土地的占有、使用、收益、处置等权利，确保农民在流动过程中对土地合理配置的使用权，提高土地的基本保障功能。第四，加快推进集体林地权制度建设。全面开展林地确权、登记、颁证等工作，明晰产权、承包到户。完善相关配套制度的改革和创新，加快推进林业生产要素市场的培育，积极探索林木经营权、林地经营权和所有权等林业生产要素的市场流转。

（二）加快土地流转经营权制度改革

党的十七届三中全会提出，土地流转是规范农村土地管理的一项重要内容。推进农村土地流转经营权制度的改革与创新对确保城乡一体化过程中农村流动人口土地收益、提高土地保障功能有着重要意义。首先，要改革征地制度，完善补偿机制。严格界定公益性和经营性建设用地，落实城乡建设用地增减挂钩机制，规范征地程序，农村集体非经营性建设用地不得进入市场。对于依法征收的农民集体所有土地，要合理确定补偿标准，提高农民在土地增值收益中的分配比例，解决好被征地农民就业、住房、社会保障等问题。其次，完善土地承包经营权流转机制。坚持依法自愿有偿原则，引导农村土地承包经营权有序流转。建立规范、统一的农村土地流转市场，制定标准化的流转程序，创新土地流转激励机制，健全农村土地流转服务机构。积极引导农民采取出租、股份合作、互换、转包、转让等多种方式进行土地承包经营权的流转，推动土地规模化、集约化经营。把土地流转工作与新农村建设及城乡一体化工作有机结合起来，积极探索新型土地股份合作社等农村土地流转的新途径、新模式。最后，建立健全农村土地流转的服务管理机制。加快农村土地流转服务中心建设，及时、有效地提供档案管理、合同规范、法律咨询、资信评估、流转信息等方面的服务。加快农村土地流转市场中介组织建设，推进信息化机制建设，构建便捷有效的农村土地承包管理信息化网络服务平台。

第二节　做好乡村建设规划

党的十七届五中全会上通过的《中共中央关于制定国民经济和社会发展第十二个五年规划的建议》明确提出“按照推进城乡经济社会发展一体化的要求，搞好社会主义新农村建设规划，加快改善农村生产生活条件”。2008 年 1 月 1 日正式实施的《中华人民共和国城乡规划法》为按照推进城乡社会发展一体化要求搞好社会主义新农村建设规划奠定了法律基础，新农村建设规划迎来了新的发展局面。

一、充分认识规划在新农村建设中的重要性

新农村建设规划是新农村建设的前提和依据，是新农村建设所需资源的制度保障，对新农村建设具有先天性的决定作用。在新农村建设过程中涉及重大建设目标的确定、空间布局的设计、现代农业的发展方向、建设目标所需要的资源和进度设定等，都需要科学规划的指引。缺少规划或规划制定不科学不合理、规划实施不到位，必然使新农村各项建设处于盲目、无序、自发状态，必然给社会主义新农村建设造成不良影响，进而影

响城乡统筹发展和全面建成小康社会目标的实现。①

二、明确新农村建设规划的内容要求

新农村建设规划要在新农村建设中发挥指导作用，必须遵循新农村建设的内在要求，按照社会主义新农村建设的目标和原则，立足全局，统筹谋划。第一，新农村建设规划应当具备前瞻性。新农村建设是一个长期的历史使命，是一个动态的发展过程。新农村建设规划在编制时必须与时俱进、创新观念、拓宽思路、高瞻远瞩，准确预测和判断农村建设未来的发展趋势和实施路径，近期规划与中长期规划相结合，分步实施、分步建设，既为近期建设指明重点，又为未来发展预留空间。第二，新农村建设规划应当具备科学性与可行性，要尊重自然规律、经济规律、社会发展规律。在编制规划时态度、方法和技术手段、内容都要求具备科学性、可行性。第三，新农村建设规划应当具备特色性。应当尊重自然、尊重历史文化传统、尊重农民的生产生活方式，充分依据和体现农村地方特色、民族特色来制定和实施新农村建设规划。

三、探索与新农村建设规划特点相适应的规划体系

新农村建设规划应在总结传统村庄体系发展规律的基础上，着眼“全域城乡规划”的视角，深入研究城乡一体化进程中符合新农村建设特点的规划体系。② 在新农村建设规划体系中应该重点突出产业发展规划、土地利用规划、基础设施和公共设施建设规划等内容。

（一）做好新农村产业发展规划

建设现代农业、发展农村经济，是建设社会主义新农村的中心和首要任务，在新农村建设规划应该服从这个中心，服务于农业产业的发展需要。新农村产业发展规划的主要内容应该包括选择重点产业，确定优先领域，制定发展战略和目标，明确产业布局、关键环节和重点项目，提出实施

① 蒋作培，马亮．必须着力搞好乡村建设规划［J］．唯实，2006（11）．

② 赵之枫，范霄鹏，等．城乡一体化进程中村庄体系规划研究［J］．规划师，2011（27）．

规划的对策措施等。在选择重点产业时应该根据当地资源禀赋、市场和技术因素，结合当地实际情况来选择应该发展什么样的重点产业。着力推进以农产品加工为龙头的农业产业化经营；积极发展循环农业，建立起“资源—产品—消费—再生资源”的循环农业发展模式；重点产业布局要与国家优势农产品区域布局规划相衔接，要与当地经济发展总体规划相衔接，尤其要与区域土地利用规划相衔接。①

（二）做好新农村土地利用规划

土地利用规划要有利于组织现代农业生产，有利于调整农村产业结构，有利于促进区域经济协调发展，有利于配套基础设施，有利于提高农民生活水平，在结合当地实际的基础上，全面综合协调安排村庄各类用地，集中紧凑建设，适当预留发展用地，避免无序扩张。土地利用规划要充分利用自然条件，挖掘地方文化内涵，体现地方特色。其内容主要包括：确定新农村建设用地的位置、范围、规模和结构；确定住宅建筑、公共建筑、生产建筑、基础设施、绿化等的空间布局。在土地利用规划中，农村居民点整理是一个重要组成部分，这既是加强土地节约集约利用、抑制需求的重要措施，又是补充耕地、增加供给的一个有效途径。在规划中应结合村庄的现状和发展策略，划分村庄类型，并在此基础上制定相应的整理原则和措施，引导居住于自然村落的农民有计划、有步骤、分期分批地向规划中的新村（中心村）迁移，有计划地合并自然村落，最终使农村建设逐步达到布局合理、基础设施配套、功能完善齐全、环境美化整洁的要求，为农村居民提供一个洁净优美的居住环境。

（三）做好新农村基础设施、公共设施规划

首先，必须把新农村建设纳入城乡一体化总体发展规划，把农村与城市建设作为一个有机整体，统一考虑城乡基础设施建设，合理布局城乡交通、水电、能源等设施，把城市公共基础设施积极向乡村延伸，呈现农业

---

① 常瑞甫，肖运来．县域尺度上新农村建设规划初探［J］．农业工程学报，2007（6）．

承接工业反哺、城市带动农村发展的局面，从而使城乡空间结构达到最优，实现城乡统筹发展。其次，在新农村建设规划中应根据当地实际情况，做好道路交通、给排水工程、供电工程、能源利用工程、电信工程、环卫设施、防灾减灾等基础设施的规划，同时也要做好村（居）委会、幼儿园（托儿所）、小学、文化站、老年活动室、文化宣传栏、运动场地等公益性公共设施及日用百货、集市贸易、便利店、娱乐场所等商业服务性公共设施的合理布局，坚持以农民为本，充分考虑广大农民的需求，切实搞好基础设施、公共设施建设以方便农民生活、提高农民福利、保护农民安全、促使农民身心愉悦，从而实现农民全面发展。

第三节　创新和加强农村社会管理

农村是我国政治、经济、社会、生态、文化建设的基础。随着我国经济社会的不断发展和城乡一体化进程的加速，中国农村社会转型的步伐也日益加快。处于转型中的农村社会结构、生产方式及农民思想意识都发生了深刻的变化，但是现行的农村社会管理机制滞后于农村社会的新变化。新时期如何加强和创新农村社会管理从而推动社会主义新农村建设是需要认真研究的问题。

一、革新农村社会管理理念

树立“以人为本、服务民生”的理念，从维护农民的根本利益出发，关注民情、发展民主、维护民安，科学、灵活、动态地转变管理模式。明确基层政府的职能定位，转变以往指令式的行政控制做法，加快实现由强制管理到主动服务的管理理念转变，强化政府的服务功能，推进“以人为本”的服务型政府建设。

二、建立多元合作的新型农村社会管理体制

坚持农村党组织核心领导地位，完善村民自治，扶持农村社会组织的发展，培育多元治理主体，积极创建政府与社会组织共同管理社会事务的

新格局。第一，明确党和政府在农村社区治理中的指导地位。充分行使社区党支部监督和保障的职能，逐步建立责权明晰、衔接配套、运转有效的村级民主监督机制，有效引导监督农村自治的各项工作依法合理推进，保障村民依法自治的权利。第二，进一步完善以村委会为核心的村民自治制度。村委会作为依法选举的村民自治组织，要在党和政府的指导下，结合本社区实际情况，不断优化自身运行机制，切实做好农村公共事务的管理和服务工作。第三，培育和壮大各种农村社会组织，建立多元共治的管理格局。要坚持引导与管理相结合，营造有利于农村社会组织发展的政策环境。积极探索农村社会组织在规范行为、反映诉求、提供服务、解决社会矛盾等方面的有效参与机制，切实发挥桥梁、纽带作用，拓宽农村的政治参与渠道，更好地保障农民切实利益。①

三、改革与创新农村社会矛盾解决机制

首先，要构建畅通有序的矛盾纠纷化解机制。通过建立镇、行政村、自然村三级“矛盾纠纷化解平台”体系，实施网络化管理，及时做好镇、村、组、户之间的沟通对接。完善农村群众诉求表达机制及情绪疏导机制，加强农村信访工作，认真落实矛盾纠纷定期排查制度，开展定期常态化分析、排查工作，对矛盾纠纷做到预防在先、处置在早，确保把影响社会和谐稳定的因素消除在萌芽状态。其次，要加强对专职调解员队伍的建设。加大对专职调解员的管理考核力度，建立合理的奖惩机制。有针对性地做好调解人员的培训工作，强化业务知识与技能。再次，要完善重大事项社会稳定风险评估机制。要立足预警、疏导，全面落实加强重大事项社会稳定风险评估机制。加强对评估的监督和指导，细化评估的内容，规范评估程序和标准。② 最后，要建立健全群体性事件预防处置机制。此外，要创新村级议事制度和村集体资产管理制度，减少因决策议事和村级财务问题而引起的矛盾。

---

① 胡维维，吴晓燕．农村社会管理与新型农村社区管理体制建设［J］．新疆财经，2011（1）．

② 卢芳霞．中国农村社会管理创新之路径与模式初探——以“枫桥经验”为例［J］．中共杭州市委党校学报，2011（5）．

四、创新农村综治维稳机制

农村综治维稳工作与农村居民生产生活及切身利益息息相关，是农村社会经济快速发展的基础。创新农村综治维稳机制是做好农村社会管理工作的重心。第一，建立刑事犯罪严控机制。规范公安、法庭等站所的建设，严厉打击各种危害农村治安秩序的刑事犯罪活动。集中力量，加大对抢劫、盗窃及黑恶势力、邪教组织等的打击力度，切实保护农民群众切身利益，维护农村的安全稳定。第二，加强农村社区警务队伍建设。在行政村派驻专职社区民警，实行警务进村，建好社区警务网。第三，加快推进现代化的基层综治信息平台建设。落实基础信息采集工作，完善场所管理、人口管理、警情判断、监控调度等基础信息系统建设。第四，健全公共突发事件的应急管理机制。推进公安、检察、司法等一体化的综治办公系统建设，建立统一指挥、联动处置的综合应急指挥决策机制。充分运用快捷、便利的信息管理系统实现视频整合、检索查询、事件处理，做到及时沟通、实时监控、有效反馈，提高迅速应对公共突发事件的能力，减少突发性治安问题。

第四节　加强农村公共服务

我国城乡居民在教育、医疗、基础设施和社会保障等公共服务方面存在较大差距。农村地区公共服务的缺失不仅制约了农村地区的社会发展和民生改善，而且还阻碍了我国经济的持续健康发展和社会公平的实现。党的十六届五中全会、十七届三中全会及2013年“一号文件”中都明确提出了“改进农村公共服务机制，推进城乡基本公共服务均等化”的目标要求。应从加强农村基础设施建设、大力发展农村社会事业、推进农村生态文明建设等方面加强农村公共服务。

一、加强农村基础设施建设

要加大农村基础设施建设的投资力度，扩大实施规模，充实建设内容。一是加大以小型水利为重点的农田基本建设力度，改善耕地质量，全面提升地力；二是加大农村公路建设力度，推进西部地区、连片特困地区乡镇、建制村通沥青（水泥）路建设和东中部地区县乡公路改造、连通工程建设，不断完善城乡公交资源相互衔接、方便快捷的客运网络；三是继续推进农村电网改造，加强农村饮水安全工程、沼气建设，继续改造农村危房和国有林区（场）棚户区、国有垦区危房改造，加快实施旅游牧民定居工程和以船为家渔民上岸安居工程；四是大力发展农村水电，积极开展水电新农村电气化县建设和小水电代燃料生态保护工程建设，搞好农村水电配套电网改造工程建设；五是加大农村信息化建设力度，充分利用和整合涉农信息资源，重点抓好“金农”工程和农业综合信息服务平台建设，推进广电网、电信网、互联网“三网融合”，积极发挥信息化为农服务作用。

二、大力发展农村社会事业

一是要优先发展农村教育，改善农村办学条件，强化农村师资力量，坚持教育的公益性质，保障农民子女享有接受良好教育的机会，同时大力发展农村职业教育，加强农民技能培训，增强农民创收能力。二是加快农村文化建设，加大实施广播电视“村村通”的力度，加强乡村文化设施建设，以乡镇综合文化站和村文化活动室为重点推进城乡文化信息资源共享。三是加强农村公共卫生体系建设，完善县、乡、村三级卫生服务网络，切实提高农村医疗装备水平和服务水平，积极推进新型农村合作医疗制度建设，提高农村重大疫情和突发公共卫生事件的能力。四是健全新型农村社会养老保险政策体系，建立科学合理的保障水平调整机制。五是提高农村出生人口质量，完善现行生育政策，稳定农村生育水平。

三、推进农村生态文明建设

一是要加大环境保护宣传教育力度，提高农民环境保护意识，增强参与生态文明建设的积极性和自觉性。二是要积极推进农村产业结构调整，加快发展循环农业，大力开发节约资源和保护生态的农业技术，推广废弃物综合治理技术和可再生能源开发利用技术。三是要减轻农业工业污染，禁止工业和城市污染向农村转移，加快推动农村工业企业向工业园区集中，鼓励企业开展清洁生产，发展循环经济，积极开展饮用水源地保护、农村生活污水和垃圾治理、畜禽养殖污染治理、土壤污染治理、有机食品基地建设等示范工程，推进城乡环境综合治理。四是完善基础设施建设，加强农村生活污染源治理，优化农村生活用能结构，积极推广沼气、太阳能等新型能源。五是继续大力推进荒漠化、石漠化、水土流失综合治理，巩固退耕还林、退耕还草成果，积极开展沙化土地封禁保护区建设试点工作。

四、加强农村公共服务的制度保障

加快构建多种主体参与的农村公共服务供给体系。一是要完善财政转移支付制度，加大中央、省级政府财政对农村公共服务的转移支付力度，改革财权和事权关系，提高基层政府供给农村公共服务的能力。二是充分发挥涉农金融保险企业为农村提供贷款和保险服务、强化农村公共服务的能力，同时发挥农业龙头企业在农技推广、农业融资、农业生产与农产品流通信息等公共服务方面的作用。三是积极发挥其他主体的功能与作用，如涉农事业单位为农民提供技术、信息等公共服务，农业合作组织为农民提供技术、信息、购销等公共服务等。通过政府、企业、农民与其他主体等的共同作用，构建起多种主体参与的农村公共产品供给机制。四是完善农村公共服务的供给决策机制与监督保障机制。通过文化教育和宣传的方式提高农民文化素质，增强现代化公民意识、民主意识，完善基层民主制度，拓宽农民需求表达渠道，完善“一事一议”制度。[①] 在监督保障机制方面，加强立法，设立专门的监管机构对农村公共服务供给进行统筹规划和监管，充分发挥公众监督的作用，将公共服务的决策过程、执行情

① 陶丽. 我国农村公共服务供给问题研究［D］. 苏州大学，2011：43－46.

况和使用情况置于严格监管之下，发挥监督的积极性和主动性。①

第五节 完善乡村民主自治制度

改革开放以来，我国农村实行了村民自治制度，这对农民物质利益和民主权利起到了有效的保障作用，大大促进了农村经济社会的发展。但是，新时期随着城乡经济社会的繁荣发展，村民自治制度在实施的过程中出现了许多新情况和亟待解决的新问题，健全民主制度的任务仍很艰巨。

一、健全村民自治机制

（一）规范村级民主选举制度

建立健全农村基层民主选举相关法律，加强配套政策法规的建设，严格依法规范选举工作。村民委员会要坚持公平、公正、公开原则，明确选民、候选人资格认定，规范选举程序，严格依照法律程序由村民按期直接选举村民代表、村民委员会成员。积极尝试“公推直选”、“两推一选”、“两票制”等选举形式，真正把思想政治素质高、有文化、作风正、锐意创新进取、脚踏实地为群众办事的人选招进领导班子。

（二）全面推进村级民主决策制度建设

要健全村民会议、村民代表会议制度。规范村民会议或村民代表会议的议事规则、程序，建立健全村民代表联系户制度，建立决策责任追究制度。凡是涉及本村经济社会发展的重大问题，例如村干部享受误工补贴的人数和标准、村提留的收缴和使用、从村集体经济所得收益的使用、村办公益事业需要村民负担的事项等均要由村党支部召集村委会议协商研究，提出方案，然后提请全体村民或村民代表会议讨论，按多数人的意见做出决定，然后交由村委会组织实施。

---

① 游春，王璠．我国城乡公共服务均等化相关问题研究［J］．前沿，2012（21）．

（三）完善村级民主管理制度

依据党和国家的政策法规，明确村党支部、村委会和村干部的权责义务。结合本地区的具体情况，全体村民讨论制定操作性较强的村民自治章程和村规民约，规范村民的权利和义务，完善全村社会治安、经济管理、计划生育、村风民俗等方面的管理秩序，建立健全村“两委”干部考核评议制度，加强村民的自我管理、自我教育、自我服务。

（四）建立健全村级民主监督制度

首先，设立村务监督委员会，进一步加强对民主选举、民主理财、村公共事务建设等村务活动的监督，提高村务活动的透明度。其次，完善村务公开制度。大力推进村务公开，规范村务公开制度。对村财务、政务、社会公共事业建设等活动定期进行全面检查，加强监督力度，做到事前决策公开、事中管理公开、事后结果公开，并做好意见反馈工作。最后，完善村务公开责任追究制度。明确村干部的分工和相应的权责义务，建立相应的考核、奖惩机制。[①]

二、构建完备的村民自治法律制度体系

发展农村基层民主，必须同健全法制紧密结合。加快完善保障农民直接行使民主权利的法律法规，改善村民自治的法律环境。首先，要从形式上完善法律体系。加快推进相关法律制度体系建设，抓紧修订和制定《村民委员会组织法》及相关配套制度法规，统一相关立法，消除现有法律条文之间对立、冲突的混乱局面，为村民依法自治提供法律依据。其次，建立健全农村社区各项规章制度，如村民自治章程、村民代表大会制度、党组织议事制度、协商议事会制度等，从制度上保证村民民主自治工作的有序开展。最后，要加强法律法规的可操作性建设，要立足农村现实制定相关的法律法规，以确保在具体操作过程中能科学、有效地实施。同时，要做到有法必依，严格执行法律法规，严格

① 徐天兰．村级基层民主实施经验浅析——以温州鹿城区为例［J］．辽宁行政学院学报，2010（6）．

追究违法责任，将村民自治纳入法制范围之下。[①]

三、加强法制教育和宣传，培育村民自治观念

加强法制教育和宣传，培育村民法律观念和民主意识，是加快推进村民自治和农村基层民主建设的重要保障。首先，积极开展健康有益的宣传活动，对农民进行理性引导，树立正确、具有现代气息的社会主义民主思想，以利于村民有序参与村务管理。其次，大力发展农村教育，提高农民的文化水平。通过教育，培养农民的参与意识、民主意识，提高农民政治参与的热情和能力。积极动员农民参与民主政治活动，利用投票选举等形式维护自身的合法权益。最后，加强法制教育和宣传，提高村民的法制观念。通过法制教育，使农民学法、知法、懂法，严格遵守法律规章制度，做到依法表达自己的利益诉求、维护自身合法权益。

四、加强村级自治组织建设

村级自治组织是村民自治的组织载体，要加强村级组织建设，健全村民自治的组织载体。首先，要规范村党支部和村民委员会的班子建设，明确村干部的权责义务，定期进行政策法规、民主与法制、组织领导能力及处理突发事件等方面的培训，改善干部作风，不断提高村干部的思想及业务素质。其次，坚持民主直接选举村民委员会成员，严厉打击选举过程中的违法行为，加强对黑恶势力、宗族势力干扰选举行为的打击控制。积极引导宗族势力在村民自治和维护农村社会稳定方面发挥正面作用。最后，不断提高村民委员会、村干部组织协调农村经济社会发展的能力，与时俱进，培养其不断创新的精神，带领农民群众共同致富。

参考文献

[1] 何燧初，洪萍．上海城乡一体化理论与实践探索——以奉贤实践为例［M］．上海：上海人民出版社，2012.

① 陈锡文，赵阳，等．中国农村制度变迁60年［M］．北京：人民出版社，2009.

[2] 成受明，程新良．城乡一体化规划的研究［J］．四川建筑，2005（9）．
[3] 刘钧．社会保障水平的理论思考［J］．财经问题研究，2010（2）．
[4] 徐同文．城乡一体化体制对策研究［M］．北京：人民出版社，2012．
[5] 刘曙华．深化投融资体制改革［EB/OL］．人民网，2012-10-30．
[6] 卜晓军．我国城乡公共服务均等化的制度分析［D］．西北大学博士学位论文，2010．
[7] 徐同文．城乡一体化体制对策研究［M］．北京：人民出版社，2012．
[8] 王谦．城乡公共服务均等化问题研究［D］．山东大学博士学位论文，2008．
[9] 蒋作培，马亮．必须着力搞好乡村建设规划［J］．唯实，2006（11）．
[10] 赵之枫，范霄鹏等．城乡一体化进程中村庄体系规划研究［J］．规划师，2011（27）．
[11] 常瑞甫，肖运来．县域尺度上新农村建设规划初探［J］．农业工程学报，2007（6）．
[12] 胡维维，吴晓燕．农村社会管理与新型农村社区管理体制建设［J］．新疆财经，2011（1）．
[13] 卢芳霞．中国农村社会管理创新之路径与模式初探——以“枫桥经验”为例［J］．中共杭州市委党校学报，2011（5）．
[14] 陶丽．我国农村公共服务供给问题研究［D］．苏州大学，2011．
[15] 游春，王播．我国城乡公共服务均等化相关问题研究［J］．前沿，2012（21）．
[16] 徐天兰．村级基层民主实施经验浅析——以温州鹿城区为例［J］．辽宁行政学院学报，2010（6）．
[17] 陈锡文，赵阳，等．中国农村制度变迁60年［M］．北京：人民出版社，2009．

第十六章　国外和中国台湾地区经验借鉴

农业现代化是世界农业发展的基本趋势。农业现代化道路有其客观的发展规律。目前，我国正处于从传统农业向现代农业转变的关键时期，面临许多问题和困难，国外和我国台湾地区发展现代农业的经验教训，可作为我们走中国农业现代化之路的有益借鉴。

第一节　东亚国家和地区农业现代化的经验借鉴

一、东亚国家和地区农业现代化的经验

（一）日本农业现代化的经验

日本的农业现代化大体上经历了四个时期：第一个时期是从明治维新到 1900 年，是借鉴发达国家先进农业技术，提高农业生产力时期；第二个时期是从 1900 年到第二次世界大战结束，出现了以劳动对象为中心的技术改良高潮和以多施肥料为主的劳动密集型趋势；第三个时期是“二战”以后到 20 世纪 70 年代初，通过促进现代农业技术的开发和推广应用，建立起农业现代化的基本框架；第四个时期是 20 世纪 70 年代以后，大量推广应用化学技术和生物技术。由于日本人多地少，农业资源极度匮乏，所以

日本主要通过依靠技术创新和大量的资本投入来提高有限资源的使用效率，从而实现农业的现代化。日本实现农业现代化的主要经验有以下几点。

1. 完善的农业立法

日本在实现农业现代化的过程中，加强农业的立法是实现农业现代化的有效手段。日本的每一项农业立法都是针对当时的实际情况制定的，每项立法都明确写入违反法律的民事和刑事责任，具有一定的权威性。另外，立法不仅包括一些政策、制度、方针等原则性问题，也包括实施的措施、方法、程序等，操作性很强。1961 年日本政府颁布实施了农业基本法，该法确立了日本农业的基本方针、政策和基本经济制度。20 世纪 70 年代，日本开始推行综合农业政策，80 年代实行长期农业政策。这些法律化措施较好地保证了农业政策的稳定性与连续性，是日本实现农业现代化的有效手段。

2. 政策倾斜，全面扶持农业发展

主要体现在财政政策上。日本是世界上少数几个对农业实现高补贴的国家之一。在基础设施建设上，大型水利工程都是由国家财政直接投资建设，小型水利工程国家补贴 80% 左右，其余的由地方政府承担。为了推动农业机械化的发展，对于农户在生产过程所购置的拖拉机、收割机等设备，中央政府给予 50% 的补贴，地方政府给予 25% 的补贴。为了促进农业发展，政府还对农产品价格进行补贴。日本 70% 以上的农产品在价格上受到政府的扶持，主要措施有：一是政府规定粮食作物最低的市场价格，如果市场价格低于最低价格，政府按照最低价格进行收购。二是对于农副产品，如奶类、鸡蛋、大豆等，当这些农副产品的价格低于政府规定的价格水平，低于部分由政府财政和生产者的积累基金来弥补。三是为了稳定一些农产品的价格，如猪肉、牛肉等，政府规定价格浮动的上下限。当某种农产品的价格上涨到超过政府规定的上限时，政府则抛售商品予以稳定价格；当价格下降至规定的下限时，政府则收购该农产品。另外针对农业过程中贷款难的问题，日本政府积极进行信贷扶持。首先为了降低银行贷款给农民的风险，国家对银行涉农贷款的损失给予一定补偿，鼓励银行向农业进行贷款；其次引导农协系统金融机构的资金以低息投入农业，国家给予利息差补贴，对因故无法收回的农协贷款政府承担其损失；最后由各级农林渔业金融公库发放财政资金贷款，利息率低，使用期限长，主要用于农业基础建设、土地开垦、救灾等项目。

3. 积极发展农民合作组织

农业合作的体系最完善、运作最规范、对农民和农业生产发挥作用最大的当属日本。从“二战”结束到20世纪70年代中期基本实现农业现代化，日本用了不到30年的时间，其中最主要的原因就是日本在充分吸收西方国家农业发展经验的基础上独创了一套适合本国国情的农协制度。这一制度形成于“二战”以后，其范围包括农业生产资料供应、农业技术推广、农产品销售、农村金融、农村保险等各个方面，甚至后来发展为了代表农民政治利益的准政治团体，并且自上而下形成了独立而完整的体系。在日本，99%的农民都加入了农民合作经济组织。农民合作经济组织对会员所提供的服务从生产资料的购置到技术指导到农产品的销售，基本上无所不包。在生产资料的购置方面，农民合作组织以较低的价格提供给农民。在资金方面，农民合作经济组织的金融系统开展以农民合作组织会员为对象的信贷业务，存款利率高于银行的0.1%，贷款利率则低于银行的0.1%左右，而且贷款无须担保；在生产中，农民合作经济组织专门聘请技术指导员，协助新品种和新技术推广；在销售方面，为了减少农户市场风险，农民合作经济组织进行无偿的委托销售。此外，对于一些大型生产工具、设施等，如收割机、保温库等，由农民合作经济组织投资购买或建设，有偿提供给会员使用。

4. 加强农业技术推广体系的建设

日本有一套从中央到地方完整的农业技术推广体系，推广工作由政府的农业改良普及事业部和农协共同完成。为了加强农业技术推广工作，日本于1991年对《协同农业普及指南》进行了全面的修改，把加强推广组织和人才的建设放在首位。在日本，“地域农业改良普及中心”拥有数百个经过国家考试的专门技术员、1万多名经过地方考试的改良普及员，农协系统拥有近2万名营农指导员，他们构成了“二战”后日本农业技术推广的基本体系，也是“二战”后日本迅速实现农业现代化的基本保障。

5. 通过科技进步，对土地进行精耕细作，提高土地生产率

日本是世界耕地率最低的国家之一，人均耕地只有0.58亩，土地供给又比较缺乏弹性，日本农业现代化的起步是从突破土地资源的束缚开始的。为了解决土壤资源的改良问题，日本加速发展化工业，使得化肥价格下降，有效补偿土壤资源的耗竭。同时积极研发生物技术，通过生物技术不断改良农作物品种，从而使得日本的土地生产率大幅度上升。另外日本采用小型机械来克服土地资源少的限制，对土地进行精耕细作，有效改善农作物的生长环境和条件，大幅度地提高农作物的单位面积产量。

6. 发展多层次的农村职业技术教育培训，提高农民的素质

在日本的农业现代化进程中，日本非常重视对农村人力资源的开发。日本建有政府、学校和民间力量共同构成的农村职业教育培训供给体系。日本有农业类大学42所、农业职业学校434所，有各级农业科技教育培训中心、企业与民间办的各类培训服务机构、农民协会以及各级农业技术推广服务体系和农业改良普及系统。日本农林水产省设有农林水产技术委员会，专门负责研究、策划农业科研政策和发展规划，对国立科研机构的运作进行指导，对地方及民间企业科技工作给予指导与帮助。另外，日本政府还定期在全国各地举办各种形式的教育培训，向农民传授科学技术知识。多层次的教育培训体系使得日本农民的素质得到迅速提高，培养了大量实用型农业科技人才和经营人才，而且使得农业科技的最新成果得到迅速的推广。

（二）韩国农业现代化的经验

韩国是现代化“东亚模式”的成功范例之一，从20世纪70年代到1997年的亚洲金融危机，韩国农业保持了长达30多年的高速发展态势，并使韩国一举实现了农业现代化，其发展的持续高速特性被学术界誉为“汉江奇迹”。在人多地少等极其不利的资源条件下，韩国的农业现代化发展主要得益于韩国政府发动的以脱贫、自立、实现农业现代化为目标的“新村运动”。韩国“新村运动”作为农业的革命性运动，客观上推进了韩国农村的全面发展，改善了农业生产基础条件和农村环境，加快了韩国农业现代化的进程。通过这一运动，韩国走上以小农土地所有制为基础的独特的农业现代化道路，取得了举世瞩目的成绩。韩国实现农业现代化的经验主要有以下几点。

1. 注重农业政策的扶持，加大农业投入

政府的物质支持与资金投入是韩国农村发展最直接的动力。1990 年，韩国政府颁布了《农村振兴特别法》，此后连续出台了一系列惠农政策。进入 21 世纪，韩国政府不断增加对农业和农村社会发展的投入，开始了一系列促进农业和农村社会持续发展的创新体系建设。韩国政府以“直付制（直补）”形式，大幅增加预算，投入 12.924 万亿韩元，保障农民生产经营和收入稳定的增长；投入 9245 亿韩元，支援农村地区开发与福利改善。在这期间，韩国政府通过工业反哺农业、城市支援农村和资金适度倾向等多种渠道，不断增加农业投入。韩国政府还采取多种宏观措施，通过价格支持提高农民收入。众所周知，韩国农产品价格是比较高的，虽然这和韩国农地少、农产品供不应求有关，但主要还是归因于政府的农业保护政策。政府对粮食、蔬菜都颁布最低价格，若市场价格低于最低价格时，国有大型农产品贸易企业则采取收购办法进行干预。为促进农产品的流通，政府与民间共同投资建设农产品批发市场，全国各地已建有近百个现代化的批发市场。为减少农产品在流通过程中的损耗，根据相应的农产品包装法，由政府出资 80%、农户出资 20% 对出售前农产品进行包装，农产品进入流通领域后，实行低温储藏和运转，直到卖给消费者。这些措施的实行有效地减少农产品流通过程中的损失，保护了农户的利益。韩国还十分重视农业科技开发，建有较多的专门科研机构。这些科研机构的经费都是由中央和政府全额拨付。而这些机构研究开发的农业技术成果均通过郡面（相当于我国的县乡）的农业技术中心、新闻媒体向农户无偿提供。另外，韩国政府通过国家财政信贷为现代农业提供大量信贷支持。从 1970 年到

1980 年 10 年间，韩国政府通过财政拨款累计向“新村运动”投入 28 万亿韩元。

2. 改善农民生活环境

在“新农村运动”初期，政府把工作的重点放在改善农民生活环境上，实施了一系列农村开发项目。1970 年 10 月，政府第一次向全国 34665 个农渔村免费提供 300 ~ 500 袋不等的水泥，用于乡村桥梁、饮水条件、道路等公共设施的建设。1971—1975 年，全国农村共架设了 65000 多座桥梁，各村都修筑了宽 3.5 米、长 2 ~ 4 千米的进村公路，除特别偏僻的农村之外，全国所有的村庄都通上了汽车。在这期间，农民的居住环境也得到改善。1970 年，全国 250 多万户农民中有 80% 住在稻草茅房中，到 1977 年所有农民都住进了瓦片和铁片屋顶的住房，1978 年全国 98% 的农户安装了电灯，并普遍使用了吸取地下水的井管挖掘机，农村的饮水条件得到进一步改善。

3. 积极推广农业机械化

韩国的农业机械化开始于 20 世纪 70 年代。80 年代，随着农村人口大量向城市迁移，农业人口大幅度减少，在政府的政策扶持下，农业机械化得到了全面发展。90 年代，水稻基本实现了生产全程机械化。农业机械化产品主要以小型、先进、适用为主。主要的农业机械有拖拉机、半喂入联合收割机、水稻插秧机和其他农田专业化作业机械。与此同时，蔬菜种植、园艺栽培等农业机械化也陆续发展起来。比如，在白菜栽培中，白菜的生产从移植、管理、收获到运销，实现了统一的机械化作业体系。除此之外，还运用生物技术领域的机械化技术对植物生产工厂进行实际运作。为了促进机械化的普及，政府还加大提供优惠贷款政策的力度。农民购买农机业机械，只需首付 20% ~30% 资金，其余可全部采用抵押的方式向银行贷款，贷款期限为 5 ~ 8 年，贷款利息一般为 4.5%，而其他非农行业贷款利息一般在 6.5% 以上。同时，在农业用油料供应上也制定了“无税价”的优惠政策，农业机械农田作业用油只需支付基本价格（约为油价的 40%），而税收加价部分（约为油价的 60%）则全部免除。

4. 提高农业的技术含量

为提高农产品自给率，韩国积极发展先进技术，通过推广无土栽培、保护地栽培、工厂化设施农业等先进农业栽培技术，提高土地利用率。为了提高农户应用新技术的积极性，政府还为采用新技术的农户提供财政补贴。另外，为了克服土地资源稀少的不利条件，韩国积极研究生物技术，韩国农业研究部门将广泛收集到的遗传因子保存在种子银行，通过评价分析研发出水稻遗传检测技术。在农作物的种植中，韩国农业研究开发部门加强基因型物质的研发，开发出抗病虫水稻、富含高维生素 E 的生菜等转基因品种，并组织对优良品种的家禽遗传因子结构进行分析，开发体细胞复制牛的生产技术，大大提高了家禽品种质量及其生产能力。除此之外，为了提高农产品的附加值，韩国加强蔬菜、水果等优良品种的培育，并不断开发出适合消费者口味的各种品种，如栽培彩色米等，这不仅能满足市场需求，而且也提高农业竞争力和农民收入。

5. 注重农业环境的保护

为了保护环境，韩国政府建有一个土壤环境信息网，专门组织人员对土壤信息进行调查分析，并把有关的土壤养分、农药等相关的信息放到这个网上，供人们查询。为了实行农业的可持续发展，韩国政府发布了进行各种农作物栽培的环保技术标准，向农民普及各种农作物栽培作业的环保农业标准技术。在农药生产方面，韩国开发生产了具有安全性、公害少的环保型农药，并加强对农药与肥料的检测。同时，在农业生产管理中，广泛使用抗病虫害技术和有助于高效利用肥料的农作物养分综合管理技术等，以达到生产无公害的目的，从而保护环境，实行农业的可持续性发展。

6. 建立完善的市场体系，提高农产品流通效率

在韩国现代化农业发展中，政府主动采取了一系列措施建立起体系完整、成本低、效率高的农产品流通体系，提高了农产品的流通效率。这些措施主要有：①提高农民的市场选择权。主要的办法是在生产前，农户和农协签订生产合同，规定生产的品种、数量及价格，在收获期，农户可以根据市场价格的变化做出选择，即当市场价格低于与农协约定的价格时，农户可以按约定的价格，把产品卖给农协，当市场价格高于约定价格时，农民也可以把产品卖给其他买主，这项措施使农民有较大的选择权，保障了农民的利益，又能使农产品的流通得以活跃和发展。②确立以产地为中心的运销体系。韩国政府为农产品的流通建立起了比较完备的市场设施，通过农协把农民组织起来，建立农产品综合处理场所，对农产品进行筛选、分级、包装后，直接销售给批发商、大型商场、超市或出口国外。③加强农产品批发市场建设。农业财政用于农产品批发市场建设的资金就达30%，建立起了由外贸市场、中心市场、批发市场、超级市场、零售市场等组成的网络化市场体系。④改善农产品销地市场的流通环境。通过建设大规模的农产品物流中心和农协交易市场，保证农产品生产者销售渠道的畅通。

（三）中国台湾地区农业现代化的经验

中国台湾地区农业现代化水平较高，精致农业发展较快，建有世界重要的农作物种质资源库亚蔬—世界蔬菜中心。台湾农业现代化模式表现为：以小农经济为基础，在当局推动下，依靠科技进步和农民教育，通过适度规模的集约化生产、产业化经营、社会化服务和专业化分工，提高资源产出率。台湾在发展农业现代化中的主要经验有以下几点。

1. 完善农业保护扶持政策

台湾农业有关规定健全，对基础设施投入、农田休耕、农业推广经费来源、农业保险等都有相关的规定加以规范。在农业发展中，台湾当局给予大量的财政扶持。基础设施建设资金全部由各级财政投入。在生产中，台湾对农业机械、各级农会兴办的农产品加工企业给予50%以上补助，有的甚至高达80%，并免征企业所得税，增值税率5%。对农产品实行农产品保护价收购，以高于成本20%的价格向农民收购稻谷。为了解决稻米生产过剩问题，农民如果将稻田改种玉米、大豆等其他作物，可得到每公顷1000公斤的稻米补贴，休耕土地每年每亩可得5000新台币补助。为了保护本地区的农业，台湾限制自己能生产的农产品进口。为了加强农业生产的市场组织程度，台湾当局大力扶持农会组织的建设，每年都安排一定预算去支持各级农会组织的建设，政府所采用的这些政策措施为现代农业的发展奠定了坚实的基础。

2. 加快农业转型，调整农业结构

面对工业、产业快速发展与贸易自由化的冲击，台湾加快农业转型，调整农业结构，使农业从第一产业向第三产业延伸，发展出休闲农场、乡村花园、观光农园、市民农园等旅游产品，其中休闲农场最具代表性，其采取成立观光发展促进会的发展模式，共同进行营销活动推广。观光农业园区是精细农业发展的重要部分。根据各地的农业特色，由一个中心农场带动周围的“卫星农场”等组成风景区，规划出短程观光路线，形成观光农业产业带，提供农作、露营、烤肉、旅游、休憩等休闲度假场所，促使农场向多元化、精细化经营，既维持了自然生态，又促进了农民生活的现代化水准。

3. 提高农业发展的科技含量

台湾在农业上广泛采用先进技术，从世界各地广泛收集农作物品种，并进行品种改良，由此提高了农业单位面积产量和农产品质量；在高价值园艺产业中广泛使用台湾自行设计的自动化温控室；在种苗和花卉生产中实现了电脑控制的自动化生产流程。1986 年台湾建成了最大的精细蔬菜塑胶布室，种植的蔬菜产量高、农药残留低，为台湾北部输送大量的反季节蔬菜。同时在农业生产中，采用非农药方法防治病虫害，如使用套袋技术配合低残毒农药防治病虫害等方法，不仅减少农药使用次数，降低防治成本，而且无公害农产品保证了食品品质的提升，实现了可持续农业发展模式。

4. 完善的农民合作组织

台湾的农民合作组织主要有三类：农会、农民合作社及产销班。农会是台湾分布最广、影响最大、最为完善、功能最为齐全的农民组织，服务涉及农业生产经营的各个环节和领域。根据农会法，农会分为乡镇农会、县（市）农会、省农会三级，分别接受同级相应农政部门的指导。农会管理人员基本是大学毕业以上文化程度，他们向农民提供金融、科技、营销等方面的服务。农会的主要业务有推广业务、供销业务、金融业务及保险业务。其中金融服务是农会最大的盈利项目，近 10 年来占农会总盈余的 98% 以上。台湾农会设有信用部，信用部下面又设多个分支机构，农会信用机构遍布台湾农村各个地区。信用部的主要业务就是存贷业务，但它只向农会的成员提供贷款。

5. 严把农产品质量关的同时推进生态环境的可持续发展

追求农产品的高质量是台湾现代农业的一大特色。为了农业的可持续发展，台湾对农产品质量安全管理十分严格，建有一整套完善的相关规定和农产品安全标准，如所谓的“食品卫生管理法”、“农药使用管理法”等。台湾拥有比较健全的检测体系。台湾的农产品管理部门由“农业委员会”、“卫生署”、“标准检验局”三个部门承担，三个部门的职责明确，分别负责农产品进入市场前的检验、市场销售农产品的检验和进口农产品的检验。在农产品质量管理中，台湾严格实行农产品追溯和市场准入制度。例如，蔬菜在进入蔬菜批发市场前，必须经过抽样检测，合格后才可流通。如果检测过程中发现农药超标，将送当地卫生局进行进一步核实，若经确认农药超标，供应人将承担一定的经济和法律责任。另外，为了监管农产品的质量，台湾还建立了严格的履历管理制度，台湾当局规定进入市场的产品都要注明产地、生产者标号等信息，农产品一旦有问题，可以准确追查责任人。在发展现代农业的同时，台湾也十分注重发展循环农业，对畜牧场排泄物经过沼气工程化处理后，再用农艺净化措施，在畜牧场附近种植相应牧草、花果等进行循环有机处理，从而推进生态环境的可持续发展。

二、东亚国家和地区农业现代化对我国的启示

（一）农业现代化路径的选择必须依据本国国情

农业现代化的推进离不开各种农业生产技术的广泛采用，而采用何种技术需立足于本国国情。日本从 1868 年明治维新以后就开始了农业改革，而日本农业现代化的真正展开是在 1955 年以后。在日本实现农业现代化的

进程中，刚开始曾效仿欧美国家发展农业，从欧美各国大量输入农具、肥料、种子资源等农业现代化要素，模仿欧美设立了农具制造厂、育种场、试验场等。几年后实践证明，欧美的农业现代化方式对于经济落后、人多地少、农田规模小的日本并不适用。于是，日本根据自己的禀赋条件，从本国的国情出发，选择了一条不同于欧美的农业现代化道路，采用的是“土地节约型”的模式来发展，其发展农业现代化的重点是先实现生物化学技术现代化，后才发展机械化和生产精确化，同时政府加大对农业的投入。实践证明日本的这种农业现代化发展模式是有效的，使得日本迅速实现了农业现代化。所以农业现代化道路的选择应植根于本国的现实条件，因地制宜地逐步实施。

（二）农业政策必须具有有效性

东亚国家和地区在实现农业现代化的进程中，通过财政信贷支持为实现农业现代化提供了大量的资金支持。20 世纪 60—70 年代，日本每年对农业的投资都相当于当年农业总产值的 1.5 倍以上，最多的一年竟达 6 倍。日本政府充分利用财政金融手段，不仅直接对农业实行国家补贴，以保护和促进农业发展，还通过发放低息政策贷款，投入大量的资金帮助农民建设基础生产设施、修建农业大型水利工程等。为了调动农民的积极性，农民在农地改良中，95% 的经费由中央政府和地方政府资助，农民联合购买拖拉机等机械设备也可得到 50% 的政府补贴。在实现农业现代化中，政府的支持是实现农业现代化的动力。

（三）大力培育发展农民合作经济组织

东亚国家和地区农业现代化进程表明，一个有效的农业合作体系的建立，对于加快传统农业向现代农业的转变起着决定性的作用。农业的组织化程度是现代农业发展的标志，现代化农业发展离不开外部合作经济组织体系的支持。日本农协、韩国的农业协调组织都在实行农业现代化历程中立下汗马功劳。这些中介组织把农业的产前、产中、产后各个环节有机地连为一体，为农民提供了生产经营中各类社会化服务。日本的农户虽然小而分散，但他们有着完善和强大的农协组织体系，日本的农业社会化服务主要由日本农协提供。日本农协不仅是由农民按地域组织起来的合作经济组织，还兼有帮助政府贯彻农业政策和代表农民向政府施压的双重职能，因而具有“准政府机构”和“政治团体”的性质。日本农协在全国形成一个庞大的垄断组织体系，覆盖了整个农村地区。中国的农户经营规模比日本更小、更分散，但却没有像日本那样的合作协作组织体系。因此，现阶段中国实施农业现代化的关键是促进农村合作经济组织迅速发展，使一家一户的小生产与大市场相衔接，提高农业生产的组织化程度。

（四）重视科技进步，培养高素质农业人才

农业现代化离不开科学技术现代化和劳动者现代化。没有强大的科技支撑和高素质的农业人才，单靠资金、耕地和劳动力数量的增加是难以实现农业现代化的。提高农业的技术含量是世界农业发展的方向，只有依靠科技才能提高劳动生产率和市场竞争力。韩国在农业科研上的投入很大。日本的农业科研机构和专业设置齐全，设备和研究手段先进，经费充足，多年来为农林水产业提供了大量研究成果。而科技成果的开发和推广都离不开农业高素质的人才。同时日本强大的农村职业教育培训供给体系为日本培养了大批农业人才，也对农业技术改造、农民技能提高和农业劳动生产率的增长起到了重要作用。

（五）健全农产品质量体系

农业现代化的实现离不开农产品质量的提高，在东亚实现农业现代化的国家和地区中，都很注重农产品品质的提升，尤其以中国台湾地区为典范。台湾农产品质量安全法规健全，当局管理部门职责明确，质检网络完善，市场准入严格，对农产品大力推行 GAP、GMP、ISO、HACCP 等质量认证，实行严格标准管理，对违规使用农药行为处罚严厉。在中国大陆农业生产中，往往存在重产量轻质量的思想，国家的质量检测体系又不健全，提升农产品品质是我国在实现农业现代化中急需解决的问题。

第二节 欧美国家农业现代化的经验借鉴

一、欧美国家农业现代化的经验

（一）美国农业现代化的经验

美国地广人稀，人均土地资源丰富。经过约100年的努力，到1960年前后，美国全面实现了农业现代化。美国农业现代化发展模式是以现代科学技术为支撑，以机械化、规模化和先进的公司制农场管理方式为主要途径，走以提高劳动生产率为核心，提高农业生产率、商品率、经营效益和资源配置效率的农业现代化发展道路，这种模式使美国拥有世界上最发达的农业。美国实现农业现代化的经验有以下几点。

1. 实现农业的机械化，提高农业的生产效率

美国是世界上最早实现农业机械化的国家。美国人少地多，劳动力短缺，但通过广泛使用农业机械，不仅能弥补劳动力短缺，而且还能极大地提高农业剩余的供给能力。1940—1970年是美国全面实现农业机械化的时期，期间美国大量应用机械化技术制造各种农业机械设备，许多精细的农活都普遍实现了机械化。全面实现机械化后，美国农业劳动生产率比19世纪提高了10倍多。到1970年，美国农村电力也得到普及，畜牧业成为使用电力最多的部门，此外，在排灌、农产品贮藏、加工等方面也普遍使用电力。

2. 重视农作物的品种改良及化肥的运用

美国对化肥、生物技术在农业中的应用也很重视，特别是在20世纪60年代后。1960年美国使用的商品肥料达273万吨，1980年达5280万吨。美国非常重视从国外引进作物和畜禽优良良种，以及改良和培育新品种的农业科研和推广工作，对水土保持，扩大农作物和畜禽的种质资源，改进农、畜、水产品加工和储藏技术等农业技术的研究都投入大量的经费，并形成教育、研究、推广“三位一体”的科技服务体系。当前美国的农业生物技术主要集中于四大工程：基因工程、细胞工程、酶工程和发酵工程。

3. 高效的农业组织管理

在农业现代化的进程中，美国也十分重视农业组织管理现代化。美国农场把其他经济部门已经普遍使用的管理技术运用到农场管理，相当部分农场采用计算机进行管理。从广义上讲，管理现代化是指一体化农业的形成。所谓一体化农业，是指在高度发达的基础设施的基础上，把农用物资的生产和供应、农业生产、农产品收购、运输、储藏加工、包装以至最终产品的销售等各个环节组成一个统一的农业综合体。美国农业一体化、社会化是在专业化基础上形成的，主要形式有农业工商综合体和农业合作组织。这个体系使美国工业和商业融入农业，使农业融入现代市场，美国农业的发展进入了一个新的时代。

4. 对农业资源进行保护，实行可持续性的发展

在发展农业的同时，美国十分注重对农业资源的保护。为了促进农业的可持续发展，美国政府采取了一系列措施保护环境：一是进行盐碱地的治理，改善土壤理性，科学选择适合土壤种植的作物品种；二是发展旱作农业；三是开展保护性耕作，对农作物秸秆实行机械还田；四是实施休耕法。另外美国政府规定了土壤保护标准，规定农户的耕地经过检测后达到了规定标准，就可以得到政府的补贴，从政策上激励农户保护土壤。目前，在美国政府的调控下，许多农场实行轮作制度和免耕法保护耕地，实现了农业的可持续发展和农业经济的稳定增长。

5. 提高农业的专业化程度，发挥农业服务体系的作用

美国的现代化农业是以家庭农场、公司农场和合作农场为主要生产单位的高度发达的商品农业，从产品到手段全面商品化。不仅农业产业产后的工业部门越分越细，就是产中的主要农活也独立成为产业，由专业化的公司或合作社等经济组织来经营。这样直接从事农业生产的单位和个人越来越少，而从事农用物资等供应的产业部门以及从事农产品运销加工等业务的产后部门与人员则越来越多，形成了一种倒金字塔式结构。在美国的家庭农场和农资市场、农技市场、农产品销售市场之间，有着完善的服务体系，其主体是合作社。合作社完全由农民自发联办，把分散的农户与大市场联结在一起。

（二）法国农业现代化的经验

法国是欧洲农业现代化模式的代表，是世界上农业最发达的国家之一，是仅次于美国的世界农产品第二出口国。法国既不像美国那样劳动力短缺，也不像日本那样耕地短缺，因此在农业现代化过程中，法国政府采取机械技术与生物技术并进，把农业生产技术现代化和农业生产手段现代化放在同等重要的地位，大力推广农业机械化、专业化和产业化，既提高了土地生产率，又提高了劳动生产率。法国推进农业现代化的经验有以下几点。

1. 实现土地规模经营

为了实现土地规模经营，法国政府通过采取建立“土地整治和乡村企业公司”等一系列措施，加速了土地的集中。法国《农业法》规定，国家可以高价收购“没有生产力农户”的土地，然后卖给大土地经营者或工业企业家去经营。政府组建“土地整治与农村安置公司”，公司凭借其拥有的土地优先购买权，从私人手中购买土地，把买进的低产田以及小块分散土地集中连片，整治成标准农场后低价出售给有经营能力的中型农场的农场主，并为他们提供购买土地的低息贷款。为了快速集中农业用地，法国政府还规定农场继承权只能给农场主的配偶或有继承权的一个子女，其他继承人只能从农场继承者那儿得到继承金。为了减少农村人口，法国政府规定年龄在55岁以上的农民可以获得终生养老金，促使44万老年农民离开农业，仅此一项就集中了900多万公顷的土地，相当于全部农用土地的1/4；同时政府为了鼓励部分青年农民从农业中转移出去，无偿给予这些离开农业部门的青年从事新职业的培训费。政府的参与和引导大大加快了法国土地集中的速度，促进了农场经营规模的扩大。

2. 采取有效的农业政策，促进农业的发展

法国农业之所以有较快的发展，得益于“二战”后法国政府较强的财

政干预。1952—1972 年，法国政府对农业投资的增长幅度超过其他所有部门，1960—1974 年，国家发放的农业贷款增长 37 倍。为了推动农业的发展，法国政府还采取了若干积极的农业政策：首先，对农产品进行价格补贴。事先确定农产品的目标价格和保护价格。当市场价格上涨超过目标价格时，农民按目标价格出售，其亏损由国家补贴，市场价格下跌至保护价格时，国家按保护价格大量购进；并且鼓励农产品廉价出口，亏损部分由国家补贴。政府每年用于农产品的价格补贴约 90 亿法郎，大约相当于谷物产值的一半以上。其次，采取一系列的信贷政策。在法国实现现代化过程中，国家对农业的投资主要以低利息贷款为主。在农业投资生产中，农民自筹资金所占的比重很小，大部分生产资金来源于国家贷款，国家贷款已成为法国农业现代化所需资金的主要来源。按年终累计数计算，1970 年末国家信贷总额为 619 亿法郎，而到 1975 年末则达到 1390 亿法郎，五年之间增加了一倍以上。国家贷款金额每年在不断增加，而利率却不断降低。国家贷款的利率一般为 3%~4%，比一般贷款利率约低一半多。为了配合国家的土地政策，扩大农场的经营规模，在发放贷款时对农场规模有严格的规定，比如规定牲畜饲养最低头数等。

3. 实现农业机械化

从 1950 年开始，法国就开始推进农业机械化，经过 20 年时间，到 1970 年完全实现了机械化。在农业现代化进程中，法国政府采取了一系列措施来实现农业机械化：一是通过补贴、贷款等方式鼓励使用先进设备。政府为鼓励农户购买农业机械，在其购买时给予 20% ~30% 的补贴，给农场提供 5% 的乡村道路建设补贴，政府还向购买农机的农场提供偿还期为 5 ~6 年的低息贷款，并实行农用燃油免税 15% 的政策。二是积极发展本国的农机工业，推进农业机械化。法国的农机工业仅次于汽车制造业，在机械工业中占第二位。在农机工业中，法国很注重对农机具品种的开发，开发出从耕地、播种到收获进仓各种不同的农机具，而且这些农机具的售后服务相当完善，备件的供应和农机维修的商业网点遍布各地，且服务质量相当高，这为农机具的使用者解除了后顾之忧。为了不断提高农业机械的技术水平，法国不断引进先进技术，并专门成立了“国立农机试验研究中心”对农机具进行研发和推广工作。三是鼓励建立共同使用农机设备的合作社，促进农业机械化。为了提高农机具的利用率和降低生产成本，法国鼓励建立集体购买和共同使用农业机械的合作社，并对这些合作社提供低息贷款，享受免交一切赋税的待遇。

4. 农工商一体化

法国的现代化农业是由多层次、多元化纵横交错的农业社会化服务体系来保障的。一体化就是指农业生产过程中产、供、销三方面的业务配合。法国农工商一体化的组织形式有农业公司、控股公司、以合同形式组成的综合体以及合作社，这些组织不仅从事大规模的农业生产，而且将农产品的生产同农产品的加工、销售、储运及生产资料的供应结合在一起，形成一个完整的产供销体系。目前法国合作社的规模在不断扩大，合作社之间的合作在加强，而且还出现了地区性和全国性的合作社联盟。

5. 促进农村人力资源开发，提高农民的综合素质

培养高素质的农业人才是促进农业现代化的先决条件。法国为了适应农业现代化发展的需要，十分重视农民的教育。在法国，建有以乡村农业中学、中等农业职业技术教育、高等农业教育和农民成人教育为主要内容的农业教育体系，通过这个体系培养了大批农业人才。为了提高农民的素质，法国政府严格控制农业从业人员的资格，法国政府规定要取得农场的经营权，必须接受过九年制的义务教育，再经过三年学徒期，考试合格并取得绿色证书才有从事农业经营的资格，才能有资格向政府申请低息和无息贷款。除此之外，法国每年还组织10多万农民接受职业培训，这些农民的培训经费主要由政府和协会组织负担。另外，为了使农场主获得先进的农业技术和管理经验，一些协会如农业公会，也承担对青年农场主的培训任务，安排他们到其他国家实习1～2年，学习先进的农业生产管理和技术。现在的法国农民一般都具有农业技术高中或农业专科大学的文化程度。同时法国还建有法国农业部直接领导的规模比较大的农业研究院，该研究院在全国农业区设有9个研究中心，共有264个设备完善的实验室，拥有大批的农业科技人员，这支研究队伍为发展农业科学技术进行了大量研究，在法国的农业现代化中发挥重要的作用。

6. 实现专业化的生产方式

生产专业化能促使现代技术设备的运用，不仅能降低生产费用，还能提高生产效率。为了提高农业产量和劳动生产率，法国根据各地不同的自然条件、传统种植经验和地区经济特点，对全国农业分布进行统一规划，合理布局。把全国分成22个大农业区，其下细分为470个小区，因地制宜地发展区域特色农业，推动地区农业生产的发展。到20世纪70年代，法国半数以上农场搞起了专业化经营。不仅有的农场只生产一种产品，而且越来越多的农场只生产一种产品的一个品种。原来本属于农业的项目，都由农场以外的公司承担，例如在小麦生产中，农民只负责小麦的种植，而小麦的选种、施肥等工作都由相关的专业公司承担。随着农业生产分工越来越细，农业生产的效率也越来越高，农民的收益也就越好，专业化生产使法国农民人均收入达到城市中等工资水平。

（三）德国农业现代化的经验

“二战”后，德国政府就致力于农业现代化的实现。德国农业高度发达，德国农业是以生产效率高、组织化程度高、农业科技含量高、农民收入高闻名于世。德国的农业现代化是在土地资源缺乏、劳动力资源不足的条件下发展起来的，德国实现农业现代化的经验有以下几点。

1. 政府扶持，财政补贴

德国农业生产实现高效率的一个重要原因，是政府在农业财政补贴、信贷和农业税收政策上的大力扶持。德国通过政府调节和干预的方式对农业和农村发展进行多方面资助和保护，每年对农民给予大量补贴。据经济合作与发展组织统计数据显示，德国农民目前人均年收入在3.6万~5万欧元，其中50%左右来自欧盟、德国联邦政府和各州政府的财政补贴，具体包括地区平衡补贴、农业环保补贴和农业用油补贴等。在信贷方面，政府采取农业低息贷款。例如，规定购置农业专业化设施的长期贷款期限可达20年，年利息是3%，其他农业贷款年息为4.5%~6%，比一般的贷款利息低，甚至特殊的农业贷款期限可长达 50 年，年息仅 1%。并成立专门的政策性银行——德国农业养老金银行，为农业企业提供融资贷款。为了鼓励生产，德国政府给扩大生产规模、引进环保设施等投资的农户、农业企业提供补贴及贴息贷款，并给予农业企业全面的税收优惠。德国政府规定农业企业、合作社可获得免交营业税、机动车辆税的待遇，规定为农业企业提供咨询、农机出租等服务的合作社免交法人税（25%）。农业企业联合体自成立之日 10 年内，每年享受 15339 欧元的法人税免税额度，另外农产品增值税税率为 7%，远低于其他产品的 16%。

2. 鼓励农业规模化经营

为了扩大农业经营规模，德国政府采取了一些积极的政策措施，主要包括：①加强立法。制定《农业法》，允许土地买卖和出租；实施《土地整理法》，调整零星小块土地，使之连片成方；实施《土地出租奖励法》，该法规定，对为期 12 ~ 18 年的长期出租给予奖励。②鼓励农业剩余劳动力转移。为了扩大农业经营规模，德国政府设立了各种专项基金和款项，例如，“改行奖金”用于鼓励小农户弃农转行，“提前退休奖金”用于鼓励农民提前退休，同时政府还专门设了一项农户迁移费用，鼓励农民向荒芜的地区迁移，迁移费用的一半由政府给予资助。此外，德国通过政府投资、信贷等手段，向大农场倾斜，以实现土地的规模化经营。按照欧共体规定，各成员国的农户要想得到欧共体农业共同基金调整部分的资助，不仅要拥有一定量的自有资金，而且申请资助的项目应达到规定的规模和投资额，项目的技术改造设施要达到规定的利润率，并保证项目在开始经营后的 15 年内能不断完善技术而盈利。

3. 发展农业循环经济

既要发展生产，又要保护环境，维持农业生态系统的良性循环，走可持续发展道路，是德国农业发展的出发点。在德国的农业现代化进程中，德国政府非常重视农业环境资源的保护，为了保护土地资源，德国政府于 1998 年、1999 年分别颁布了《联邦水土保持法》和《联邦水土保持与污染治理条例》。为了推动生态农业的发展，德国政府专门成立了德国生态农业促进联合会（AOEL），制定并实施高于欧盟关于生态农业相应农产品生产的标准，并对所有符合欧盟生态规定的产品，标以生态标识。在农业生产中，为了防止滥用化肥、除草剂等对农业环境的破坏，德国政府规定农场经营者在耕作过程中禁止使用化肥、农药，取而代之的是农家肥，并采用轮作或间作制度，每年7%的耕地休种以改善土壤的品质，提升肥力。在牲畜的饲养方面，要求由栏笼饲养改为自然放养，在饲养过程中不得使用化学饲料，不得使用抗生素。虽然农业企业由于使用生态农业的方法而导致产量下降，但生态农产品的高价格仍然可以保证他们获得较高的利润。

4. 重视农民合作社的建设

德国是世界合作社的发源地，在1867年就制定了世界第一部《合作社法》，后来经过多次修改得以完善。德国几乎所有农户都是合作社成员，其中不少农户同时参加几个合作社。按照经营范围分类，德国的农业合作社主要有信用合作社、供销合作社和牛奶合作社。除此之外在生产领域，有机器协作社、机器合作社、生产者协会、生产者共同体等。这些合作社遍布德国农村，规模较大，功能比较齐全，为农民提供产前、产中、产后的一系列服务，成为一个综合型的社会服务网。德国合作社为了扩大影响力，纷纷走上了联合发展的道路。目前德国的合作社联盟分为地区性的合作社联盟、专业性的合作社联盟和全国性的合作社联盟，这些联盟结构完善、法律完备、服务周到，在德国农业的发展中发挥着个体农民和国家不可替代的作用。

5. 积极培养新型农民

德国把农业教育作为发展农业的核心来抓。为使农业经营者适应新形势的需要，保持德国农业的竞争力，德国政府出台了加强农业教育的新计划。该计划强调要全面更新农民所掌握的专业知识和生产技能，使他们掌握一定的现代农业专门知识，以适应生态农业、有机农业以及正在兴起的基因农业发展的需要，成为新型农民。德国对从事农业经营的农民有一定的资格限制。根据德国的有关规定，农业经营者必须接受10年普及教育后，再经过 3 年农业技术培训，通过考试取得证书，才能从事农业生产和有资格得到欧共体或本国政府的资金补贴。对于刚刚从普通学校毕业的年轻农民，需要经过一段时间的实践，再到有关的农业专科学校学习至少两年半，以掌握更多相关的理论知识，并且通过国家有关的考试，方可取得独立经营农业企业的权利。另外，德国政府还充分发挥农村业余大学的作用，通过举办大量农业学习班、专题讲座及短期进修等多种形式，对农民进行知识和技能的培训，以提高他们的素质。近年来，为适应生态农业、有机农业以及正在兴起的基因农业发展的需要，德国政府一直推行“绿色职业培训”计划，其内容丰富多彩，不仅涉及现代生态农业技术培训和先进农机设备使用培训，还包括为满足未来农业发展需要而进行的科技培训。

二、欧美国家农业现代化的经验对我国的启示

（一）建立国家农业支持和保护体系

对弱质农业采取积极保护政策是欧美发达国家在农业现代化过程中和实现农业现代化后普遍采用的经济政策，其具体形式多种多样，如增加对农业的投入、农产品价格支持、利用农业保险制度来规避农业风险、鼓励农产品出口、限制农产品进口、支持农业农村基础建设、保护农业资源和环境等。美国等欧洲发达国家在实现农业现代化的过程中都有比较完善的农业保护法，即使在 WTO《农业协定》生效之后，尽管这些发达国家对农业的支持方式有所变化，但对农业的支持和保护力度不但在总体上没有减弱，还在加强。2001 年美国和欧盟的国内支持量分别达到其农业产值的 50% 和 60% 。所以对我国来说，加快建立保护力度更大、支持效率更高的国家农业支持和保护体系，可以加快推进我国农业现代化进程。

（二）实现农业的土地规模化经营

扩大土地经营规模，走农业规模化经营，是传统农业向现代农业转型的必经之路。土地是农业发展的平台，提高农业生产力，实现有限土地资源集约增效，是现代化农业发展的方向。从欧洲农业发达国家实现农业现代化的

历程可以看出，为了促使土地进行规模化经营，政府都采用了积极的政策措施。例如德国政府从20世纪50年代中期开始实施《土地整治法》，调整零星小块土地，使之连片成方，采用补贴、退休金的形式减少农业人口，并通过对土地规模大的农场主实行政策倾斜等措施来促进农业的规模化经营。当前，制约我国农业现代化进程的主要障碍因素之一是土地经营规模小，而且极度分散。中国要走现代化，必须走规模化和标准化的道路，而规模化和标准化必须处理好土地集约化与土地家庭长期承包的关系。

（三）走绿色农业的可持续发展之路

农业的可持续发展已经成为农业现代化的新内涵。当前欧美发达国家的农业发展趋向是生态农业、绿色农业，追求可持续发展，创造人与自然和谐的环境，这也是当今世界现代农业发展的趋势。在保护农业环境方面，德国也走过弯路。“二战”后，为了解决饥荒问题，德国一度在农业生产中广泛使用化肥、农药等化工品，虽然农业产量提高了，但也付出了巨大的代价，生态环境的破坏导致病虫害频发，给德国农业发展带来了较大的负面影响。这也是后来德国积极倡导发展生态农业的缘由。目前我国在农业生产过程中，由于化肥、农药的大量投入以及不合理的耕作方式，土壤板结、有机质含量下降、环境污染等问题日趋严重，这些问题已经成为制约我国实现农业现代化的主要瓶颈之一。

（四）建立比较完善的农业科技体系

科学化是农业现代化的本质特征。发达国家在农业现代化过程中十分重视科学技术的运用，“二战”后初期，美国等欧洲发达国家在农业增产中，20%～30%是靠科学技术进步实现的，到了20世纪70年代，60%～80%归功于科学技术进步。20世纪70年代中期到90年代初，发达国家农业劳动生产率提高了3.3倍。以机械化为例，美国全面实现机械化后，农业劳动生产率比19世纪提高了10倍多。美国喷灌技术的运用，使得比地面沟灌和漫灌省水30%～50%，节省劳力20%～90%，节约耕地7%～10%。为了研发先进的农业技术，美国和欧洲发达国家都建立了比较完善的农业科技体系，拥有实力雄厚的农业科研机构和规模庞大的科技推广队伍，这些国家每年用于农业科研的经费，一般为本国农业 GDP 的 0.6%，而用于农业科技推广的经费，为本国农业科研经费的 3 倍。美国实行农业研究、教育、推广三位一体的体制，并且都有相应的法律予以保障，农业立法还规定各州要提供与联邦赠款数额相当的资金用于本州农业科技推广。目前在这些国家的农村，遥感、遥测、计算机、国际互联网都有较大发展。发达的科技水平最终都使这些国家的农业发展成为高效的现代产业。

（五）加大农村人力资本投资，提高农民的素质

高素质的农业劳动者是建设现代化农业必不可少的条件，而教育是提高农村人力资本水平的最重要形式。在实现农业现代化的欧洲发达国家对农村教育都十分重视，有着完善的农业教育体系。如从 1960 年以来，法国为了适应农业现代化发展的需要，建立了以农业中学、高等、中等农业教育和农民业余教育为主要内容的农业教育体系，法国对农民实行技术教育和轮训制度，特别是对青年农民立户，要求其必须在完成义务教育，经过专门农业学校学习，并到农场实习，成绩合格取得绿色证书后，才能得到政府承认。现在的法国农民一般都具有农业技术高中或农业专科大学的文化程度，他们有文化、懂科学、善经营，对发展本国农业起到了决定性作用。我国农村劳动力资源丰富，但是素质较低，这是建设现代农业过程中必须解决的问题。

参考文献

[1] 李晓华，张仙琴．从国外农业现代化的经验看我国农业现代化发展战略［J］．安徽文学，2009（7）．

[2] 谭国雄．借鉴发达国家农业现代化经验我国农业现代化应处理好六大关系［J］．农业现代化研究，2005（1）．

[3] 张文伟．论二战后日本小农体制与农业现代化［J］．上饶师范学院学报，2001（2）．

[4] 刘鹏．美国农业近代化的动因与特点［J］．经济研究导刊，2010（17）．

[5] 孙鸿志. 美国农业现代化进程中的政策分析 [J]. 山东社会科学, 2008 (2).

[6] 胡宇彬. 美国农业现代化过程中的高职教育及启示 [J]. 河南职业技术师范学院学报, 2004 (6).

[7] 何丽双. 美国、韩国及台湾地区农业现代化对我们的启示 [J]. 安徽农业科学, 2007 (6).

[8] 郝宏桂. 略论韩国农业现代化的进程与特征 [J]. 历史教学, 2006 (11).

[9] 季小平. 浅谈日本农业现代化经验及对我国农业的启示 [J]. 全国商情: 经济理论研究, 2010 (5).

[10] 杜朝晖. 法国农业现代化的经验与启示 [J]. 宏观经济管理, 2006 (5).

[11] 喻刚勇. 法国农业现代化建设经验与启示 [J]. 湖北广播电视大学学报, 2011 (1).

[12] 郝宏桂. 朴正熙集权统治与韩国的农业现代化 [J]. 盐城师范学院学报, 2008 (4).

[13] 庄荣盛. 日本农业现代化经验对我国的启示 [J]. 中共中央党校学报, 2008 (6).

[14] 管远红, 赵旭庭, 王健. 日本农业现代化的经验及对我国的启示 [J]. 江苏农业科学, 2011 (6).

[15] 唐芳. 日本农业现代化的经验及启示 [J]. 信阳农业高等专科学校学报, 2010 (1).

[16] 袁芳. 日本农业现代化的经验与启示 [J]. 企业导报, 2012 (12).

[17] 孙浩然. 国外建设现代农业的主要模式及其启示 [J]. 社会科学家, 2006 (2).

[18] 宣杏云. 国外农业现代化的模式及其借鉴 [J]. 江苏农村经济, 2006 (5).

[19] 王万山. 国外农业现代化的主要模式和共同规律 [J]. 调研世界,

2005（5）.

[20] 高照军，崔成镇，郝运鹏．国外农业现代模式对我国农业现代化道路的启示［J］．现代农业科学，2008（9）.

[21] 史卫东．国外农业现代化探索的若干困境研究及相关思考［J］．理论与现代化，2003（5）.

[22] 包宗顺．国外农业现代化借鉴研究［J］．世界经济与政治论坛，2008（5）.

[23] 景丽，苏永涛，王爱玲．国内外农业现代化发展的主要模式、经验及借鉴［J］．河南农业科学，2008（10）.

[24] 张慧祯，黎元生．台湾精致农业发展的经验和启示［J］．广西财经学院学报，2011（3）.

[25] 王鸿涌．全面推进农业现代化构建无锡农村和谐社会——赴韩国现代农业及农业机械化学习考察的启示［J］．江苏农机化，2006（2）.

[26] 赵文静．韩国现代农业建设的经验及启示［J］．经济导刊，2010（12）.

[27] 徐元明．韩国农业考察与启示［J］．世界经济与政治论坛，2000（6）.

[28] 潘伟光，徐晖，郑靖吉．韩国农业现代化进程中农业经营主体的发展及启示［J］．世界农业，2013（9）.

[29] 郝宏桂．韩国农业现代化的历史经验［J］．安徽农业科学，2008（34）.

[30] 许旭红．试析发达资本主义国家农业现代化经验及其借鉴意义［J］．宁德师专学报，2002（3）.

[31] 陈新田．论德国农业现代化的经验及其启示［J］．江汉大学学报，2005（2）.

[32] 李海峰．德国农业职业教育的特点及启示［J］．中国农村教育，2012（5）.

后记

本书是国家社会科学基金重点项目“农业现代化体制机制创新及其与工业化、信息化、城镇化同步发展研究（13AZD003）”的阶段性研究成果。我们在搜集文献过程中，明显感觉到，许多文献观点的差异，实际上来自于对基本事实把握的不同，或者对国家政策把握的不同。为此，我们萌发了在我们调研的基础上，写一本介于研究性和普及性之间读物的想法。恰好在这个时候，我院的两位校友杨国龙和毛增余找我，增余毕业后一直任职于中国经济出版社，他们和我谈的正是要出版一部供各级领导干部阅读的有关农业现代化的读物。于是就有了这本书。

本书是中国人民大学农业与农村发展学院校友之间合作的产物。中央农村工作领导小组副组长陈锡文校友不仅认真修改了本书的编写大纲，提供了编写思路，还欣然答应出任本书的顾问，并撰写序言。锡文校友的关心，既是动力，也是压力，使我们丝毫不敢懈怠。本书的每一章都由我院毕业的博士研究生执笔，其中绝大部分是我指导的博士生。增余和国龙两位校友为本书的出版做了大量工作，除了策划，还包括申请国家出版基金资助，以及出版过程中的大量事务性工作。在此，我要为各位校友对本书所作出的贡献表示衷心的感谢。

中国经济出版社的编辑严莉女士为本书的出版做了大量具体而细致的工作。在此，我谨代表编写组表示衷心的感谢。

孔祥智

2015－01－09